JN418369

무역 영어

임재욱 · 박훤정 공저

도서출판 두남

서문

무역영어는 일상생활에서 사용하는 영어를 중심으로 무역 전문용어와 무역거래 특유의 관용적 표현을 사용하여 거래상대방과 커뮤니케이션을 하는 것이다. 무역영어를 잘 하기 위해서는 영어구사능력, 무역실무 지식, 국제상거래 감각, IT의 활용능력 등 다방면에 걸친 능력 등이 필수적이라고 할 수 있다. 따라서 무역영어는 단순한 언어적 능력배양이 아닌 학제간 학습이 필요하다.

무역영어는 무역실무를 위한 것이라고 할 수 있다. 즉 영어라는 언어가 주가 아닌 철저히 비즈니스를 위한 목적에서 필요한 영어인 것이다. 따라서 본 서는 영어라는 언어적 접근이 아닌 실무적 측면을 강조하였다. 완벽한 영어 문법과 아름다운 영어 표현이 아닌 해외 바이어로부터 최대한의 주문을 받을 수 있다면 또는 무역분쟁을 성공적으로 해결할 수 있다면, 그것이 바로 최고의 무역영어가 되는 것이다.

따라서 무역영어의 학습효과를 극대화 시키는 방법은 직접 커뮤니케이션에 참여하는 방법일 것이다. 예를 들면, 학생들의 경우, ebay와 같은 경매 사이트를 통해 자신이 가진 물품이나 한국에서 쉽게 구할 수 있으면서 외국에서는 접근하기 어려운 품목들을 선정해서 소규모로 해외 개인 바이어들에게 물품을 판매해 볼 수도 있을 것이다. 아니면 해외 직구를 이용하여 국내와 해외의 가격차가 많이 나는 물품들을 소량 수입해 국내에서 판매(병행수입)해 볼 수도 있을 것이다. 이처럼 무역은 우리 주변에서 누구나 할 수 있는 일이 되었으며, 특별한 자격이나 능력이 있어야만 할 수 있는 일은 아닌 것이 되었다. 직접 영문으로 해외 구매자나 판매자에게 편지를 쓰다 보면 생각보다 어렵지 않고 오히려 재미있는 경험이 될 것이다.

다만, 영어권 국가의 사람들하고만 비즈니스를 하지는 않기 때문에, 영어가 모국어가 아닌 사람들간의 커뮤니케이션 상황이 실제적으로는 더 많을 수 있다. 따라서 비영어권 국가의 사람들간의 커뮤니케이션도 대비해야 하기 때문에, 정확한 영어를 사용하는 것이 필요하다. 서로 문화와 생활양식 등이 다른 상황에서 서로 외국어로 의사소통을 해야 한다는 것은 어쩌면 매우 어려운 상황일 수도 있다. 그래서 국제무역에서 발생할 수 있는 오해와 실수를 방지하기 위해 무역영어를 공부할 필요가 있는 것이다.

본서의 특징은 무역실무에 대한 전반적인 내용들을 우선 학습하고 이와 관련된 통신

문을 각 장의 후반에서 다루고 있다. 따라서 독자는 무역실무에 대한 깊이 있는 학습과 관련 비즈니스 커뮤니케이션을 연계해서 학습할 수 있을 것이다. 또한 실무적 내용과 함께 관련 국제법이나 국제협약들의 내용을 원문으로 수록하여 관련 용어나 절차를 정확하게 이해할 수 있도록 하였다. 이러한 점은 국제무역과정에서의 오해나 분쟁을 예방할 수 있는 무역영어 학습이 될 수 있을 것이다.

본서는 무역학을 전공하는 학생을 비롯해서 무역영어, 무역실무, 전자무역실무 등을 공부하고 있는 연구자, 학생, 은행 · 보험사 · 선박회사 등의 무역실무 종사자들 그리고 무역영어 자격시험과 국제무역사나 관세사 등 각종 자격시험을 준비하는 사람들을 염두에 두고 있다. 본서가 독자들의 무역영어와 무역실무에 대한 능력을 향상시키는데 미약하나마 도움이 되기를 진심으로 기원한다.

본서의 내용에 오류가 있다면 전적으로 저작의 책임이며, 여러 서적과 간행물 및 인터넷 등을 통해 많은 내용들을 참고하였지만, 본서의 내용 중에 미처 출처를 밝히지 못한 부분은 참고문헌을 통해 많은 도움을 받았음을 밝혀둔다.

끝으로 곁에서 항상 지지해 주시는 사랑하는 부모님과 가족들에게 감사의 마음을 전한다.

2017년 2월

저자

차례

제1장 국제무역거래의 개요 • 11

제2장 거래관계의 형성 • 45

제3장 청약과 승낙 • 61

제4장 무역계약의 조건 • 87

제6장 추심 및 신용장 · 185

제7장 국제물품운송 · 245

제1장 국제무역거래의 개요

제1절 국제무역의 의의와 대상

1. 국제무역의 의의

무역은 물품이 국경을 넘어 이동하는 국제상거래를 의미하며, 관점에 따라 국제무역, 세계무역, 외국무역, 대외무역, 해외무역 등 다양한 용어로 표현하지만 그 본질은 동일하다고 할 수 있다.

이러한 무역은 광의의 무역과 협의의 무역으로 구분할 수 있는데, 광의의 무역이란 서로 다른 국가 간에 행해지는 물품, 서비스, 자본, 노동, 기술 등의 국제적 이동을 말하고, 협의의 무역은 물품의 수출입으로서, 물품의 국제적 이동에 수반되는 매매거래형태를 말한다. 따라서 일반적으로 무역이라 함은 주로 협의의 무역을 말한다. 즉 무역은 다른 국가 간에 이루어지는 물품의 교환이나 매매와 같은 상거래를 의미하는 것으로 이해 할 수 있다.

2. 수출입의 법적 정의

(1) 수출의 정의

1) 대외무역법상의 수출의 정의 (대외무역법 제2조)

수출이란 통상 매매의 목적물인 물품 등을 외국에 매각하는 것, 즉 국내거주자가 외국의 거래상대방에게 물품 등을 공급하고 그에 상응하는 경제적 대가를 수취하는 것으로서, 대외무역법 시행령 제2조에서는 수출의 정의를 다음과 같이 규정하고 있다.

① 매매, 교환, 임대차, 사용대차, 증여 등을 원인으로 국내에서 외국으로 물품이 이동하는 것(우리나라 선박으로 외국에서 채취한 광물 또는 포획한 수산물을 외국에 매도하는 것을 포함한다)

② 관세법에 따른 보세판매장에서 생산(제조 · 가공 · 조립 · 수리 · 재생 또는 개조하는 것을 말한다)된 물품을 매도하는 것

③ 유상으로 외국에서 외국으로 물품을 인도(引渡)하는 것으로서 산업통상자원부장관이 정하여 고시하는 기준에 해당하는 중계무역에 의한 수출, 외국인도수출, 무환수출

④ 외국환거래법에 따른 '거주자'가 '비거주자'에게 산업통상자원부장관이 정하여 고시하는 방법[1]으로 용역을 제공하는 것

⑤ '거주자'가 '비거주자'에게 정보통신망을 통한 전송과 그 밖에 산업통상자원부장관이 정하여 고시하는 방법[2]으로 전자적 형태의 무체물을 인도하는 것

2) 관세법상의 수출의 정의 (관세법 제2조)

관세법에서는 "수출"이란 내국물품을 외국으로 반출하는 것으로 규정하고 있다. 즉, 내국물품의 정의에 해당하는 물품을 외국으로 반출하는 경우 수출이라고 보고, 관세법상의 모든 수출관련 규정을 적용한다는 것이다.

(2) 수입의 정의

1) 대외무역법상 수입의 정의

수입이란 매매의 목적물인 물품 등을 외국으로부터 구매하는 것, 즉 국내거주자가 외국으로부터 물품 등을 수령하고 그에 상응하는 경제적 가치를 제공하는 것으로서 대외무역법 시행령 제2조에서는 수입의 정의를 다음과 같이 규정하고 있다.

① 매매, 교환, 임대차, 사용대차, 증여 등을 원인으로 외국으로부터 국내로 물품이 이동하는 것

② 유상으로 외국에서 외국으로 물품을 인수(引受)하는 것으로서 산업통상자원부장관이 정하여 고시하는 기준에 해당하는 중계무역에 의한 수입, 외국인수수입, 무환수입

③ '비거주자'가 '거주자'에게 산업통상자원부장관이 정하여 고시하는 방법[3]으로 용

---

1) 산업통상자원부장관이 정하여 고시하는 방법으로 제공하는 것이란 다음 어느 하나의 방법에 따라 제공하는 것을 말한다.
용역의 국경을 넘은 이동에 의한 제공
비거주자의 국내에서의 소비에 의한 제공
거주자의 상업적 해외주재에 의한 제공
거주자의 외국으로의 이동에 의한 제공

2) 컴퓨터 등 정보처리능력을 가진 장치에 저장한 상태로 반출한 후 인도하는 것을 말한다.

3) 산업통상자원부장관이 정하여 고시하는 방법으로 제공하는 것이란 다음 어느 하나의 방법에 따라 공급하는 것을 말한다.
용역의 국경을 넘은 이동에 의한 제공
거주자의 외국에서의 소비에 의한 제공

역을 제공하는 것

④ '비거주자'가 '거주자'에게 정보통신망을 통한 전송과 그 밖에 산업통상자원부장관이 정하여 고시하는 방법[4]으로 전자적 형태의 무체물을 인도하는 것

2) 관세법상 수입의 정의

관세법상 "수입"이란 외국물품을 우리나라에 반입(보세구역을 경유하는 것은 보세구역으로부터 반입하는 것을 말한다)하거나 우리나라에서 소비 또는 사용하는 것(우리나라 안에서의 소비 또는 사용을 포함하며, 수입으로 보지 아니하는 소비 또는 사용은 제외한다)을 말한다. 즉 외국물품의 정의에 해당하는 물품이 국내에 반입되는 경우와 국내에서 소비나 사용이 이루어지는 경우 관세법상의 수입과 관련한 규정을 적용한다는 것이다.

3. 국제무역의 대상

무역거래의 대상은 물품이 주요 대상이지만(협의의 무역), 물품 이외에 서비스, 자본, 기술 등이 포함된다(광의의 무역).

(1) 물품 (Goods)

물품거래는 무역거래의 대부분을 차지하는 것으로서, 원료, 제조품 및 식료품 등의 거래를 말하며, 물품을 대상으로 하는 거래를 특히 유형무역이라고도 한다. 대외무역법에서는 무역의 대상에는 '물품 등'이 해당된다고 정의하면서, '물품 등'에는 물품, 용역 및 전자적 형태의 무체물이 포함되며, 용역에는 기술을 포함하는 것으로 규정하고 있다. 이 중 물품은 외국환거래법에서 정하는 지급수단 · 증권 및 채권을 화체한 서류 외의 동산이라고 규정하고 있다.

(2) 서비스 (Services)

무역거래의 대상인 서비스, 즉 용역이란 유체물인 물품거래와는 달리 상대방에게 유상으로 제공되는 노무 등으로서, 물품을 외국에 운송하는 운송서비스의 제공의 대가로 지급되는 운임, 운송중의 물품을 보험에 부보하는 보험서비스의 제공에 대한 대가로 지급되는 보험료 등을 의미한다.

비거주자의 상업적 국내주재에 의한 제공
비거주자의 국내로 이동에 의한 제공

4) 컴퓨터 등 정보처리능력을 가진 장치에 저장한 상태로 반입한 후 인수하는 것을 말한다.

용역은 건설수출[5]과 같이 단독으로 무역거래의 대상이 될 수도 있지만, 운송 · 보험 등과 같이 물품거래에 수반하여 발생하는 경우가 많으며, 용역의 제공은 실체가 없어 눈에 보이지 않는 무역이기 때문에 이를 무형무역 또는 무역외거래라고도 한다.

1) 대외무역법상의 용역(service)의 정의

대외무역법에서는 용역을 다음의 2가지 형태로 정의하고 있다.

① 경영상담업, 법무관련 서비스업, 회계 및 세무관련 서비스업, 엔지니어링 서비스업, 디자인, 컴퓨터시스템 설계 및 자문업, 문화산업에 해당하는 업종, 운수업, 관광사업에 해당하는 업종, 그 밖에 지식기반용역 등 수출유망산업으로서 산업통상자원부장관이 정하여 고시하는 업종 등의 사업을 영위하는 자가 제공하는 용역

② 국내의 법령 또는 대한민국이 당사자인 조약에 따라 보호되는 특허권 · 실용신안권 · 디자인권 · 상표권 · 저작권 · 저작인접권 · 프로그램저작권 · 반도체집적회로의 배치설계권의 양도(讓渡), 전용실시권(專用實施權)의 설정 또는 통상실시권(通常實施權)의 허락

2) 서비스 무역의 특징[6]

서비스 무역은 물질적 실체가 없는 특성으로 인해 다음과 같은 특징이 있다.

① Intangibility: international transaction in services are often difficult to monitor, measure and tax (서비스는 그 형체가 없는 무형의 성질을 가지기 때문에 거래를 추적하고, 추정하기 어렵다. 따라서 거래에 대한 과세상의 어려움도 존재한다)

② Nonstorability: production and consumption often must occur at the same place and time (서비스는 그 특성상 서비스 생산과 소비가 동일한 장소에서 동시에 발생한다)

③ Differentiation: services are often tailored to the needs of customers (서비스는 고객의 요구에 맞추어 제공되기 때문에, 고객별로 차별화된 서비스 공급이 가능하다)

④ Joint Production: with customers having to participate in the production process

---

5) 건설은 부가가치세법에서 용역의 공급으로 규정하며, 용역의 수출은 부가가치세 과세대상이 아니다. 따라서 해외 건설 수출이 있는 경우에는 소비지국과세원칙에 따라 부가가치세 면세를 위하여 영세율을 적용 한다. 소비지국과세원칙이란 재화의 생산지국에서는 부가가치세를 부과하지 않고 소비지국에서 부가가치세를 과세하는 방식을 말한다. 따라서 수출하는 재화 및 용역은 해외에서의 사용이나 소비를 전제로 하고 있으므로, 소비세인 부가가치세 면세를 위해 영세율을 적용하는 것이다. 특히, 대외무역법에서는 플랜트 수출과 일괄수주방식에 의한 수출에 대한 별도 규정을 마련하여 산업통상자원부장관으로부터 승인을 받도록 하고 있다.

6) Hoekman, Bernard, Mattoo, Aaditya, Services Trade and Growth, *Policy Research Working Paper*, No.4461, pp.1-35. World Bank.

(서비스 창출 과정에 소비자가 참여함으로써 서비스의 공동 생산이 이루어진다)

3) WTO에서 규정한 서비스 무역의 4가지 형태[7)]

WTO에서는 서비스 무역을 다음과 같은 형태로 구분함으로써 서비스 무역을 서비스의 공급으로 정의하고 있다.

① Mode 1 – Cross-Border: services supplied from the territory of one country into the territory of another
(한 회원국의 영토로부터 그 밖의 회원국의 영토내로의 서비스 공급)

② Mode 2 – Consumption Abroad: services supplied in the territory of a country to the consumers of another
(한 회원국의 영토내에서 그 밖의 회원국의 서비스 소비자에 대한 서비스 공급)

③ Mode 3 – Commercial Presence: services supplied through any type of business or professional establishment of one country in the territory of another
(한 회원국의 서비스 공급자에 의한 그 밖의 회원국의 영토 내에서의 상업적 주재를 통한 서비스 공급)

④ Mode 4 – Presence of Natural Persons: services supplied by nationals of a country in the territory of another
(한 회원국의 서비스 공급자에 의한 그 밖의 회원국 영토내에서의 자연인의 주재를 통한 서비스 공급)

(3) 기술 (Technology)

무역거래의 대상이 되는 기술에는 거래상대방과 기술제휴계약에 따라 제공되는 기술, 즉 그 제공한 기술의 대가를 받게 되는 특허권, 실용신안권, 디자인권, 상표권 등과 같은 공업소유권이나 know-how 뿐만 아니라 저작권, 광업권 및 어업권 등의 무형재산권도 포함된다. [표 1-1]에서는 무역에서 교역대상이 되는 주요 지적재산권[8)]에 대한 내용을 보여주고 있다.

---

7) 서비스무역에 관한 일반협정 부속서1나[ANNEX 1B: GATS(General Agreement on Trade in Services)] 제1조 범위 및 정의 참조

8) 지적재산권은 특허권, 상표권, 저작권 등이 있다. 지적재산권을 침해하면 큰 손해를 볼 수 있다. 특히, 미국의 경우 10배주의가 적용되는 바, 이는 타인의 특허를 침해할 경우, 타인이 입은 손해의 최소 10배를 배상하여야 한다는 것이다. 미국에서 특허침해로 천문학적 금액의 보상금이 언급되는 것은 이 10배주의에 기인하는 것이다. 한국의 경우에는 실질적인 손해만 배상하면 되는 것으로 되어 있다.

[표 1-1] 지적재산권(Intellectual Property Rights)의 종류별 특징

	Patents	Copyrights	Trade and Service Marks
Duration(Years)	14~17 Years	Life + 50 Years	As long as in Use
How	Apply to Patent Office	By Original Creation in Permanent Form	By Use
Requirements	Useful/Novel	Nonfunctional Original Creation	Fanciful and Distinguishing
Prevents	Manufacturer use or Sale	Copying or Adapting	Confusing or Misleading use
Protects	Utility and Design attributes	Authorship	Reputation and Goodwill
Examples	Product/Mechanism/Process/Style	Label Design/Manual	Coca-Cola
Legal costs	$1500~$3000	$10~$100	$100~$400

출처: Import Export how to get started in international trade, Carl A. Nelson, McGraw-Hill

(4) 자본 (Money)

자본거래는 단기자본 또는 장기자본이 국제적으로 이동하는 것으로서, 물품의 매매나 서비스의 제공과는 직접적인 관계없이 외국에 자본을 대여해 주거나 투자를 한 후에 이자배당금 등을 받는 행위 등의 자본거래도 무역거래의 대상이 된다.

외국환거래법[9]에서는 자본거래를 다음에 해당하는 거래 · 행위로 규정하고 있다.

① 예금계약, 신탁계약, 금전대차계약, 채무보증계약, 대외지급수단 · 채권 등의 매매계약(파생상품거래에 해당하는 경우는 제외한다)에 따른 채권의 발생 · 변경 또는 소멸에 관한 거래(거주자 간 거래는 외국환과 관련된 경우로 한정한다)

② 증권의 발생 · 모집, 증권 또는 이에 관한 권리의 취득(파생상품거래에 해당하는 경우는 제외하며, 거주자간 거래는 외국환과 관련된 경우로 한정한다)

③ 파생상품거래(거주자 간의 파생상품거래는 외국환과 관련된 경우로 한정한다)

④ 거주자에 의한 외국에 있는 부동산이나 이에 관한 권리의 취득 또는 비거주자에 의한 국내에 있는 부동산이나 이에 관한 권리의 취득

⑤ ①의 경우를 제외하고 법인의 국내에 있는 본점, 지점, 출장소, 그 밖의 사무소와 외국에 있는 사무소 사이에 이루어지는 사무소의 설치 · 확장 또는 운영 등과 관련된 행위와 그에 따른 자금의 수수(授受)(사무소를 유지하는 데에 필요한 경비나 경상적 거래와 관련된 자금의 수수로서 대통령령으로 정하는 것은 제외한다)

9) 외국환거래법은 다른 금융관련법들과는 달리 기획재정부가 제도 · 거래 · 관리 · 감독의 총괄기관으로 모든 권한을 갖고 있지만, 그 권한을 유관기관에 위임 · 위탁하여 수행하고 있다. 그리고 외국환거래 관련 정보 교류기능의 발달로 외환정보 집중 기관을 지정(현재 한국은행)하고 위임 · 위탁기관 간의 정보교류에 의한 범정부기관이 참여하여 관리 · 감독하는 체계를 구축하여 외환자유화를 보완 · 지원하고 있다(출처: 조규원, 외국환거래 법규와 해설).

⑥ 그 밖에 ① ~ ⑤의 규정과 유사한 형태로서 대통령령으로 정하는 거래 또는 행위

외국환거래법에서는 자본거래의 범위를 위와 같이 규정하고, 이러한 자본거래를 하려는 자는 기획재정부장관에게 신고하여야 하며, 이러한 신고는 지급과 수령에 따른 절차 이전에 완료해야 한다고 규정하고 있다. 다만, 예외적으로 경미하거나 정형화된 자본거래는 사후에 보고하거나 신고하지 아니할 수 있도록 하고 있다.

4. 무역의 특성

(1) 산업연관성

무역의 이익을 설명하는 무역이론[10)]은 각국이 자국에게 가장 유리한 물품만을 특화하여 생산하는 국제분업을 통하여 교환함으로써 상호간의 이익이 증대되어 국민경제의 발전과 후생수준을 상승시킨다고 한다. 따라서 무역은 원자재 또는 완제품을 수입 또는 수출함으로써 해당 산업 및 관련 산업의 원료 및 물품을 국내에서 외국으로 또는 외국에서 국내로 확신시키는 배분기능과 무역의 확대에 따른 고용촉진의 기능 등으로 인해 경제성장을 가져 올 수 있다. 특히 관련산업으로의 파급효과가 큰 산업[11)]의 경우 무역의 증대는 국민경제발전에 큰 역할을 할 수 있다.

(2) 국가에 의한 관리

대부분의 국가들은 자국의 경제발전을 위하여 대외무역을 관리하거나 통제한다. 특히 개발도상국의 경우에는 자국의 국제수지개선 및 국내산업보호를 위하여 수출을 진흥하고 수입을 제한하는 등이 무역정책을 채택하여 대외무역을 관리하고 있다.

(3) 교섭의 복잡성

무역거래는 국내상거래와 달리 언어, 법률, 제도, 문화, 교육, 관습 등의 제반환경이 상이한 국가간에 이루어짐으로써 거래당사자간의 거래교섭이 매우 복잡하다.

(4) 다수의 위험성

무역거래는 신용위험(Credit Risk), 상업위험(Commercial Risk), 비상위험(Contingency Risk),

10) 이러한 무역이론에서 절대우위론, 비교우위론, 요소부존도 이론 등이 있으며, 각 국가가 어떠한 물품을 특화하여 생산하여야 하는가에 대한 결정요인들을 제시하고 있다.

11) 이러한 산업의 예로서 건설, 자동차, 조선, 화학, 제약산업 등을 들 수 있다. 이들 산업은 특히 높은 수준의 부품·원자재 공급업체의 존재나 원천기술·숙련 노동자나 연구인력 등의 공급이 중요하기 때문에 관련 산업의 존재와 지원이 중요한 성공요인으로 작용한다.

환위험(Exchange Risk) 등의 위험이 발생할 가능성이 매우 높다. 이러한 위험은 모두 무역거래에 따르는 불확실성에서 기인하는 것이다.

1) 신용위험

수출상인 매도인이 수입상인 매수인으로부터 수출대금의 회수 가능성에 대한 위험을 말한다. 이러한 신용위험을 회피하기 위한 제도로서 신용장 결제제도가 있다. 신용장을 발행한다고 하여 신용위험이 완전히 제거되는 것은 아니지만 상당한 정도로 감소 시킬 수 있다.

2) 상업위험

상업위험은 매수인이 부담하는 위험으로, 수입하기로 의도한 물품을 제대로 입수할 수 있을 것인가에 대한 위험을 말한다. 이러한 상업위험도 신용장 거래를 통해 회피가 가능하다. 즉 신용장에서 정해진 물품을 정해진 기간 내에 선적하게 하고, 정확한 선적서류를 제출하게 함으로써 매수인의 물품입수와 관련된 위험을 상당히 제거할 수 있게 된다.

3) 운송위험

운송위험은 물품이 수출지에서 수입지로 이동하는 과정에서 발생 할 수 있는 물품에 대한 분실이나 손상 · 파손 등을 말한다. 이러한 운송위험은 다양한 보험제도를 통하여 회피하고 있다.

4) 환위험

환위험은 환율의 변동으로 인하여 발생하는 위험을 말한다. 이러한 환위험을 회피하기 위해서 선물환이나 통화선물 거래 등을 통해 환위험 헤징(hedging)을 하거나 무역보험공사의 환변동보험을 이용할 수 있다.

5) 비상위험

비상위험은 거래 상대방 국가의 전쟁이나 내란 등과 같은 비상사태로 인하여 초래되는 위험을 말하며, 이러한 위험을 회피하기 위하여 정책보험의 일종인 수출보험을 이용할 수 있다.

(5) 각종 지원수단의 활용

무역은 운송, 보험, 금융 등의 각종 지원수단을 필요로 한다. 무역거래에 있어서 수출업자가 수입업자에게 물품을 인도하기 위해서는 수출지에서 수입지까지 해상운송, 항공운송, 육상운송, 복합운송, 컨테이너운송 등의 국제운송이 필요하게 되고, 원거리의 국제운송 중에 발생할 수 있는 각종 위험을 회피하기 위해 해상보험에 부보할 필요

가 있다. 또한, 수출업자와 수입업자 간의 대금결제를 원활히 하기 위해서는 신용도가 높은 금융기관을 이용할 필요가 있다. 이와 같이 무역거래를 하는데 있어서는 운송, 보험, 금융 등의 각종 지원수단의 활용이 필수적이라 할 수 있다.

(6) 다수의 종속계약의 수반

국제물품매매를 이행하기 위하여 체결하는 무역계약에서 매도인은 물품을 인도해야 하고, 매수인은 대금을 지불해야 한다. 매도인은 물품인도의무를 이행하기 위하여 운송인과 운송계약을 체결하여야 하고, 운송중인 물품의 멸실 또는 손상위험을 회피하기 위하여는 보험계약을 체결하여야 한다. 반면, 매수인은 물품대금을 지급하기 위하여 거래은행과 금융계약 또는 환계약을 체결하여야 한다. 이와 같이 국제무역에 있어서 주계약인 국제물품매매계약을 이행하기 위해서는 운송계약, 보험계약, 환계약 등의 종속계약의 체결이 수반되어야 한다.

(7) 국제상관습을 수용한 통일규칙의 적용

무역은 언어, 관습, 법률, 제도, 문화, 상거래 관행 등이 다른 국가 사이에 이루어지기 때문에 여러 가지 분쟁이 발생하기 쉽다. 따라서 분쟁이 발생되었을 경우 당사자 사이에 원만히 해결할 수 없는 경우에는 최후의 수단으로 법에 의해 분쟁을 해결해야 하기 때문에 준거법의 적용 문제가 발생하며, 일반적으로 준거법규정을 매매계약내용의 하나로 정하고 있다.

ICC, ILA, UNCITRAL 등의 여러 국제기구들은 명시계약을 보완하기 위하여 그 동안 무역거래에서 보편화된 상관습을 수용하여 통일규칙을 제정하고 이를 당사자들이 합의하여 사용할 수 있도록 권고하고 있다. 따라서 오늘날 대부분의 무역거래질서는 이러한 국제통일규칙에 의하여 유지된다.

(8) 해상의존성

해상운송은 육상운송, 항공운송 등의 다른 운송방식에 비해 저렴한 운임으로 대량운송이 가능하다는 장점이 있기 때문에, 국제무역의 대상이 되는 물품의 운송에 있어서는 해상운송을 가장 많이 이용하고 있는 실정이다.

(9) 불특정물품 및 선물거래

무역의 대상이 되는 물품은 계약체결당시에 존재하는 현물 또는 계약체결 후 제조하거나 취득할 선물이다. 그러나 무역거래에서는 주로 계약을 체결할 당시에 특정되어 있지 않은 불특정물품 또는 선물을 그 거래의 대상으로 한다.

제2절 무역의 형태

우리나라 대외무역법상 수출입거래는 크게 특정거래와 일반거래로 구분할 수 있다. 일반거래는 대외무역법상 승인 또는 요건 확인 절차가 필요하지 않은 정상거래방식을 말한다. 특정거래라 함은 수출입의 제한을 회피하거나 산업보호에 지장을 초래할 우려가 있는 거래, 또는 대금결제가 수반되지 아니하고 물품 등의 이동만 이루어지는 거래를 의미한다. 이하에서는 무역을 보는 다양한 관점에서 무역의 형태에 대하여 살펴볼 것이다.

1. 물품의 이동방향에 따른 분류

(1) 수출무역

수출무역(export trade)이란 일반적으로 매매의 목적물을 외국으로 매각하는 행위라고 할 수 있으며, 이는 국내에서 외국으로 물품의 이동에 의하여 이루어진다. 이는 관세법상 수출의 정의에 대한 개념과 일치하는 것이다.

(2) 수입무역

수입무역(import trade)이란 일반적으로 매매의 목적물을 외국에서 구매하는 행위로 이는 외국으로부터 국내로의 물품의 이동에 의하여 이루어진다. 이 역시 관세법상의 수입의 정의에 대한 개념과 일치하는 것이다. 다만, 관세법에서는 비록 우리나라에서 외국물품이 소비 또는 사용되는 경우라 하더라도 일정 요건을 갖춘 경우 예외적으로 수입으로 보지 않는 경우도 있다.

2. 물품의 형태에 따른 분류

(1) 유형무역

유형무역(visible trade)이란 수출입물품의 형태가 유체물인 경우의 무역을 말하는 것으로서, 주로 협의의 물품인 상품(commodity)을 수출입하는 경우를 말한다. 협의의 물품을 수출입할 때에 이를 유형무역 또는 가시적 무역이라고도 한다. 유형무역은 유형수출(visible export)과 유형수입(visible import)으로 구분된다.

(2) 무형무역

무형무역(invisible trade)이란 광의의 물품에 포함되는 생산요소(자본 · 노동)나 용역

등의 무체물을 수출입하는 경우를 말한다. 이러한 생산요소는 형태가 없어서 직접 눈으로 확인할 수 없기 때문에 세관에서의 수출입통관절차를 거치지 않고 수출입할 수 있다는 특징을 가지고 있으며, 국제수지표상에서는 무역외수지 항목을 구성한다.

이는 정보통신망을 통하여 전송되는 전자적 형태의 무체물, 운임, 보험료, 여행이나 투자수익, 각종 수수료, 광고선전비 및 특허권사용료 등으로 비가시적 무역이라고도 한다. WTO는 법률, 금융, 컨설팅 등의 전문 비즈니스 서비스의 거래를 포함하여 서비스 무역(service trade)이라고도 한다.

3. 제3국의 개입에 따른 분류

무역은 수출업자와 수입업자 사이에 제3자의 개입여부에 따라 직접무역과 간접무역으로 구분된다.

(1) 직접무역

직접무역(direct trade)은 수출입 양국의 거래당사자가 직접 거래계약을 체결하여, 그 거래에 제3자, 즉 제3국의 상인이 개입하지 않는 무역을 말한다. 여기에는 직수출(direct export)과 직수입(direct import)이 있다.

(2) 간접무역

간접무역(indirect trade)이란 제3자, 즉 제3국의 상인의 개입에 의하여 수출입 양당사자가 간접적으로 거래계약을 체결하여 이루어지는 무역거래를 말한다. 그 형태로는 중개무역, 중계무역, 스위치무역, 통과무역, 우회무역 등이 있다.

1) 중개무역 (merchandising trade)

중개무역(仲介貿易)이란 수출국과 수입국의 중간에서 제3국의 중개업자가 중개하여 무역거래가 이루어지는 경우, 제3국의 입장에서 볼 때의 무역을 말한다.

중개무역의 경우, 수출과 수입이 별개의 거래가 아니라 하나의 거래로 취급되며, 물품은 매도인에게서 매수인에게로 직접 송부된다. 반면 대금결제는 ① 매수인이 매도인에게 직접 결제하고 중개업자는 매수인이나 매도인으로부터 일정한 중개수수료를 받는 경우와 ② 매수인이 중개업자에게 결제하고, 중개업자는 매도인에게 결제하는 경우[12]가 있다.

12) 최근 인터넷 등을 통한 해외직구나 역직구 등의 경우에 소비자가 구매대행업체에게 외국물품의 구매를

2) 중계무역 (intermediary trade)

중계무역(中繼貿易)은 수출물품이 수출국으로부터 수입국에 직접 이동되지 않고 제3국에 양륙되어 원형 그대로 또는 단순한 가공[13]을 하여 수입국에 재수출되는 무역형태를 말한다. 중계무역의 목적은 일정한 매매차익을 수취할 목적으로 이루어지는 경우가 대부분이다.

중계무역은 중계업자의 입장에서 볼 때, 시간 · 인력 및 경비를 절감하면서 중계수수료를 취득하거나 자국 물품의 공급능력에 한계가 있을 때 능동적으로 대처할 수 있는 장점이 있다. 그러나 최종 수입국의 무역정책상 최초 수출국과의 직접 거래를 억제하기 위하여 수입을 제한하거나 차등관세를 두고 있는 경우, 최종 수입국의 무역정책에 혼란을 가져올 수 있기 때문에 최종 수입국은 중계국에 대하여 수입금지 또는 수입제한 등 보복조치를 취할 수 있음에 유의하여야 한다.

따라서 중계무역에 의한 거래를 할 경우에는 최종 수입국에서 원산지증명서 요구와 원산지표시관계에 대하여 원산지에 따른 규제사항이 존재하는지 사전에 확인해 두는 것이 중요하다.

우리나라 대외무역관리규정은 "중계무역"을 "수출할 것을 목적으로 물품 등을 수입하여 관세법 규정에 의한 보세구역 및 보세구역외 장치의 허가를 받은 장소 또는 자유무역지대의 지정 등에 관한 법률의 규정에 의한 자유무역지역 이외의 국내에 반입하지 아니하고 수출하는 수출입을 말한다"고 정의하고 있다.

3) 통과무역 (transit trade)

통과무역이란 물품이 수출국에서 수입국으로 직접 송부되지 않고 제3국을 통과하여

의뢰하는 것 등을 예로 들 수 있다. 다만, 단순히 해외배송대행만을 하는 경우는 해당되지 않는다.

13) 대외무역관리규정에서는 단순한 가공활동은 다음과 같이 규정하며, 단순한 가공활동을 수행한 국가에는 원산지를 부여하지 않는다.
운송 또는 보관 목적으로 물품을 양호한 상태로 보존하기 위해 행하는 가공활동
선적 또는 운송을 용이하게 하기 위한 가공활동
판매목적으로 물품의 포장 등과 관련된 활동
제조 · 가공결과 HS 6단위가 변경되는 경우라도 다음에 해당하는 가공과 이들이 결합되는 가공은 단순한 가공활동의 범위에 포함된다.
① 통풍, ② 건조 또는 단순가열(볶거나 굽는 것을 포함), ③ 냉동, 냉장, ④ 손상부위의 제거, 이물질 제거, 세척, ⑤ 기름칠, 녹방지 또는 보호를 위한 도색, 도장, ⑥ 거르기 또는 선별(sifting or screening), ⑦ 정리(sorting), 분류 또는 등급선정(classifying, or grading), ⑧ 시험 또는 측정, ⑨ 표시나 라벨의 수정 또는 선명화, ⑩ 가수, 희석, 흡습, 가염, 가당, 전리(ionizing), ⑪ 각피(husking), 탈각(shelling or unshelling), 씨제거 및 신선 또는 냉장육류의 냉동, 단순 절단 및 단순 혼합, ⑫ 별표9에서 정한 HS 01류의 가축을 수입하여 해당국에서 도축하는 경우와 같은 별표에서정한 품목별 사육기간 미만의 기간 동안 해당국에서 사육한 가축의 도축(slaughtering), ⑬ 펴기(spreading out), 압착(crushing), ⑭ ①~⑬까지의 규정에 준하는 가공으로서 산업통상자원부장관이 별도로 판정하는 단순한 가공활동

수입국에 송부되는 경우, 그 경유국의 입장에서 볼 때의 무역형태를 말한다. 통과무역은 중계무역과 유사한 것 같지만 제3국 무역상의 자의적인 개입이 없다는 점에서 중계무역과 다르다.

즉 무역계약은 수출국의 매도인과 수입국의 매수인간에 체결되고 통과국은 무역계약 면에서는 일체 관여하지 않고, 다만 상품을 통과국의 세관이 지정한 일정한 통로로 통과시켜 보세운송에 의해서 거래상품을 지정된 수입국에 적출하는 경우의 상품이동을 말한다.

4) 스위치무역 (switch trade)

스위치무역이란 매매계약은 매도인과 매수인이 직접 체결하고 수출입물품도 수출국에서 수입국으로 직접 이동되는데, 대금결제는 제3국의 무역업자(switcher)를 개입시켜 행하거나 제3국의 결제통화나 계정을 사용하는 거래를 말한다. 즉 매매계약은 직접거래이지만 대금결제는 간접거래인 경우를 말하는 것이다.

스위치무역은 외환관리상의 편의나 금융수단의 채용을 필요로 하는 경우에 주로 이용된다. 즉 수입국이 특정거래에서 수입물품의 대금을 특정외화로 지급해야 하지만 해당 특정외화의 여유가 없기 때문에 해당 특정외화를 갖고 있는 제3국을 개입시켜 물품대금을 지급하고자 하는 경우, 또는 무역수지불균형에 따라 제3국의 결제통화 또는 계정을 사용·전환하여 지급하는 경우에도 행해질 수 있다.

5) 우회무역 (round-about trade)

우회무역이란 수출업자가 상대국의 무역통제를 회피하기 위하여 무역통제를 받지 않는 제3국을 통하여 수출하는 경우의 무역을 말한다. 예를 들면, 수출업자의 수출물품에 대하여 상대국이 외환통제를 심하게 하거나 수입을 금지하는 경우에 수출업자는 상대국의 무역통제를 회피하기 위하여 무역통제를 받지 않는 제3국을 통하여 수출물품을 수출하게 된다.

4. 물품의 판매방식에 따른 분류

(1) 위탁판매수출 (trade on consignment sales)

1) 의의

위탁판매수출이란 수출상이 대금결제 없이 물품 등을 무환으로 수출하여 소유권을 계속 보유하고, 수입상으로 하여금 해당 물품을 판매하도록 하고, 해당 물품이 판매된 범위 내에서 수출대금결제가 이루어지는 계약에 의한 수출을 말한다.

즉, 위탁자(consignor)가 자기의 계산과 위험 하에 물품을 무환으로 수출하여 해당 물품이 판매된 범위 내에서 일정의 판매수수료를 지급하고 수탁자(consignee)가 대금을 결제하고 판매되지 않은 물품을 수출국으로 다시 송부하는 방식이다.

2) 특징

① 위탁판매수출에서는 수출물품의 소유권은 위탁자(수출업자)에게 있다. 따라서 위탁자는 운임이나 기타 수출목적지까지의 운송경비를 부담하며 보험금의 수익자가 된다.

② 수탁자는 수탁된 물품이 판매되면 위탁자에게 그 대금을 송금하여야 하며 대금을 송금할 때까지의 이자와 기타 위험부담은 수탁자가 부담한다.

③ 위탁자는 판매수수료로써 판매대금의 일부를 수탁자에게 지급한다.

3) 장점

① 위탁판매수출은 수출업자(또는 생산자)인 위탁자가 자기의 비용과 위험으로 해외에 있는 수탁자에게 물품판매를 위탁하는 것이므로 해외의 실수요자가 직접 실제 물품을 확인하고 난 뒤 구매할 수 있다는 장점을 가지고 있다.

② 수출업자의 입장에서 신규수출에 따른 위험을 제거할 수 있으며, 새로운 해외시장개척을 위한 방법의 하나로 수출자인 본사가 수입국에 지사 또는 판매법인을 설치하거나 설립한 후 판매를 위탁하는 경우에 주로 활용되는 거래 형태이다.

③ 수입업자 입장에서는 수입에 따른 현금부담이 없고 수입물품이 계약과 다른 경우 클레임제기 등의 불편이 없으며, 시간과 노력은 물론 수입 부대경비를 절감할 수 있다는 장점이 있다.

(2) 수탁판매수입 (import on consignment)

1) 의의

수탁판매수입이란 수입상이 물품 등을 외국에서 대금결제 없이 무환으로 수입하여 판매를 위탁 받은 범위 내에서 해당 물품을 판매하고, 해당 물품이 판매된 범위 내에서 판매대금을 결제하는 계약에 의한 수입을 말한다. 이러한 방식은 위탁자로부터 일정한 수수료를 수취하는 것이 목적이다.

2) 특징 및 장단점

수탁판매수입에 있어서 자금부담의 위험과 금리 및 판매에 따르는 위험은 물품의 소

유권을 가지고 있는 위탁자가 부담하고 수탁자는 단지 판매 대리인으로서 위탁자가 지정한 조건에 따라 상품을 매각하고 나머지 물품은 위탁자에게 반환하며 그 매각대금에서 제경비나 판매수수료 등을 공제한 잔액만을 위탁자에게 송금하게 된다.

따라서 수입업자는 판매에 대한 위험을 부담하지 않고 수입을 할 수 있으며, 수입에 따르는 자기부담이 전혀 없다는 장점이 있으나, 이러한 장점으로 인하여 수입국가의 입장에서 볼 때 무분별한 수입이 조장될 우려도 있다.

(3) 유사한 거래형태

1) 보세창고거래 (BWT)

보세창고인도(BWT; Bonded Warehouse Transaction)에 의한 수출입이란 수출상이 자신의 위험과 비용으로 수입국의 보세창고에 반입하여 보관하고 있는 상태에서, 자신의 지사 또는 대리인을 통하거나 또는 자신이 직접 수입상과 무역계약을 체결하여 수입국 보세창고에서 직접 물품인도가 이루어지는 거래형태이다.

즉 매도인이 해당 수입국에 지점이나 사무소를 설치하고 수입국 정부로부터 허가 받은 보세창고에 물품을 무환으로 반입한 후에 현지에서 물품의 구매계약이 성립되는 대로 판매하는 거래방식을 말한다.

보세창고인도는 수입지인도조건, 국경인도조건의 한 형태이며, BWT 수출이 일반적인 수출형태와 다른 점은, 거래 상대방인 매수인과 사전에 수출입계약을 체결하지 않은 상태로 물품이 수출되는 것으로, 매도인의 책임 아래 현지에서 물품의 판매계약이 성립하기까지는 매수인이 확정되지 않은 상태로 거래가 진행된다는 점이다.

그리고 화물이 보세창고에 입고되기까지의 비용과 보험료 등은 매도인이 부담하고, 매수인은 보세창고에서 화물을 인도 받은 뒤부터 모든 비용과 책임을 지는 무역조건으로, 인도방법에 따라 BWT 수출과 BWT 수입으로 구분 할 수 있다.

① BWT 수출

BWT 수출은 수출업자가 수입국 현지에 지점 또는 출장소 · 대리점을 설치하고 보세창고를 통해 상품을 무상으로 반출한 뒤 현지에서 판매하는 것을 말한다. 보세구역에서 관리기간 내에 물품을 판매하므로 적절히 판매할 수 있는 기회를 가질 수 있고, 구매자를 충분히 물색할 수 있다는 이점이 있다. 또한 시장상황에 맞춰 판매를 하거나 반송할 수도 있으며, 화물에 대한 창고증권을 발급하여 매매 상의 편익을 얻을 수도 있다. 이와 관련한 대금결제방법으로는 대금상환도방식의 하나인 현품인도결제방식

(COD: Cash On Delivery)을 사용할 수 있다.

② **BWT 수입**

BWT 수입은 외국의 수출업자가 보세창고에 물품을 무상으로 반입하고 수요에 따라 국내수입업자에게 판매하기 위하여 수출하는 거래형태이다. 주로 거리가 먼 거래국간 수출용 원자재를 거래할 때 많이 이용된다. 이는 거래국간의 거리가 먼 경우 원자재를 수입하여 제조 · 가공하려면 시간이 많이 소요되는데, 이 때 소요시간을 줄일 수 있기 때문이다. 이와 관련한 대금결제방식으로는 대금상환도방식의 하나인 서류인도결제방식(CAD: Cash Against Documents)을 사용할 수 있다.

2) CTS 방식

CTS(Central Terminal Station)방식이란 수출업자가 교역상대국의 인가를 받아 해외에 현지법인을 설립하여 그 법인 앞으로 물품을 위탁수출하는 것으로서 그 법인이 자신의 명의로 수입하여 현지에서 직접 판매하고 판매된 범위 내에서 대금을 결제하는 거래를 말한다. 이는 해외시장개척을 위해 주로 이용된다.

5. 물품의 가공방식에 따른 분류

가공무역(processing trade, improvement trade)이란 가공임의 획득을 위하여 수입상이 수탁자로서 대상 원자재의 일부 또는 전부를 거래 상대방의 위탁에 의하여 외국에서 수입하여 이를 가공한 후, 다시 위탁자 또는 그가 지정하는 자에게 수출하는 경우의 거래를 말한다. 가공무역은 위탁가공무역과 수탁가공무역으로 구분할 수 있다.

가공을 위탁하는 목적은 첫째, 고도의 기술력을 활용하기 위해서이다. 즉 제품생산에 고도의 기술력이 요구되는 경우 이러한 기술력을 활용하기 위해서 가공무역을 한다. 둘째, 저렴한 노동력을 활용하기 위해서이다. 노동집약적 제품의 경우 저렴한 해외의 노동력을 이용하기 위하여 개발도상국 또는 후진국을 상대로 가공무역이 이루어진다.

결국 가공무역은 기업들이 여러 국가의 비교우위를 활용하기 위해서 이용하는 방법이며, 이러한 비교우위 활용을 통해서 경쟁우위(원가우위 · 차별화우위)를 얻기 위한 것이 목적인 것이다.

(1) 위탁가공무역

대외무역관리규정 제2조에서는 위탁가공무역을 "가공임을 지급하는 조건으로 외국에서 가공(제조, 조립, 재생, 개조를 포함)할 원료의 전부 또는 일부를 거래 상대방에게

수출하거나 외국에서 조달하여 이를 가공한 후, 가공물품 등을 수입하거나 외국으로 인도하는 수출입을 말한다"고 규정하고 있다.

위탁가공무역은 자국 내에서 가공하여 수출하는 것보다 가공임이 비교적 저렴한 국가에 가공을 위탁하는 것이 유리하거나, 기술이 상대적으로 발달된 국가에서 가공하고자 하는 경우에 이용된다. 즉 해당 물품에 대해서 외국에서 효율적 생산이 가능한 경우에 이용되는 무역 형태인 것이다. 이러한 위탁가공무역방식을 수동적 가공무역(passive improvement trade)이라고도 한다.

(2) 수탁가공무역

대외무역관리규정 제2조에서는 수탁가공무역을 "가득액을 영수하기 위하여 원자재의 전부 또는 일부를 거래 상대방의 위탁에 의하여 수입하여 이를 가공한 후, 위탁자 또는 그가 지정하는 자에게 가공물품 등을 수출하는 수출입을 말한다. 다만 위탁자가 지정하는 자가 국내에 있음으로써 보세공장 및 수출자유지역에서 가공한 물품 등을 외국으로 수출할 수 없는 경우, 관세법에 의한 수탁자의 수출 · 반출과 위탁자가 지정한 자의 수입 · 반입 · 사용은 이를 대외무역법에 의한 수출 · 수입으로 본다"고 규정하고 있다.

수탁가공무역은 원자재 조달이 무환방식인가 또는 유환방식인가에 따라 유환수탁가공무역과 무환수탁가공무역으로 구분할 수 있다. 유환수탁가공무역은 대상원자재를 유환으로 수입하여 가공 후, 수출하는 거래로서 원자재의 수입대금과 가공제품의 수출대금이 직접 지급 · 수취 되는 것을 말한다. 따라서 무환수탁가공무역의 경우, 가공무역에 소요되는 원자재의 전부 또는 일부를 발주자가 무환으로 공급하므로, 수탁가공업자의 운전자금 부족 문제를 회피 할 수 있고, 가공품을 해외 구매자의 주력시장으로 용이하게 수출할 수 있는 장점이 있다. 이러한 수탁가공무역방식을 능동적 가공무역(active improvement trade)라고도 한다.

(3) 보세가공무역

보세가공무역(Bonded Processing and Trading)은 정부가 지정한 특정 보세구역에 가공설비를 설치하고 외국에서 수입된 원자재를 가공하여 다시 외국으로 수출하는 거래형태[14]를 말한다. 원자재를 외국에서 반입할 때는 일반가공무역에서와 같이 유환이나 무환으로 할 수도 있다. 보세가공무역은 원자재가 수입될 때 관세를 납부하지 않는다는 점

14) 현재 우리나라에서는 특허보세구역제도의 하나인 보세공장제도를 운영하고 있으며, 이에 대한 내용은 관세법에서 규정하고 있다.

과 원자재를 수출하는 당사자와 완제품을 수입하는 당사자가 동일인인 아니라도 된다는 점에서 수탁가공무역과는 다르다.

6. 수출과 수입의 연계에 따른 분류

연계무역(Counter Trade)이란 수출과 수입이 연계된 무역거래를 포괄적으로 총칭하는 개념이다. 대외무역관리규정에 따르면 "연계무역이란 물물교환(Barter Trade), 구상무역(Compensation Trade), 대응구매(Counter Trade), 제품환매(Product Buy Back) 등의 형태에 의하여 수출 · 수입이 연계되어 이루어지는 수출입을 말한다"고 규정하고 있다. 즉 동일한 거래당사자간에 수출과 수입이 연계된 무역거래로서 거래당사국간의 수출입의 균형을 유지하거나 통상협력의 수단으로 이용될 수 있다.

(1) 물물교환 (Barter Trade)

물물교환이란 환거래가 발생하지 않고 물품이 직접 교환되는 단순한 연계 거래방식을 말한다. 연계무역의 가장 기본적 형태로서 물물교환은 가장 오래된 무역거래의 형태이며 현재에도 선상교역, 중국 · 러시아간, 중국 · 베트남간의 국경무역에서 많이 이루어지고 있는 거래형태이다. 이는 상품이 1 대 1로 교환되는 무역형태이다.

이러한 물물교환방식의 무역은 하나의 계약서로 거래가 성립되며, 신용장의 발행이 없고, 교환물품의 양과 질에 따라 거래당사자간의 지급의무를 상쇄시키며, 거의 동시에 물품이 교환된다. 또한 대응수입의무의 제3국전가는 허용되지 않는다.

(2) 구상무역 (Compensation Trade)

구상무역이란 물물교환의 형태와 동일하나 환거래가 발생하고 대응수입의무를 제3국에 전가할 수 있다는 특징이 있다. 즉, 수출입국가간의 수출입 대금결제시 선수출 또는 선수입에 상응하는 물품대금을 외화로 수취 또는 지급하고, 후수입 또는 후수출에 따라 물품대금을 외화로 지급 또는 수취하는 거래방식을 말한다.

구상무역방식은 하나의 계약서로 거래가 성립되며 대금결제방법으로 신용장을 사용하는 경우, 동시발행신용장(Back to Back L/C), 기탁신용장(Escrow L/C), 토마스신용장(Tomas L/C) 등 특수 신용장이 사용된다. 구상무역은 거래 당사자간에 합의된 통화로 대금결제가 이루어진다. 또한 대응수입이행기간은 통상적으로 3년 이내이며, 대응수입의무비율은 통상 20%~100%까지 이다. 그리고 3각 구상무역의 성립도 가능하다.

(3) 대응구매 (Counter Trade)

대응구매란 수출계약과 함께 일정기간 안에 수입국의 상품을 구매하겠다는 별도의 다른 구매계약을 체결하여 대금을 상호 지급함으로써 성립하는 연계무역의 대표적인 거래 형태이다. 대응구매는 과거 무역을 국영으로 하던 동구 공산권 국가들이 동서교역에 활용하던 무역형태이다.

대응구매는 수출업자가 수출의 대가로 수입국의 상품을 일정한 비율만큼 다시 구입해야 한다는 점에서 구상무역과 유사하다. 그러나 구상무역은 하나의 계약서에 의해 거래가 이루어지지만, 대응구매는 두 개의 무역이라는 개념에서 두 개의 계약서, 즉 수출계약과 수입계약이 별도로 체결되어 거래가 이루어진다는 점에서 차이가 난다. 따라서 대응구매에서는 두 개의 일반신용장이 발행되고, 형식상 완전히 분리된 두 개의 일반무역거래형태로 환거래도 발생하며, 대응수입의무의 제3국 전가도 가능하다. 대응구매에서 대응수입이행기간은 통상 5년 이내이며, 쌍방간 합의된 통화로 결제된다.

(4) 제품환매와 산업협력 (Buyback)

제품환매란 기술 · 설비 또는 플랜트 등의 수출의 경우에, 수출자가 제공한 기술 · 설비 또는 플랜트에서 직접 파생되는 제품이나 또는 이를 이용하여 생산된 제품으로 수출대금을 회수하는 거래방식이다. 따라서 수출대금의 전부 또는 일부가 수출 후 일정기간이 경과된 후에 지급되며, 대금은 현금이 아닌 실물로 지급되는 것이 일반적이다.

제품환매방식은 단순한 간이생산기기의 수출에 따른 제품환매로부터 첨단 기술의 이전을 수반하는 거래에 이르기까지 광범위하게 이루어지고 있으며, 특히 기술이전을 수반하는 형태를 산업협력(industrial corporation)방식이라 한다. 산업협력은 합작생산(co-production)이라고도 하며 보통 수출상이 일괄수주플랜트(turnkey plant)를 수출하는 대신 파트너에게 기술을 이전하는 형태로 이루어지고, 수출대금은 해당 플랜트 등에서 생산된 물품 등으로 회수 된다.

제품환매방식은 대응수입상품이 수출상품의 관련재이다. 대응수입은 별도의 계약서에 의하여 이루어지며, 제3국으로 전환이 가능하다. 또한 대응수입이행기간은 통상 3년~25년 정도이며, 대응수입은 1회에 한하지 않고 그 비율도 100%를 초과할 수 있다. 그리고 대응수입은 물품에 국한되지 않고 판매망 제공 등으로 상쇄될 수 있다.

(5) 그 밖의 형태

연계무역과 유사한 거래형태로서 절충교역거래, 선구매 등이 있다.

1) 절충교역거래 (Off-Set Trade)

절충교역거래는 대응구매거래의 변형된 형태로서, 수출입물품 대금의 전부 또는 일부를 그에 상당하는 수입 또는 수출로 상계하는 수출입을 말하며, 일반적으로 하나의 계약서에 의해 거래가 이루어진다. 절충교역거래는 항공기, 무기, 첨단기술제품 등 고도기술상품의 거래에 주로 이용되며, 수입국의 입장에서 수출국에 대해 수출상품의 일부 부품을 수입국에서 공급하도록 하거나 수출국이 수입국에 해당 제품의 생산기술을 이전하도록 하는 방식이다. 즉, 수입국에서 생산한 부품과 자재를 수출국이 수입하여 이것을 수출상품에 결합시킴으로써 수출대금의 일부를 상계하는 방식이다.

2) 선구매 (Advance Purchase)

선구매는 대응구매와는 달리 선수입과 후수출이 상호 연계되는 방식이다. 즉, 수출자가 수출하기에 앞서 수입자로부터 제품을 먼저 수입하고, 수입자로 하여금 수출자의 제품을 일정기간 내에 다시 구매할 것을 약속하는 거래방식이다.

7. 물품의 인수도 장소에 따른 분류

외국에서 물품을 인수하는지 또는 인도하는지의 여부에 따라 외국인도수출과 외국인수수입으로 구분된다.

(1) 외국인수수입

대외무역관리규정에서는 외국인수수입을 "수입대금은 국내에서 지급되지만 수입물품 등은 외국에서 인수하는 수입을 말한다"고 규정하고 있다. 즉 외국인수수입은 제3국 도착수입이라고도 하며, 수입상이 매매계약을 체결하여 수출상으로 하여금 물품을 제3국으로 선적하도록 하고, 수입물품의 운송서류를 수입국내의 거래외국환은행을 통하여 인수하여 수입대금을 국내에서 지급한 후, 해당 운송서류를 제3국으로 송부하여 수입물품은 제3국에서 인수하는 거래형태이다. 이 거래방식은 플랜트수출, 해외건설, 해외투자, 위탁가공무역 등에 필요한 기자재 · 설비 또는 원자재를 외국에서 수입하여야 할 경우, 운송시간과 경비를 절감하기 위하여 수입대금은 국내에서 지급하고, 물품은 직접 해외현장에서 인수하고자 하는 경우에 이용된다.

중계무역과 외국인수수입은 물품이 외국에서 외국으로 이동한다는 점에서는 동일하지만, 중계무역은 수입, 수출 2건의 거래가 각각 발생하지만, 외국인수수입은 1건의 수

입거래만 존재하는 것이다. 또한 중계무역은 수입 후 수출함으로써 소유권이 제3자에게 이전되나, 외국인수수입은 다른 나라에서 각종 사업에 필요한 기자재 등을 수입하여 사용함을 목적으로 하기 때문에, 소유권이 수입자, 즉 국내에서 수입대금을 지급하는 자에게 있다는 점이 다르다.

플랜트수출 · 해외건설공사의 경우, 외국인수수입에 의하여 수입된 물품이 해당 사업에 사용된 후 최종적으로 소유권이 해당 사업이 시행되는 국가에 이전된다는 점에서 중계무역과 동일하다고 볼 수 있지만, 이는 플랜트수출 및 해외건설공사가 도급계약에 의하여 이루어지고, 해당 사업이 완성될 때까지 수입된 물품의 소유권이 도급자에게 있으므로, 수입 · 수출이 동시에 이루어져 수출입물품의 소유권이 변경되는 중계무역과는 다르다.

(2) 외국인도수출

대외무역관리규정에서는 외국인도수출을 "수출대금은 국내에서 영수하지만 국내에서 통관되지 아니한 수출물품 등을 외국으로 인도하는 수출을 말한다"고 규정하고 있다. 외국인수수입과 대응되는 거래형태로서 국내에서 수출 통관절차를 거치지 않은 물품을 외국으로 인도하여 매각하고 그 대금을 국내에서 영수하는 거래방식으로 플랜트수출, 해외건설, 해외투자 등 해외사업현장에서 필요한 기자재 등을 외국인수수입형태로 구입하여 사용한 후 국내로 반입하지 않고 다시 매각한다든지 또는 항해중이거나 어로작업중인 선박을 현지에서 수출하고자 할 경우에 주로 사용하는 거래형태이다.

해외에서 사용한 기자재 등을 국내에 반입하여 다시 수출통관절차를 거치는 경우 생기는 비용과 시간을 절감하는 방법으로서 이용되고 있다.

8. 물품의 임대차방식에 따른 분류

임대차무역[15]이란 물품에 대한 임대차계약을 체결하고 물품을 대금결제 없이 수출하여 임대기간동안 임대료를 지급하는 임대방식에 의하여 수출입하는 것을 말한다.

(1) 임대수출

대외무역관리규정에서는 임대수출을 "임대(사용대차[16]를 포함)계약에 의하여 물품

15) 임대차 방식의 수출입은 외국환거래법상 기타의 자본거래에 해당하므로 사전에 외국환은행에 신고하여야 하며, 특히 임차수입의 경우에는 관세법상 재수출면세에 해당될 수 있으므로 수입신고 수리 전에 반드시 관세감면 신청을 하여야 관세감면이 가능하다.

16) 사용대차(Loan of Use)란 당사자 일방이 상대방에게 무상으로 사용·수익하게 하기 위하여 목적물을 인

등을 수출하여 일정기간 후 다시 수입하거나, 그 기간의 만료 전 또는 만료 후 해당 물품 등의 소유권을 이전하는 수출[17]을 말한다"고 규정하고 있다.

임대수출방식은 주로 시설기재의 수출에 이용된다. 대개 국내에서 운용하던 기계 및 시설 등의 물품이 여건상 운용에 어려움이 발생할 경우에 타국의 자금여력이 충분하지 않은 수요자에게, 생산된 제품의 국내수입을 조건으로 임대한 후, 나중에 소유권을 완전히 이전함으로써 매각대금을 얻는 수출방식이다. 이 거래방식은 시설기재의 제공에 따라 생산제품의 시장 확보, 기술의 상호협력, 원자재 조달의 용이성 등으로 경제협력체제를 공고히 할 수 있다는 이점이 있다.

임대수출은 그 원인행위를 임대계약 및 사용임대계약에 한정하고 있으므로 차주가 소유권을 취득하고 같은 가치의 물건을 반환하는 소비대차계약(Loan for Consumption)에 의한 수출 · 수입은 제외된다.

(2) 임차수입

대외무역관리규정에서는 임차수입을 "임차(사용대차를 포함)계약에 의하여 물품 등을 수입하여 일정기간 후 다시 수출하거나 그 기간의 만료 전 또는 만료 후 해당 물품의 소유권을 이전 받는 수입을 말한다"고 규정하고 있다.

이 방식은 주로 국내의 영세한 중소기업들이나 외자도입기업들이 활용하는 방식으로 추가시설의 확보에 주로 활용된다. 즉, 임차방식의 수입은 기업에서 설비투자하는 경우, 일시에 거대자본이 투입됨에 따라 발생하는 금융부담을 완화시킬 수 있다는 측면에서 그 활용도가 높다고 볼 수 있다. 또한 설비의 내용연수가 경과되었거나 내용연수가 경과하기 전이라도 이미 노후화된 생산설비를 보다 저렴한 가격으로 소유권을 이전 받을 수 있는 기회를 가질 수 있다는 점에서 경우에 따라서는 유리할 수 있다.

9. 그 밖의 무역의 형태

(1) 협정무역

일방 교역 당사국이 수입수량을 제한하는 일방적인 무역제한조치를 취할 경우, 이러한 조치는 상대방 교역 당사국의 보복을 불러일으키게 된다. 따라서 협정무역이란 이를 극복하기 위해 두 나라간의 협정에 입각하여 진행되는 무역방식을 말한다.

도할 것을 약정하고, 상대방은 이를 사용·수익한 후 그 물건을 반환할 것을 약정함으로써 성립하는 계약을 말하는데, 차용물 그 자체를 반환하는 점에서 소비대차와 다르다.

17) 리스거래에서 소유권이전 약정이 있는 거래를 의미한다(예: 자동차, 정수기 등).

(2) 국영무역

민간무역은 무역거래의 주체가 개인인 민간무역업자인데 반하여, 국영무역은 국가의 계획과 협정에 의하여 그 주체가 되는 정부기관 또는 대행기관을 통하여 이루어지는 무역이다. 구 사회주의 국가는 대체로 이러한 국영무역회사에 의하여 대외무역이 수행되었다.

(3) 주문자상표부착방식의 무역 (OEM)

주문자상표부착방식(OEM; Original Equipment Manufacturing)이란 수입상으로부터 제품의 생산을 의뢰 받아 생산된 주문품에 상대방의 상표를 부착하여 인도하는 방식의 거래이다. 이 방식은 수출국입장에서는 수출확대와 기술축적의 계기가 되며, 현지에서의 제품판매에 따른 제반 경비 및 위험부담에서 벗어날 수 있다. 그리고 현지국의 상표를 부착하여 판매함으로써 현지인의 거부반응을 피할 수 있다.

그러나 자체상표를 부착한 상품의 수출보다 저가로 수출되는 것이 일반적이기 때문에 채산성 면에서 불리하다. 또한 새로운 모델의 개발과 같은 독자적 운영에 한계가 있을 수 있고, 수출국 상품에 대한 이미지 제고나 독자적 수출시장의 개척이 어렵다는 등의 불리한 점도 있다.

(4) 주문자개발생산방식의 수출 (ODM)

주문자개발생산 또는 주문자설계생산(ODM; Original Development Manufacturing; Original Design Manufacturing)방식의 수출은 개발력 및 생산기술을 갖추고 있지만 제조업자가 제조뿐만 아니라 연구개발, 설계, 디자인까지 담당하여 생산한 제품을 주문자(판매망을 갖춘 외국의 유통업자)에게 수출하는 것으로서, 첨단기술은 갖추고 있지만 브랜드파워가 없는 정보통신업체[18]에 의하여 주로 이용되고 있다.

ODM방식은 주문자(유통업자)가 요구하는 기술수준에 맞도록 제조업자가 자사의 기술력을 바탕으로 제품을 자체적으로 개발하여 납품하기 때문에 공급가에 개발비도 추가할 수 있어 부가가치가 높으며, 부품을 구매하는 경우에도 제조업자가 주도적으로 참여할 수 있어 원가를 절감할 수 있다. 반면, OEM 방식은 주문자의 설계도에 따라 제조업자가 제품을 단순 생산하는 방식이기 때문에 제품 값을 제대로 받지 못할 뿐만 아니라 주문자의 하청생산을 벗어날 수 없다.

---

18) 2000년대 초반 팬택이 모토롤라에게 휴대폰을 납품한 경우가 대표적이다.

(5) 현지조립방식의 수출

현지조립(Knock-Down)방식이란 완제품으로 수출하는 것이 아니라, 조립할 수 있는 설비와 능력을 갖춘 거래처에 상품을 부품이나 반제품의 형태로 수출하고, 실수요지에서 부품이나 반제품을 조립하여 제품을 완성시키는 수출을 말한다. 주로 자동차 등과 같은 기계류 수출에서 활용된다.

이 방식은 선진국이 고임금이나 공해문제 등을 회피하기 위하여 개발도상국 또는 후진국에 현지법인을 설립하는 형태로 수출되는 경우가 많다. 이 방식에 의하면 완제품에 대한 수입제한이나 높은 관세가 부과되는 것을 회피하여 상대방의 시장에 침투할 수 있다는 장점이[19] 있다.

1) 완전현지조립방식 (Complete Knock-Down method: CKD)

부품 전체를 그대로 수출하여 실수요지에서 조립하여 완제품을 만드는 방식을 말한다.

2) 부분현지조립방식 (Semi Knock-Down method: SKD)

일부는 부품으로 수출하고 일부는 상대국에서 생산한 부품으로 조립하게 하여 완제품을 만드는 방식을 말한다.

(6) 서비스 무역

무역은 상품거래 외에도 서비스, 즉 용역거래에 의해서도 수행된다. 용역이란 유체물인 상품과는 달리 상대방에 대한 역무의 제공 등을 말한다. 용역은 건설수출과 같이 단독으로도 무역거래의 대상이 되지만 상품수출에 수반하여 발생하는, 즉 상품의 운송에 따른 운송서비스, 운송중인 상품의 손상위험을 회피하기 위한 보험서비스, 금융서비스, 중재를 포함한 법무서비스, 기술서비스 등을 포함하고 있다.

(7) 삼각무역과 다각무역

삼각무역과 다각무역은 대금결제가 무역당사국 이외에 제3국을 개입시키느냐 또는 제4국, 제5국을 개입시키느냐에 따라 구분된다.

삼각무역(Triangular Trade)은 2국간의 무역수지가 일치하기 어렵고, 어느 한 국가의 수입초과가 발생하여 대금지급에 문제가 발생할 경우, 수입 초과국과 특수한 관계가 있는 제3국을 개입시켜, 3개국간 국제수지균형을 계획적으로 이루려는 것을 말

19) 현지에서 조립공정 등 단순한 공정만을 하기 때문에 드라이버 하나만 있으면 제품을 완성할 수 있다는 의미에서 이러한 공장을 흔히 Screwdriver Plant라고 부르기도 한다.

한다.

예를 들어 A국과 B국이 상호간에 편무역 상태에 있을 경우, C국을 개입시켜, A국은 B국에 10만 달러를 수출하고, B국은 C국에, C국은 A국에 동일한 금액을 수출하면 두 나라 사이의 경우만 보면 무역이 불균형상태에 있지만 3개국 전체로 보면 무역이 균형을 유지하게 된다. 결국 B국은 A국에 직접 10만 달러를 송금할 여유가 없는 경우에, 동일 금액에 해당하는 물품을 C국으로 수출하여 간접적으로 수출대금을 지급하는 효과를 가져 오는 것이다. 이러한 방식은 특히 B국의 물품이 A국보다는 C국에 더 필요한 경우에 의미가 있다.

다각무역(Multilateral Trade)은 3각 무역에서 특수관계가 있는 제3국 이외에도 제4국, 제5국 등을 개입시켜 무역균형을 유지하려고 하는 무역을 말한다.

(8) 기술수출과 플랜트수출

기술수출이란 어떤 특정 기업이 소유하고 있는 특허권(Patent License), 상표권(Brand License), 의장권(Design License), 기타의 지적재산권(Intellectual Property Rights) 및 노하우(Know-How)를 제공하거나, 그에 대한 사용권을 외국인에게 부여하고 그 대가로 로열티(royalty) 등을 받는 것을 의미한다.

플랜트(Plant)는 일반적으로 기계와 장치를 기술적으로 결합하여 생산자가 의도하는 원료 또는 중간재, 최종제품을 제조할 수 있는 대규모 생산설비를 의미한다. 따라서 플랜트수출이란 기계 및 장치 등의 하드웨어뿐만 아니라 관련 기계를 설치해서 가동하기까지의 엔지니어링, 노하우 및 건설시공 등의 소프트웨어가 모두 포괄된다는 점에서 생산단위체의 종합수출을 의미한다.

즉 플랜트수출은 거래단위가 대규모로서 거액이고, 수출이행기간과 대금회수기간이 장기에 걸치며, 주 대상이 지식집약형 방식의 수출이고, 금융기관으로부터의 연불수출금융이 일반적으로 요구되며, 수입국가에 대한 경제협력의 수단이 된다는 점에서 일반수출과는 여러 가지 면에서 다른 특성을 가진다.

(9) 개발수입

개발수입(Develop and Import Scheme)이란 수입국이 직접 자원보유국에 진출하여 자본과 기술을 투입하여 자원을 개발한 후 이를 수입하는 것을 말한다. 즉, 주로 부존자원이 빈약한 수입국이 자원보유국에 진출하여 자본과 기술을 투입하여 개발한 자원을 수입[20]하는 것이다.

기존의 자원수입은 생산되어 있는 원자재를 수입하는 단순수입방식이 대부분이었으나 최근에는 개발수입의 형태로 거래가 이루어지는 경우가 많다. 수입국의 입장에서는 자원을 안정적으로 그리고 비교적 저렴하게 확보할 수 있다는 장점이 있으며, 수출국의 입장에서는 자원보유국으로서 고용이 확대되고 기술이전이 이루어지며 수출을 증대시킨다는 측면에서 유리한 방식이다.

제3절 무역거래의 절차

1. 수출입절차의 의의

수출입의 절차는 크게 업무의 흐름, 서류의 흐름, 화물의 흐름, 화폐의 흐름으로 구분할 수 있다. 업무의 흐름은 수출업무와 수입업무의 내용 및 당사자 등을 확인하는 것이며, 서류의 흐름은 수출입업무를 진행함에 있어 어떠한 서류들이 관계되는지, 당사자는 누구인지, 서류의 특징은 어떤 것인지 이해하는 것이다. 화물의 흐름은 화물이 어떠한 경로로 이동하는지, 운송의 주체는 누구인지 등을 이해하는 것이며, 대금의 흐름은 대급을 지급하는 사람이 누구인지, 수취하는 사람이 누구인지 파악하는 것이며 이러한 대금의 흐름은 서류의 흐름과 밀접한 관련이 있다.

2. 수출절차의 개요

일반적으로 수출절차란 매매당사자 사이에 무역계약을 체결하고 수출상이 신용장 등을 수취하여, 무역관계법규의 내용에 따라 수출승인단계에서부터 수출물품을 제조·가공하여 수출검사 및 통관수속을 마치고 운송인에게 인도 또는 운송수단에 적재한 후 수출환어음 매입 및 대금회수에 이르기까지의 일련의 과정을 의미한다. 가장 보편적 거래형태인 화환신용장방식을 기준으로 하여 일반수출절차를 다음과 같이 단계별로 구분하여 볼 수 있다.

20) 최근 '자원외교'라는 명목으로 여러 나라들이 경쟁적으로 자원확보에 나서고 있으며, 특히 우리나라는 자원이 부족한 국가로서 안정적 자원확보를 위해 중동, 남미 등 전 세계에 걸쳐 적극적으로 참여하고 있다.

① 해외시장조사

수출상이 해외시장을 개척하는 데 있어서 제일 먼저 고려하여야 할 사항은 해외시장조사이다. 이는 수출하고자 하는 물품의 판매가능성과 정보 등을 조사 · 연구 · 분석하는 것으로 가장 좋은 여건을 갖춘 목적시장을 물색하기 위한 것이다. 해외시장을 효율적으로 조사하기 위해서는 수출마케팅에 대한 관심을 가지고 상품연구, 판매경로연구, 소비자분석 등 시장분석과 함께 목적시장의 상관습 및 사정을 철저히 조사하여야 한다.

② 거래선 발굴

목적시장이 선정되면 거래처를 물색하여야 하는데, 가장 경제적이며 손쉬운 방법으로 인터넷 및 각국의 상공인명부를 많이 이용하고 있다. 또한 해외광고를 통하거나 현지에 직접 출장 또는 박람회, 전시회 등 각종 행사를 이용할 수도 있다.

③ 신용조회

어떠한 경로를 통하여 거래선의 상호와 주소를 알게 되었더라도 일단 그 거래처에 대한 신용상태에 대하여 조회하여 보아야 상거래에 따른 위험을 예방할 수 있다. 신용조회는 해당 업체의 성격(Character), 자본(Capital) 및 영업능력(Capacity) 등에 대하여 현지업자를 통한 동업자조회(Trade Reference), 은행, 상업흥신소(Mercantile Agency) 등을 통하여 실시한다.

④ 거래제의와 권유

거래의 제의는 보통 권유장(Circular Letter)을 이용하는데, 이는 미지의 거래처에게 자기회사를 소개하고 취급상품과 영업정보 등을 안내하여 거래관계를 권유하는 통신문이다. 권유장을 작성할 경우에는 상대방을 알게 된 동기에서부터 맺음말까지 무역통신문의 구성요소에 알맞은 내용으로 적극적인 거래제의를 하도록 한다.

⑤ 조회에 및 조회에 대한 회신

거래관계의 제의를 받은 자가 그 물품에 대한 관심이나 구매의사가 있게 되면 여러가지 거래조건에 대하여 문의해 오게 되는데, 이를 조회(Inquiry)라고 하며, 조회장(Inquiry Letter)을 받았을 경우에는 신속하게 회신해 주어야 한다. 또한 조회를 하여 온 고객은 앞으로 거래관계를 성사시킬 수 있는 잠재적인 고객임을 인식하고 잘 관리하여야 한다.

⑥ 청약과 승낙

청약(Offer)이란 청약자(Offeror)가 피청약자(Offeree)에게 매매계약성립을 기대하여 행하는 의사표시이며, 승낙(Acceptance)이란 피청약자가 청약자에 대하여 그 청약에 응

하여 계약을 성립시킬 목적으로 행하는 의시표시이다.

무역계약의 성립은 청약이 있고 그에 대한 승낙이 있으면 즉시 성립되기 때문에 청약을 할 경우에는 확정청약(Firm Offer)으로 할 것인가 아니면 불확정청약(Free Offer) 또는 조건부청약(Conditional Offer)으로 할 것인가 등 청약과 승낙의 법적인 효과와 문제를 고려하여야 한다.

⑦ 수출계약의 체결

이론적으로는 청약과 승낙에 의해 매매계약이 성립되지만 그 자체만을 가지고 상관습이 다른 국가와 무역거래를 한다는 것은 매우 위험한 일이다. 왜냐하면 당사자간의 이해관계 상충으로 인하여 후일 분쟁(dispute)이 발생할 경우에는 당초 상세한 약정이 없었기 때문에 예상하지 못한 손실을 입게 될 가능성이 있기 때문이다. 따라서 무역거래에서는 매매계약서(Sales Contract Sheet)를 반드시 작성하는 습관을 가져야한다.

매매계약을 체결할 경우에는 당사자 간에 특히 품질, 수량, 가격, 선적, 결제, 포장, 보험 등의 기본적인 조건을 확실히 약정하고 기타의 거래조건 등 일일이 합의하기 번거로운 내용은 이면약관이나 '일반무역거래조건협정서(Agreement on General Terms and Conditions of Business: Memorandum of Agreement)' 등을 이용하는 것이 좋다. 특히 거래조건에 대한 준거법(Governing Law)이나 클레임(Claim) 발생시 클레임을 제기 할 수 있는 기간설정과 표준중재조항(Standard Arbitration Clause)을 삽입하는 것에 유의해야 한다.

⑧ 수출신용장의 내도

수출상은 수입상과의 무역계약을 체결하게 되면 해당 계약서상의 결제조건에 따라 약정한대로 대금결제수단인 이른바 신용장을 통지은행(Advising Bank)을 통하여 수령하게 된다. 수출상은 신용장을 수령하였을 경우에는 우선 유효한 신용장인가를 점검하고 당초 계약내용과 신용장조건이 일치하는지 여부, 즉 다른 점이 없는가를 자세히 살펴보아야 한다. 만일 다른 내용이나 조건이 있거나 일방에 불리한 문언이나 내용이 모호한 문언이 있다면 즉시 신용장조건을 변경하여 줄 것을 수입상에게 요청해야 한다. 특히 개설은행이 대금결제상 위험이 있는 국가일 경우에는 수출상 소재지의 신뢰성 있는 제3의 은행을 확인은행(Confirming Bank)으로 하여 줄 것도 요청할 필요가 있다.

⑨ 수출승인

신용장을 수취한 수출상은 수출하고자 하는 물품이 수출입공고상에 수출이 허용되는 물품인지 여부를 검토하여야 한다. 만일 해당 품목이 수출제한승인품목(Export Restricted Item)이나 특별법에서 제한하는 품목일 경우에는 관련기관에서 수출승인(Export License;

E/L)을 받아야 한다.

⑩ **수출물품 확보**

수출승인을 받은 다음에 수출물품을 확보하는 방법에는 자사공장에서 직접 생산하거나 임가공하청방식으로 타사공장을 이용하여 생산하거나 이미 타사공장에서 생산된 소위 완제품을 공급받는 방법이 있다. 수출상은 자사공장이나 타사측의 임가공하청방식에 의해 물품을 제조·가공할 경우에는 거기에 소요되는 원자재를 내국신용장(Local L/C)이나 구매확인서를 이용하여 조달한다.

⑪ **무역금융의 이용**

수출물품을 제조·가공하는 데는 무역업체 자체의 자금에 의할 수도 있지만 대부분의 제조업체에서는 무역금융을 이용하게 된다. 무역금융은 수출증대를 목적으로 수출물품의 선적 또는 수출대금의 입금 전에 수출상이 필요한 자금을 원화로 지원하는 단기수출지원자금이다. 무역금융은 용도별로 수출용원자재를 확보하여 수출품을 직접 제조·가공하는데 소요되는 생산자금, 수출용원재료를 수입하는데 소요되거나, 내국신용장에 의하여 국내에서 생산된 수출용원재료를 구매하는데 소요되는 원자재 자금 그리고 일정규모이하의 중소기업체에게 자금용도에 구분 없이 일괄해서 지원하는 포괄금융이 있다. 그런데 무역금융은 과다금융의 방지와 적정융자를 위하여 업체별로 융자한도를 설정하여 운용함과 동시에 무역금융수혜 이후 수출이행여부를 사후관리하고 있다.

⑫ **수출물품의 검사**

수출물품을 생산하고 수출상은 계약과 일치되는 물품을 인도하기 위하여 수량, 품질, 포장 등에 대한 물품검사를 실시한다. 그러나 매매계약시 수입상이나 그 대리인이 선적전검사(Pre-Shipment Inspection; PSI)를 하기로 약정되었을 경우에는 수출상의 물품검사와는 별도로 수입상 또는 수입상의 대리인이 물품검사를 하게 된다.

⑬ **물품운송계약 및 적하보험부보**

물품을 생산하고 포장을 완료하게 되면 수출상은 수출통관수속을 하는 한편, 선적을 위하여 운송인(Carrier)과 미리 물품운송계약을 체결한다. 선복요청서(Shipping Request)로 운항일정을 고려하여 운송편을 예약(Booking)하며, 특히 운임(Freight)은 동맹선사와 비동맹선사에 따라 운임적용이 상이하기 때문에 적절한 운송회사를 선택하여야 한다.

한편 정형무역거래조건이 CIF, CIP일 경우 수출상은 수출물품의 운송중의 위험을 담보하기 위하여 보험회사와 적하보험계약을 체결하여야 한다. 적하보험부보시에는 물품의 성질에 따라 담보 및 면책위험 등을 고려하여 어떠한 조건으로 부보하여야 안전

하고 경제적인가 등을 검토하여야 한다.

⑭ **수출통관 및 선적**

수출물품을 생산하거나 구매한 수출상은 물품을 선적하기 전에 관세법이 정하는 바에 따라 수출통관수속을 하여야 한다. 수출통관이란 내국물품을 외국으로 반출하는 것을 허용하는 세관장의 처분을 말하는 것으로서 관세법에 따른 절차를 이행하여 물품을 수출 또는 반송하는 것을 말한다.

수출상은 세관용 수출승인서(Export License), 상업송장(Commercial Invoice), 포장명세서(Packing List) 등을 갖추고 물품을 보세구역에 반입하거나 보세구역외 장소에 장치하여 통관업자인 관세사나 통관법인 명의로 세관에 수출신고를 하여야 한다.

수출신고는 대부분이 전자문서교환방식(Electronic Data Interchange; EDI)에 의해 진행되고 있다. 수출신고의 수리가 이루어지면 비로소 해당물품을 보세구역에서 반출하여 지정된 운송수단에 인도하거나 적재할 수 있다.

수출신용장이나 계약서상에 운송서류(Transport Documents)로서 복합운송인에게 수출물품을 인도완료한 후, 또는 해상선하증권(Marine Bill of Lading)을 요구할 때에는 지정선박에 적재완료한 후에 물품을 대표하는 권리증권(Document of Title)으로서 적법한 선하증권을 운송회사로부터 발급받아야 한다.

⑮ **수출환어음 매입**

수출통관과 선적이 완료되면 수출상은 신용장에서 요구하는 서류, 예컨대 상업송장, 포장명세서, 선하증권, 적하보험증권, 원산지증명서 등을 준비하고 환어음(Bill of Exchange, Draft)을 발행하여 거래 외국환은행에 수출환어음매입(Negotiation)을 의뢰한다. 거래외국환은행은 서류를 심사하여 신용장조건에 일치할 경우에는 매입당일의 환율을 적용하여 보통 추심 전에 대금을 수출상에게 지급하게 된다. 그리고 매입은행은 동 수출환어음을 서류와 함께 신용장조건대로 지급은행 또는 개설은행 앞으로 송부하여 대금을 추심하게 된다.

3. 수입절차의 개요

수입절차란 무역업자인 수입상이 해외로부터 물품을 수입하기 위하여 물품공급선을 선정하고 수입계약을 체결하여 수입승인 및 수입신용장 등을 발급받은 후 해외의 수출상으로부터 물품선적 관련서류 및 수입어음이 도착하면 수입대금을 지급하고 서류를 인도받아 수입통관절차를 거쳐 물품을 수령하는 일련의 과정을 의미한다. 가장 보

편적 거래형태인 화환신용장방식을 기준으로 일반수입절차를 단계별로 살펴보면 다음과 같다.

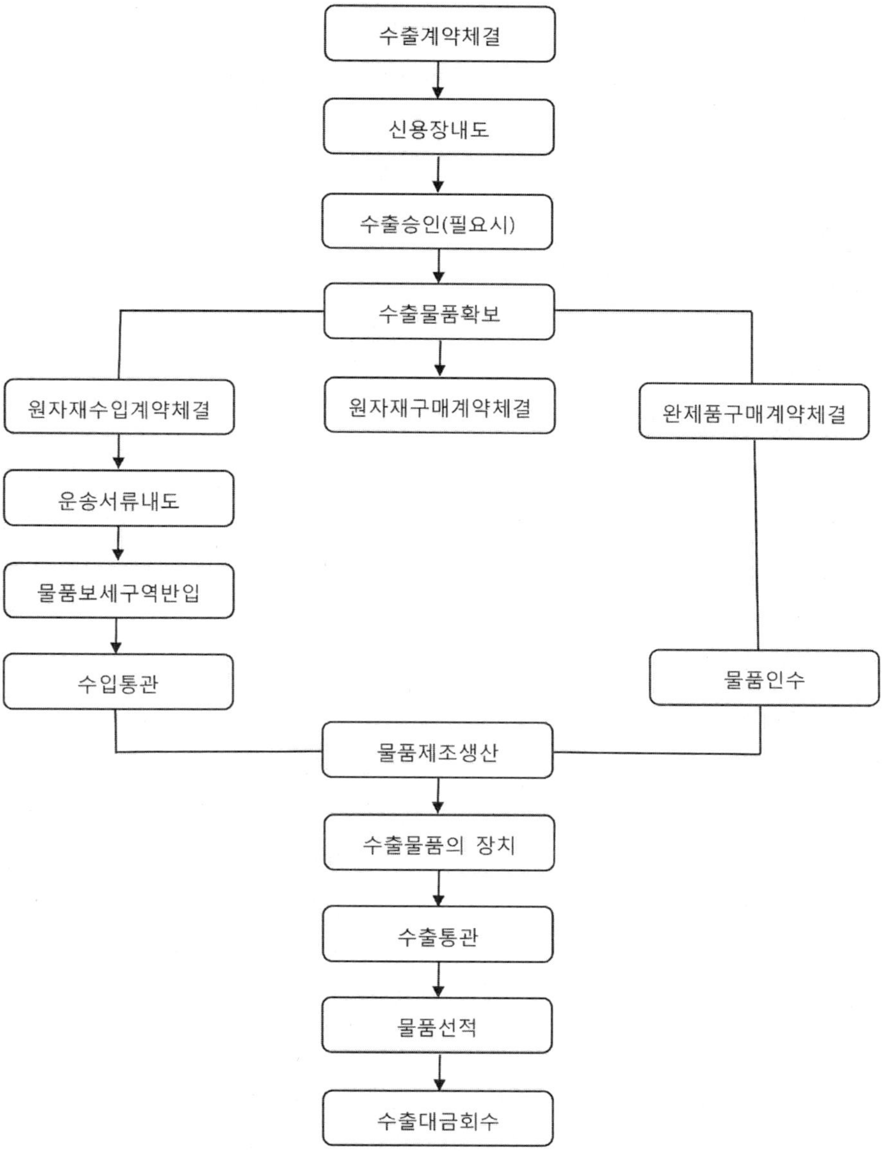

[그림 1-1] 수출절차의 개요

① **청약에 대한 승낙 및 수입계약체결**

수입상이 필요한 물품을 수입하고자 할 경우에는 우선 해외시장조사(Overseas Market Research) 및 조회(Inquiry) 등을 통하여 신뢰성 있는 물품공급처를 물색하여 국외에서 직접 청약을 받거나 또는 국내에서 외국 수출업자의 국내대리인을 통하여 물품매도확약서를 제시 받게 된다. 보통은 물품매도확약서를 청약자가 승낙자에게 교부하는데, 이 자체만으로 수입계약을 대신하여서는 안 되고 반드시 별도로 거래조건에 대하여 상세히 수입계약을 체결하고 나중에 발생할지 모르는 분쟁에 대비하여야 한다.

② **수입승인**

수입계약을 체결하고 난 후 물품을 수입하려면 우선 수입하고자 하는 물품이 수출입공고상에서 수입제한승인품목이나 특별법으로 제한되는 품목일 경우에는 해당 제한조치에 따라 관계기관으로부터 수입승인(Import License)을 받아야 한다.

③ **수입신용장 발행 및 통지**

수입상은 수입승인서 및 물품매도확약서 또는 구매계약서의 내용을 참조하여 수입신용장발행신청서에 신용장조건 등을 기재하여 개설은행(Issuing Bank)에 신용장개설을 의뢰한다. 신용장개설은행은 수수료 등을 징수하고 수익자(Beneficiary), 소재지의 통지은행(Advising Bank) 앞으로 신용장을 전송(Tele-transmission)하게 되고 이를 받은 통지은행은 수출상에게 신용장도착을 통지하게 된다.

④ **수입어음결제 및 도착서류수령**

국외의 수출상은 계약물품을 선적 또는 인도 완료한 후 신용장에서 요구하는 서류, 예컨대 상업송장, 포장명세서, 선하증권 등을 준비하여 환어음을 발행하여 거래은행에서 수출환어음매입(Negotiation)을 하고 매입은행은 환어음 및 동 서류를 수입상의 거래은행인 신용장개설은행 앞으로 송부하게 된다. 개설은행은 신용장조건과 서류 상호간의 일치여부를 심사하고 개설의뢰인인 수입상에게 수입어음결제와 도착된 수입서류를 수령하도록 통지한다. 이때 서류원본이 물품보다 먼저 개설은행에 도착되었을 경우에는 수입상은 개설은행에서 수입어음을 결제하고 서류를 수령한다. 만약에 서류보다 수입물품이 먼저 도착되었으나 수입관련서류원본이 아직 개설은행에 도착되지 않은 경우에 수입상은 거래은행인 개설은행으로부터 수입화물선취보증서(Letter of Guarantee)를 발급받아 수입물품을 적기에 통관하여 인도 받을 수 있다.

⑤ **수입통관 및 물품반출**

수입관계서류의 원본이나 수입화물선취보증서를 받은 수입상은 세관에서 소정의 통

관수속을 거쳐 수입신고필증을 받아야 한다. 통관수속은 보통 관세사를 통하여 신고하게 되는데 우선 물품을 지정보세구역에 반입하거나 보세구역외 장치허가를 받아 장치한 후 수입신고(Import Declaration)를 한다.

세관장은 수입서류를 검토하고 신고물품에 대한 수입검사를 한 후 과세가격의 결정과 세율을 확정하여 부과될 관세 등을 결정하고 관세납부고지를 한다. 수입상이 관세 등을 납부하게 되면 세관장은 수입신고를 수리하여 수입상에게 수입신고필증을 교부한다. 이 때 비로소 외국물품이 내국물품으로 인정됨은 물론 보세구역에서 반출이 가능하게 되어 수입상의 용도대로 사용할 수 있게 된다.

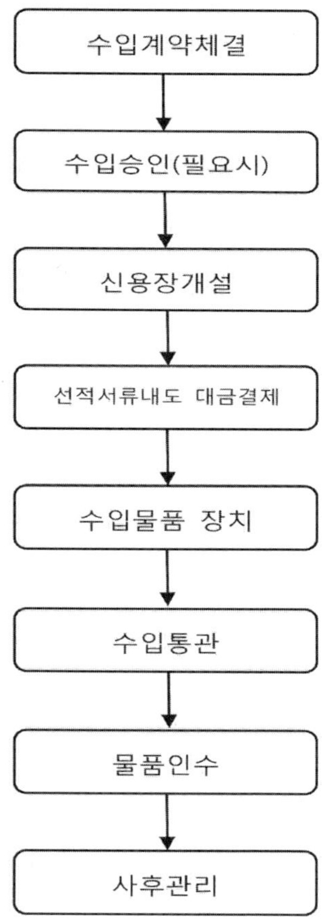

[그림 1-2] 수입절차

제2장 거래관계의 형성

제1절 거래관계 창설

1. 해외시장조사

해외시장조사(overseas market research)란 무역거래자가 외국의 거래상대방과 무역거래를 체결하기 위하여 의사결정에 필요한 해외시장의 정보를 체계적으로 수집 · 정리 · 분석하는 과정을 말한다. 해외시장조사의 내용은 거래대상국가의 일반환경조사, 고객조사, 상품조사, 판매경로조사 및 판매조사 등을 구체적으로 실시한 후 전망 있는 거래처를 발굴하는 단계를 거치게 된다.

2. 거래선의 발굴

(1) 전자거래알선 사이트 활용

전자거래알선 사이트에서는 인콰이어리(inquiry), 상품카탈로그 및 기업 디렉토리 정보 등을 등록할 수 있으며 오퍼(offer)형태별, 품목별 및 업체명 등 다양한 형태로 검색할 수 있다. 한국에는 한국무역협회, 중소기업진흥공단, 대한상공회의소, 대한무역투자진흥공사, 지방자치단체 등의 유관기관과 ㈜EC21, EC Plaza 등의 사기업들이 운영하고 있는 사이트들이 있다.

(2) 국내외 무역유관기관의 활용

국내에서 활용할 수 있는 무역유관기관은 대한무역투자진흥공사, 한국무역협회, 대한상공회의소 등이고, 해외의 무역유관기관은 현지국에 있는 대한무역투자진흥공사의 공관, 현지 국가의 상업회의소 등이다. 대한무역투자진흥공사는 무역 동향에 대한 해외시장조사, 무역 관련 각종 자료의 간행, 한국무역의 홍보, 상품전시회업무 등을 담당

하고 있다. 또한 세계적인 조직망을 가지고 있어 시장조사의 신뢰도가 높은 편이기 때문에 거래처별, 품목별 자세한 시장정보를 유료 위탁에 의한 방법으로 조사를 의뢰할 수 있다.

(3) 주한 외국대사관을 통한 조사

한국에 주재하고 있는 외국대사관을 통해 해외시장에 대한 정보를 얻을 수 있다.

(4) 각종 사절단 및 무역박람회 참가

무역 관련 기관에서 주관하여 파견하는 각종 투자 및 무역사절단, 박람회 및 전시회에 참여하여 거래처를 직접 물색할 수 있다. 특히 한국무역협회에서 총괄하여 파견하는 해외투자 및 무역사절단과 대한무역투자진흥공사에서 총괄하여 참가하는 해외박람회 및 전시회, 그리고 지방자치단체에서 지원하는 전시회를 활용할 수 있다.

(5) 해외 광고의 이용

해외홍보용 카탈로그를 제작하여 예상 거래선에 배포하거나, 국내의 해외홍보매체 등에 자사상품을 홍보하여 거래선을 물색할 수 있다. 홍보물을 배포할 경우에는 경제적인 비용으로 홍보효과를 극대화시키기 위하여 작성 배포처를 선정하는 것이 중요한데, 작성 배포처는 지역별 상공인명부를 통해 물색된 예정 거래선, 주한 외국공관의 바이어 안내, 기타 대한무역투자진흥공사, 한국무역협회 등 무역유관기관의 거래알선, 안내 등을 활용하여 선정 · 배포하는 것이 효과적이다.

(6) 자체 현지조사

대상지역을 직접 방문하여 조사하는 것이 가장 신빙성이 높은 조사방법이다. 해당 지역 방문시에는 호텔에 비치된 “Yellow Page”나 “Trade Directory” 등을 통해 품목별 예상 거래선을 선정한 다음 전화로 약속시간을 정하여 방문할 수 있으며, 중동지역 등 일부 개도국에서는 상가를 직접 방문하는 방법도 있다.

제2절 거래제의

1. 거래제의의 정의

거래제의(Business Proposal)는 거래선 발굴방법을 통하여 선정된 잠재적인 거래상대방에게 거래를 희망하는 내용의 서신인 권유장(circular letter)을 발송하는 것을 말하는 것으로 거래의 권유라고도 한다. 권유장이란 미지의 잠재 거래처에게 자신의 회사를 소개하고 취급물품과 거래조건 등을 간단하게 안내하여 거래관계를 권유하는 서신을 말한다.

특히 권유장은 문화가 다른 외국인에게 송부하는 것이기 때문에 상대방으로 하여금 구매의욕이 생기도록 개성과 진실이 있고 호감이 가도록 작성하여야 한다. 권유장의 발송은 e-mail이나 인터넷, 팩스 등을 이용하여 발송하게 되므로 e-mail을 보낼 때에는 인터넷에 자사의 홈페이지가 있을 경우 웹사이트 주소를 기재하는 것이 바람직하다.

2. 거래제의서의 작성원칙

(1) Clearness(명료성): 복잡하고 난해한 구문은 피하고 누구나 알 수 있는 표현과 구문을 사용한다.

① Mr. Park wrote to Mr. Jackson that he had accepted his proposal. (×)

② Mr. Park wrote to Mr. Jackson that he had accepted Mr. Jackson's proposal. (○)

(2) Conciseness(간결성): 문장이 길거나 장황한 것을 회피하고 전달하고자 하는 내용을 최대한 간략하게 작성한다.

① You asked us to let you know when the new model of the portable camera came on the market. It is now obtainable. (×)

② The new model of the portable camera is now available. (○)

(3) Concreteness(구체성): 시간, 금액, 가격 등에 대한 표현들은 추상적으로 표현하지 말고 구체적으로 표현한다.

(4) Correctness(정확성): 통신문의 내용이나 단어 등이 정확하도록 주의한다.

① My Dear sir, / Dear sir, / dear sirs, / sirs, (×)

② My dear Sir, / Dear Sir, / Dear Sirs, / Sirs, (○)

(5) Completeness(완전성): 상대방의 의사결정에 필요한 정보를 정확히 전달하여야 한다.

① Shipment will be in due course. (×)

② Your order for cotton goods will be shipped at the end of this month. (○)

(6) Courtesy(예의성): 거래의 완성과 상호만족을 위해 예의를 갖추어야 한다.

① You are requested to answer immediately without fail (×).

② Your prompt answer would be highly appreciated. (○)

③ We are surprised you were not satisfied with our last shipment. (×)

④ We are sorry that the quality of the shirts in our last shipment was not completely satisfactory. (○)

3. 거래제의서의 작성방법

① 상대방을 알게 된 배경이나 경로

② 작성자 회사 및 주요 업종의 소개

③ 작성자 회사의 상품 및 업계에서의 평판 등의 소개

④ 이후의 추가정보와 자료를 제공할 수 있다는 언급

⑤ 작성자 회사의 신용조회처

⑥ 맺음말

제3절 거래조회

1. 거래조회의 정의

거래조회(Business Inquiry)는 거래제의를 받은 당사자가 그 거래제의에 대한 관심이나 물품을 구매할 의사가 있을 때 거래를 제안한 당사자에게 물품의 가격, 품질, 수량, 선적 등의 거래조건에 대해 문의하는 것을 말한다. 거래조회는 상대방의 권유장에 대하여 거래상담에 관심을 표명하는 것으로 가격조건, 결제조건, 선적조건, 포장조건 등을 요구하는 내용이 기재된다. 아울러 카탈로그 및 견본 등을 요청하거나 청약(Offer)을 요청하는 내용도 포함되는 경우가 많다.

2. 거래조회서 작성방법

① 권유장에 대한 확인과 감사의 표시
② 기업의 간략한 소개
③ 관심품목의 거래조건 요청
④ 관심품목의 가격표 및 견본 요청
⑤ 기타 문의사항
⑥ 맺음말

3. 회사소개

- We are writing this e-mail to your preeminent firm in order to tap the possibility of selling your products in Korea.
(귀사 제품의 한국 판매 가능성 타진을 위해 귀사에 연락드립니다.)
- We are a trading company in Korea which is heavily involved in solar energy industry.
(태양광 에너지 산업에 관련된 한국 소재 무역회사입니다)
- We were impressed by the newest LTE phones displayed at your booth at the SMART Exhibition which was held in Seoul, Korea last month.
(지난 달 서울에서 개최된 스마트 전시회에서 귀사 부스에 전시된 최신 LTE 전화기에 감명을 받았습니다)

- We were one of the major manufacturer of electronic parts in Korea, and are interested in making a new high-tech part.
  (당사는 한국에 있는 주요 전자 부품 회사들 중의 하나이며 새로운 하이테크 부품을 만드는 것에 관심이 있습니다)
- We take this opportunity to introduce our company, KM Trading Corp., as one of Korea's preeminent trading companies as well as the exclusive import and export arm of KM Group.
  (당사는 KM 그룹의 전담 수출입 창구이자 한국의 유수 무역회사들 중 하나입니다.)

[주요 표현]

- would like to take/seize this opportunity to 동사원형;
  would like to take/seize this opportunity of ~ing: 이번 기회에 ~하다, ~할 기회를 잡다
  We *would like to take this opportunity to* expand our business line to semiconductors
  We *wish to take this opportunity to* thank you very much for your strenuous efforts of selling our touch screen.
  We would like to *take the liberty of* writing this letter to your esteemed company
- through/by the courtesy of ~: ~의 소개로
  We are pleased to learn about you and your esteemed organization *through the courtesy of* Mr. Park, President of KM Trading.
- expand business to~: ~로 사업을 확장하다
  We have been *expanding our business to* high technology fields.

제4절 거래제의 관련 통신문

1. Inquiry for a New Customer

Dear Mr. Johnson,

Your company has been recommended to us by the Korean Embassy in Beijing, China as a major importer and distributor of electronic products. We are, therefore, writing you with a keen desire of opening an account with you.

We, KM Trading Co., Ltd. are one of the companies producing high quality electronic products and exporting them to many countries. We have been enjoying a good reputation from our customers having extensive and close connections with us due to excellent quality, reasonable prices and prompt delivery.

Having been engaged in this line of business for more than 20 years, we dominate the biggest market share in Korea and we established two overseas manufacturing companies in both New York in the USA and London in England to meet the requirements of our overseas customers.

For more objective information, please e-mail me or visit our web site, http://www.tktrade.com. You can find a brief company profile of ours and digital catalogues more easily. Also you can contract the Korea Exchange Bank in Beijing for our credit standing.

We look forward to receiving your affirmative reply soon.

Yours truly,

- with a keen desire of opening an account with~: ~와 거래관계를 맺고자 하는 강한 열망으로
- enjoy a good reputation from~: ~로부터 훌륭한 평판을 얻고 있다
- in this line of business: 이 사업분야에 있어서

2. Reply to the foregoing

Dear Mr. Park,

Thank you for your e-mail and for your interest in our company. We visited your home page and we are interested in entering into business relations with you. We have been importing and distributing some different kinds of products from the USA, and the products are selling well in our market.

We are prepared to accept your proposal as long as your products prove suitable for our market in price and quality. As the products made in Korea are welcomed by our domestic customers, the demand for this line of products is estimated to increase steadily in the near future.

We have a desire of adding new products in that line and we shall be obliged if you will send us your illustrated catalogues and quotations with all information so that we can take a feasibility study through our logical agents.

Thank you for your cooperation and we remain.

Very truly yours,

- enter into business with you: 귀사와 거래를 시작하다
- have a desire of adding new products: 신규 제품을 도입할
- illustrated catalogues and quotations: 제품 카탈로그와 견적
- take a feasibility study: 타당성 조사를 하다

3. Inquiry for a New Customer

Dear Sirs,

Through the courtesy of your Korean partner for computer parts, Young Industrial Co., Ltd., we have learned that you are one of the best firms having nationwide distribution channels for cellular phones.

We have been exporting various kinds of cellular phones to many countries including the United States and Canada, and acquiring a good reputation from our customers. It is our keen desire to supply you with our quality products on favorable terms.

Our products have proved highly successful wherever they have been introduced and we are confident that you will be able to build up a good market sooner or later.

Please find the digital brochure outlining some of the major products along with a quotation attached to this e-mail. If you have any questions, please feel free to give me a call or drop me a line via e-mail so that we can follow you up everything you need immediately.

You may ask your partner, Young Industrial Co., Ltd., or refer to the Korea Exchange Bank in your city for our business ability.

We look forward to your favorable reply soon.

Yours very truly,

- through the courtesy of: ~의 덕택으로, ~의 호의로
- having nationwide distribution channels: 전국적인 유통망을 가지고 있는
- on favorable terms: 좋은 거래조건으로
- drop me a line via e-mail: 이메일로 간단히 적어 보내다
- follow you up everything you need: 귀사가 필요로 하는 모든 것을 조치해 주다

4. Reply to the foregoing

Dear Mr. Lee,

It is indeed gratifying to know that you are interested in establishing a business connection with us. We heard from our business partner, Young Industrial Co., Ltd. that you are the most reliable company in the line of cellular phones in Korea. We would like to take the cordial advice of our partner for the reputation you are enjoying and for your business experience accumulated for a few decades.

We have been importing and marketing various products and have succeed in building up a considerable number of well-established connections showing excellent business results.

We should appreciate it if you could send us your latest catalogues, prices and the terms of payment together with some samples.

We are looking forward to your early and favorable reply soon.

Yours very truly,

- it is indeed gratifying to know that~: ~을 알게 되어 상당히 기쁘다
- business experience accumulated for a few decades: 수십 년 동안 축적된 사업경험
- in building up a considerable number of well-established connections: 상당한 수의 잘 조직된 거래처들을 구축하는데
- terms of payment: 대금지급조건

5. Credit Inquiry to a Bank Reference

Gentlemen:

Pursuant to a purchase offer received from The American Importing Co., Inc., we wish to inquire about their credit worthiness, since we intend to enter into business connections with them.

Also, would you please provide us with all up to date information relating to their financial status and reputation?

We are particularly interested to know in what line they are mainly engaged and if possible, your candid opinion on their financial responsibility, their mode of doing business and their general reputation they enjoy in New York.

We promise that all information relating to their financial status shall be treated in strict confidence.

Thank you. Your cooperation is much appreciated.

Very truly yours,

- pursuant to: ~에 따라서
- intend to: ~하려고 하다, 작정하다
- strict confidence: 극비

6. Reply to the Credit Inquiry

Gentlemen:

We are pleased to reply to your letter of March 10 relating to the financial background of The American Importing Co., Inc.

The company is question was established 1990 and they have gone far in the business of exporting and importing. From the birth of the company to date, they have maintained accounts not only in our bank but also with The Bank of Credit and Commerce in New York.

You would not run the least risk in opening a connection with the firm and would be satisfied with their mode of doing business.

For this information, we do not like to accept any responsibility, but shall be pleased to be of any further services to you if you require more details.

The enclosed note shows the charges which we have paid on your behalf, for which we ask you to settle soon.

Very truly yours,

- financial background: 재무상의 배경
- in question: 논의 중인
- run risk: 위험을 무릅쓰다/감수하다
- be of any further services to: 더욱 도움이 되다
- enclosed note: 동봉한 계산서
- settle: 해결하다, 청산하다

7. Credit Inquiry to a Trade Reference

Dear Sirs,

We have had a business proposal from The Honk Kong Exporting Co., Inc. in Hong Kong, who referred us to you for information about their business standing.

Should their business standing turn out unquestionable, we are prepare to accept their proposal. It is our wish to enter into business connections with the aforementioned company. We therefore request that you give us any accurate information you have about that company in regard to productivity, efficiency, credibility and so on.

Any information you could supply, of course, will be treated as strictly confidential as usual and we shall be willing to pay for any expenses incurred in connection with this inquiry.

We are looking forward to receiving your favorable reply.

Yours faithfully,

- unquestionable: 확실한, 의심할 나위가 없는
- accurate: 정확한
- productivity: 생산성
- efficiency: 효율성

8 Reply to the Credit Inquiry

Dear Sirs,

In reply to your letter under the date of March 20, we are pleased to give you the following information.

The Hong Kong Exporting Co., Inc. is a company of high standing. The success of their products and branches throughout the world speaks for itself.

We hope this information will be of service to you. But we do not like to accept responsibility for it.

We enclosed a note showing the charges which we have paid for the necessary inquires.

Yours faithfully,

- a company of high standing: 유명한 회사
- branch: 지점
- note: 계산서

9. Proposal Accepted

Gentlemen:

We have received the report from The Bank of New York on your financial standing and the reputation you enjoy in your market, the contents of which are quite satisfactory to us. Therefore, we would like to enter into business connections with you.

Since 1983, we have been exporting many kinds of home appliances all over the world, and we enjoy a good reputation. Since all of our product are made using the latest manufacturing systems and the quality of our goods is maintained at a high level through strict quality control, we can assure you that no other products can compete with ours in either quality of performance.

In order to begin the initial business with you, we enclose a full range of our samples together with a price list quoted on the basis of CIF New York. As to the terms and conditions of business, we enclose our memorandum regarding which we would welcome any suggestions you may have.

We thank you for your business proposal and await your response.

Very truly yours,

- home appliances: 가정용품
- the latest manufacturing system: 최신 제조시스템
- strict quality control: 엄격한 품질관리
- quote: 견적
- memorandum: 거래 일반조건

10. Proposal Denied

Dear Sirs,

Thank you very much for your letter of 4th April of offering us your services as agents for the purchase of various Singaporean products.

You are exactly the lines we have been importing, but we have at present some regular sources of supply in Singapore. Moreover, the market here is so dull that there is little demand of the goods you handle.

We shall, however, keep your name and address in our files so that we may call for your help when we expand our activities at a favorable turn of the market. In the meantime, please inform us occasionally of the prices of Essential Oils, Spices, Copra and Tapioca.

We thank you for your kind proposal and believe that it will not be long before we can accept it.

Yours faithfully,

- agents for the purchase of: 매입 대리점
- the market is dull: 시장상황이 좋지 않다
- at a favorable turn of the market: 시장상황이 좋아지는 때

제3장 청약과 승낙

제1절 청약

해외시장조사를 통하여 발굴된 거래선을 대상으로 거래를 권유하는 권유장(circular letter)을 보내면 거래 상대방으로부터 거래조회(trade inquiry)를 받게 된다. 관심 있는 고객으로부터 거래조회가 있을 때에는 감사의 표시와 함께 신속하게 회신을 하여야 한다. 이 때 회신은 청약자(offeror)가 가격 등이 포함된 청약(offer)의 형태로 이루어진다. 청약자가 청약서를 보내게 되면 거래 상대방인 피청약자(offeree)가 한번에 승낙(acceptance)하는 경우도 있지만, 대부분은 거래 조건의 내용을 수정하거나 변경을 의뢰하는 반대청약(counter offer)을 보내는 경우가 많다. 이에 대하여 청약자가 다시 확정청약(firm offer)을 보내고 피청약자가 다시 반대청약을 보내는 등의 과정이 반복될 수 있다. 이러한 과정을 통하여 피청약자가 청약자의 청약을 최종적으로 승낙하게 되면 무역계약이 성립된다.

1. 청약의 개념

청약은 청약자(offeror)가 피청약자(offeree)에게 어떤 물품을 일정한 조건으로 계약을 체결하고자 하는 의사표시를 말한다. 청약은 청약자의 청약에 대해 피청약자가 무조건적으로 승낙할 경우 매매계약이 성립되어 청약자를 구속할 것이라는 의사표시라고 할 수 있다. 무역에서는 보통 청약자가 피청약자에게 특정 물품을 일정한 가격, 품질, 수량, 포장, 선적 및 결제조건 등으로 매도(또는 매입)하겠다는 의사표시를 말한다. 청약의 형식으로는 서신, 팩스 혹은 전자우편에 의하거나 일정한 서식을 갖춘 청약서(offer sheet)가 사용되기도 한다.

◆ CISG article 14

CISG 제14조에서는 청약에 대하여 다음과 같이 규정하고 있다.

Article 14

(1) A proposal for concluding a contract addresses to one or more specific persons constitutes an offer if it is sufficiently definite and indicates the intention of the offeror to be bound in case of acceptance. A proposal is sufficiently definite if it indicates the goods and expressly or implicitly fixes or makes provision for determining the quantity and the price.
(1인 이상의 특정한 자에게 통지된 계약체결의 제의는 그것이 충분히 확정적이고 또한 승낙이 있을 경우에 구속된다고 하는 청약자의 의사를 표시하고 있는 경우에는 청약으로 된다. 어떠한 제의가 물품을 표시하고, 또한 그 수량과 대금을 명시적 또는 묵시적으로 지정하거나 또는 이를 결정하는 규정을 두고 있는 경우에는 이 제의는 충분히 확정적인 것으로 한다.)

(2) A proposal other than one addressed to one or more specific persons is to be considered merely as an invitation to make offers, unless the contrary is clearly indicated by the person making the proposal.
(1인 이상의 특정한 자에게 통지된 것 이외의 어떠한 제의는 그 제의를 행한 자가 반대의 의사를 명확히 표시하지 않는 한, 이는 단순히 청약을 행하기 위한 유인으로만 본다.)

2. 청약의 종류

(1) 확정청약 (firm offer)

확정청약은 청약자가 청약내용에 대하여 승낙의 유효기간(validity)을 정하고 그 기간 내에 상대방이 승낙(acceptance)하면 계약이 성립되는 청약을 말한다. 또한 청약에 확정적(firm) 또는 취소불능(irrevocable)이라는 표시가 있지만 유효기간을 정하지 않은 경우 합리적인 기간(reasonable time) 내에는 취소되지 않을 것이라는 문구가 있는 청약도 확정청약으로 피청약자(offeree)가 그 합리적인 기간 내에 승낙하면 계약이 성립된다.

- Validity: This offer in valid until September 30, 2017
  (유효기간: 이 청약은 2017년 9월 30일까지 유효하다)
- We offer you firm subject to your acceptance reaching us by September 30, 2017

as follows;

(당사는 2017년 9월 30일까지 귀사의 회신이 당사에 도착할 조건으로 다음과 같이 확정청약합니다)

(2) 불확정청약 (free offer)

불확정청약은 청약자가 청약시에 승낙 · 회답의 유효기간(validity)이나 확정적(firm)이라는 표시를 하지 않은 청약을 말한다. 불확정청약의 경우 상대방이 승낙을 받기 전까지는 청약자가 청약내용을 일방적으로 철회하거나 변경할 수 있지만, 청약이 취소되기 전에 피청약자가 승낙하면 계약이 성립된다.

- We offer you the following goods on the terms and conditions mentioned hereunder.
  (당사는 다음에 언급된 거래조건으로 다음 물품에 대해 청약합니다)
- We are pleased to offer you without engagement as follows;
  (당사는 확약 없이 귀사에게 다음과 같이 청약하게 되어 기쁘게 생각합니다.)

(3) 반대청약 (counter offer)

반대청약은 청약자의 청약에 대하여 피청약자가 품명, 수량, 가격, 선적, 결제 등 청약내용의 일부 추가, 제한 및 변경 등 새로운 조건을 제의해오는 청약을 말한다. 반대청약은 원청약(original offer)에 대한 거절이 되고 동시에 새로운 청약이 된다. 이에 따라 원청약의 효력은 반대청약으로 인하여 소멸되게 된다.

- Your offer dated March 10 is too high in price. We can accept the offer at US$7.00 per piece CIF New York, USA.
  (3월 10일자 귀사의 청약은 가격이 너무 높습니다. 당사는 미국 뉴욕항까지 운임보험료포함인도규칙으로 개당 미화 7달러라면 청약을 수락할 수 있습니다)

◆ CISG Article 19

CISG 제19조 제1항에서는 반대청약을 다음과 같이 규정하고 있다.

Article 19

(1) A reply to an offer which purports to be an acceptance but contains additions, limitations or other modifications is a rejection of the offer and constitutes a counter-offer.

(승낙을 의도하고는 있으나 이에 추가, 제한 또는 기타의 변경을 포함하고 있는 청약에 대한 회답은 청약의 거절이면서 또한 반대청약을 구성한다)

(2) However, a reply to an offer which purports to be an acceptance but contains additional or different terms which do not materially alter the terms of the offer constitutes an acceptance, unless the offeror, without undue delay, objects orally to the discrepancy or dispatches a notice to that effect. If he does not so object, the terms of the contract are the terms of the offer with the modifications contained in the acceptance.

(그러나 승낙을 의도하고는 있으나 청약의 조건을 실질적으로 변경하지 아니하는 추가적 또는 상이한 조건을 포함하고 있는 청약에 대한 회답은 승낙을 구성한다. 다만 청약자가 부당한 지체 없이 그 상위를 구도로 반대하거나 또는 그러한 취지의 통지를 발송하지 아니하여야 한다. 청약자가 그러한 반대를 하지 아니하는 경우에는, 승낙에 포함된 변경사항을 추가한 청약의 조건이 계약의 조건이 된다)

(3) Additional or different terms relating, among other things, to the price, payment, quality and quantity of the goods, place and time of delivery, extent of one party's liability to the other or the settlement of disputes are considered to alter the terms of the offer materially.

(특히, 대금, 지급, 물품의 품질 및 수량, 인도의 장소 및 시기, 상대방에 대한 당사자 일방의 책임의 범위 또는 분쟁의 해결에 관한 추가적 또는 상이한 조건은 청약의 조건을 실질적으로 변경하는 것으로 본다)

(4) 조건부청약 (conditional offer)

청약자의 청약내용에 단서가 있는 청약으로 피청약자의 승낙만으로는 계약이 성립되지 않고 청약자의 최종확인이 있을 경우에만 계약이 성립된다.

1) 무확약청약 (offer without engagement)

무확약청약은 시황변동(market fluctuation)에 따라 청약자가 피청약자에게 사전통지 없이 가격을 변경할 수 있는 청약으로 가격불확정청약(offer subject to market fluctuation)이라고도 한다. 일반적으로 가격변동이 심한 물품에 대해 청약할 경우에 이용된다.

- We offer the goods at US$7.00 per piece CIF New York, USA subject to market fluctuation.

(당사는 그 물품에 대해 시황변동부조건으로 미국 뉴욕항까지 운임보험료포함인도규칙으로 개당 미화 7달러로 청약합니다)

2) 선착순판매조건부청약 (offer subject to prior sale)

선착순판매조건부청약은 청약자의 청약에 대한 피청약자의 승낙이 청약자에게 도달하였을 때 해당 물품의 재고가 있을 경우에만 계약이 성립되는 청약으로 재고잔류조건부청약(offer subject to being unsold)이라고도 한다. 청약자가 해당 제품을 추가적으로 생산할 계획이 없고, 이미 한정된 재고를 판매하기 위하여 불특정 다수의 피청약자들에게 청약할 경우에 주로 이용된다.

- We offer the goods at US$7.00 per piece CIF New York, USA, subject to being unsold.
  (당사는 그 물품에 대해 재고잔류조건부로 미국 뉴욕항까지 운임보험료포함인도규칙으로 개당 미화 7달러로 청약한다)

3) 점검매매조건부청약 (offer on approval)

점검매매조건부청약은 피청약자가 청약과 함께 송부된 물품을 점검하고 매입하기로 결정하면 대금을 지급하고 매입할 의사가 없을 경우에는 일정기간 내에 반품해도 무방하다는 조건이 있는 청약으로 승인조건부청약이라고도 한다.

- We offer the goods on approval at US$7.00 per piece CIF New York, USA.
  (당사는 그 물품에 대해 점검매매조건부로 미국 뉴욕항까지 운임보험료포함인도규칙으로 개당 미화 7달러로 청약한다)

4) 반품허용조건부청약 (offer on sale or return)

반품허용조건부청약은 피청약자가 청약과 함께 송부된 대량의 물품을 일정기간 동안 판매하고 남은 잔량을 반품해도 무방하다는 조건이 있는 청약이다.

- We offer the goods at US$ 7.00 per piece CIF New York, USA on sale or return.
  (당사는 그 물품에 대해 반품허용조건부로 미국 뉴욕항까지 운임보험료포함인도규칙으로 개당 미화 7달러로 청약한다)

점검매매조건부청약과 반품허용조건부청약은 청약과 함께 송부된 물품을 반품할 수 있다는 점에서 동일하다. 하지만, 점검매매조건부청약은 피청약자가 송부된 물품을 점검한 후 구입의사가 없을 경우에 바로 반품하여야 하는 반면 반품허용조건부청약은 송부된 물품을 일정기간 동안 판매하고 난 후 남은 잔량을 반품할 수 있다는 점에서 차이가 난다.

5) 확인조건부청약 (offer subject to our final confirmation)

확인조건부청약은 청약자의 청약에 대하여 피청약자의 승낙이 있다고 하더라도 다시 청약자의 최종 수락 확인이 있을 경우에만 계약이 성립될 수 있다는 조건이 있는 청약이다. 확인조건부청약은 청약이 아니라 청약의 유인(invitation to offer)에 해당된다.

- We offer the goods at US$ 7.00 per piece CIF New York, USA subject to our final confirmation.
  (당사는 그 물품에 대해 당시의 확인조건부로 미국 뉴욕항까지 운임보험료포함 인도규칙으로 개당 7달러로 청약한다)

[표 3-1] 청약의 종류

구분	종류	내용
발행지	국내발행청약	동일한 국가 내에서 발행되는 청약
	국외발행청약	외국에서 발행되어 오는 청약
발행주체	판매청약	매도인이 판매의사를 표시하는 청약(selling offer)
	구매청약	매수인이 구매의사를 표시하는 청약(buying offer)
확정력	확정청약	청약의 유효기간에 대한 문구가 있는 청약(firm offer)
	불확정청약	청약의 유효기간에 대한 문구가 없는 청약(free offer)
기타	반대청약	피청약자가 청약조건을 변경, 추가 또는 제한하여 오는 청약(counter offer)
특정조건	조건부청약 (confirmation offer)	무확정청약(offer without engagement)
		선착순판매조건부청약(offer subject to prior sale)
		재고잔류조건부청약(offer subject to being unsold)
		점검매매조건부 · 승인조건부청약(offer on approval)
		반품허용조건부청약(offer on sale or return)
		확인조건부청약(offer subject to our final confirmation)

3. 청약서 작성방법

청약은 특별히 정해진 형식이나 방식이 있는 것은 아니고 거래대상물품, 거래방식 등에 따라 다양한 형태를 취한다. 또한 기재사항도 거래특성에 따라 다양할 수 있으나 판매청약(selling offer)의 가장 전형적인 형태와 작성방법은 다음과 같다.

(1) Packing (포장)

거래되는 물품에 따라 포장방법이 다르기 때문에 해당물품의 포장방법을 구체적으로 기재하는 것이 바람직하다. 일반적으로 'export standard packing(수출표준포장)'이라고 표기할 경우 청약자가 피청약자에게 물품인도에 아무런 문제없이 포장을 적절하게 해주겠다는 약속을 의미한다.

(2) Origin (원산지)

물품별로 원산지에 따라 가격의 차이가 상당히 발생할 수 있다. 수입국의 입장에서 수입되는 물품의 원산지가 어느 국가인지에 따라 수입관세율이 달라질 수 있기 때문에 해당 물품의 정확한 원산지 표시를 하여야 한다.

(3) Shipment date (선적일)

청약서에는 반드시 계약물품을 선적할 수 있는 예상 가능일을 표기하는 것이 바람직하다. 피청약자는 청약자의 선적가능일을 기준으로 구매결정을 할 수 있고 신용장발행시 선적일과 만기일을 결정하는 근거가 된다.

(4) Payment (대금결제)

대금결제방법에는 신용장에 의한 결제방법, 추심에 의한 결제방법, 송금방식에 의한 결제방법 및 기타 결제방법 등이 있다. 이에 따라 청약자가 선호하는 결제방법을 기재하게 된다.

(5) Inspection (물품검사)

수출국에서 수출되기 전에 최종적으로 물품의 품질이나 상태 등을 검사하게 되는데 최종 물품검사에 대한 책임자나 기관을 기재한다.

(6) Validity (유효기간)

유효기간은 청약자의 청약에 대해 피청약자가 승낙하여야 하는 최종일을 의미한다. 유효기간이 기재된 청약이 확정청약이 된다.

(7) Remarks (비고)

비고란에는 청약자가 피청약자에게 요구하는 기타 사항들을 기재한다. 특정 물품에

대하여 주문 가능한 최소주문량이 있을 경우 청약자의 물품 생산능력 등을 고려하여 기재한다.

(8) Commodity & Description (물품명세)

비슷한 물품이나 유사한 물품명에 대한 혼란이 없도록 정확하게 품명 및 물품명세를 기재한다.

(9) Specification (규격)

동일한 품목이라도 그 품질과 규격에 따라 가격의 차이가 발생될 수 있기 때문에 추후에 분쟁이 발생되지 않도록 정확한 규격을 표시한다.

(10) Unit Price (단가)

각국의 화폐단위가 다르므로 사용 화폐를 분명하게 명시한다. 특히 달러나 프랑으로 표시될 때에는 여러 나라가 이 단위들을 사용하며 그 가치 기준도 다르기 때문에, 어느 나라의 달러(USA, Canada, Australia 등)이며, 어느 나라의 프랑[1]인지를 정확하게 기재하여야 한다. 단가를 제시할 때 @USD3.00/pc CIF New York, USA 등과 같이 가격조건과 결제통화를 동시에 제시한다.

4. 청약의 효력발생시기 및 효력소멸

(1) 청약의 효력발생시기

청약의 효력발생시기는 청약의 내용이 피청약자에게 도달한 때에 그 효력이 발생한다는 도달주의를 채택하고 있다. CISG 제15조 제1항에서는 "청약은 피청약자에게 도달한 때에 효력이 생긴다"고 규정하고 있으며, 한국 민법 제111조 제1항에서도 "상대방이 있는 의사표시는 상대방에게 도달한 때에 그 효력이 생긴다"고 규정하고 있다.

◆ CISG Aticle 15

(1) An offer becomes effective when it reaches the offeree.

(청약은 피청약자에게 도달한 때 그 효력이 발생한다)

1) 프랑스 프랑(France franc)인지 스위스 프랑(Swiss franc)인지를 명확히 표시해야 한다. 다만 현재 프랑스는 유로화(Euro)를 채택하여 사용하고 있으며, 스위스는 EU회원국이 아니어서 유로화를 사용하지 않고 있다.

(2) An offer, even if it is irrevocable, may be withdrawn if the withdrawal reaches the offeree before or at the same time as the offer.

(청약은 그것이 취소 불능한 것이라도 그 철회가 청약의 도달 전 또는 그와 동시에 피청약자에게 도달하는 경우에는 이를 철회할 수 있다)

(2) 청약의 효력소멸

1) 청약의 철회 (withdrawal)

청약의 철회란 청약의 효력이 발생되기 전에 청약자가 일방적으로 청약의 효력을 소멸시키고자 하는 의사표시이다. CISG 제15조 제2항에 확정청약이라고 할지라도 ① 청약이 피청약자에게 도달하기 이전 또는 ② 청약자의 청약이 피청약자에게 도달함과 동시에 청약자의 청약철회의 의사가 피청약자에게 도달된 때에는 그 청약은 철회될 수 있는 것으로 규정하고 있다. 또한 확정청약의 경우 유효기간이 경과한 때에는 그 효력이 상실된다.

한국 민법에서는 "계약의 청약은 이를 철회하지 못하며[2], 승낙의 기간을 정한 청약은 청약자가 그 기간 내에 승낙의 통지를 받지 못할 때에는 그 효력을 상실한다[3]"고 규정하고 있다.

2) 청약의 취소 (revocation)

청약의 취소는 청약이 피청약자에게 도달되어 효력을 발생시킨 후 승낙의 통지를 보내기 전에 취소시킬 수 있는 요인에 의하여 청약이 소멸하게 되는 것을 말한다.

CISG 제16조에 의하면 불확정 청약의 경우 계약이 체결되기 전까지는 청약은 취소될 수 있다. 다만 이 경우에 취소의 통지는 피청약자가 승낙을 발송하기 전에 피청약자에게 도달하여야 한다. 그러나 제16조 제2항에서는 청약이 취소될 수 없는 경우에 대하여도 규정하고 있다.

◆ CISG Article 16

(1) Until a contract is concluded an offer may be revoked if the revocation reaches the offeree before he has dispatched an acceptance.

(계약이 체결되기까지는 청약은 취소될 수 있다. 다만 이 경우에 취소의 통지는

---

2) 민법 제527조(계약의 청약의 구속력)

3) 민법 제528조(승낙기간을 정한 계약의 청약) 제1항

피청약자가 승낙을 발송하기 전에 피청약자에게 도달하여야 한다)

(2) However, an offer cannot be revoked:

① If it indicates, whether by stating a fixed time for acceptance or otherwise, that it is irrevocable; or

② If it was reasonable for the offeree to rely on the offer as being irrevocable and the offeree has acted in reliance on the offer.

(그러나 다음과 같은 경우에는 청약은 취소될 수 없다

① 청약이 승낙을 위한 지정된 기간을 명시하거나 또는 기타의 방법으로 그것이 취소불능임을 표시하고 있는 경우, 또는

② 피청약자가 청약을 취소불능이라고 신뢰하는 것이 합리적이고, 또 피청약자가 그 청약을 신뢰하여 행동한 경우)

CISG에서는 철회는 비교적 자유로이 허용하는데 반하여 취소는 극히 제한적인 경우에만 허용하도록 규정하고 있다.

(3) 청약의 거절

청약의 거절(rejection)이란 청약자의 청약에 대하여 피청약자가 승낙하지 않는다는 의사표시를 말한다. 이 경우 청약자가 보낸 청약을 피청약자가 거절하게 되면 그 청약의 효력이 소멸된다. 다만 피청약자의 거절통지가 청약자에게 도달된 시점이 청약의 효력소멸시점이 된다. 피청약자가 청약을 거절함으로써 효력이 소멸된 청약에 대해 이후 피청약자의 변심으로 유효기간 내에 원청약의 내용대로 승낙하더라도 청약자의 동의가 없으면 역시 효력이 상실된다.

(4) 반대청약

반대청약은 피청약자가 청약자의 원청약 내용을 추가하거나 변경하여 새로운 조건을 제안해오는 것으로 승낙이 아니라 청약의 거절이다. 반대청약이 청약자에게 도달하면 원청약의 효력은 소멸되고 그 반대청약은 새로운 효력이 발생되게 된다.

(5) 유효기간의 경과

청약자의 청약에 유효기간(validity)내지 승낙기간이 설정된 경우 그 기간이 경과하면 그 청약은 효력을 상실한다. 유효기간이 명시되지 않은 불확정청약의 경우에는 합리적

인 기간 또는 상당한 기간이 경과하였을 때 청약의 효력이 소멸된다. 합리적인 기간 또는 상당한 기간은 물품의 성질, 거래관습 등에 의하여 결정되는 것으로 상황에 따라 달리 다르기 때문에 일률적으로 기간을 결정하는 것은 어렵다. 따라서 실무적으로 피청약자가 유효기간이 없거나 조건부청약을 해오는 경우에는 청약자에게 다시 문의할 필요가 있다.

(6) 후발적 위법

청약이 이루어진 후 매매계약의 이행이 위법인 경우에는 그 청약의 효력은 상실된다. 예를 들어 특정물품을 판매하기 위하여 청약자가 청약을 이행하였으나, 승낙기간 전에 같은 물품에 대한 해당국가의 수출금지 및 수출제한조치의 법률이 시행되어 판매가 불가능한 경우에는 청약의 효력이 소멸된다. 또한 계약이 성립된 후에 전쟁의 발발, 당사자의 사망 등과 같은 후발적인 위법인 이행불능(frustration) 상태에서는 계약이 자동 소멸된다.

제2절 승낙

1. 승낙의 개념

승낙(acceptance)이란 청약자의 청약에 대해 무조건적으로 동의하고, 계약성립을 목적으로 행하는 피청약자의 의사표시이다. 승낙은 원칙적으로 청약의 모든 사항에 대하여 무조건으로 동의하는 것이어야 하며, 새로운 사항을 추가하거나 청약의 내용을 변경하거나 제한하는 것은 승낙으로 간주되지 않는다.

하지만 청약을 받은 피청약자가 청약의 내용에 대해 자신의 의견을 첨가하여 반대청약을 보낼 수 있다. 피청약자의 수정한 의사표시인 반대청약이 제시되면, 이전의 청약은 무효가 되어 청약자와 피청약자가 확정청약과 반대청약을 주고받는 협상과정을 통하여 최종적으로 승낙되면 무역계약이 체결된다.

2. 승낙의 조건

승낙의 의사표시가 계약을 성립시키기 위해서는 ① 승낙의 내용이 청약의 내용과 완전

하게 일치해야 할 것, ② 승낙은 절대적(absolute), 최종적(final), 무조건적(unconditional) 일 것, ③ 승낙은 청약의 유효기간 내에 행해져야 할 것, ④ 승낙의 방법이 지정되어 있는 경우에는 그 방법에 따라야 할 것, ⑤ 청약이 특정인에게 행해진 경우에는 그 당사자만이 승낙하여야 할 것 등의 요건을 충족하여야 한다.

3. 계약을 유효하게 성립시키는 승낙

(1) 무조건 승낙 (unconditional acceptance)

무조건 승낙은 청약자의 청약에 대하여 피청약자가 청약의 내용을 변경하거나 추가하지 않고 무조건적으로 승낙하는 것을 말한다.

(2) 행위에 의한 승낙 (acceptance by action)

행위에 의한 승낙은 피청약자가 청약에 대한 동의의 의사표시를 행위로 하는 것으로 그 행위가 이행되는 시점에 승낙의 효력이 발생되는 것을 말한다. 예를 들어 매도인의 청약에 대해 피청약자인 매수인이 승낙의 통지 없이 물품대금을 지급하는 경우가 이에 해당된다.

4. 계약을 성립시킬 수 없는 승낙

(1) 무조건 승낙 (delayed acceptance)

지연승낙은 청약에 대한 승낙의 의사표시가 정해진 시간이 경과하여 늦게 도착된 경우를 말한다. 즉 청약자가 승낙기간을 정한 경우에는 그 기간 내에, 그리고 승낙기간이 정해지지 않은 경우에는 합리적인 기간 내에 승낙의 의사표시가 도착하지 않을 경우 승낙은 효력을 상실하게 된다.

CISG 제21조에서는 지연승낙에 대하여 다음과 같이 규정하고 있다.

◆ CISG Article 21

(1) A late acceptance is nevertheless effective as an acceptance if without delay the offeror orally so informs the offeree or dispatches a notice to that effect.

(지연된 승낙은 그럼에도 불구하고 청약자가 지체 없이 구두로 피청약자에게 유효하다는 취지를 통지하거나 또는 그러한 취지의 통지를 발송한 경우에는, 이는 승낙으로서의 효력을 갖는다)

(2) If a letter or other writing containing a late acceptance shows that it has been sent in such circumstances that if its transmission had been normal it would have reached the offeror in due time, the late acceptance is effective as an acceptance unless, without delay, the offeror orally informs the offeree that he considers his offer as having lapsed or dispatches a notice to that effect.
(지연된 승낙이 포함되어 있는 서신 또는 기타의 서면상으로, 이것이 통상적으로 전달된 경우라면 적시에 청약자에게 도달할 수 있었던 사정에서 발송되었다는 사실을 나타내고 있는 경우에는, 그 지연된 승낙은 승낙으로서의 효력을 갖는다. 다만 청약자가 지체 없이 피청약자에게 청약의 효력을 상실한 것으로 본다는 취지를 구두로 통지하거나 또는 그러한 취지의 통지를 발송하지 아니하여야 한다)

(2) 조건부승낙 (conditional acceptance)

조건부승낙은 피청약자가 원청약에 대해 일부 청약내용을 변경하거나 추가하여 승낙하는 것을 말한다. 이는 반대청약의 내용과 같기 때문에 청약자의 승낙이 없으면 계약이 성립되지 않는다.

(3) 일부승낙 (partial acceptance)

일부승낙은 청약의 내용 중 일부만을 승낙하는 것으로 조건부승낙과 같이 반대청약의 개념이므로 계약이 성립되지 않는다.

(4) 침묵 또는 부작위에 의한 승낙 (acceptance by silence or inactivity)

침묵 또는 부작위에 의한 승낙은 피청약자가 청약자의 청약에 대해 아무런 행위나 회신을 하지 않고 침묵하는 것으로 침묵 또는 행위 그 자체는 승낙으로 인정되지 않는다.

5. 승낙의 효력발생시기

승낙의 효력발생시기와 관련하여 청약자의 청약을 피청약자가 승낙하면 계약이 성립되지만, 청약자와 피청약자가 멀리 떨어져 있기 때문에 승낙의 의사표시가 피청약자로부터 발송되어 청약자에게 도달할 때까지 어느 시점에서 계약이 성립되는지 문제가 될 수 있다.

승낙의 효력발생시기에는 ① 피청약자가 승낙의 의사표시를 발신할 때 계약이 성립

되는 발신주의(post/mail-box rule), ② 피청약자의 승낙의사표시가 청약자에게 도달된 때 계약이 성립되는 도달주의(receipt rule), ③ 물리적으로 승낙의 의사표시가 청약자에게 도달될 뿐만 아니라 현실적으로 청약자가 그 내용을 알았을 때 계약이 성립되는 요지주의(acknowledgement rule)가 있다.

영미법은 물론 대륙법에서도 승낙의 일반원칙을 도달주의로 하고 있다. 그러나 승낙의 의사표시에서 대화자간이나 격지자간에는 도달주의 또는 발신주의를 택하고 있다. 대화자간의 동시계약, 즉 전화, 텔렉스(telex), 팩스(fax) 및 전자우편(e-mail) 등에 의한 통신에서 주로 사용된다. 하지만 전보나 우편으로 승낙을 통보하는 경우에는 일반적으로 발신한 시점을 기준으로 승낙의 효력시기를 산정하기도 한다.

CISG에서는 대화자간이나 격지자간에 관계없이 도달주의 원칙을 적용하고 있다. 따라서 이와 같은 효력발생시기에 대한 문제를 해결하기 위하여 승낙의 효력발생시기에 대한 명확한 조건의 제시가 필요하다.

제3절 청약 · 승낙 관련 통신문

1. Offer Sheet for Canned Top-Shell, Seasoned

OFFER

In accordance with your inquiry No. *OH135* dated *May 10, 2017* we are pleased to offer you as follows:

Destination: *New York USA*

Delivery: *May/June*

Terms of Payment: *By irrevocable L/C in our favor*

Offer Period or Subject to: *Our final confirmation*

Brand Origin: *Republic of Korea*

Packing: *Export standard packing*

Remarks: *Partial shipments allowed*

Containing 48/7 oz. per case

Description	Quantity	Unit Price	Total Price
Canned Top-Shell, Seasoned 48 tins/7 oz. per case. Remarks 1. Inspection to be made by Central Fisherise Inspection Station Korea, is final 2. Label can be designed according to your request. Maker: Daehan Fisheries Commercial Co., Ltd., Seoul, Korea	300 Cases	CIF New York @$17.50 per case	US$5,250

We are awaiting your orders:

Yours faithfully,

- Export standard packing: 수출용 표준 포장
- Central Fisherise Inspection Station: 한국 중앙수산물 검사소

2. Offer Sheet for Cosmetics

DAEHAN TRADING CO., LTD.

OFFER SHEET

Messrs: GEOSYSTEM
New York, USA

Date: August 11, 2017
Ref. No. Euro2017

Dear Sirs,

We are pleased to offer you as follows:

Packing: Export Standard Packing

Origin: Republic of Korea

Shipment: Within 60 days from the date of contract

Payment: By an irrevocable L/C at sight in our favor

Inspection: Manufacture's inspection is final

Validity: By the end of November, 2017

Remarks: Minimum order requirement 1,000 pcs above per item

HS	Item #	Description	Quantity	Unit Price	Amount
		cosmetics		CIF New York	
3304.99.2000	20	Make-up Base 30gr	1,000 pcs	@US$10.00	USD10,000.00
3304.20.9000	79	Mascara 5ml	1,000 pcs	@US$10.00	USD10,000.00
		Total:	2,000 pcs		USD20,000.00

Yours very truly,

DAEHAN TRADING CO., LTD.

3. Firm Offer for Cosmetics

To: bronco@simpati.com

From: sklee@chung.co.kr

Date: July 21, 2017

Subject: A firm offer for cosmetics

Dear Sirs,

We take much pleasure in offering you as follows:

Packing: Manufacturer's Export Standard Packing

Origin: Republic of Korea

Shipment: Within 60 days after the date of contract

Payment: By an irrevocable L/C at sight in our favor

Inspection: Manufacturer's inspection is final

Validity: This offer is valid until the end of September, 2017

HS code	Item Description	Quantity		Unit Price	Amount
	Nagrand Brand	CIF New York, USA			
3304.99.2000	Make-up Base No.10	30gr	500 pcs	@US$2.55	US$1,275
3304.99.2000	Liquid Foundation No.13	30gr	300 pcs	@US$2.35	US$705
3304.91.1000	Compact No.13	12gr	100 pcs	@US$2.35	US$235
3304.91.1000	Pressed Powder No.13	25gr	250 pcs	@US$3.10	US$775
3304.20.1000	Triple Shadow No.31	5gr	200 pcs	@US$2.76	US$552
3304.20.9000	Mascara No.79	5ml	1,000 pcs	@US$2.05	US$1,540
	Total		2,350 pcs		US$5,082

Very truly yours,

4. Counter Offer

Dear Sirs,

Thank you for your offer of July 21 and we are pretty much satisfied with the terms and conditions you mentioned. The samples and your terms and conditions are quite up to our expectation. Although your quotation is satisfactory, we regret this business cannot be successful at your present delivery date.

In case we receive the products almost 3 months later than from now, we may lose our market opportunity as make-up products will be out of season. Under these circumstances, we would like to ask for your earliest shipment available next month to get a leg up on the market.

Your products have to be exhibited together with clothes for women supplied by KM Mulsan Co., Ltd. by the end of next month.

We will be able to issue an irrevocable L/C at sight in your favor immediately if you agree with us. Otherwise, it will not be possible for us to place an order with you this time.

We trust you will make every effort to advance your delivery time.

Very truly yours,

- be quite up to our expectation: 당사의 기대에 매우 부합되다
- at your present delivery date: 현재 귀사의 인도일
- lose the market opportunity: 시장기회를 상실하다
- get a leg up on the market: 시장을 장악하다

5. Counter Offer asking for a price reduction 1

Dear Sirs,

We examined the samples and patterns you sent us and also investigated your terms and conditions with interest.

While we appreciate the good quality of your products, we find your prices rather high considering quotations ruling in this market. There is no doubt that the prospective customers will refuse to accept your offer as the prices offered are not competitive enough to tempt them to deal with. Actually your competitors are making endeavors to get our business by offering much lower prices than those of yours.

As have been stated in our previous e-mails, competition in this line is very fierce. Owing to a growing demand for this line, however, the market here shows signs of strength.

We will be able to work on this business if you consider decreasing your prices by 15% each, which is not even competitive here.

Consequently, we are sure that you will revise the prices for our long term business and we look forward to receiving your reply.

Very truly yours,

- examine : 상세하게 조사하다, 검사하다, 검토하다
- refuse to accept your offer: 귀사의 청약을 수락하기를 거절하다
- signs of strength: 강세의 징후(회복의 징조)
- the prospective customers: 전망 있는 고객들

6. Counter Offer asking for a price reduction 2

Gentlemen:

Thank you very much for your prompt reply in providing us with your estimate No.GFD 7.

We immediately examined it with our minute care, and contacted some of our customers for their comments and suggestions, they say that the Driver Club seems to be suitable for golf playing, but the price is quite high as compared with competitors'.

As we previously mentioned in our fax of May 20, we are in a position to import it in quantities if your price is reasonable to our customers. So would you come down to a level workable to us, say, @US$450?

We hope that you will understand the benefit likely to accrue to you from a competitive price, and kindly pave the way to our initial order.

Very truly yours,

- with our minute care: 세밀한 주의를 가지고
- be in a position to: 할 수 있다 (can, be able to)
- in quantities: 많이, 다량으로
- the level workable to: 채산점에 이르는 수준
- accrue to: 생기다
- pave the way: ~에의 길을 열다, ~을 가능케 하다

7. Acceptance

Gentlemen:

We regret to know from your fax of May 30 that our price for the Model R11-S 9 is not competitive enough to meet with your customers' approval.

"To be sincere and honest" is our traditional motto, and we are always doing business on this foundation. It means that our price is marginal and there is no room to concede as our normal business practice.

However, bearing it in mind that you have to spend some amount of money for marketing, we have decide to curtail our profit so that we may make a discount of $50 per club as a token of our encouragement for your sales activities.

We hope that you will understand our attitude and place an initial order with us as quickly as possible.

Very truly yours,

- meet with one's approval: 찬성(지지)을 얻다
- our traditional motto: 당사의 전통적인 사훈
- no room to concede: 양보할 여지가 없다
- bear it in mind that: ~마음에 담다
- curtail : 절감하다
- as a token of our encouragement: 장려(격려)의 표시로서

8. Acceptance for Amendment

Dear Sirs,

Thank you for your e-mail of June 15 partly accepting our counter offer of June 10. We are reluctant to agree to your suggestion to ship the products in 2 lots. As we urgently need the products, we would like to accept your received shipment schedule.

We will place an order with you on the clear understanding that the products should reach us within the time agreed between us and we reserve the right to refuse them after August.

We will instruct our bank, the national bank of Dubai Ltd., PO BOX 777, Dubai, UAE, to issue an irrevocable Letter of Credit at sight in your favor.

We hope you can meet your shipping dates as suggested.

Yours very truly,

- be reluctant to~: ~하기 꺼려하다, 싫어하다
- revised shipment schedule: 변경된 선적일정
- on the clear understanding: ~을 명확하게 이해하는 조건으로
- within the time stipulated: 약정된 시기 내에
- reserve the right to refuse~: ~를 거부할 권리를 가지다

9. Counter Offer Accepted

Dear Sirs,

With your counter offer of November 12 on hand, we conducted our negotiations with the supplier and tried to induce them to reduce the price as you suggested.

As the prices of automobile parts go up day by day, they won't be able to accept your counter offer basically.

In consideration of the very pleasant business relationship we have had with you for several years, we have decided to agree to your suggestion and we are quite sure that you will realize this is a special occasion.

We want you to send us your order sheet together with a notice that you instructed your bank to issue a letter of credit in our favor right away.

Sincerely yours,

- conduct a negotiation: 협상을 추진하다
- induce them to~: 그들에게 ~하도록 유인하다(권유하다)
- go up day by day: 날마다 상승하다
- issue a letter of credit in our favor: 당사를 수익자로 하여 신용장을 발행하다

제4절 서식의 분쟁 (Battle of Forms)

1. 의의

서식의 분쟁이란 매매계약의 성립을 확신하고 있는 당사자가 교환한 계약서식(forms)의 내용이 다르기 때문에 계약의 성립 그 자체에 대한 다툼이나, 계약의 성립을 인정하고 있더라도 어느 서식의 조항이 유효한가에 대하여 당사자 간에 발생하는 분쟁을 말한다.

매도인과 매수인이 서로 자기가 발행한 서식의 우선권을 주장하여 서식의 상이함을 이유로 계약의 성립 그 자체를 부정하고, 또 다른 경우 계약이행상의 분쟁의 해결에

있어서 자기의 서식에 기재되어 있는 조항의 적용을 요구하며 다투는 것이다.

이러한 서식의 분쟁이 발생하는 이유는 국제무역거래가 국내거래에 비하여 계약내용이 복잡하기 때문에 무역거래당사자는 주요 계약조건을 중점적으로 교섭하며 부수적인 조건은 당사자들간의 표준약관을 기재한 계약서식을 주고받음으로써 계약을 체결하는 것이 일반적이고, 또한 계속적으로 거래를 유지해 온 경우에는 이러한 계약서상의 계약조건을 생략하는 경우도 빈번하게 발생하기 때문이다.

2. 서식의 분쟁의 법제

(1) 영미보통법 (Common Law)상의 원칙

1) 경상의 원칙 (Mirror Image Rule)

① 의의

영미 보통법에 의하면 승낙은 청약의 내용과 완전히 일치해야 하며, 승낙이 조금이라도 청약과 다른 경우에는 반대청약이 되어 승낙이라 말할 수 없으며 계약은 성립하지 아니한다는 계약 성립의 대원칙인 경상의 원칙(mirror image rule)을 고수해 왔다.

② 경상의 원칙과 서식의 분쟁

경상의 원칙 하에서 서식의 분쟁이 있는 경우에는 당사자간 교환된 서식 및 그 후의 당사자의 행위 중 청약과 승낙에 해당하는 부분이 있는지 여부를 검토하여 판단한다. 이러한 검토 결과 청약과 승낙에 해당되는 부분이 있는 경우 계약의 성립을 인정함과 동시에 그 계약을 선택할 수 있는 서식을 특정한다.

청약과 승낙에 해당되는 문서가 없는 경우에는 계약의 성립을 부정한다. 하지만 이 경우에도 당사자가 계약의 이행에 해당되는 행위를 하는 경우 행위에 의한 승낙으로 보아서 계약의 성립을 인정할 수 있다.

2) 최후송부서식 우선 원칙 (The Last Shot Doctrine)

경상의 원칙만으로 현실의 서식분쟁을 대비하는 데에는 한계가 있다. 이러한 서식분쟁 하에서 일어날 수 있는 문제점에 대한 해결방안으로 영국에서는 매도인 또는 매수인을 상대방의 서식(청약)을 행위로서 승낙한 것으로 간주하는 일종의 의제적인 경상의 원칙을 개발하였던 바, 이것이 최후발포자승리의 원칙(the last shot doctrine) 즉 최후에 송부된 서식의 우선 원칙이다.

이 원칙은 서식분쟁하에서 이행이 이루어지고 나중에 분쟁이 발생한 경우, 최후에 서류를 발송한 자의 서류를 청약(반대청약)으로 보고 이에 대한 상대방의 이행을 행위에 의한 절대·무조건 승낙으로 하여, 즉 전통적인 경상의 원칙이 이루어진 것으로 하여 분쟁발생시 최후에 발송한 서류의 내용이 당사자를 지배한다는 것이다.

이 원칙에 의하면 매도인과 매수인 가운데 최후의 문서를 발송해서 의사표시를 한 자가 승리하는 것으로 매도인의 서식이 최후인 경우 매수인의 물품 수령이 행위에 의한 승낙이 되어 매도인의 서식에 따라 계약이 성립하고, 매수인의 서식이 최후인 경우 매도인의 물품선적이 행위에 의한 승낙이 되어 매수인의 서식에 따라 계약이 성립하게 된다.

따라서 당사자간에 최후에 송부된 서식이 청약(반대청약)으로 되고 그것에 대하여 당사자의 이행의 행위를 승낙으로 인정하기 때문에 결과적으로 최후에 송부된 서식의 조항이 당사자간의 계약내용이 된다.

(2) 대륙법(Civil Law)상의 원칙

우리 민법 제534조(변경을 가한 승낙)에 의하면 "승낙자가 청약에 대하여 조건을 붙이거나 변경을 가하여 승낙한 때에는 그 청약의 거절과 동시에 새로 청약한 것으로 본다"고 규정되어 있고, 제532조(의사실현에 의한 계약성립)에 의하면 "청약자의 의사표시나 관습에 의하여 승낙의 통지가 필요하지 아니한 경우에는 계약은 승낙의 의사표시로 인정되는 사실이 있는 때에 성립한다"고 규정되어 있다.

따라서 대륙법은 영미법의 경상의 원칙을 그대로 고수하고 있다고 볼 수 있다. 즉 서식의 분쟁이 발생한 경우 매매계약의 성립을 인정하지 않는 견해가 유력하다.

(3) CISG상의 원칙

서식분쟁에 대한 CISG의 대응은 제19조 제1항을 통해 승낙에 관한 영미 보통법의 대원칙인 '경상의 원칙'을 기본원칙으로 채용하고, 제19조 제3항을 통해 실질적인 변경을 가져오는 조항을 사실상 대부분의 계약조항으로 한다. 그러므로 수정조항을 포함한 회답이 반대청약이 되는 확률을 높이고 있기 때문에 최후에 서식을 발송한 자가 승리한다는 원칙을 인정하는 입장이라고 볼 때, 전체적으로 보아 서식분쟁에 관한 영미보통법의 접근방법에 가까운 것으로 볼 수 있다. 즉 전통적인 경상의 원칙을 완화하여 규정하고 있다.

3. 서식의 분쟁의 대책

서식의 분쟁은 거래당사자 간의 논의가 충분하지 못하여 애매한 상황을 방치하여 발생하는 경우가 많으므로 거래당사자 간 사전에 충분한 합의를 해 두는 것이 필요하다.

이를 위하여 기존계약과의 관계를 검토하고 본 계약이 성립한 이상 기존의 서명 또는 구두에 의한 합의, 교섭, 언질 등은 모두 본 계약에 흡수되고 통일된다는 것을 명시한 완전합의조항(entire agreement)을 설정해 두는 것이 좋다.

또한 자신의 서식의 모든 조건이 우선하기를 원한다면 상대방이 자신의 서식에 서명할 때까지 합의는 존재하지 않는다는 조건부 서식을 만들 필요가 있다.

4. EDI 거래와 서식의 분쟁

무역거래를 EDI 환경에서 수행하는 경우 청약과 승낙이 매우 신속하게 진행되므로 당사자 간의 메시지에 대한 끊임없는 논쟁이 발생할 가능성이 크다.

또한 메시지의 내용이 많은 경우 부담이 커지므로 비용절감을 위해 아주 기본적인 사항에 대해서만 메시지를 교환하려는 경향이 있으며, 이는 결국 계약조건의 합의 누락이 발생할 가능성이 높아지게 된다. 또한 EDI 거래에서는 전통적인 경상의 원칙, 최종송부서식 우선의 원칙이 적용되기 힘들다. 따라서 일반거래약정서의 교환가능성이 더욱 증대되며, 청약과 승낙의 성립 및 효력규정을 명시할 필요가 있고, 메시지에 관한 규약을 별도로 체결할 필요가 있다.

무역계약의 조건

국제물품매매계약이란 국제간에 이루어지는 물품에 대한 매매계약으로서 일반적으로 무역계약이라고도 하는데, 이는 수출업자(seller)가 계약물품의 재산권(property)을 수입업자(buyer)에게 이전하고, 수입업자는 이에 대하여 대금의 지급을 약속하는 계약이다.

무역계약은 청약(offer), 반대청약(counter offer) 등의 최종의 수락과정을 거치면서 추가되거나 삭제된 것들을 정리하여 실제 매매거래에 필요한 모든 조건들에 대해 합의함으로써 성립된다.

매매계약은 수출업자의 입장에서는 수출계약(export contract)이 되고, 수입업자의 입장에서는 수입계약(import contract)이 된다. 따라서 당사자들은 무역거래에서의 계약서를 반드시 서면으로 작성하여 서명하여야 하고, 계약의 내용이 이행되도록 하여야 한다.

이러한 무역계약의 기본조건은 무역계약시에 필수적으로 약정해야 하는 사항으로서, 품질조건, 수량조건, 가격조건, 포장 및 화인조건, 선적조건, 지급조건, 보험조건, 분쟁해결조건 등이 있다. 따라서 계약당사자가 이들 조건을 이행하지 못하는 경우에는 당사자는 계약을 해제하거나 손해배상을 청구할 수 있다.

제1절 무역계약의 기초

1. 무역계약의 의의

계약이라 함은 "일정한 채권관계의 발생을 목적으로 하는 복수 당사자 간의 서로 대립하는 의사표시의 합치(합의)에 의하여 성립되는 법률행위"를 말한다. 즉 당사자 간에 채권, 채무를 창설하고 규정하는 법률행위이다. 국제거래의 가장 중요한 부분은 무역

계약이며, 무역계약 중에서도 가장 중요한 것은 국제물품매매계약이다.

물품매매계약에 관한 정의는 영미법과 우리나라법 모두 그 기본취지가 동일하다. 국제물품매매계약은 매매(sale)와 매매의 합의(agreement to sell)를 포함한다. 따라서 매매계약은 현물매매(present sale of goods)와 미래의 시점에 물품을 매매할 계약인 선물매매를 포함한다. 이와 같이 계약체결에 의하여 이행되는 현재의 매매를 '이행계약' 또는 '기이행계약(executed contract)'이라 하고, 매매합의에 의하여 장래의 선물(future goods)에 관련된 매매계약을 '미이행계약(executory contract)'이라고 하는데, 국제물품매매계약은 미이행계약이 일반적이다.

이처럼 국제물품매매계약은 당사자간에 합의한 내용이 계약내용대로 이행될 것이라는 기대와 만일 계약위반이 있는 경우에는 구제될 수 있다는 확신을 가지게 됨으로써 국제상거래의 기초가 된다는 점에서 그 의의를 둘 수 있다.

◆ SGA (English Sale of Goods Act, 1979)

Article 2 Contract of Sale

(1) A contract of sale of goods is a contract by which the seller transfers or agrees to transfer the property in goods to the buyer for a money consideration, called the price.
(물품매매계약은 매도인이 대금이라는 금전상의 약인을 대가로 매수인에게 물품의 소유권을 이전하거나 또는 이전할 것을 약정하는 계약이다)

(2) There may be a contract of sale between one part owner and another.
(동일물품의 지분소유자간에도 매매계약은 체결할 수 있다)

(3) A contract of sale may be absolute or conditional.
(매매계약은 절대적 또는 조건부로 할 수 있다)

(4) Where under a contract of sale the property in the goods is transferred from the seller to the buyer the contract is called a sale.
(매매계약에 의하여 물품의 소유권이전이 매도인으로부터 매수인에게 이전되는 경우에 그 계약은 매매라고 칭한다)

(5) Where under a contract of sale the transfer of the property in the goods is to take place at a future time or subject to some condition later to be fulfilled the contract is called an agreement to sell.

(매매계약에 의하여 물품의 소유권이전이 장래에 이행되거나 또는 계약 이후에 충족되어야 할 일정한 조건을 전제로 한 경우에 그 계약은 매매의 합의라고 칭한다)

(6) An agreement to sell becomes a sale when the time elapses or the conditions are fulfilled subject to which the property in the goods is to be transferred.
(매매의 합의는 물품의 소유권이 이전되는데 필요한 시간이 경과되거나 또는 그 조건이 충족된 당시에 매매로 된다)

◆ UCC (Uniform Commercial Code)

Article 2 Sales [2-106]

(1) In this Article unless the context otherwise requires "contract" and "agreement" are limited to those relating to the present or future sale of goods. "Contract of sale" includes both a present sale of goods and a contract to sell goods at a future time. A "sale" consists in the passing of title from the seller to the buyer for a price. A "present sale" means a sale which is accomplished by the making of the contract.

◆ 민법 제563조(매매의 의의)

우리 민법에서는 "매매는 당사자 일방의 재산권을 상대방에게 이전할 것을 약정하고 상대방이 그 대금을 지급할 것을 약정함으로써 그 효력이 생긴다"라고 규정하고 있다.

2. 매매계약의 대상

무역계약의 대상은 주로 동산인 물품(goods)이며, 토지 · 건물 등의 부동산 또는 주식 · 어음 등의 유가증권은 무역거래의 대상이 될 수 없다.

유체동산 즉 물품이 매매계약의 목적물로 되는 경우에는 그것이 계약 당시 이미 매도인이 소유 또는 점유하고 있는 현물(existing goods)이거나 계약 체결 후 매도인이 제조 또는 취득할 물품, 즉 선물(future goods)도 해당될 수 있으며, 특정물(specific goods)과 불특정물(unascertained goods)로 구분할 수 있다. 무역계약의 대상이 되는 물품은 주로 동산인 불특정물의 선물이다.

[표 4-1] 무역계약의 대상

현물(existing goods)	매매계약이 체결될 당시에 실제로 존재하는 물품
선물(future goods)	매매계약 체결 이후에 매도인이 제조 또는 취득하는 물품
특정물(specific goods)	매매계약의 성립시에 확정되어 합의된 물품
불특정물(unascertained goods)	매매계약의 목적물로서 선택 또는 특정되지 않고, 단지 그 종류, 품질, 명세 등만 정해져 있거나 또는 매매하기로 예정되어 있는 물품

3. 매매계약의 성립요건

무역거래에서 무역계약이 유효하게 성립되어 법적 구속력을 갖기 위해서는 몇 가지 요건이 충족되어야 한다. 무역계약의 당사자는 계약을 성립시키기로 합의해야 하고, 약인(consideration)이 수취되거나 약속되어야 하고, 당사자가 계약능력을 가지고 있어야 하며, 계약은 합법적으로 성립되어야 한다. 이러한 요건이 갖추어진 경우에는 계약당사자 일방이 계약위반을 한다면 의무의 이행을 강제하거나 손해배상을 청구할 수 있는 것이다.

(1) 의사표시의 합치

무역계약이 유효하게 성립하기 위해서는 계약당사자 일방의 청약에 대하여 상대방의 승낙에 의한 합의가 있어야 한다. 합의는 계약성립을 위한 본질적인 요소로서, 당사자는 계약의 조건에 합의해야 하고, 동일한 거래에 대한 상호간의 동의를 서로에게 표시해야 한다. 통상적으로 합의는 청약과 승낙에 의해서 입증된다. 일방 당사자가 상대방에게 특정거래를 청약하고, 상대방이 그 거래를 승낙한다.

(2) 법정방식 또는 약인의 존재

1) 법정방식

날인계약(contract under seal)은 날인증서작성이라는 요식성에 계약성립의 근거를 두고 있다.

2) 단순계약(simple contract); 불요식 계약

대가의 상호교환 즉, 약속의 대가로 제공되는 가치라는 약인(consideration)의 존재를 계약 성립의 근거로 삼고 있다.

◆ Consideration(약인)

1. 의의

약인은 물품매매계약에 있어서 물품인도약속에 대한 대금의 지급 또는 약속, 대금지급약속에 대한 물품의 인도 또는 그 약속 등과 같이 계약상의 대가로서 제공되는 행위, 즉 금전 또는 재산권의 양도, 행위의 금지 또는 행위의 금지에 관한 법률관계의 변동을 말하는 것으로서, 그 기본적인 개념은 대가의 상호교환이라고 할 수 있다. 즉 수약자에 의해 제공되는 적법하고 법률상 가치가 있는 현재 또는 미래에 대한 작위, 부작위의 약속이다.

2. 약인의 요건

① **실제적 요건**

약속과 동등한 가치를 지닐 필요는 없지만 법률상으로 보아 가치가 있는 것, 즉 실제적이어야 한다. 당사자가 진정으로 계약을 체결하여 법적인 권리의무를 부담할 의사, 즉 당사자 간의 거래적 요소가 계약상 반드시 구현되어야 하는 소위 실재적 요소가 있어야 한다.

② **현재 또는 미래의 약인 요건**

계약성립시기를 기준으로 하여 볼 때 현재의 작위(act) 또는 부작위(forbearance)이든 미래의 작위 또는 부작위의 약속이든 상관없으나 과거의 약인은 성립 될 수 없다. 왜냐하면 당사자가 약속이 있기 이전에 이미 행하였거나 완료되어 버린 이른바 과거의 약인은 교환적 대가가 없어 거래적 요소를 결여하고 있기 때문에 강제집행이 불가능하므로 약인이 성립될 수 없다.

③ **적법 요건**

약인은 적법한 것이어야 한다. 따라서 불법적인 약인에 의해서 이루어진 약속은 무효이다.

④ **수약자에 의한 제공**

약인은 수약자에 의해서 제공된 것이어야 한다. 따라서 약인을 제공한 자만이 그 계약에 의하여 소송을 제기할 수 있다.

3. 약인의 중요성

영미법계에서는 대륙법계에서 볼 수 없는 약인이 있기 때문에 날인증서에 의하지 않는 단순계약이라도 이러한 약인에 의해서 유효하게 된다. 그러나 국제거래에서는 단순

계약에서도 약인이 문제되는 일은 보기 드물다. 다만 거래처의 신용이 불확실하기 때문에 영미법계 국가에 소재하는 제3자의 보증장을 첨부하게 되는 경우에는 충분한 요건을 갖춘 약인이 존재하는지 여부를 확인하여야 한다.

4. 국제계약상 약인이론

약인이론은 원칙적으로 유상의 대가적 의의가 있는 거래와 증여를 구별하기 위하여 영미에서 특히 발달한 제도로서 호의적인 증여의 성질을 갖는 약속을 강제 집행한다는 것은 부당하다는 취지에서 출발한 것이므로 쌍방당사자가 이해관계에 민감한 국제적 상인인 경우에는 어떤 채무가 아무런 반대급부 없이 호의로 성립하였다고는 생각할 수 없기 때문이다. 오늘날 국제거래관계에서 영미법이 강세를 보이고 있다고 해도 약인이론이 국제거래에 등장하여 그에 따라 계약이 무효화되는 사례는 보기 힘들다.

보통 계약서 안에 다음과 같은 문언을 삽입함으로써 약인문제가 해결된 것으로 본다. "In consideration of mutual covenants and promises herein set forth, it is agreed as follows" 약인이론은 점차 완화되고 있는 추세이지만, 영국이나 미국과 거래하는 경우 강제로 이행되어야 할 가능성이 있는 계약은 계약서상에 약인관련 문구를 기재하는 것이 좋다.

(3) 당사자의 계약체결능력의 존재

무역계약이 유효하게 성립하기 위해서는 계약당사자가 행위능력을 가지고 있어야 한다. 즉, 미성년자, 피성년후견인(금치산자), 피한정후견인(한정치산자) 등 법률행위의 무능력자가 법정대리인의 동의 없이 계약을 체결한 경우에는 그 계약을 취소할 수 있기 때문에(voidable contract), 계약당사자가 행위능력이 있어야만 계약이 유효하게 성립할 수 있다.

(4) 합법성의 존재

무역계약이 유효하게 성립되기 위해서는 그 계약의 성립과정이나 내용에 하자가 없어야 한다. 예를 들면, 사기(fraud), 강박(duress), 착오(mistake), 선의부실표시(innocent misrepresentation), 부당위협(undue influence) 등 의사표시의 하자에 의해 계약이 성립하는 경우, 계약의 목적이나 내용이 위법하거나 실현 불가능한 경우, 서면을 요구하는 계약이 서면의 형식적인 요건을 충족하지 못한 경우 등에는 계약이 유효하게 성립할 수 없다.

제2절 무역계약의 법적성격

무역계약은 합의계약이며, 쌍무계약이면서, 유상계약과 불요식계약으로서의 법적 성격을 가지고 있다.

1. Consensual Contract (낙성계약)

합의계약(낙성계약)은 계약당사자의 합의만으로 성립하는 계약이다. 즉 당사자 일방에 의해서 행해진 청약에 대하여 상대방이 승낙함으로써 성립하는 계약을 말한다. 따라서 낙성계약은 양당사자의 합의만으로 계약이 성립하므로 특별히 계약서를 작성하는 것을 요건으로 하지 않으며 이러한 점에서 요물(要物)계약(substantial)과 구별된다.

낙성계약과 요물계약을 구별하는 기준은 계약이 당사자의 합의만으로 성립하는가 아니면 합의 이외에 또 다른 법률사실이 있어야 성립하는가이다. 요물계약은 합의 외에도 계약목적물의 인도, 소유권의 이전과 같은 법률사실이 없으면 계약이 성립되지 않는 계약이고 소비대차, 사용대차, 임치 등이 여기에 해당된다.

2. Bilateral Contract (쌍무계약)

쌍무계약은 계약의 성립에 의하여 당사자 쌍방이 상호 채무를 부담하게 되는 계약을 말한다. 쌍무계약은 당사자의 일방만이 채무를 부담하는 편무계약과 달리, 계약당사자의 쌍방이 채무를 부담하는 계약이다. 무역계약은 그 계약의 성립과 동시에 매도인이 물품인도의무를 부담하고 매수인이 대금지급의무를 부담하는 쌍무계약이다.

쌍무계약은 계약의 효과로서 발생한 채무만을 대상으로 하여 그 채무가 서로 대가적 의미를 지니는지 여부를 기준으로 구분한다. 쌍무계약은 채무자체가 상호적인지 여부에 관한 것이라면, 유상계약은 채무의 내용이 대가가 있는지 여부에 관한 것이다. 그러므로 쌍무계약은 모두 유상계약이지만, 반대로 유상계약은 반드시 쌍무계약이라고 볼 수 없다.

3. Remunerative Contract (유상계약)

유상계약은 계약당사자가 상호 대가관계에 있는 급부(給付)를 할 것을 목적으로 성립되는 계약이다. 유상계약은 일방 당사자의 경제적인 출연에 대하여 상대방이 이에 대응하는 급부를 제공하지 않는 무상계약과 달리, 계약당사자가 상호 대가적 관계에

있는 급부를 할 것을 목적으로 하는 계약이다.

이것은 채무이행의 측면에서 본 것으로서, 매도인의 물품의 인도에 대하여 매수인은 금전 또는 물품의 반대급부를 이행해야 한다는 것이다. 무역계약은 매도인의 물품인도에 대하여 매수인의 대금지급이라는 상호 대가관계를 원칙으로 하는 유상계약이다.

무역계약이 가지는 유상계약적 성격은 SGA의 매매계약의 정의에 나타난 바와 같이 물품의 소유권 이전과 대금이라는 금전적 대가 또는 약인(consideration)에서 찾아볼 수 있다.

4. Informal Contract (불요식계약)

불요식계약이란 계약체결에 아무런 방식도 요구하지 않는 계약을 말한다. 따라서 불요식계약은 어떤 요식행위에 의하지 않고 구두 또는 서면으로, 또는 일부는 구두로 일부는 서면으로도 계약체결이 가능한 것이다.

일반적으로 특정양식에 의해 당사자가 의사표시를 함으로써 계약이 성립하는 요식계약은 주로 부동산 거래나 어음, 수표거래에 많이 이용된다.

그러나 무역계약에서는 청약과 승낙이 반드시 서면으로 입증되어야 한다거나 어떤 특별한 방식에 따를 필요가 없으며 증인에 의해 입증될 수도 있다.

SGA에서는 "법 기타 제정법에 달리 규정되지 않는 한, 매매계약은 날인이 있건 없건 관계없이 서면이나 구두로 하거나 또는 일부는 구두로 일부는 서면으로 하거나, 또는 당사자의 묵시적 행동에 의해 할 수도 있다"고 규정하고 있으며, CISG에도 이와 같은 취지의 규정이 있다.

◆ SGA 4 How contract of sale is made

(1) Subject to this and any other Act, a contract of sale may be made in writing (either with or without seal), or by word of mouth, or partly in writing and partly by word of mouth, or may be implied from the conduct of the parties.

◆ CISG Article 11

A contract of sale need not be concluded in or evidenced by writing and is not subject to any other requirement as to form. It may be proved by any means, including witnesses. (매매계약은 서면에 의하여 체결되거나 또는 입증되어야 할 필요가 없으며, 또 형식에 관해서도 어떠한 다른 요건에 따라야 하지 아니한다. 매매계약은 증인을 포함하여 여하한 수단에 의해서도 입증될 수 있다)

제3절 품질조건 (Terms of Quality)

국제물품매매계약에서 매매의 대상인 물품의 품질은 거래당사자간에는 매우 중요한 관심사이다. 따라서 이 문제로 인하여 상거래 분쟁이 야기되는 경우가 많다. 매매계약의 당사자들은 물품의 품질에 관하여 품질의 결정방법, 품질의 결정시기 및 품질의 증명방법 등에 대하여 명확히 해야 한다. 이하에서는 물품의 품질과 관련하여 매매계약 당사자들이 약정해야 할 사항에 대하여 살펴본다.

1. 품질결정의 방법

물품의 품질을 결정하는 방법, 즉 무역거래의 대상이 되는 물품의 품질수준을 어느 정도로 할 것인가를 결정하는 방법은 다음과 같다.

(1) 견본매매 (sales by sample)

1) 의의

견본매매는 매매당사자가 제시한 견본에 의하여 거래물품의 품질수준을 결정하는 방법을 말한다. 이 방법은 주로 공장에서 대량 생산되는 공산품을 대상으로 하며, 견본에 의하지 않고는 품질의 판단이 어려운 경우, 간단히 송부할 수 있는 물품 또는 저가 제품의 경우, 입찰 또는 상대방 국가의 시장에 의하여 견본 제출을 필요로 하는 경우 등에 주로 이용되고 있으며, 오늘날의 무역거래에서 가장 많이 이용되고 있다.

2) 견본의 종류

견본은 실제 매매될 물품의 일부로서, 물품전체의 품질을 대표하고 장차 매수인이 수령할 물품의 품질을 알리기 위하여 제시하는 것을 말한다. 견본이외에 pattern이나 specimen도 견본으로 간주되고 있다. Pattern은 직물류나 완구 등과 같이 주로 의장과 도안이 품질 구성요건으로 되어 있는 경우에 사용되며, Specimen은 규격이 균등한 상품을 매매할 경우에 몇 개를 채취하여 모든 상품의 표본으로 삼는 것을 말한다.

일반적으로 견본은 매도인에게 제시하는 매도인견본(seller's sample)이나, 매수인이 매도인에게 송부하는 매수인견본(buyer's sample)도 있다. 또한 매수인의 견본에 대해 매도인이 제조하여 보내는 견본을 반대견본(counter sample)이라고 한다. 반대견본은 3개 이상 만들어서 하나는 매수인에게, 하나는 자사보관용(duplicate sample; reference,

keep, file or check sample; 제2견본)으로, 나머지는 제조업자 또는 공장용(triplicate sample; 제3견본)으로 한다.

실제로 선적된 물품 중에서 그 중 일부를 보내는 경우를 선적견본(shipping sample, advance sample)이라 한다.

3) 견본거래시 유의사항

견본으로 품질을 결정하는 견본매매에서는 특히 다음의 사항에 유의하여야 한다.

① **견본관리**

당사자는 신중하게 견본을 작성, 송부 및 보관하여야 한다. 즉, 견본의 종류가 많은 경우에는 견본번호를 붙여서 견본대장에 송부일자, 상대방의 성명 등을 기재하여야 하고, 상대방으로부터 견본을 송부 받은 경우에는 그 동일품 및 일부분을 사본견본으로 보관하여야 한다.

② **견본품질**

매도인이 견본을 제시하는 경우에는, 동일한 품질의 물품을 인도하지 못할 수도 있기 때문에 자신이 만든 최상품 중에서 견본을 선택하기 보다는 보통의 평균적(fair and aveage) 품질의 견본을 선택하여 제시하는 것이 바람직하다.

③ **분쟁예방**

매매계약시에 “quality to be fully equal to the sample(견본과 완전히 일치하는 품질)”과 같이 표현하는 것보다는 “quality to be similar to the sample(견본과 유사한 품질)” 등과 같은 완곡한 표현을 사용하는 것이 후일의 시장클레임(market claim)이나 의도적인 클레임을 예방할 수 있다.

(2) 상표매매 (sales by trade mark or brand); 브랜드매매 (sales by brand)

상표매매는 견본을 제시할 필요 없이 세계적으로 널리 알려진 생산업자의 상표(trade mark) 또는 브랜드(brand)만을 가지고 품질수준을 결정하는 방법을 말한다. 특히 상표는 품질을 보증하는 기능을 갖고 있어 무역거래의 품질판정기준으로 널리 이용된다. 예컨대 청량음료의 코카콜라, 손목시계의 오메가 로렉스, 만년필의 파커 등과 같은 유명상표의 제품은 그 상표 자체만으로도 품질을 인정받게 되기 때문에 상표만을 가지고 품질 수준을 결정할 수 있다.

(3) 명세서매매 (sales by specification); 설명서매매 (sales by description)

명세서매매는 견본제시가 불가능한 선박, 철도차량, 발전기, 공작기계, 의료기구 등

고가의 거대한 기계류의 경우에 상품의 재료, 구조, 성능, 규격, 치수 등을 상세히 설명한 설명서(description)나 명세서(specification of dimensions), 도해목록(illustrated catalogue), 설계도(design) 또는 청사진(blueprint) 등에 의해, 그리고 영양식품이나 유지(oil and fat) 및 기타의 화학제품거래에서는 색채, 광택, 향기, 맛, 수분 등을 표시한 명세서에 의해 품질수준을 결정하는 방법이다.

(4) 규격매매 (sales by type or grade); 등급매매 (sales by grade)

규격매매는 국제적으로 정해져 있거나 수출국의 공적규정으로 인정되어 있는 규격이나 등급으로 거래물품의 품질수준을 결정하는 방법을 말한다. 공산품의 경우에는 국제표준화기구(ISO; International Standard Organization), 우리나라의 KS(Korean Standard), 일본의 JIS(Japan Industrial Standard), 영국의 BSS(British Standard Specification) 등의 규정을 이용하여 품질수준을 결정하게 된다.

(5) 점검매매 (sales by inspection)

점검매매(현품매매, 실현매매)는 매수인이 거래물품의 품질수준을 직접 확인한 후 매매계약을 체결하는 경우의 품질결정방법이다. 이 방법은 매수인이 현품을 직접 확인 점검하는 방식을 취하는 것이므로, ① 수출국에 상주하는 매수인의 대리인이 거래물품의 품질수준을 직접 확인한 후 매매계약을 체결하는 경우, ② 매수인이 수입국의 보세창고에서 거래물품의 품질수준을 직접 확인한 후 매매계약을 체결하는 보세창고도거래(BWT), ③ 수입국에 상주하는 매도인의 대리인에 의하여 제시되는 물품에 대하여 매수인이 그 품질수준을 확인한 후 매매계약을 체결하는 현품인도지급(COD; Cash On Delivery), ④ 점검매매조건부청약(승인조건부청약)(offer on approval), 반품허용조건부청약(offer on sale or return) 등에 주로 이용된다.

(6) 표준품매매 (sales by standard)

표준품매매는 일정한 규격이나 유명한 상표가 없고 견본제시가 불가능한 수확예정의 농산물이나 수산물의 경우에 해당연도의 표준품을 기준으로 거래물품의 품질수준을 결정하는 방법이다. 즉, 농산물이나 수산물 등의 천연산물은 종류는 같지만 이질적인 여러 상품들이 혼합되어 한 가지 종류의 상품을 이루고 있기 때문에 등급을 정하여 거래하는 것이 일반적이며, 선물거래에 주로 사용된다.

표준품매매에는 다음의 3가지가 있다.

1) 평균중등품질조건 (Fair Average Quality; FAQ)

선적지에서 해당 연도에 생산되는 동종의 수확물 가운데 평균적이며 중등의 품질을 표준으로 하여 거래물품의 품질수준을 결정하는 방법이다. 이 방법은 곡물, 면화, 차, 천연과일 등의 농산물 거래에서 품질을 결정할 때 주로 이용된다.

2) 판매적격품질조건 (Good Merchantable Quality; GMQ)

물품 내부의 부패나 기타의 잠재하자를 외관상으로 확인하기 어려운 원목, 목재, 냉동수산물, 광석류 등의 경우에, 수입지에서 매수인에게 인도된 물품이 해당 물품과 상관습에 비추어 판매가능한 상태일 것을 조건으로 거래물품의 품질수준을 결정하는 방법이다.

3) 보통표준품질조건 (Usual Standard Quality; USQ)

공인검사기관 또는 공인표준기준에 의해서 정해진 보통품질을 표준품의 품질수준으로 결정하는 방법이다. 이 조건은 미국의 면화판매에서 시작되었으며, 주로 원면거래에 이용된다.

[표 4-2] 품질결정방법

종류	내용	예
견본매매	매매당사자가 제시한 견본의 품질을 실제 매매될 물품의 품질기준으로 결정하는 것	공산품, 저가제품
상표매매	별도의 견본을 제시하지 않고 국제적으로 널리 알려진 유명 상표(trade mark) 또는 브랜드에 의하여 실제 매매될 물품의 품질수준을 결정하는 것	Nikon 카메라, Omega 시계
명세서매매	견본제시가 어려운 거래대상물품의 소재, 구조, 성능, 규격 등을 구체적으로 설명하는 명세서(specification)나 설명서(description), 설계도(plan), 도해목록(illustrated catalogue) 또는 청사진(blueprint) 등을 실제 매매되는 품질기준으로 결정하는 것	선박, 철도차량, 의료용구, 중장비류 등의 고가 기계류
규격매매	상품의 규격이 국제적으로 정해져 있거나 수출국에서 공식적으로 인정하는 것일 경우 이들 규격이나 등급을 실제 매매될 물품의 품질기준으로 결정하는 것	ISO, KS, JIS, BSS 등이 표시된 물품
점검매매	매도인의 물품에 대하여 매수인이 품질수준을 직접 확인한 후 매매계약을 체결하는 방법	COD, CAD, BWT 거래 등
표준품매매	일정한 규격이나 견본제공이 곤란한 수확예정인 농·수산물 등의 1차 산품과 벌채예정의 원목 등과 같은 물품의 경우 해당 연도의 표준품을 실제 거래물품의 품질기준으로 결정하는 것	
	FAQ: 인도물품의 품질을 선적지에서 해당 연도에 출하된 수확물 중에서 중간의 품질을 표준으로 하여 거래물품의 품질수준을 결정하는 것	면화, 곡물, 차 등의 곡물류
	GMQ: 물품의 잠재적 하자나 내부의 부태상태를 알 수 없는 경우, 상관습에 비추어 수입지에서 판매가 가능한 상태일 것을 전제조건으로 하여 거래물품의 품질수준을 결정하는 것	원목, 목재, 냉동어류, 광석류 등
	USQ: 공인검사기관 또는 공인표준기관에 의하여 정해진 보통품질을 표준품의 품질수준으로 결정하는 것	원사, 인삼, 오징어 등

2. 품질의 결정시기

품질의 결정시기는 물품이 장거리 운송됨으로써 선적시의 품질과 양륙시의 품질이 다를 수 있으므로 거래물품이 약정된 품질수준을 충족하는가의 여부를 어느 시점의 품질상태를 기준으로 판정할 것인지를 결정하는 기준시점을 말한다.

이러한 품질의 결정시기는 품질의 검사시기에 따라 선적품질조건과 양륙품질조건으로 구분되며, 곡물류의 거래에 널리 이용되고 있는 TQ(Tale Quale)는 선적품질조건, RT(Rye Terms)는 양륙품질조건, SD(Sea Damaged)는 조건부선적품질조건(선적품질조건과 양륙품질조건을 절충한 조건)의 대표적인 예이다.

(1) 일반물품의 품질결정시기

1) 선적품질조건 (Shipped Quality Terms)

선적품질조건은 인도물품의 품질이 약정한 품질과 일치하는가의 여부를 선적시점의 품질에 의하여 결정하는 방법으로서 일반 공산품 등에 주로 이용되고 있다. 따라서, 이 조건에서는 매도인에 의하여 인도된 물품의 품질이 선적시점에서 약정된 품질과 일치하면 그 후의 변질에 대해서는 매도인은 책임을 부담하지 않는다.

일반적으로 FCA, CFR, CIF, CPT, CIP 거래조건과 표준품매매의 FAQ조건, 런던곡물시장을 중심으로 확립되어 곡물류의 거래에 흔히 이용되고 있는 TQ조건이 선적품질조건의 대표적인 예이다.

2) 양륙품질조건 (Landed Quality Terms)

양륙품질조건은 인도물품의 품질이 약정한 품질과 일치하는지의 여부를 도착지의 양륙시점의 품질에 의하여 결정하는 방법을 말한다. 따라서 이 조건에서는 매도인에 의하여 인도된 물품의 품질이 도착지의 양륙시점에서 약정된 품질과 일치하여야 하기 때문에 매도인은 운송중의 물품의 변질에 대하여 책임을 부담하여야 한다.

도착지 인도조건인 DAT, DAP, DDP 거래조건과 표준품매매의 GMQ조건, RT조건이 양륙품질조건의 대표적 예이다.

3) 조건부선적품질조건

조건부선적품질조건은 인도물품의 품질이 약정한 품질과 일치하는지 여부를 선적지점의 품질에 의하여 결정하되 선적이후에 발생하는 일부 손해에 대하여 매도인이 추가적으로 부담할 것을 조건으로 약정하는 것을 말한다.

(2) 곡물류의 품질결정시기

곡물류의 거래에 있어서 선적시점과 양륙시점간의 품질의 차이에 대하여 매매당사자 중 누가 책임을 지는가에 대하여 관용적으로 사용되는 특수한 조건이 있다.

1) TQ (Tale Quale)

TQ은 매도인이 약정한 물품의 품질을 선적할 때까지만 책임을 부담하고 운송중의 물품의 변질에 대하여는 아무런 책임을 부담하지 않는 조건이다.

- TQ is a shipped quality term, which means that the grain is to be sound and in good condition when shipped, but the buyer must accept it "as it is" for condition when delivered. The buyer therefore assumes the damage risk. This term does not mean, as a rule, that any quality can be delivered. But it means that if the seller can prove or the arbitrators decide that the contract or customary quality was delivered aboard ship, the buyer has no right to claim damages except in those cases where it can be proved that the ship was not in good condition to carry the goods or that they were stowed in negligent manner.

2) RT (Rye Terms)

RT는 호밀(rye)거래에 사용되면서 물품도착시 손상되어 있는 경우 그 손상에 대하여 매도인이 변상하는 관례에서 생긴 것으로, 매도인이 약정한 물품의 품질을 양륙할 때까지 책임을 부담하는 조건을 말한다.

3) SD (Sea Damaged)

SD는 원칙적으로 매도인이 약정한 물품의 품질을 선적할 때까지만 책임을 부담하고 양륙시에는 책임을 부담하지 않는 선적품질조건이지만, 선적 이후의 해상운송 중에 발생하는 해수(seawater) 또는 응고(condensation) 등에 기인하는 품질손해에 대하여 추가적으로 매도인이 책임을 부담하는 것으로서, 선적품질조건과 양륙품질조건을 절충한 조건이다.

[표 4-3] 품질의 결정시기

구분	개념	관련조건	특수조건	
			종류	개념
선적품질조건 (Shipped Quality Term)	선적시 물품의 품질로서 품질을 결정하는 조건	FCA, CFR, CIF, CPT, CIP 표준품매매의 FAQ 조건	TQ 조건	매도인이 약정한 물품의 품질을 선적시까지 책임지는 조건
			SD 조건	매도인이 해상운송 중 발생한 손상에 대하여 책임지는 조건
양륙품질조건 (Landed Quality Term)	양륙시 물품의 품질로서 품질을 결정하는 조건	DAT, DAP, DDP 표준품매매의 GMQ 조건	RT 조건	매도인이 약정한 물품의 품질을 도착시까지 책임지는 조건

3. 품질의 증명방법

품질의 증명방법은 인도물품의 품질이 약정한 품질과 일치하는가의 여부를 증명하는 방법을 말한다. 즉, 품질의 일치증명을 입증할 책임이 있는 당사자는 인도물품이 선적시 또는 도착시에 약정한 품질과 일치한다는 것을 증명하기 위하여 검사기관으로부터 검사나 증명을 받아야 한다.

품질의 결정방법은 매매계약시에 매매당사자간에 누가 검사할 것인지를 미리 합의하여야 하지만, 원칙적으로 품질의 결정시기와 직결된다고 할 수 있다.

선적품질조건에서는 품질의 일치증명을 입증할 책임은 매도인에게 있다. 따라서 매도인은 미리 매수인의 동의를 얻어 정해진 선적지에서 객관적이고 권위 있는 검사기관(감정인; surveyor)으로부터 검사를 받은 후 검사증명서(certificate of inspection) 또는 품질증명서(certificate of quality)를 발급받아 매수인에게 제공함으로써 인도물품의 품질이 약정한 품질과 일치한다는 것을 입증해야 한다.

양륙품질조건에서는 물품의 품질수준의 미달 또는 운송 중의 변질에 대하여 입증할 책임은 매수인에게 있다. 따라서 매수인은 물품의 도착시에 품질수준의 미달 또는 운송중의 변질 등에 대하여 객관적이고 권위 있는 검사기관으로부터 감정을 받은 후 발급을 받은 감정보고서(surveyor's report)에 의하여 사실을 증명하고 매도인에게 손해배상을 청구할 수 있다.

제4절 수량조건 (Terms of Quantity)

무역거래에서는 수량에 대한 관습이 각 나라마다 서로 다른 경우가 상당히 많기 때문에, 이와 관련한 부분에 대해서 분쟁이 발생하기 쉽다. 따라서 수량에 관련된 조건으로 수량의 단위, 수량결정의 시기 및 과부족의 용인 등에 대하여 명확히 약정해야 한다. 이하에서는 물품의 수량과 관련하여 매매계약당사자들이 약정해야 할 사항에 대하여 살펴본다.

1. 수량의 결정방법

(1) 수량의 결정단위

수량(quantity)을 결정하는 수량단위는 중량, 용적, 개수, 길이, 면적, 포장 등으로 구

분된다. 이러한 수량단위는 물품의 성질과 각국의 계산 기준에 따라 차이가 있으므로, 매매계약체결시에 명확하게 합의하여야 한다.

1) 중량 (weight)

중량(weight)은 무게를 나타내는 단위로서, 킬로그램(kg), 파운드(lb), 톤(ton) 등을 그 단위로 사용하고 있다. 이 중에서 가장 많이 사용되고 있는 톤에는 L/T, S/T, M/T의 3가지 종류가 있으므로 당사자는 매매계약체결시에 어떤 톤으로 할 것인지를 결정하여야 한다. 또한 동일한 톤이라도 중량을 표시하는 중량톤(W/T; Weight Ton)인지 용적을 표시하는 용적톤(M/T)인지를 구별하여야 한다.

[표 4-4] 중량톤의 비교

L/T (Long Ton)	1,016kg	2,240파운드(lb)	영국식
S/T (Short Ton)	907kg	2,000파운드(lb)	미국식
M/T (Metric Ton)	1,000kg	2,204파운드(lb)	프랑스(대륙)식, 한국

2) 용적 (measurement)

용적(부피)은 주로 액체나 목재 등의 측정기준으로 사용되는 단위로서, 목재에는 입방미터(cubic meter), 입방피트(cubic feet; cft), Super feet(sf)를 사용하고, 석유 등의 액체화물에는 배럴(Barrel), 갤런(Gallon; gal), 쿼터(Quart; qt), 리터(Liter; lit), 파인트(Pint)를 사용하고, 곡물에는 부셸(Bushel) 등의 용적단위가 사용되고 있다.

3) 개수 (number)

개수는 주로 잡화, 기계류 등의 측정기준으로 사용되는 단위로서, 일반상품에는 1개(piece; pcs), 1대(set), 연필과 양말 등에는 타스(dozen, 12개), 핀이나 조화 등의 저렴한 제품에는 Gross(12타스=12개×12개=144개), small gross(10타스=12개×10개=120개), great gross(12gross=12개×12개×12개=1,728개) 등의 개수단위가 사용되고 있다.

4) 길이 (length)

길이는 주로 섬유류, 전선, 강관 등의 측정기준으로 사용되는 단위로서, 미터(meter), 야드(yard; YD), 인치(inch), 피트(feet; ft) 등이 길이단위로 사용되고 있다.

5) 면적 (square)

면적은 주로 유리, 합판, 타일 등의 측정기준으로 사용되는 단위로서, 평방피트(square feet; sft)가 면적단위로 주로 사용되고 있다.

6) 포장 (package)

포장은 주로 면화, 소맥분, 시멘트, 비료, 유류, 통조림 등의 측정기준으로 사용되는 단위로서 상자(case), 곤포(bale), 포대(bag), 마대(sack), 깡통(can), 나무통(keg), 통(cask), 드럼통(drum), 다발(bundle), 사리(coil) 등이 포장단위로 사용되고 있다. 또한 컨테이너에 의한 포장인 경우에는 TEU(Twenty feet Equivalent Unit), FEU(Forty feet Equivalent Unit) 등의 포장단위가 사용되고 있다.

[표 4-5] 수량단위의 종류별 내용

구분		단위
중량		L/T, S/T, M/T Gross Weight(총중량: 물품의 무게와 포장의 무게를 합한 총중량) Net weight(순중량: 포장의 무게를 제외한 순물품의 무게)
용적	목재단위	Cubic Meter(CBM), Cubic Feet(cft), Super Feet(sf) = 1 square feet × 1inch
	액체화물	Barrel: 31.5gallons(미국), 36gallons(영국) Gallon(gal): American gallon(wine gallon) = 4,456 liters = 4 quarts English gallon(imperial gallon) = 3,785 liters = 4 quarts Quart(qt): 1/4 gallon = 2 pints = 0.95 liters(미국) = 1.14 liters(영국) Liter(lit): 1,000 cc Pint: 0.47 liter(미국) = 0.57 liter(영국)
	곡물	Bushel = 8 gallons = 35 liters(미국) = 36 liters(영국)
	선박	M/T = 1 CBM(m^3= 40 cft = 480 sf
개수		Dozen = 12 pcs Gross = 144 pcs, Small Gross = 120 pcs, Great Gross = 1,728 pcs
길이		Meter, Yard, Inch, Foot
포장		TEU, FEU Case, Bale, Bag, Sack, Keg, Cask, Drum, Bundle, Coil

(2) 중량의 측정방법

중량을 측정하는 방법(계량방법)에는 측정시 포장의 중량(무게)을 포함하는지 여부에 따라 다음과 같이 구분된다.

1) 총중량조건 (총량조건; gross weight terms)

물품과 모든 포장재료를 모두 합하여 중량을 측정하는 것, 즉 물품의 순수 자체 중량, 개장, 내장(내부충전물) 및 외장의 중량을 모두 합하여 중량을 측정하는 조건을 말한다. 이 조건은 소맥분, 면화 등의 특수물품의 경우에만 채택된다.

2) 순중량조건 (순량조건; net weight terms)

물품의 순중량(총중량에서 외장인 포대의 중량을 공제한 중량)으로 중량을 측정하는 조건을 말한다. 이 조건은 비누, 화장품 등과 같이 소매될 때 포장된 채로 판매되는 물품에 가장 일반적으로 이용된다.

3) 정미중량조건 (자중조건; 순순중량조건; net net weight terms)

물품의 정미중량(총중량에서 개장, 내장 및 외장을 제외한 물품내용물만의 순수한 중량)으로 중량을 측정하는 조건을 말한다. 이 조건은 물품을 구성하는 내용물의 순수한 중량만을 의미하는 것으로서 예를 들면 음료의 경우 병을 제외한 순수한 음료의 중량만을 의미한다.

4) 법적중량조건 (legal weight terms)

물품의 외장인 포대의 중량은 공제하지만 물품의 소매판매시에 포장되어 있는 중량을 포함하여 중량을 측정하는 조건을 말한다.

(3) 수량의 표현방법

수량의 표현방법은 거래물품의 성질에 따라 수량을 어떤 방법으로 표현할 것인가를 결정하는 방법으로서, 과부족용인조항이 없는 경우와 과부족용인조항이 있는 경우로 구분된다.

1) 과부족용인규정이 없는 경우

과부족용인규정이 없는 경우란 계약물품의 수량 앞에 '과부족의 허용범위'나 '약' 또는 '대략'이라는 표현 없이 정확한 수량을 표시하여 수량을 결정하는 것을 말한다.

포장단위나 개개의 품목과 같이 개수로 수량을 표시할 수 있는 물품의 경우에는 계약물품의 수량을 정확히 표시하여 그대로 인도할 수 있기 때문에 계약수량대로 물품을 인도하지 않는다면 계약불이행이 된다.

그러나 산화물(Bulk Cargo)의 경우에는 운송중의 감량이 예상되어 표시된 수량 그대로를 정확하게 인도한다는 것은 기술적으로 거의 불가능하므로, 계약물품의 수량 앞에 '과부족의 허용범위'나 '약' 또는 '대략'이라는 표현 없이 정확한 수량을 표현하여 약정하더라도 신용장통일규칙 제30조 b항에 따라 5%의 과부족이 인정된다. 그러나 D/P나 D/A 등의 무신용장방식거래에서는 별도의 합의가 없는 한 과부족을 인정하지 않으므로 과부족한도를 명확하게 설정하여 향후의 분쟁을 예방하여야 한다.

2) 과부족용인규정이 있는 경우

장기간의 운송도중 감량이 예상되거나 정확한 계약수량을 선적하기 곤란한 화물, 예를 들면 곡물, 광산물, 휘발성이 강한 유류 등과 같은 산화물(bulk cargo)의 경우에는 매매계약시 과부족 한도를 정해 두고 그 범위 내에서 물품인도가 이루어지면 수량부족에 대한 클레임을 제기하지 않기로 약정하는 수량표시방법을 과부족용인조항이라고 한다.

① **개산수량조건** (approximately quantity terms)

개산수량조건은 과부족용인조항을 설정하지 않고 계약물품의 수량 앞에 '약'이나 '대략'에 해당하는 'about', 'approximately', 'around', 'some' 등의 표현을 추가하여 수량을 결정하는 조건으로서 인도수량에 신축성을 부여하는 수량조건을 말한다.

신용장거래에서는 약(about), 대략(approximately)이라는 단어를 사용하여 수량을 표현할 경우 신용장통일규칙 제30조 a항에 따라 10%의 수량과부족을 허용하는 것으로 해석하지만, 무신용장방식거래에서는 어느 정도의 과부족을 허용할 것인지에 대하여 국가 또는 관습의 차이로 인하여 당사자 간에 분쟁이 야기될 수 있으므로 당사자는 개별계약서에 수량을 명백하게 합의하거나 또는 과부족용인한도를 일반거래조건협정서(General Agreement)에 포괄적으로 명시해 두어야 한다.

② **수량과부족용인조항** (more or less clause; M/L clause)

수량과부족용인조항은 계약물품의 수량에 대하여 일정한 과부족의 한도를 정하여 수량을 결정하는 조건으로서, 인도수량에 신축성을 부여하는 수량조건을 말한다. 즉, 과부족용인조항은 수량과부족의 허용범위를 명확하게 하기 위하여 '약'과 같은 막연한 용어를 회피하고, "Quantity shall be subject to a variation of 3% more or less at seller's option(수량은 매도인의 임의대로 3%의 과부족허용을 조건으로 한다)"와 같이 그 용인수량의 한도 및 과부족선택권자를 명시하는 것을 말한다.

③ **정산기준가격**

과부족허용약관이나 개산수량조건에 의하여 수량을 표시하면 약간의 과부족이 허용되나, 과부족이 허용된다고 해서 수출입 대금결제에서 이를 감안하지 않고 당초 계약금액전액이 결제된다는 것은 아니다. 따라서 과부족분량에 대하여 적용할 단가(unit price)를 어떻게 정할 것인가의 문제가 곧 정산기준가격에 관한 문제이다.

정산기준가격은 수량의 과부족이 허용되는 경우에 그 과부족분에 대하여 단가를 결정하는 기준이 되는 가격을 말한다. 정산기준가격에는 계약가격(contract price), 선적일

가격(day of shipment price) 및 도착일가격(day of arrival price)이 있으며, 당사자는 수량의 과부족이 허용되는 경우, 그 과부족분량을 정산하기 위하여 이들 가격 중에서 어느 하나를 선택하여 매매계약체결시에 표시해 두어야 분쟁을 방지할 수 있다.

따라서 정산기준가격에 대하여 당사자간에 합의가 있는 경우에는 그 합의한 가격을 기준으로 하여 정산하고, 당사자 간에 합의가 없는 경우에는 계약가격에 의하여 정산하는 것이 일반적인 상거래 관례이다.

☞ 과부족의 선택권자

정기선에 적재되는 일반화물의 경우에는 그 과부족은 통상적으로 "seller's option (매도인의 선택)"으로 하지만, 용선계약에 의한 대량화물의 경우에는 용선계약서에는 본선의 적재량에 대하여 "10% more or less at owner's option(10%의 과부족은 선주의 임의로 한다)" 또는 "10% more or less at ship's option(10%의 과부족은 본선의 임의로 한다)"와 같이 과부족부분에 대한 재량권이 본선에 의하는 것이 보통이다.

매매계약상의 과부족에 대하여 매도인과 매수인 중에 누가 선택권을 가지는지를 규정함에 있어서는 매매계약상 운송계약의 체결의무가 누구에게 있는지를 고려하여야 한다.

과부족용인조항에서 과부족의 선택권자는 통상적으로 운송계약의 체결의무가 누구에게 귀속되느냐에 따라 결정된다. 즉, CIF조건에서는 "seller's option"으로, FOB조건에서는 "buyer's option" 또는 "ship's option"으로 하는 것을 원칙으로 한다. 다만, FOB조건에서 운송계약의 체결의무를 매도인이 부담하는 운송특약부 FOB조건에서는 "seller's option"으로 해야 할 것이다.

- Quantity shall be subject to a variation of 3% more or less at seller's option.
- Seller has the option of delivering 3% more or less on the quantity contracted.
- Seller has the option of shipment with a variation of 3% more or less on the quantity contracted, unless otherwise agreed.

[표 4-6] 수량의 표현방법

<table>
<tr><th>수량표현방법</th><th>명시방법</th><th>대상화물</th><th colspan="2">해석</th></tr>
<tr><td rowspan="3">과부족용인
규정이없는
경우</td><td rowspan="3">계약수량을
정확하게 명시</td><td>포장화물
개체화물</td><td colspan="2">정확히 계약수량대로 인도</td></tr>
<tr><td rowspan="2">산화물</td><td>신용장
거래</td><td>5%의 과부족을 허용 (단, 과부족금지규정이 없고, 어음발행금액이 신용장금액을 초과하지 않을 것)</td></tr>
<tr><td>기타
거래</td><td>과부족의 허용범위 불명확</td></tr>
<tr><td>과부족용인
조항</td><td>계약서에 과부족
범위를 명시</td><td>포장화물
개체화물
산화물</td><td>모든
거래</td><td>명시된 수량의 과부족 인정</td></tr>
<tr><td rowspan="2">개산수량
조건</td><td rowspan="2">계약수량 앞에
'약(about, approximately)'
이라고 명시</td><td rowspan="2">포장화물
개체화물
산화물</td><td>신용장
거래</td><td>10%의 과부족 허용 (금액 또는 단가 앞에 '약'이라고 명시하는 경우에도 금액 또는 단가의 10%의 과부족 허용)</td></tr>
<tr><td>기타
거래</td><td>과부족의 허용범위 불명확</td></tr>
</table>

☞ 무신용장방식거래에서는 수량과부족용인과 관련하여 아무런 규정이 없다. 반면, 신용장거래에서는 과부족용인규정이 없는 경우에는 산화물의 경우에만 5%의 과부족을 인정하고 있으나, 과부족용인규정이 있는 경우에는 산화물뿐만 아니라 개수로 셀 수 있는 포장화물이나 개개의 품목에 대하여도 과부족을 인정하여, "약(about, approximately)"이라는 표현이 있는 개산수량조건의 경우에는 10%의 과부족을, 과부족의 허용범위가 명확하게 표현된 수량과부족용인조항의 경우에는 명시된 과부족의 허용범위 내에서 수량의 과부족을 허용하고 있다.

2. 수량의 결정시기

수량의 결정시기는 물품이 장거리 운송됨으로써 선적시의 수량과 양륙시의 수량이 다를 수 있으므로 거래물품이 약정된 수량을 충족하는가의 여부를 어느 시점의 수량상태를 기준으로 판정할 것인지를 결정하는 기준시점을 말한다.

(1) Shipped Quantity Terms (선적수량조건)

선적수량조건은 인도물품의 수량이 약정한 수량과 일치하는지 여부를 선적시점에서 검량한 수량에 의하여 결정하는 방법으로서 선적시의 수량을 최종적인 것으로 하는 조건이며, 일반 공산품 등에 주로 이용되고 있다. 매도인에 의하여 인도된 물품의 수량이 약정된 수량과 일치하면 운송 중에 어떠한 감량이 발생하더라도 매도인은 그 책임을 부담하지 않는다.

당사자 간에 별도로 합의가 없는 한 선적지인도조건에 해당하는 E, F, C 그룹의 정형거

래조건(EXW, FCA, FAS, FOB, CFR, CIF, CPT, CIP)은 원칙적으로 선적수량조건에 해당된다고 볼 수 있다.

(2) Landed Quantity Terms (양륙수량조건)

양륙수량조건은 인도물품의 수량이 약정한 수량과 일치하는지 여부를 도착지의 양륙시점에서 검량한 수량에 의하여 결정하는 방법으로서 운송중의 감량이 발생하기 쉬운 산화물에 주로 이용된다. 매도인에 의하여 인도된 물품의 수량이 도착지의 양륙시점에서 약정된 수량과 일치하여야 하기 때문에 매도인은 운송중의 물품의 감량에 대하여 책임을 부담하여야 한다.

당사자간에 별도의 합의가 없는 한, 도착지인도조건에 해당한 D그룹의 정형거래조건(DAT, DAP, DDP)은 원칙적으로 양륙수량조건이라 할 수 있다.

3. 수량의 증명방법

수량의 증명방법은 인도물품의 수량이 약정한 수량과 일치하는지 여부를 증명하는 방법을 말한다. 즉, 수량의 일치증명을 입증할 책임이 있는 당사자는 인도물품이 선적시 또는 도착시에 약정한 수량과 일치한다는 것을 증명하기 위하여 검시기관으로부터 검사나 증명을 받아야 한다.

선적수량조건의 경우, 매도인은 원칙적으로 선적할 때에 그 수량에 대해서 미리 매수인의 동의를 얻어 정해진 검정기관(surveyor)이나 공인검량인(public weighter)으로부터 검량을 받아 작성되는 중량용적증명서(Certificate of Weight and/or Measurement)를 매수인에게 제공하거나, 때로는 당사자의 합의에 따라 선하증권면에 기재한 수량 또는 매도인이 작성한 중량표에 의하여 수량을 증명하여야 한다.

양륙수량조건의 경우, 매수인은 매도인이 승인한 검정기관이나 공인검량인에 의한 중량용적증명서를 발급받아 제공하여야 하며, 때로는 매수인이 수입국 세관검사를 활용하여 수량을 증명하기도 한다.

제5절 가격조건 (Terms of Price)

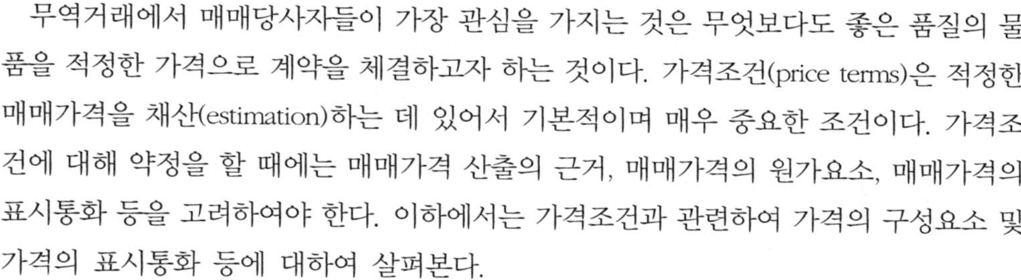

무역거래에서 매매당사자들이 가장 관심을 가지는 것은 무엇보다도 좋은 품질의 물품을 적정한 가격으로 계약을 체결하고자 하는 것이다. 가격조건(price terms)은 적정한 매매가격을 채산(estimation)하는 데 있어서 기본적이며 매우 중요한 조건이다. 가격조건에 대해 약정을 할 때에는 매매가격 산출의 근거, 매매가격의 원가요소, 매매가격의 표시통화 등을 고려하여야 한다. 이하에서는 가격조건과 관련하여 가격의 구성요소 및 가격의 표시통화 등에 대하여 살펴본다.

1. 거래가격의 산정근거

무역거래에서는 매매가격을 결정할 때 생산원가(제조원가, 이익, 포장비, 검사비 등), 수출지의 부대비용(내륙운송비, 수출통관 관련 부대비용, 선적관련 비용 등), 해상 및 항공 등의 운송비, 수입지의 부대비용(양륙비, 수입통관 관련 부대비용, 수입지 내륙운송비) 등의 비용과 운송과정에서의 위험을 누가 어디까지 부담할 것인가를 고려하여야 한다.

이처럼 물품의 가격을 산정하는 경우에 ① 매도인이 그 물품을 어느 장소에서 매수인에게 인도할 것인지의 여부, ② 매도인이 어느 장소까지 비용을 부담할 것인지의 여부 등에 따라 가격이 다르다. 그러나 매매당사자 간에 매번 거래할 때마다 계약서상에 구체적으로 나열하여 정한다는 것은 번거롭고 불편하다. 따라서 실제 거래에서는 국제적으로 무역거래관습상 형성된 정형거래조건(trade terms)을 기초로 하여 거래가격이 산출된다. 이들 정형거래조건은 기본적으로는 그 가격의 구성요소뿐만 아니라 계약물품에 대한 계약당사자의 위험부담의 분기점 및 소유권이전의 시점도 나타내고 있다.

이러한 정형거래조건은 무역거래에서 많이 사용되어 왔지만, 그 해석에 있어서는 국가 또는 당사자 간에 각기 다르게 해석함으로써 분쟁을 야기하게 되는 경우가 있었다. 이러한 해석상의 문제를 해결하고 그 통일성을 도모할 필요성이 제기됨에 따라 국제적인 해석 기준의 제공이 있었으며 대표적인 것으로는 Incoterms가 있다. 이는 매매계약의 산출근거 및 매매당사자의 권리와 의무 등의 법률관계를 규정하고 있을 뿐만 아니라 국제적으로 가장 널리 사용되고 있다.

Incoterms의 11가지 조건 중에서 어느 조건으로 계약을 체결하는가에 따라 산정가격

이 다르게 나타나지만, Incoterms는 국제적으로 법적인 구속력을 가지는 국제협약이 아니라 단순히 민간단체인 국제상업회의소(ICC; International Chamber of Commerce)가 제정한 국제규칙이기 때문에 매매당사자들의 합의에 의해서만 이용될 수 있다. 즉, 당사자들 간에 합의가 있을 때에만 그 계약에 적용되는 임의규정이기 때문에, 계약체결 시에는 Incoterms 2010에 의한다는 준거문언을 명시적으로 삽입해야 한다.

2. 거래가격의 구성요소

(1) 수출가격의 구성요소

수출단가(unit price)는 제조원가(manufacturing cost)에 기업이윤(profit), 그리고 포장비(packing charge), 각종 검사 및 증명료와 인허가비용, 수출국 내의 내륙운송비(inland freight), 창고비용(godown) 또는 보관료(storage), 터미널화물처리비(terminal handling charge), 혼적 및 분류작업비(CFS charge), 수출통관비용(export clearance cost), 선적비용(shipping cost) 및 적부비용(stowing cost), 해상운임(ocean freight), 보험료(insurance premium), 그 밖의 수출에 수반되는 각종 행정 및 통신비용 등을 포함하여 정하게 된다.

(2) 수입가격의 구성요소

수입물품의 단가(unit price)는 해상운임(ocean freight), 보험료(insurance premium), 양하비용(unloading charges), 항구세(port duties)와 부두사용료(wharfage charge), 수입통관비용(import clearance cost) 및 수입관세(import duties), 수입국 내에서의 창고료와 보관료(storage godown rent) 및 각종 행정비용, 그 밖의 수출입에 수반되는 이자(interest), 외환비용, 수출입수수료(commissions) 등의 여러 가지 영업비용들이 포함된다.

(3) Incoterms 규칙별 가격구성요소

수출입물품의 단가는 매도인과 매수인이 어느 지점까지 비용과 위험을 부담하는가에 따라 달라지게 된다.

인코텀즈(Incoterms®2010)에 규정되어 있는 11가지 규칙들에 따라 매도인과 매수인의 비용과 위험의 분기점이 결정된다. Incoterms에 대해서는 제5장에서 자세하게 다루도록 한다.

[표 4-7] Incoterms 2010 규칙별 가격구성요소

		제조원가	포장검사	적재비용	반출운송	수출허가	수출통관	주운임	보험료	수입허가	수입통관	반입운송	양하비용
모든 운송 방식 규칙	EXW	○	○	●	●	●	●	●	●	●	●	●	●
	FCA	○	○	○	○	○	○	●	●	●	●	●	●
	CPT	○	○	○	○	○	○	◎	●	●	●	●	◎
	CIP	○	○	○	○	○	○	◎	◎	●	●	●	◎
	DAT	○	○	○	○	○	○	○	○	●	●	●	○
	DAP	○	○	○	○	○	○	○	○	●	●	○	◎
	DDP	○	○	○	○	○	○	○	○	○	○	○	◎
해상 내수로 운송 규칙	FAS	○	○	○	○	○	○	●	●	●	●	●	●
	FOB	○	○	○	○	○	○	●	●	●	●	●	●
	CFR	○	○	○	○	○	○	◎	●	●	●	●	◎
	CIF	○	○	○	○	○	○	◎	◎	●	●	●	◎

○ 매도인 부담, ● 매수인 부담, ◎ 매도인이 '기본운임' 또는 '최소담보 보험료'만을 부담

3. 거래가격의 표시통화

통화(currency)는 국가마다 고유의 통화를 사용하고 있기 때문에, 매매당사자는 무역계약의 체결시에 어느 나라의 통화를 사용할 것인지에 대해 명확하게 약정해 두어야 한다. 통화의 약정(표시)방법으로는 ① 수출국 통화로 표시하는 방법, ② 수입국 통화로 표시하는 방법, ③ 제3국 통화로 표시하는 방법이 있는데, 당사자가 통화를 결정할 때에는 안전성(stability)과 교환성(convertibility) 및 유동성(liquidity)뿐만 아니라 통화의 사용제한, 당사자의 이해관계 등을 고려하여 계약서 혹은 협약서에 명시하는 것이 바람직하다.

즉, 지급통화를 자국통화로 약정할 경우에는 환율변동에 따른 환위험을 회피할 수 있지만, 상대국 통화나 제3국 통화로 약정할 경우에는 환위험은 수반되며, 안정성 등이 결여된 통화를 사용하는 경우에도 환위험에 노출되는 것에 유의하여야 한다.

한편, 통화의 종류는 동일한 명칭이면서 통화가치가 다른 것이 있다. 예를 들면 달러라고만 표시한 경우에는 달러를 사용하는 국가가 미국뿐만 아니라, 캐나다, 오스트레일리아, 싱가폴, 홍콩 등 여러 국가가 있고, 그 대외가치도 서로 달라 가격채산시 문제가 발생한다. 따라서 미국 달러는 US$ 또는 USD, 캐나다 달러는 C$, 오스트레일리아 달러는 A$, 싱가폴 달러는 S$, 그리고 홍콩 달러는 HK$와 같이 국가별 통화단위를 표시하여야 한다.

제6절 선적조건 (Terms of Shipment)

무역계약서에서의 선적에 관한 조건은 계약물품이 어느 시기에 선적이 이행되어야 하느냐를 약정하는 것이다. 인도(delivery)라는 용어와 구별되어야 하며, 계약물품을 수령하는 장소가 적출지인지 양륙지인지 오해의 여지가 있을 수 있다. 따라서 인도조건(delivery terms)보다는 선적조건(shipment terms)으로 약정하는 것이 혼돈을 예방할 수 있다. 이하에서는 선적조건과 관련하여 당사자들이 약정해야 할 선적시기의 약정, 분할선적과 할부선적의 허용여부, 선적지연에 따른 면책조항의 설정, 선적일자의 해석 기준 등에 대하여 살펴본다.

1. 선적조건의 의의

무역계약에서의 선적에 관한 조건은 계약물품을 어느 시기에 선적이 이행되어야 하느냐를 약정하는 것이다. 선적(shipment)이라는 의미는 본선적재(loading on board), 발송(dispatching), 운송을 위한 인수(accepted for carriage), 비행일(flight date), 우편수령일(date of post receipt), 접수일(date of pick-up)의 뜻을 표현하는 것으로 이해되고 있다.

무역거래에서 매도인이 자신의 물품인도의무를 이행하기 위해서는 당사자 간에 인도조건에 대한 약정, 즉 인도시기, 인도장소, 인도방법의 3가지 요소에 대한 약정이 필요하다. 인도장소는 Incoterms상의 가격조건을 고려하여 결정하여야 한다. 인도방법은 서류에 의한 상징적인도인가 아니면 현물의 현실적인도인가에 따라 다르다. 또한 인도시기는 적출지에서의 선적되는 시기를 고려하여 약정하여야 한다.

선적조건에서는 ① 선적시기, ② 분할선적, 환적의 허용여부 등과 관련된 선적방법, ③ 선적지연 및 선적불이행, 선적일의 증명 등에 대하여 합의하여야 하며 다음과 같다.

2. 선적시기의 결정방법

(1) 특정선적조건

특정선적조건은 선적시기를 일정한 기간 또는 일자로 약정하는 방법으로서, 다음과 같이 구분된다.

1) 단월 선적조건

선적시기를 특정월로 약정하는 방법으로서, 선적시기는 해당 월의 1일부터 말일까지의 기간이다. 이 조건은 "July shipment(7월 선적)", "Shipment during July(7월 동안의 선적)", "Shipment shall be made during July, 2017(선적은 2017년 7월 동안에 행해져야 한다)" 등의 방법으로 정한다.

2) 연월 선적조건

선적시기를 어떤 특정월에서 다른 특정월까지 연속해서 약정하는 방법으로서, 선적시기는 어떤 특정월의 1일부터 연속되는 특정월의 말일까지의 기간이다. 이 조건은 "July-September Shipment(7월-9월 선적)", "Shipment shall be made from July to September 2017(선적은 2017년 7월부터 9월 중 행해져야 한다)" 등의 방법으로 정한다.

3) 특정기간 선적조건

선적시기를 특정월의 전반(first half), 후반(second half), 상순(beginning), 중순(middle), 하순(end), ~경(on or about) 등으로 약정하는 방법이다. 이 조건은 "Shipment shall be made at the first half(second half) of July, 2017(선적은 2017년 7월 전반(후반)에 행해져야 한다)" 등의 방법으로 약정한다.

4) 특정일 선적조건

선적시기를 특정일(몇월 몇일)로 약정하는 방법으로서, "Shipment must be made on July 11, 2017(선적은 2017년 7월 11일에 행해져야 한다)" 등의 방법으로 약정한다.

5) 최종일 선적조건

선적시기를 최종선적일로 약정하는 방법으로서, 명시된 일자까지만 선적하면 된다. 일반적으로 수출업자가 정해진 최종일까지 모두 선적을 완료해야 하는 최종일선적조건이 가장 많이 사용되고 있다. 예를 들어 선적일이 "Shipment shall be made not later than May 10, 2017(선적은 2017년 5월 10일보다 늦지 않게 행해져야 한다)"일 경우 수출업자는 5월 10일까지 선적하면 된다.

6) 조건부 선적조건

선적시기를 특정조건이 이행되는 시점을 기준으로 약정하는 방법, 즉 특정일을 기준으로 기간을 한정하는 방법을 말한다. 이 조건은 "Shipment: Within two months after receipt of L/C(선적: 신용장수령 후 2개월 이내)" 등의 방법으로 약정한다.

(2) 즉시선적조건

즉시선적조건은 'immediate shipment', 'prompt shipment', 'quick shipment', 'as soon as possible shipment', 'as early as possible shipment', 'at once shipment', 'without delay shipment' 등의 표현을 사용하여 즉시 또는 가급적 신속하게 선적하도록 요구하는 방법이다.

이러한 표현들은 명확한 시간적 한계가 없으므로 선적시기에 대한 약정이 없는 것으로 간주한다. 왜냐하면 이러한 표현의 사용은 각국의 해석이 달라 분쟁을 초래할 수 있기 때문이다. 또한 신용장통일규칙에서도 'prompt', 'immediately', 'as soon as possible' 등의 표현은 선적기일의 모호성(ambiguity)으로 인한 분쟁을 회피하기 위하여 무시하도록 규정하고 있다.

그러나 "Prompt shipment means shipment within two weeks after receipt of L/C(즉시선적은 신용장 수령 후 2주 이내의 선적을 말한다)"와 같이 약정하는 경우에는 즉시선적조건을 사용하면서도 분쟁을 회피할 수 있는 명확한 방법이라 할 수 있다.

(3) 선적일 및 기간에 관한 표현

선적일 및 선적기간과 관련하여 UCP 600 제3조 8문 ~ 12문의 규정에 따라, 특정월의 '전반(first half)'은 1일부터 15일까지, '후반(second half)'은 16일부터 말일까지, '상순(beginning)'은 특정월의 1일부터 10일까지, '중순(middle)'은 11일부터 20일까지, '하순(end)'은 21일부터 말일까지를 포함하는 것으로 해석한다.

'~경(on or about)' 또는 이와 유사한 표현은 명시된 일자의 5일 전부터 5일 후까지의 기간으로서, 이들 일자는 모두 그 양끝의 일자를 포함하는 것으로 해석된다.

또한 선적기간을 결정하기 위하여 사용된 경우 'to', 'until', 'till', 'from', 'between'이라는 단어는 언급된 일자 및 일자들을 포함하며, 'before' 및 'after'라는 단어는 언급된 일자를 제외한다. 다만, 'from' 및 'after'라는 단어는 환어음의 만기일을 결정하기 위하여 사용된 경우에는 언급된 해당 일자를 제외한다.

◆ UCP 600 Article 3 Interpretations [8th~13th]

Unless required to be used in a document, word such as "prompt", "immediately", or "as soon as possible" will be disregarded.

The expression "on or about" or similar will be interpreted as a stipulation that an event is to occur during a period of five calendar days before until five calendar days after the

specified date, both start and end dates included.

The words "to", "until", "till", "from" and "between" when used to determine a period of shipment include the date or dates mentioned, and the words "before" and "after" excluded the date mentioned.

The words "from" and "after" when used to determine a maturity date exclude the date mentioned.

The terms "first half" and "second half" of a month shall be construed respectively as the 1st to the 15th and the 16th to the last day of the month, all dates inclusive.

The terms "beginning",,, "middle" and "end" of a month shall be construed respectively as the 1st to the 10th, the 11th to the 20th and the 21st to the last day of the month, all dates inclusive.

3. 선적방법

(1) 전량선적과 분할선적

1) 전량선적 (Single Shipment)

전량선적(single shipment; complete shipment; full shipment)은 약정기간 동안에 계약물품을 2회 이상으로 나누지 않고 1회에 전량 선적하는 것으로서, 분할선적을 금지하는 경우에는 1회에 전량 선적하여야 한다. 예를 들어, "Partial shipments are not allowed(분할선적은 허용되지 않는다)" 또는 "Partial shipments are prohibited(분할선적은 금지된다)"로 되어 있는 경우 수출업자는 계약물품을 분할 선적할 수 없고 반드시 한 번에 전량 선적해야 한다.

2) 분할선적과 할부선적

계약물품을 2회 이상으로 나누어서 선적하는 방법에는 분할선적(partial shipment)과 할부선적(instalment shipment)이 있다. 이들 용어는 혼용되기도 하지만 그 의미는 명확하게 구분되어 있다. 또한 분할선적에 관한 조건은 분할선적의 허용, 분할선적의 금지, 분할선적의 무지시, 할부선적의 지시 등이 있을 수 있다.

① 분할선적 (partial shipment)

분할선적이란 계약물품을 정해진 선적기일 이내에 한 번에 선적하지 않고 2회 이상 나누어서 선적하는 것을 말한다. 이는 ㉠ 계약물품의 수량이나 금액이 많아 매도인이

한꺼번에 제조 · 생산하여 제공하기 어려운 경우(주문품의 생산능력), ⓛ 지급능력, 판매능력 또는 시장상황의 제약으로 매수인이 계약물품의 전량을 한꺼번에 인수하기 어려운 경우, ⓒ 선박의 배선일정 등의 운송사정으로 인하여 계약물품의 전량을 한꺼번에 선적하기 어려운 경우 등에 주로 이루어진다.

분할선적을 허용하는 경우에는 "Partial shipments are allowed(분할선적은 허용된다)" 혹은 "Partial shipments are not prohibited(분할선적은 금지되지 않는다)" 등으로 표시하고 그 분할 횟수와 분할수량을 약정할 수 있다.

그러나 UCP 600 제31조 a항의 규정에 따라, 분할선적을 금지하는 규정이 없는 한 분할선적은 허용된다. 또한 동일운송수단(same means of conveyance), 동일항해(same voyage)에 이루어진 수회 선적에 대한 분할선적여부의 문제로 해상운송 또는 해상운송을 포함하는 두 가지 이상의 운송방식에 의한 각 선적은 본선적재를 표시하는 운송서류에 상이한 발행 일자를 나타내거나 상이한 본선 적재항을 표시하고 있을지라도 분할선적으로 간주되지 않는다.

◆ UCP 600 Article 31 Partial Drawings or Shipments

a. Partial drawings or shipments are allowed.

b. A presentation consisting of more than one set of transport documents evidencing shipment commencing on the same means of conveyance and for the same journey, provided they indicate the same destination, will not be regarded as covering a partial shipment, even if they indicate different dates of shipment or different ports of loading, places of taking in charge or dispatch. If the presentation consists of more than one set of transport documents, the latest date of shipment as evidenced on any of the sets of transport documents will be regarded as the date of shipment. A presentation consisting of one or more sets of transport documents evidencing shipment on more than one means of conveyance within the same mode of transport will be regarded as covering a partial shipment, even if the means of conveyance leave on the same day for the same destination.

c. A presentation consisting of more than one courier receipt, post receipt or certificate of posting will not be regarded as a partial shipment if the courier receipts, post receipts or certificates of posting appear to have been stamped or signed by the same courier or postal service at the same place and date and for the same destination.

② **할부선적 (instalment shipment)**

할부선적은 계약물품의 분할횟수, 수량, 각 분할분의 선적시기 등을 구체적으로 합의하여 정해진 방법에 따라 선적하는 것을 말한다. 두 번 이상 나누어 선적한다는 점에서는 분할선적과 동일하지만 분할선적의 경우 각 선적분마다 선적수량과 시기를 수출업자가 자율적으로 정하는 반면, 할부선적은 양 당사자에 의해 정해진 분할횟수, 수량 및 선적시기에 따라 선적한다는 점에서 다르다. 또한 지정된 기간 내에 일정한 할부선적분을 반드시 이행하고 어음을 발행하여야 한다는 점에서도 분할선적과 차이가 있다.

예를 들어 "June and July shipments equally divided(7월과 8월 선적을 동등하게 할 것)"와 같이 균등분할선적조건의 경우 매도인은 임의대로 나누어서 선적할 수 없고 조건대로 균등하게 분할 선적하여야 한다. 이 경우 만일 기간 내에 이행하지 못할 경우 이미 선적한 분할 선적분은 물론 그 이후의 분할 선적분 모두에 대해서 무효가 된다(UCP 600 제32조).

◆ UCP 600 Article 32 Instalment Drawings or Shipments

If a drawing or shipment by instalments within given periods is stipulated in the credit and any instalment is not drawn or shipped within the period allowed for that instalment, the credit ceases to be available for that and any subsequent instalment.

(2) 환적과 직항선적

1) 환적 (Transshipment)

환적이란 적재항(선적지)으로부터 양륙항(목적지)까지의 운송과정 중에 제3의 항구나 지점에서 화물을 한 운송수단으로부터의 양하(unloading) 및 다른 운송수단으로의 재적재(reloading)를 말한다. 환적이 이들 2항구 간에 발생하지 않는 경우에는, 양하 및 재적재는 환적으로 보지 않는다. 즉, 환적은 선적지(항)에서 선적된 물품을 목적지(항)로 운송되는 도중에 한 운송수단으로부터 다른 운송수단에 옮겨 싣는 것으로서, 이적이라고도 한다.

환적을 허용하는 경우에는 "Transshipment is allowed(환적은 허용된다)"라고 표시하고, 환적항을 지정하고자 하는 경우에는 "Transshipment at Busan port are permitted(부산항에서의 환적은 허용된다)"라고 표시해야 한다.

그러나 UCP 600에서는 환적금지의 특약이 없는 한 환적을 허용한다는 입장을 취하

고 있다. 또한 운송인이 환적 할 권리를 유보한다는 문언이 기재되어 있거나, 복합운송이 이루어지는 경우 전 항로를 단일한 동일증권이 커버하고 있는 운송서류를 수리하는 것으로 규정하고 있다. 이는 국제복합운송의 경우 화물이 수탁지에서 선적지, 양륙지, 최종목적지까지의 전 구간에 걸쳐서 선박에서 선박, 철도화차에서 선박, 자동차에서 철도화차 등의 동일운송방식 또는 상이한 운송방식간의 환적이 불가피하기 때문이다.

2) 직항선적 (Direct Shipment; Direct Vessel)

직항선적은 관습적인 항로(customary route)로 운항되어 운송 중에 다른 항구로 기항하지 않고 목적지로 직접 운송하는 직항선에 물품을 선적하는 것을 말한다. 직항선적은 환적금지의 의미를 내포하고 있는 것으로 보기 때문에, 직항선적으로 약정한 경우에는 타지역을 경유하는 선박이나 환적을 전제로 하는 선박에 적재한 것, 또는 선박이 목적항 이외의 지역의 항구에 기항하는 것이 금지되고 환적도 금지되는 것으로 본다. 그러나 선박이 해난을 당하여 피난항에 기항하는 것은 인정된다.

(3) 선적지연과 선적일의 증명

1) 선적지연 (Late Shipment; Delayed Shipment)

선적지연은 매도인이 약정된 선적기한 내에 계약물품의 선적을 이행하지 않는 것으로서, 매도인의 고의나 과실에 의한 선적지연의 경우에는 명백한 계약위반이므로 매도인이 책임을 부담하여야 한다.

그러나 선적지연의 원인이 천재지변(Act of God)이나 전쟁 등 기타 불가항력(force majeure)의 경우에는 상공회의소 등 공적기관의 동 사태에 대한 입증을 통하여 선적을 일시 지연시키거나 선적의무를 완전히 면제받을 수 있다. 이와 같은 불가항력사태가 발생할 경우를 대비하여 매매계약시에는 불가항력조항을 설정하여 두는 것이 중요하다.

불가항력조항은 추상적이어서는 안 되고 구체적으로 약정하여야 한다. 왜냐하면 영미법상의 '동종문언의 원칙'이 적용되기 때문이다. 동종문언의 원칙이란 불가항력조항은 불가항력임을 구체적으로 나타내는 예시와 그 유사사태에만 국한되는 것으로 해석하여야 한다는 원칙이다. 다소 엄격한 해석이 이루어지기 때문에 불가항력조항에 따라 보호받기 위해서는 불가항력조항을 최대한 구체적으로 작성하고, 거래의 전후사정을 고려하여 그 거래와 관련하여 발생할 수 있는 불가항력 사태를 모두 예시하거나 최소한 대표적인 불가항력만이라도 예시하여 불가항력조항의 적용가능성을 높이는 것이

필요하다.

2) 선적일의 증명 (선적일자의 해석기준)

선적일의 증명은 매도인이 자신의 선적(인도)의무를 약정된 선적시기에 이행하였는지 또는 선적지연이 발생하지 않았는지 여부에 대하여 증명하는 것을 말한다. 일반적으로 선적일자는 운송서류의 일자를 기준으로 하여 약정된 기간 내에 선적이 이행되었는지, 지연 선적이 되었는지를 판단하게 된다.

또한 선적일의 증명에 관하여 Warsaw-Oxford Rules for CIF Contract(CIF계약에 관한 바르샤바-옥스포드 규칙)에서는 "운송계약의 증명으로 유효하게 제공된 선하증권이나 기타 서류에 기재된 선적일 또는 운송인에게의 인도일은 그 날에 실제로 선적 또는 인도하였다는 일단의 추정적 증거가 된다"고 규정하고 있다.

① **무신용장거래**

무신용장거래에서는 일반거래조건협정서나 매매계약서에 선적일의 증명방법을 명확하게 합의해 두어야 하며, 통상적으로 운송서류의 발행일을 기준으로 합의한다.

② **신용장거래**

실무상 선적일자의 해석기준은 UCP 600에 의하여 운송서류별로 발행일자의 결정기준에 따라 판단되고 있다. 즉, 원칙적으로는 운송서류의 발행일을 선적일로 인정하지만, 실무상 운송서류 발행일과 실제 선적일이 다른 경우에는 별도의 선적일 기준을 규정하고 있다. 신용장거래에서 운송방식에 따라 요구되는 운송서류별 그 발행일자의 해석은 [표 4-8]과 같다.

[표 4-8] 운송서류별 선적일자의 해석기준

운송서류	선적일자의해석
해상선하증권	본선적재일(date of loading on board) 또는 선적일(date of shipment)
비유통해상화물운송장	본선적재일(date of loading on board)
용선계약부선하증권	본선적재일(date of shipment)
복합운송서류	발송일(date of dispatch), 수탁일(date of taking in charge), 본선적재일(date of loading)
항공운송서류	발행일(date of issuance)
도로 · 철도 · 내수로 운송서류	수령스탬프일자(date of the reception stamp)
특사	접수일(date of pick-up) 또는 수령일(date of receipt)
우편수령증	스탬프일장(date of stamp)

제7절 대금지급조건

매매계약은 매도인의 소유권 이전에 대한 매수인의 대금지급을 약정하는 것을 기본으로 한다. 이러한 대금의 지급과 관련하여 대금지급에 관한 조건 및 결제조건(payment terms)은 매매계약에서 반드시 약정되어야 하는 조건이다. 이하에서는 대금결제조건으로 대금결제의 방식 및 대금결제의 시기에 대하여 살펴본다. 대금결제방식에 대한 구체적인 내용은 제6장에서 자세히 다루고 있다.

1. 대금지급시기에 따른 구분

(1) 선지급 (Payment in Advance; Advance Payment)

선지급은 물품이 선적 또는 인도되기 전에 미리 대금을 지급하는 방식으로서, 이 방식은 매도인에게는 유리한 조건이지만 매수인에게는 불리한 지급조건이기 때문에 소량의 매매, 견본의 매매, 매수인의 신용이 빈약한 경우, 특별주문의 경우 등에 사용되고 있다.

선지급방식에는 주문과 함께 송금수표나 우편송금환 또는 전신송금환 등에 의하여 송금되는 단순송금방식(remittance basis), 수출상이 신용장수령과 함께 미리 대금부터 결제되는 선대신용장(red clause L/C), 주문과 동시에 현금결제가 이루어지는 주문시지급(CWO; Cash With Order) 등과 같은 방법이 있다.

(2) 동시지급 (Concurrent Payment)

동시지급은 물품의 인도 또는 물품을 화체한 운송서류의 인도와 동시에 대금지급이 이루어지는 방법을 말한다. 동시지급에는 매도인이 비용과 위험을 부담하고 수입지에서 현품과 교환하여 대금지급이 이루어지는 현품인도결제(COD; Cash On Demand)와 선하증권을 포함한 계약시 요구된 기타 결제서류와 교환하여 대금지급이 이루어지는 서류인도결제(CAD; Cash Against Documents)가 있는데, 이들을 통칭하여 대금상환도방식이라고 한다. 또한 일람출급신용장과 지급인도조건(D/P; Document against Payment)도 동시지급방식에 해당된다.

(3) 후지급 (Deferred Payment)

후지급(연지급)은 물품이 인도되거나 선적서류가 인도된 후 일정기간이 경과하여 지

급이 이루어지는 대금결제방법으로서, 대표적인 것으로는 외상판매(sales on credit)가 있다. 청산계정(OA; Open Account), 위탁판매(Sales on Consignment), 기한부신용장(Usance), 인수인도조건(D/A; Document against Acceptance) 등도 여기에 해당되며, 그 지급기간에 따라 단기연지급과 중장기연지급으로 구분할 수 있으며 보통 기한부신용장이나 D/A거래와 같이 1년 이내의 기간에 지급되는 것을 단기연지급, 1년 이상의 거래를 중장기연지급이라고 한다. 이 방식은 지급이 늦어지는 경우도 있으며, 매수인에게는 유리하지만 매도인에게는 불리하기 때문에 매수인의 신용이 매우 높은 경우 또는 본지점간의 위탁판매 등에 사용된다.

(4) 혼합지급 (Mixed Payment)

혼합지급은 선지급, 동시지급 및 후지급방식을 혼합한 것으로서, 지급시기가 혼합된 지급방식을 말한다.

2. 대금지급방법에 따른 구분

(1) 현금 또는 물품에 의한 결제

현금 또는 물품결제방식은 매수인이 수입대금을 현금으로 지급하거나 물품으로 지급하는 것을 말한다.

1) 현금지급조건 (Cash Payment)

수출입대금을 어음의 발행 없이 현금으로 지급하는 방법으로서, 현금선지급(CIA; Cash In Advance), 주문시현금지급(CWO), 현품인도결제(COD), 서류인도결제(CAD), 어음의 발행 없이 현금으로 결제하는 수취증상환지급신용장(Payment on Receipt L/C) 등이 있다.

2) 물품지급조건

매수인이 수입물품의 대가로서 화폐를 가지고 대금을 지급하는 것이 아니라 다른 물품을 제공하는 것을 말한다. 즉, 물품결제방식은 매매당사자가 물품과 물품을 서로 교환하는 물물교환(barter trade)을 의미한다. 우리나라 대외무역법상 연계무역에는 물물교환, 구상무역, 제품 환매가 있으나, 물물교환만이 환의 개입이 없기 때문에 물품지급조건이라고 할 수 있다.

(2) 환어음에 의한 결제

환어음은 추심환에 해당하는 것으로서, 신용장방식과 추심결제방식에 사용된다.

1) 신용장 (Letter of Credit)

'은행의 조건부 지급확약서(conditional bank undertaking of payment)'로서, 매수인(개설의뢰인; Applicant)의 거래은행(신용장개설은행; Issuing Bank)이 매도인(수익자; Beneficiary)에 의하여 제시된 환어음 및 서류가 신용장의 제조건에 일치하는 것을 조건으로 매도인(수익자)에게 대금지급을 이행할 것을 확약하는 증서를 말한다.

신용장에 의한 결제는 추심방식이나 송금방식에 비해 금융기능과 지급확약기능을 갖고 있어 금융적 불편이나 신용위험을 대폭 감소시킬 수 있는 편리성과 매매당사자에게 유용성이 있기 때문에 가장 많이 이용되고 있다.

2) 추심결제방식 (Collection)

은행의 지급보증 없이 매수인의 신용만을 믿고 매매계약을 근거로 화환서류에 대하여 대금을 추심하는 방식으로서, 지급인도조건(D/P)과 인수인도조건(D/A)으로 구분된다.

① D/P

매도인이 일람출급환어음(at sight draft)을 발행하여 선적서류와 함께 거래은행을 통하여 추심은행에 제시하면, 추심은행이 이를 매수인에게 제시하여 대금지급을 받음과 동시에 선적서류를 인도하는 방식을 말한다.

② D/A

매도인이 기한부환어음(usance draft)을 발행하여 선적서류와 함께 거래은행을 통하여 추심은행에 제시하면, 추심은행이 이를 매수인에게 제시하고 매수인이 그 어음을 인수하면 선적서류를 인도하는 방식을 말한다.

이처럼 D/P, D/A 거래방식은 은행이 대금지급에 대한 확약은 없이 오직 수입상의 신용만을 믿고 매매당사자의 계약서만을 근거로 대금을 수출하는 방식이기 때문에 본지사간거래나 신용이 있는 거래선 사이에서만 이용하는 것이 결제상의 위험을 줄일 수 있다.

(3) 송금결제방식 (Remittance)

송금방식은 매수인이 매도인에게 은행을 통하여 송금환이나 송금수표의 형태로 대금을 송금하여 주는 방식으로서, 송금시기에 따라 사전송금방식, 동시지급방식 및 사

후송금방식으로 구분되고, 어떤 송금수단을 사용하는지 여부에 따라 전신송금환(T/T; Telegraphic Transfer), 우편송금환(M/T; Mail Transfer) 및 송금수표(D/D; Demand Draft)로 구분된다.

송금환이란 수취인에 대하여 일정한 금액의 지급을 은행에게 위탁하는 지급지시서(payment order)로서, 전신송금환은 지급지시서가 전신으로 통지되는 것이고, 우편송금환은 지급지시서가 우편으로 송부되는 것을 말한다.

1) 사전송금방식

매도인이 계약물품을 선적하기 전에 매수인이 대금을 송금하는 것으로서, 매도인의 입장에서는 유리하지만 매수인의 입장에서는 자금부담이나 물품인수불능의 위험에 노출된다.

2) 사후송금방식

매도인이 계약물품을 선적한 후에 매수인이 대금을 송금하는 것으로서, 매수인의 입장에서는 유리하지만 매도인의 입장에서는 대금회수불능의 위험에 노출된다.

3) 동시지급방식

계약물품 또는 서류를 인도할 때 송금하는 방법으로서, 수입지에서 현품과 수입대금을 교환하는 현품인도결제(COD)와 수출지에게 선적서류와 상환으로 대금지급이 이루어지는 서류인도결제(CAD)가 있다.

(4) 특수방식에 의한 결제

1) 국제팩토링 (International Factoring)

대리인의 역할을 하는 팩토링회사(factor)가 수출업자와 수입업자 사이에 개입하여 수입업자에 대한 신용조사 및 신용위험의 인수, 수출업자에 대한 금융제공, 대금회수, 기타 업무처리의 대행 등의 서비스를 제공하는 것으로 수출업자에게는 수출대금의 지급을 보장하고, 수입업자에게는 신용을 공여하는 무신용장방식의 무역거래기법이다.

- Factoring is the process in which the firm buys the outstanding invoices of manufacturer's customers, keeps the accounts, then obtains payment.
- The essence of export factoring is that a finance house, called the factor, agrees to relieve the exporter of the financial burden of the export buyer, so that the exporter can concentrate on his real business, the selling and marketing of his products.

International factoring is of considerable importance in modern export trade. It helps to ease the cash flow of the exporter's business, an important consideration as most export transactions contain a credit element, and if it is on a non-recourse basis, it affords protection against bad debts.

2) 포페이팅 (Forfaiting)[1)]

포페이터(forfaitor)가 물품이나 서비스의 연불수출거래에 따른 환어음 또는 약속어음을 수출업자 또는 이전의 소지인에게 상환청구권을 행사하지 않는 조건(without recourse)으로 고정이자율로 할인 · 매입하는 수출무역금융의 한 형태이다.

- Forfaiting is a form of fixed rate trade finance which allows the exporter to obtain immediate payment for the goods by allowing the financier a discount for taking over the debt.
- Forfaiting is the purchase of a debt expressed in a negotiable instrument, such as a bill of exchange or a promissory note, from the creditor on a non-recourse basis, i.e. the purchaser, known as the forfaiter, undertakes to waive – to forfeit – his right of recourse against the creditor if he cannot obtain satisfaction from the debtor. But the forfaiter will purchase the negotiable instrument only if he is given either in the form of an aval on the negotiable instrument itself or in the form of a separate bank guaranteeing due and punctual observance of all obligations under the negotiable instrument. The purchase of negotiable instrument by the forfaiter is, of course, at a discount. The forfaiter will be a bank, finance house or discount company.

(5) 국제전자결제 (International Electronic Payment)

국제전자결제는 매수인이 무역의 대상인 물품, 용역 또는 전자적 형태의 무체물의 대가를 전자적인 수단을 통하여 지급하거나 결제하는 것을 말한다. 국제무역에 이용될 수 있는 전자결제방식의 유형에는 전자수표(electronic check), 전자자금이체(electronic fund transfer), 무역카드(Trade Card), 전자신용장(electronic letter of credit) 등이 있으며, 이외에도 기업과 소비자간(B2C)거래의 소액결제에 주로 활용되는 신용카드(credit card), 직불카드(debit card), 전자화폐(electronic money) 등이 있다.

1) 현금을 대가로 채권을 포기 또는 양도한다는 프랑스어의 "forfeit(포기하다)"에서 유래된 용어

[표 4-9] 대금지급방법 및 지급시기의 비교

대금결제방법		대금결제시기			
		선지급	동시지급	후지급	혼합지급
현금결제		현금선지급(CIA) 주문시지급(CWO)	현품인도결제(COD) 서류인도결제(CAD)		
환어음	신용장	선대신용장 (Red Clause L/C)	일람출급 신용장 (at sight L/C)	기한부신용장 (usance L/C)	할부지급 신용장
	추심		지급인도조건(D/P)	인수인도조건 (D/A)	
송금환	전신환(T/T) 우편환(M/T) 송금수표(D/D)	사전송금방식	현품인도결제(COD) 서류인도결제(CAD)	사후송금방식	
기타				외상판매 위탁판매 청산계정	일부선지급 분할지급 (누진지급)
특수결제방식	Factoring, Forfaiting, INKASO, UNESCO Coupon, Escrow, International Financial Lease				
전자결제	Electronic Check, Electronic Fund Transfer, Trade Card, Electronic L/C, Credit Card, Debit Card, Electronic Money				

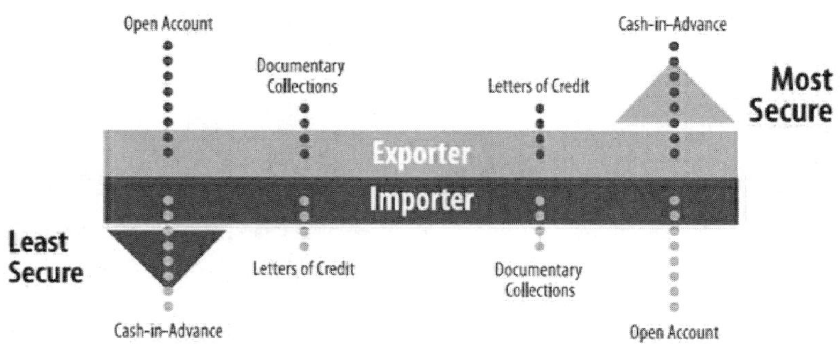

[그림 4-1] 수출입업자간 대금결제방식의 안전성 비교

제8절 보험조건 (Terms of Insurance)

물품을 운송하는 과정에서 해상고유의 위험(perils of the sea)이나 전쟁 등과 같은 인위적 위험을 만날 가능성이 있다. 이러한 위험을 담보 받기 위해서는 적하보험을 부보하여 만일의 손해발생에 대비하여야 한다.

보험조건은 물품의 운송에 수반하여 발생하는 우발적 사고에 대하여 보험자로부터 손해보상을 받기 위하여 누가 어떠한 조건으로 보험에 부보 하여야 하는지를 약정하는 조건으로서, 무역계약체결시 계약당사자는 보험부보의 의무를 결정하기 위하여 인코텀즈의 거래조건을 선택한 후, 필요한 경우 보험부보조건을 약정할 수 있다. 즉, 매도인이 매수인을 위하여 보험을 부보 하는 경우에만 계약당사자는 보험부보조건에 대하여 약정한다.

특히 CIF나 CIP조건을 채택하여 매매계약을 체결할 경우 매도인은 보험자와 적하보험계약을 체결해야 한다. 이하에서는 무역계약시 보험조건을 약정할 경우 고려해야 할 보험부보금액 및 부보범위 즉 보상범위의 선택과 관련한 사항 등을 살펴본다.

1. 보험부보의무

물품을 해외로 운송할 때에는, 해상운송의 경우에는 해상적하보험(marine cargo insurance)에, 항공운송의 경우에는 항공적하보험(air cargo insurance)에 부보하고, 그 물품의 운송 중에 발생하는 우발적인 사고에 기인하여 손해를 입었을 때 이를 보험회사로부터 손해보상을 받을 수 있는 조치를 강구하여야 한다.

우선, 계약당사자가 Incoterms상 CIF와 CIP 조건을 제외한 나머지 조건, 즉 EXW, FCA, FAS, FOB, CFR, CPT, DAT, DAP, DDP 등과 같은 계약조건을 선택한 경우에는, 매도인 또는 매수인은 각각 자기 자신을 위하여 보험에 부보 하여야 한다. 이 경우 매도인 또는 매수인은 보험에 부보 할 의무가 있는 것은 아니다. 이러한 조건으로 매매계약을 체결한 경우에는 매도인 또는 매수인은 자신의 판단에 따라 보험계약의 체결여부를 결정할 것이므로 보험계약을 체결하지 않더라도 계약상대방에 대하여는 아무런 문제가 발생하지 않는다.

그러나 계약당사자가 CIF 또는 CIP 조건으로 매매계약을 체결하는 경우에는, 매도인은 매수인을 위하여 보험계약을 체결하여야 한다. 따라서 이러한 조건하에서 매도인이 매수인을 위하여 보험에 부보하지 않는 경우에는 매도인은 계약위반의 책임을 부담하

여야 한다.

CIF조건에서는 원칙적으로 매도인은 매수인의 위험부담으로 되는 선적이후부터의 구간에 대하여 매수인을 피보험자로 하여 해상보험에 부보 하여야 하지만, 실무적으로 매도인은 자신의 위험부담으로 되는 선적이전까지의 구간 및 매수인의 위험으로 되는 선적이후의 구간을 합한 구간에 대하여 자신을 피보험자로 하여 보험에 부보 한다. 이 경우, 매도인이 보험증권(insurance policy)의 이면에 배서하여(endorse) 매수인에게 인도함으로써 보험상의 권리가 매수인에게 양도되기 때문에 매수인은 선적이후의 구간에 대한 위험에 대하여 보험상의 보호를 받을 수 있게 된다.

2. 보험부보조건

매도인이 매수인을 위하여 해상보험 또는 운송보험에 부보 하여야 하는 CIF 또는 CIP조건에서는 매도인이 어떤 보험약관에 부보 하는지에 따라 보험료가 각각 상이하게 되어 매도인의 비용부담도 달라지게 되기 때문에, 매매계약체결시에 계약당사자는 보험약관에 대한 구체적인 사항을 약정하여야 한다. 즉, 계약당사자는 보험조건에 대한 약정, 즉 담보위험과 면책위험의 범위, 보험기간, 보험금액 등을 어떻게 할 것인지의 여부를 약정하여야 한다.

현재 해상적하보험에서 실무적으로 사용되고 있는 것으로는 "런던보험자협회(ILU; Institute of London Underwriters)"가 제정한 협회적하약관(ICC; Institute Cargo Clause)이 있다. ICC에는 1962년에 제정된 구협회적하약관과 이를 개정한 1982년의 신협회적하약관(ICC(1982))과, ICC(1982)가 개정된 ICC(2009)가 있다. 구협회적하약관에는 A/R(All Risks: 전위험담보), W/A(With Average: 분손담보) 및 FPA(Free from Particular Average: 분손부담보; 단독해손부담보)라는 기본약관과 기타 추가약관이 있으며, 신협회적하약관 중 해상운송용약관에는 ICC(A), ICC(B), ICC(C)라는 기본약관이외에, 협회전쟁약관 및 협회동맹파업약관 등의 추가약관이 있다. ICC(A)는 A/R, ICC(B)는 W/A, ICC(C)는 FPA와 유사하다.

현재 실무에서는 2009년 1월 1일부터 시행된 신협회적하약관(ICC(A), ICC(B), ICC(C))의 사용이 확대되고 있는 실정이지만, 아직까지도 구협회적하약관(A/R, W/A, FPA)과 신협회적하약관(ICC(1982))이 병행하여 모두 사용되고 있다.

따라서 계약당사자가 CIF 또는 CIP조건으로 매매계약을 체결할 경우에는 부보범위와 보험료 등을 고려하여 계약물품에 가장 적합한 형태의 보험조건을 선정해야 한다.

즉 계약당사자는 구협회적하약관의 A/R, W/A, FPA와 신협회적하약관의 ICC(A), ICC(B), ICC(C) 중에서 하나를 선택하고, 이에 추가하여 전쟁위험이나 동맹파업위험도 담보하고자 할 때에는 협회전쟁약관(Institute War Clause)이나 협회동맹파업약관(Institute Strikes Clause)도 부보할 수 있도록 약정하여야 한다.

그러나 계약당사자가 CIF 또는 CIP조건으로 매매계약을 체결하면서 보험조건에 관한 약정을 하지 않은 경우에는, 매도인은 인코텀즈의 규정에 따라 송장가액의 110%의 금액으로 최소담보(minimum coverage)조건인 ICC(C) 또는 ICC(FPA)로 부보하면 된다.

[표 4-10] 보험조건

		2009 신협회적하약관	1982 신협회적하약관	1962 구협회적하약관
보험조건	부보범위	ICC(A) ICC(B) ICC(C)	ICC(A) ICC(B) ICC(C)	ICC(A/R): All Risks ICC(W/A): With Average ICC(FPA): Free from Particular Average
		ICC 중 하나를 선택하고, 전쟁 및 동맹파업위험, 기타 위험에 대하여 추가담보가 필요한 경우에는 추가보험료를 납부하고 특약하여야 한다.		
	부보금액	계약당사자간에 특별한 약정이 없는 한 송장가액의 110%로 부보		

제9절 포장 및 화인조건 (Terms of Packing and Shipping Marks)

포장(packing)이란 물품의 운송, 보관, 하역, 진열, 판매 등을 하는 데 있어 그 물품의 내용 및 외형을 보호하고 상품으로서의 가치를 유지하기 위해 적절한 재료나 용기로 둘러싸는 기술작업 및 상태를 말한다. 따라서 물품의 형태나 특성에 따라 포장되는 재료나 방법은 각각 다를 수 있다.

포장은 운송물의 안전을 고려하여 견고하면서도 경제성이 있고 취급하기가 용이하여야 한다. 이하에서는 무역계약에서 포장조건의 약정시 고려해야 할 포장의 방법, 포장의 종류 및 화인 등에 대해서 살펴본다.

포장 및 화인조건은 물품의 변질이나 멸실 및 손상을 방지하기 위하여 어느 정도로 물품을 포장하고 화인을 표시하여야 하는지를 약정하는 것으로서, 곡물류나 광물류 등의 산화물, 또는 자동차나 선박 등의 비포장개체화물을 제외하고는, 계약당사자는 매매계약체결시에 포장단위의 선정, 포장의 방법, 화인의 표시방법 등에 대하여 약정하여야 한다.

1. 포장단위의 선정

(1) 포장의 의의

포장이란 물품의 운송, 보관, 거래, 사용, 판매 등에 있어 적절한 재료 및 용기 등을 이용하여 그 가치와 상태를 유지하기 위해 이에 따른 기술을 사용하여 물품을 보호한 상태를 말한다. 포장과 관련하여 package는 물품이 포장된 상태 또는 그 대상을 말하고, packaging은 물품이 포장된 상태가 되기까지의 시공행위를 말한다.

포장의 3대 기능은 보호성, 편리성, 판매촉진성이다. 보호성(silent quardway)은 외부의 충격이나 환경으로부터 내용물을 보호해 주는 기능이고, 편리성(silent helper)은 내용물의 운송, 보관, 사용 및 폐기에 이르기까지 취급을 편리하게 하는 기능이고, 판매촉진성(silent salesman)은 상품의 외형을 미화시켜 소비자로 하여금 구매의욕을 불러일으키도록 하는 기능을 말한다.

한편, 수출포장은 해외시장과의 무역에 있어서 행해지는 운송포장으로서 무역포장이라고도 한다. 이 수출포장은 국내시장을 위한 포장과 달리 해외의 목적지까지 각종 운송수단에 의한 장거리 운송, 장기간의 보관, 수차례의 하역을 수반하고 이에 따른 장해나 위험도가 높기 때문에 이를 견딜 수 있는 안전성과 취급의 편의성을 고려하여 합리적, 경제적인 적정포장을 행하는 것이 중요하다.

또한 관습이나 법률 제도가 다른 수입업자가 대상이 되기 때문에 그 국가의 관계법령에 합치하고 수입업자의 요구에 부응하는 상태로 물품을 운송할 수 있도록 포장할 필요가 있다.

(2) 포장재 및 포장단위의 선정

물품의 수량을 측정하기 위해서는 어느 정도의 포장의 무게를 포함할 것인가 하는 포장단위의 문제가 발생하기 때문에, 매매계약체결시에 계약당사자는 물품의 성질, 운송거리, 환적여부, 포장장비와 운임, 기후조건, 포장비 및 운임, 당사국의 포장과 관련된 규정이나 상관습 등을 고려하여 과대포장이 되지 않도록 포장재료와 포장단위를 미리 약정하여야 한다.

특히 무역거래에서 사용되는 수출물품의 포장에 있어서, 포장재료는 내항성, 경제성, 식별성 등의 요건이 구비될 수 있도록 적절하게 선택되어야 하며, 포장의 단위는 다량의 물품을 무리하게 하나의 포장단위로 집적시키거나 지나치게 소량의 포장단위로 포장하여서는 안 된다. 따라서 계약당사자간에 포장조건에 대한 별도의 약정이 없는 한,

매도인의 임의판단에 의하여 포장이 행해지지만, 분쟁의 예방을 위하여 포장재료나 포장단위에 대하여 계약당사자간에 미리 약정해 두는 것이 바람직하다.

2. 포장방법

수출물품의 포장은 물품의 성질과 종류에 따라 종이 또는 나무상자, 곤포(bale), 포대(bag), 나무통(barrel), 특수용기 등의 용기포장과 두루마리(coil, roll), 물레(reel), 다발 등의 무용기포장, 곡물이나 광물과 같은 산화물의 무포장 등이 있다. 따라서 매매계약체결시 계약당사자는 포장의 종류별로 물품의 종류나 성질에 적합한 포장방법을 선택하여 약정하여야 한다.

포장방법으로는 물품의 최소 소매단위를 개별적으로 포장하는 개장(個裝, unit packaging), 물품의 이동을 편리하게 하기 위해 일정한 양을 묶어 재포장하는 내장(內裝, inner packaging), 운송도중 파손이나 도난을 방지하고 하역에 편리하도록 몇 개의 내장을 목재나 종이상자(carton) 등으로 최종적으로 다시 포장하는 외장(外裝, outer packaging)이 있다. 외장에는 포장물이 목적지에 정확히 수송되도록 화인(shipping mark)을 표시하여야 한다.

3. 화인의 표시방법

화인(shipping marks; cargo marks)은 화물의 특성에 맞는 적절한 포장을 한 후, 운송인이나 수하인 등이 정확하고 편리하게 화물을 취급할 수 있도록 화물의 외장에 기입하는 송하인, 수하인, 원산지국명, 화물번호, 개수, 목적지, 취급상의 주의 등과 같은 각종 표식을 말한다.

즉, 화인은 선적할 화물을 안전하게 취급하거나, 양륙된 화물 중에서 선하증권이나 송장과 대조하여 수하인에게 용이하게 화물을 인도하는 등 취급화물 및 기타화물을 용이하게 식별하기 위하여 외장에 표시하는 것이므로, 포장화물이 완전하더라도 화인이 명확하지 않다면 완전포장이라 할 수 없다.

화인은 다음과 같은 각종 표시를 모두 표시하는 것이 아니라, 필수적으로 표시해야 하는 주화인, 양륙항표시 및 화번을 제외하고는, 일반적으로 수입업자가 요구하는 경우 그 지시에 따라 화인을 표시해야 하지만, 수입업자의 별도 요청이 없을 경우에는 수출업자가 임의적으로 하면 된다.

이러한 화인은 상업송장(commercial invoice), 선하증권(bill of lading) 및 그 밖의 다른 서류에 동일하게 표시되어야 한다. [그림 4-2]에서는 화인의 예를 보여주고 있다.

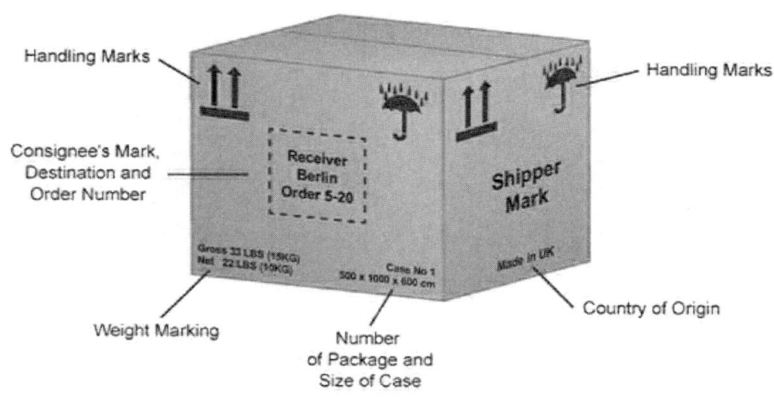

[그림 4-2] 화인의 표시방법

(1) 주화인 (Main Mark; Principle Mark)

다른 화물과 식별이 용이하도록 포장외면에 삼각형이나 사각형 등을 그린 후 그 안에 상호 등의 약자를 넣는 도형으로서, 일반적으로 송하인이 수하인을 표시하는 특정한 기호에 대표문자를 넣어 만들거나 상표를 그대로 사용한다. 삼각형 등의 도형이 없이 문자나 숫자만의 주화인도 있으나, 주화인은 크고 명확하게 표시하여야 한다.

(2) 부화인 (Counter Mark; Sub Mark)

주화인의 보조로서, 주화인만으로 다른 화물과의 구별이 어려운 경우, 화물의 등급이나 규격을 표기해야 하는 경우, Lot의 화물 중 구별을 할 필요가 있을 경우, 생산자 또는 공급자의 약호를 붙여야 하는 경우에 표시한다.

(3) 양륙항표시 (Port Mark)

화물의 적재와 양륙 작업을 용이하게 하고 화물이 잘못 배송 되지 않도록 화물이 도착되는 양륙항이나 목적지를 표기한다. 참고로, 양륙항표시가 누락된 것을 무인화물(NM Cargo; No Mark Cargo)이라고 한다.

(4) **화번표시** (Case Number Mark)

포장물이 여러 개인 경우, 각 화물을 송장이나 적하목록 또는 기타 운송서류와 대조하여 식별 확인하기 위하여 화물의 개수 및 순서를 일련번호로 기재한다.

(5) **중량표시** (Weight & Measurement Mark)

운임계산, 통관, 하역작업 등을 용이하게 할 수 있도록 화물의 순중량, 총중량 및 용적을 표기한다.

(6) **원산지표시** (Country of Origin Mark)

화물의 원산지를 국가명으로 표기한다.

(7) **주의표시** (Caution Mark; Care Mark)

화물의 운송, 보관시 취급상의 주의를 필요로 하는 경우에 취급자가 용이하게 판독할 수 있도록 붉은 잉크나 페인트를 사용하여 명료하게 표시한다.

(8) **품질표시** (Quality Mark)

화물의 품질수준이나 등급, 공인검사기관의 품질검사합격 등을 송하인이나 수하인이 알 수 있도록 표시하는 기호로서, 매수인의 요구에 따라 표시한다.

(9) **기타표시**

매수인의 요구에 의해 수입화물의 분류나 통관 등의 편의를 위한 주문번호인 지시표시나 기타 필요사항을 표기한다.

제10절 분쟁해결조건 (Terms of Dispute Settlement)

무역계약을 체결할 때는 물품매매와 관련된 기본적인 조건 외에도 계약이행 이후에 발생될지도 모르는 분쟁과 계약내용에 대한 법적 구제조건들을 약정해 두는 것이 매우 중요하다. 이와 관련하여 이하에서는 분쟁해결조항 및 해결방법, 재판관할조항, 준거법조항 등에 대하여 살펴본다.

분쟁해결조건은 계약당사자의 일방 또는 쌍방에 의한 계약불이행 또는 사기 등으로 분쟁이 발생할 경우에 이러한 무역분쟁을 어떠한 방법으로 해결할 것인지를 약정하는 것으로서, 계약당사자는 매매계약체결시에 무역분쟁을 신속하고 경제적으로 해결하기 위하여 중재조항, 재판관할조항, 준거법조항 등에 대하여 미리 약정하여야 한다.

1. 분쟁해결방법과 중재조항

(1) 분쟁해결방법

무역거래에 있어서 분쟁해결의 최선의 방법은 분쟁발생의 예방이다. 그러나 분쟁이 발생한 경우에는 당사자간에 해결하거나 또는 제3자의 개입을 통하여 그 분쟁을 해결할 수 있다. 매매당사자간 분쟁해결방법으로서는 ① 일방의 당사자가 상대방에 대한 손해배상청구권을 포기하는 경우와 ② 당사자 간에 직접 교섭하여 우호적으로 해결하는 방법(협상)을 들 수 있다. 이와 같이 분쟁이 발생한 경우에는 당사자간에 해결하는 것이 가장 바람직하다.

그러나 분쟁이 당사자간에 화해로서 원만하게 해결되지 않는 경우(예를 들면, 쌍방의 주장이 대립되거나, 쌍방 또는 일방의 감정이 악화되어 냉정한 판단을 할 수 없거나, 또는 상대방이 무성의한 경우 등)에 주로 사용되는 중립적인 제3자에 의한 해결방법으로서는, ① 제3자가 당사자의 대립하는 주장을 듣고, 당사자에게 화해를 권고하거나(알선) 또는 해결안을 제시하는 것(조정)과, ② 단순한 해결안이 아니라 당사자를 구속하는 판단을 행하는 것(소송, 중재)이 있다. 화해를 권고하거나 또는 해결안을 제시하는 경우(알선 또는 조정의 경우)에는, 제3자가 해결안을 제시하더라도 그 해결안을 당사자가 수용하지 않는다면 분쟁은 해결되지 않는다. 이에 대하여 당사자를 구속하는 판단을 행하는 경우(소송 또는 중재)에는 제3자의 판단에 따르지 않는 당사자에 대하여는 그 내용을 강제할 수 있다.

이와 같이, 분쟁해결의 최종적인 방법으로 이용되는 것에는 소송이 있지만, 소송은 급격히 증대되는 전문적이고 기술적인 분야의 모든 분쟁을 수용하는데 한계가 있기 때문에 중재에 의한 분쟁해결방법을 보편적으로 사용하고 있다.

중재(arbitration)는 당사자간의 합의에 의하여 사인간의 분쟁을 법원의 판결에 의하지 않고 제3자인 중재인을 선임하여 그 분쟁을 중재인의 판정에 맡기고 그 판정에 양당사자가 절대복종함으로써 최종적으로 분쟁을 해결하는 방법으로서, 그 판정(award)은 법적구속력이 있다.

따라서 중재는 ① 당사자간에 중재합의가 있어야 하고, ② 중재인의 판정에 절대복종하여야 하며, ③ 그 판정의 효력은 당사자간에는 법원의 확정판결과 동일하므로 강제성을 가지며, ④ 뉴욕협약(New York Convention, 1958)에 가입한 국가간에는 그 집행을 보장하고 승인하기 때문에 그 효력이 외국에까지 미칠 수 있다. 이외에도, 중재는 소송과 달리 단심제이므로 분쟁이 신속히 해결될 수 있고, 비용이 경감될 수 있으며, 무역전문가로 구성된 중재인의 판정으로 합리적인 분쟁해결이 기대되고, 중재심리가 공개되지 않기 때문에 당사자의 비밀이 보장될 수 있다는 장점이 있다.

(2) 중재조항 (Arbitration Clause)

중재조항은 계약당사자간에 장래 발생할 수 있는 분쟁의 전부 또는 일부를 사인에 의하여 행하여지는 중재에 의하여 해결하도록 하는 당사자간의 서면합의로서, 중재의 대상이 되는 분쟁이 발생하기 전에 미리 매매계약서상에 중재에 붙일 사항, 중재기관, 중재장소, 판정의 기준이 되는 준거법(applicable law), 중재절차 등에 대한 당사자간의 합의를 기재한 조항을 말한다.

즉, 중재조항은 분쟁이 발생하기 전에 미리 장래에 발생할 분쟁을 중재에 의하여 해결하기로 합의하는 사전중재합의(사전중재계약)로서, 중재신청을 하기 위해서는 이러한 사전중재합의인 중재조항이 있거나, 분쟁이 발생한 후에 합의하는 사후중재합의(사후중재계약)가 있어야만 중재신청이 가능하게 된다.

그러나 분쟁이 발생한 후에는 불리하다고 판단하는 당사자가 중재합의를 기피하여 분쟁해결을 지연시킬 수 있기 때문에 매매계약서상에 중재조항(arbitration clause)을 삽입함으로써 중재합의를 미리 체결해 두는 것이 바람직할 것이다.

◆ Standard Arbitration Clause (대한상사중재원의 표준중재조항)

Arbitration: All disputes, controversies, or differences which may arise between the parties, out of or in connection with the contract, or for the breach thereof, shall be finally settled by arbitration in Seoul, Korea in accordance with the Commercial Arbitration Rules of the Korean Commercial Arbitration Board and under the Laws of Korea. The award rendered by the arbitrator(s) shall be final and binding upon both parties concerned

(중재: 이 계약으로부터 또는 이 계약과 관련하여 또는 이 계약의 불이행으로 말미암아 당사자간에 발생하는 모든 분쟁, 논쟁 또는 의견 차이는 대한민국 서울특별시

대한상사중재원의 상사중재규칙 및 대한민국법에 따라 중재인에 의하여 최종 결의로 해결한다. 중재인(들)에 의하여 내려지는 판정은 최종적인 것으로 당사자 쌍방에 대하여 구속력을 가진다)

2. 재판관할조항 및 준거법조항

(1) 재판관할조항 (Jurisdiction Clause)

재판관할조항은 소송을 제기할 관할법원에 대한 당사자간의 합의를 기재한 조항으로서, 분쟁의 해결을 중재에 의하지 않고 법원의 판결에 따르기로 하거나 뉴욕협약에 가입되어 있지 않거나 또는 계약 중에 중재조항을 규정하지 않는 등의 사유로 중재합의가 이루어지지 않는 경우, 또는 중재조항이 있더라도 중재에 회부할 범위 외의 사항의 경우에 있어서 소송을 제기할 법원을 당사자간에 미리 약정한 조항을 말한다.

(2) 준거법조항 (Governing Law Clause)

무역계약의 성립과 이행 그리고 그 해석에 관하여 어느 나라 법을 적용할 것인가, 즉 준거법이 문제가 된다. 준거법을 결정하는 데는 국가별로 법제의 해석기준이 상이하기 때문에 계약당사자가 준거법을 어느 국가의 법으로 하느냐를 명확히 약정하여야 한다.

즉 준거법조항은 무역계약의 성립, 이행 및 해석이 어느 국가의 법률에 따라 행하여지는지에 대하여 당사자간에 합의한 조항을 말한다. 준거법을 미리 지정하는 이유는 계약서를 아무리 상세히 작성한다 하더라도 해석상 전혀 의문이 없도록 한다는 것은 사실상 어려울 뿐만 아니라, 국가별로 법제의 해석기준이 상이하기 때문에 계약당사자는 매매계약 체결시 어느 국가의 법률을 준거법으로 할 것인지를 명확히 합의하여야 한다.

제11절 기타조건

앞서 살펴본 기본적인 조건 이외에도 매매당사자들간에 계약이행 이후에 발생할지도 모르는 분쟁과 법적 구제조건들을 약정하는 것은 중요한 부분이다. 분쟁해결에 관한 조항 이외에도 불가항력조항, 권리침해조항, 완전합의조항, 검사조항, 하드십조항 등에 대해서도 약정하여 발생할지도 모르는 분쟁에 대해 준비하는 것이 필요하다.

무역계약조건은 무역계약을 체결할 때는 물품매매와 관련된 기본적인 조건 외에도 다음과 같이 계약 이후에 발생될지도 모르는 분쟁과 계약내용에 대해 다음과 같은 사항들을 사전에 약정해 두어야 한다. 그러나 계약조건 모두를 계약을 체결할 때에 당사자가 일일이 합의하면서 결정하는 것은 극히 드물며, 일반적으로 중요한 사항에 대해서만 합의결정하고 나머지 사항은 계약서 작성시 이면조항에 삽입한다.

1. 불가항력조항 (Force Majeure)

불가항력이란 '관련 당사자의 통제를 넘어서는 모든 사건'을 말한다. 수출업자의 고의적인 과실이나 태만 등으로 야기되는 계약불이행에 대해서는 수출업자가 책임을 져야 하지만, 전쟁, 천재지변 등과 같은 불가항력에 의한 계약불이행은 면책될 수 있다. 이에 대한 범위를 계약서에 명시하여 불필요한 분쟁을 회피할 필요가 있다.

불가항력조항은 합의된 범위 내에서 불가항력 또는 이와 유사한 사유가 발생함으로써 계약당사자가 약정된 계약을 이행하지 못하게 되는 경우 이러한 계약불이행에 대하여 당사자의 면책을 규정하고 있는 조항을 말한다.

즉, 불가항력조항은 ① 매매당사자의 귀책사유가 아닌 불가항력으로 인하여 약정된 선적기일 내지 인도기일 이내에 선적 또는 인도를 하지 못한 경우 등과 같이 계약내용을 이행하지 못한 경우에는 이를 계약불이행으로 보지 않고 그 당사자는 면책된다는 것과 ② 불가항력의 정의 또는 예시 및 ③ 면책 받기 위하여 그 당사자가 해야 하는 조치 등을 그 내용으로 한다.

계약당사자는 계약체결시에 미리 불의의 사태로 인하여 프러스트레이션(frustration)이 되는 경우를 대비해서 계약조항 가운데 불가항력조항을 삽입하여 당사자의 권리와 의무를 규율하는 것이 실무상 일반화 되어 있다. 그러나 구체적으로 어떠한 경우가 불가항력이라고 단정하기는 어렵기 때문에 매매당사자는 계약의 성질이나 거래의 특수성에 따라 불가항력의 범위를 구체적으로 설정하여야 한다.

또한 불가항력조항에는 불가항력사태가 발생하였을 경우 매도인이 그 사실을 매수인에게 지체 없이 통지하고 불가항력사태에 대한 입증자료도 제시하도록 하여야 한다. 예를 들면, 매도인이 불가항력의 사태로 인하여 적기에 선적을 이행하지 못하게 된 경우에는 상업회의소 또는 수출국 주재 수입국영사관으로부터 불가항력의 증명을 받음으로써 선적을 유예 받거나 선적의무를 면제받을 수 있다.

◆ Force Majeure

The seller shall not be responsible for the delay of shipment due to force majeure including mobilization, war, strike, riots, civil commotion, hostilities, blockade, requisition of vessels, prohibition of export, fire, flood, earthquake, tempest, and any other contingencies which prevent shipment within the stipulated period. In the event of any of the aforesaid causes arising, documents proving its occurrence or existence shall be sent by the seller to the buyer without delay

(매도인은 약정기간 내에 선적을 방해하는 동원, 전쟁, 소요, 폭동, 적대행위, 항만봉쇄, 선박징발, 수출금지, 화재, 홍수, 지진, 폭풍, 기타 예측하기 어려운 사건 등의 불가항력적인 사건이 발생했을 경우에는 선적 지연에 대하여 책임을 지지 않는다. 전기한 제요인이 발생했을 때에는 매도인은 이것의 발생, 혹은 존재를 증명하는 서류를 지체 없이 매수인에게 송부하여야 한다)

2. 권리침해조항 (Infringement Clause)

권리침해조항은 매도인이 특허권 · 실용신안권 · 디자인권 · 상표권 등의 지적재산권 등의 내용에 대한 사전정보 없이 매수인의 주문에 의하여 물품을 제조함으로써 발생할 수 있는 지적재산권의 침해와 관련된 모든 책임으로부터 매도인을 면책으로 하는 면책조항으로서, 매수인이 이와 관련된 책임을 부담하겠다고 하는 조항을 말한다.

즉, 이 조항이 있는 경우에는 매수인은 제3자로부터 지적재산권의 침해를 받았다는 이유로 매도인에게 클레임을 제기할 수 없다. 따라서 미국 등의 선진국에 물품을 수출하는 경우에는 이 조항을 계약서에 포함시킴으로써 매도인은 권리침해와 관련된 책임을 면할 수 있다.

◆ Infringement Clause

The seller shall not be held responsible for infringement of the right of design, trade mark, patent and copyright which are caused out of the observance of the buyer's instructions to the seller and any disputes or claims raised thereon shall be settled by the buyer for his account.

3. 완전합의조항 (Entire Agreement Clause)

완전합의조항은 당사자간의 합의내용을 완결시키는 것으로서 새로운 계약과 기존계약과의 관계를 명확히 하기 위하여 본 계약이 최종적이고 유효한 합의서라는 내용이 있으며, 이 계약의 목적과 관련된 제안서, 회의록, 의향서, 양해각서, 가계약, 이면계약 등 이전의 각종 문서들을 모두 무효화시킨다는 내용을 포함하고 있는 조항을 말한다.

◆ Entire Agreement Clause

This Agreement constitutes the entire agreement between the parties, all prior representations having been merged here in, and may not be modified except by a duly authorized representatives of both parties.

4. 검사조항 (Inspection Clause)

검사조항은 물품이 계약조건에 일치하고 있다는 것을 확인하기 위하여 물품에 대한 검사방법과 검사기준을 결정하는 조건으로서, "Manufacturer's inspection certificate shall be one of the necessary documents required in the L/C to be issued" 등과 같이 검사기관, 검사장소, 검사시기, 검사비용의 부담 여부 등을 구체적으로 약정하여야 한다.

5. 가격변동조항 (Escalation Clause)

가격변동조항은 계약이행기간이 장기간인 경우에 있어서, 계약성립 후에 원자재, 운임, 보험료 등의 상승, 환율의 변동에 따라 계약가격이 변동될 수 있다는 조건을 약정한 조항을 말한다. 이것은 객관적인 통계 등을 기준으로 하지만 사항의 성질상 합의에 도달하지 못하는 경우도 있다.

◆ Increased Cost Clause; Contingent Cost Clause; Escalation Clause

Increase in freight, insurance premiums and/or surcharge, due to war, threat of war, warlike conditions, port congestion or other emergency or contingency unforeseen or not existent at the time of concluding the agreement, shall be for the buyer's account.

6. Hardship 조항

불가항력적인 사태가 발생하였을 경우 계약당사자가 가격조정이나 기한의 연장 등의 계약내용을 조정하기 위하여 상호간에 교섭한다는 것을 약속하는 약관, 즉 당사자가 계약체결 당시에는 전혀 예상하지 못했던 경제적 또는 정치적 사태가 계약체결 후에 발생함으로써, 당초의 계약대로의 이행이 불가능해지거나 또는 심히 곤란해져 계약의 본질적 변경이 불가피해진 경우에는 당사자는 계약내용의 변경을 요구할 수 있고, 그 때에는 상대방은 반드시 이에 응해야 한다는 조항을 hardship Clause(사정변경조항, 이행가혹조항)라 한다.

동 조항은 주로 산업설비나 대형선박 등 그 제작에 장기간이 소요되는 경우에 계약금액의 변경이나 공기의 조정 또는 인도기일의 연장, 사양(규격)의 변경 등을 위하여 설정된다.

◆ Hardship Clause

There is a situation where the occurrence of events fundamentally alters the equilibrium of the contract, either because the cost of a party's performance has increased or because the value of the performance a party receives has diminished.

7. 지체상금조항 (Liquidated Damages)

If the seller fails to delivery any or all of the products within the time period specified in the agreement, the buyer shall deduct from the contract price, as liquidated damages, a sum equivalent to 2% of the price of the delayed products for each week of delay until to a maximum deduction of 10% of the price of the delayed products. Once the maximum is reached, the buyer may terminate this agreement.

8. 라이선스 계약 (권리 이전 또는 사용) (Licensing Agreement)

A Licensing agreement involves the granting by an owner in a particular territory of a form of intellectual property, such as a patent or trade mark, to a licensee of a right to exploit that property in another territory. By this agreement, the owner of an intellectual property right authorizes another person to use that right for remuneration which is called royalty.

제12절 주요 무역계약서

1. Letter of Intent (LOI) (매매의향서)

매매의향서는 국제거래에 관한 협상단계(정식계약체결의 이전단계)에서 당사자의 의도나 목적, 합의사항 등을 확인하기 위하여 문서로 작성하는 당사자간 예비적 합의의 일종이다. 의향서가 필요한 경우는 어느 일방의 입장, 의도, 결정, 약속 등을 전달하고자 할 필요가 있거나 최종협상에 선행되는 기업 내부의 결재용, 그리고 해당 거래 관련 본국 또는 상대국의 인가·허가 등을 위한 사전협의나 조정용으로 필요할 경우에 사용된다.

즉, 구매의향서는 단지 이런 조건으로 이런 상품을 얼마나 사고 싶다는 의향을 통보하는 것이지, 어떤 확정된 주문이나 계약을 의미하는 것은 아니다. 구매 의향서는 법적 구속력이 없다. 따라서 회사에서 구매 진의와는 상관없이 시장상황 조사 차원에서 남발할 가능성도 있기 때문에, 상황에 따라 구매의향서에 대한 진의를 파악하는 것이 필요하다.

<u>Letter of Intent</u>

This Letter of Intent(LOI) made and entered into this 21 day of July 2017, by and between ABC Co., Ltd., a corporation duly organized and existing under the laws of Japan, having its principal office and place of business at 200, Ishida, Iseharashi, Kanagawa Prefecture, Japan (hereinafter referred to as ABC) and XYZ Co., Ltd., a corporation organized and existing under the law of the Republic of Korea, having its principal office and place of business at, Seoul, Republic of Korea (hereinafter referred to as XYZ).

RECITALS:

WHEREAS, ABC has long been engaged in the manufacture and sale of certain laser system in Japan and other countries; and

WHEREAS, ABC has acquired and possesses valuable technical information on the design, manufacture, installation and the use of such laser systems; and

WHEREAS, ABC has the right to grant a license to manufacture, use and sell such laser system by the use of such technical information; and

WHEREAS, XYZ desires to obtain, and ABC is willing to grant the right and license to manufacture, use and sell one of such laser system by utilizing such technical information to be furnished by ABC;

NOW, THEREFORE, in consideration of the mutual premises tons covenants hereinafter, the parties agree as follows;

1. The parties shall cooperate to select one of such laser system which will be best fitted for local demand and marketability in the Republic of Korea. As of the date of this LOI, XYZ tentatively choose the system LCV II series.
2. XYZ's final selection of the system shall be made not later than end of July, 2018.
3. Upon XYZ's selection, both parties shall make best efforts to come to mutual consent on the terms and conditions for the technical incense agreement to be executed between parties, for XYZ's manufacture, use and sales of the selected laser system.

IN WITNESS WHEREOF, the parties herein have caused this Letter of Intent to be executed in duplicates by their respective duly authorized officer as of the date first above written.

For ABC Co., Ltd.	For XYZ Co., Ltd.
Signature	Signature

- This letter of intent made and entered into~: ~일에 체결되고 개시되는 의향서
- WHEREAS: 전문(RECITAL) 조항으로 ~인 까닭에, ~때문에, ~라는 사실에서 보면
- in consideration of ~: ~을/를 약인으로 하여
- organized and existed under the law of Japan: 일본법에 의해 조직되고 존재하는
- covenant: 계약조항, 날인증서
- IN WITNESS WHEREOF: 이 사실을 증명하기 위하여

☞ 관련 표현

- This expresses the interest and intention of KM Trading Corporation in Busan, Korea in order to purchase ten to twenty thousand metric tons of graphite monthly on a long-term basis, beginning from the middle of 2017.
  (KM 무역회사는 2017년 중순부터 매월 1~2만 톤의 흑연을 장기 구매 희망함)
- We want to receive the latest information on current capacity and the ability of your companies to accommodate our purchase intentions.
  (귀사의 현재 생산량과 우리의 구매 의향 충족 가능성에 대한 정보를 받기 원합니다)

☞ Non-competition (동종 품목/업종 경쟁 금지, 동종업종 취업금지)

계약에서 자주 사용하는 말로써, 경쟁 관계에 있는 품목을 팔거나, 회사에 경쟁되는 일은 못한다는 것이다. 예를 들어 외국 회사에 독점권을 부여하였는데, 그 독점권을 받은 회사가 독점권 공여 업체와 경쟁관계에 있는 물품을 같이 판매한다면 이는 독점권 공급 업체에 손실을 끼치게 되는 것 인 바, 이러한 상황을 방지하기 위한 것이다.

또한 고용 계약서에도 자주 사용되는 표현인데, 고용인이 회사를 그만 둘 경우, 몇 년간은 그 회사에서 배운 지식을 갖고 그 회사의 이익에 위배되는 사업은 하지 못 한다는 의미로 사용된다. 즉, 동종 업종에서 경쟁하지 않는다는 것이다. 일반적으로 임원급 이상의 인사나 연구원들에게만 적용되며, 각 나라마다 경쟁금지기간이 다르다.

2. Memorandum of Understanding (MOU) (양해각서)

구매 의향서와 마찬가지로 법적인 구속력이 없다. 하지만 양사간의 협의가 있고 긍정적인 방향으로 전개될 경우 체결되는 것으로서, 계약으로 성사될 가능성이 클 수도 있고, 계약되지 않고 무산될 수도 있다. 따라서 양해각서를 체결하였다고 계약이 체결된 것으로 오해해서는 안 된다.

<u>MEMORANDUM OF UNDERSTANDING</u>

On behalf of ABC, Mr. _________ and Mr. _________ visited XYZ, from July 11, 2017 to July 21, 2017, and had mutual discussion on the basis of the Proposal No._________ and finally agreed upon several factors to carry out the project.

Between ABC

And XYZ

Now therefore, it is hereby agreed and declared by and between the parties concerned hereto, as follows,

1. ABC is willing to set up a company to manufacture clothes in _________ under XYZ's cooperation such as machinery supplying, technical transfer assistance and marketing.
2. ABC shall get an industrial license within maximum thirty (30) days after applying it for the prompt progress of this project. The commercial production shall be started within the end of 2017.
3. ABC and XYZ agreed that the company will be named as _________.
4. ABC shall sell all their products except rejected clothes through XYZ for the minimum period of ten (10) years.
5. ABC shall issue a letter of credit for machineries and equipments regarding this clothes manufacturing project within four (4) months after signing MOU.
6. XYZ shall dispatch the drafts of marketing agreement, technical assistance agreement and machinery contract soon by DHL. The production capacity shall be considered as 2,000 pairs a day on the basis of eight (8) working hours a day.

IN WITNESS WHEREOF, the parties concerned hereto have caused this MOU to be executed original in duplicates by their duly authorized representative on July 21, 2017.

- on the basis of~: ~을 기초로 하여
- carry out: 실행하다, 수행하다
- production capacity: 생산능력
- on the basis of eight (8) working hours a day: 1일 8시간 근무를 기준으로

☞ 관련 표현

- We agreed on the most critical issues of price, sales territory, period of contract and other important issues.
  (가격, 영업 구역, 계약 기간 및 기타 중요 사항들의 주요 사안 대부분에 대해 합의함)
- We agreed to make an MOU in order to be able to immediately consummate the projects.
  (그 프로젝트를 조속히 성사시키기 위해 MOU를 작성하기로 함)
- We enclose the Memorandum. Please thoughtfully and carefully check this Memorandum and give your opinions in the contents of the Memorandum at your earliest possible convenience.
  (MOU 첨부 드린바, 면밀히 검토 후 최대한 빨리 의견 주시기 바랍니다)

☞ MOQ (Minimum Order Quantity: 최저발주수량)

범용 제품이 아닌 경우, 라인 가동에 따른 최저 생산 수량이 있다. 이는 상시 생산하는 제품이 아닌 특수 제품을 생산할 경우, 생산 라인을 변경하고 준비하는 시간에 대한 기회비용과 생산 수율(yield rate)의 문제가 있다. 이러한 사유로 고객 주문이 있을 경우에만 생산되는(custom-made) 특수 제품의 경우, 일정 최저 발주 수량(MOQ)이 된다.

3. Sales Contract (매매계약서)

개별계약서는 매 거래 건별로 청약이나 주문을 확정한 후 수출입 본 계약서를 작성하는 것으로 일반적으로 거래 상대방과 첫 거래를 할 때나 거래 초기단계에서 이용된다. 개별계약서는 표면과 이면으로 구분되어 있는데, 표면약정에는 거래 건별로 확정해야 하는 개별약정사항으로 해당 거래물품의 품질수준, 수량 및 가격 등 거래물품에 대한 사항과 개별거래별로 계약이행을 위한 선적일자, 결제방법 및 보험조건 등이 포함된다.

이면약정사항은 "무역거래일반조건(general terms and condition)"으로서 무역계약의 당사자가 대리인이 아니라 본인 대 본인(principal to principal basis contract)이라는 점과 표면약정사항인 품질, 수량, 가격 및 선적조건 등 개별약정사항을 해석하는 기준을 정한다. 또한 계약불이행과 관련된 조항으로 불가항력조항, 클레임조항, 중재조항 및 준거법조항 등이 포함된다.

Purchase Contract

Order No.:____________
Date: 21st July 2017

Buyer: ROYAL CHINA CO., LTD.
Address:
Tel:
E-mail:

Seller: Korea Maritime Fisheries Co., Ltd.
Address:
Tel:
E-mail:

KM Fisheries Co., Ltd., as Seller hereby confirms having sold to Royal China Co., Ltd., as Buyer, the following goods by this sales contract made on July 21, 2017 and on the terms and conditions hereinafter set forth.

ITEM	SPECIFICATION	QUANTITY	UNIT PRICE (USD)	AMOUNT(USD)
Fish	Dried	100,000 Kg	$20.00	$2,000,000
Fish	Salted	300,000 Kg	$3.00	$900,000
			Total Amount(USD)	$2,900,000

- □ Time of Shipment : By July 21, 2018
- □ Port of Shipment : Kwangyang/Busan KOREA
- □ Port of Destination : Shenzhen Yantian China
- □ Payment : By an irrevocable Letter of Credit payable at sight
- □ Insurance : Seller to cover the CIF price plus 10% against All Risks
- □ Packing : Export Standard Packing
- □ This Contract is subject to the general terms and conditions set forth on back hereof :

	Seller	Buyer
By	: KM Fisheries Co., Ltd.	ROYAL CHINA CO., LTD
Address	:	
Name	: ______________	______________
Title	: Manager	Manager

General Terms and Conditions

Article 1. Quantity

Quantity set forth in this Contract is subject to a variation of 10% more or less as Seller's option

Article 2. Shipment

Date of Bill of Lading shall be accepted as a conclusive date of shipment. (   ) days grace in shipping shall be allowed. Partial shipment and/or transshipment shall be permitted unless otherwise stated in this Contract.

Seller shall not be responsible for any delay of shipment, should Buyer fail to provide timely letter of credit in conformity with this Contract or in case the sailing of the steamer designated by Buyer be deferred beyond the prearranged date of shipment.

Article 3. Packaging

Packing shall be at Seller's option. In case special instructions are necessary, Buyer should notify Seller thereof in time to enable Seller to comply with the same and all additional cost thereby incurred shall be borne by Buyer.

Article 4. Insurance

In case of CIF basis, 10% of the invoice amount shall be insured, unless otherwise agreed; any additional insurance required by Buyer to be at his own expense; unless otherwise stated, insurance to be covered for marine insurance only ICC (C) Clause.

Seller may, if he deems it necessary, insure against additional risks at Buyer's expense.

Article 5. Increased Costs

If Seller's costs of performance are increased after the date of this Contract by reason of increased freight rates, taxes or other governmental charges or insurance rates, or if any variation in rates of exchange increases Seller's costs or reduce Seller's return, Buyer agrees to compensate Seller for such increased cost or loss of income.

Article 6. Payment

An irrevocable letter of credit, without recourse, available against Seller's sight drafts shall be established through a prime bank satisfactory to Seller within 15 days after the date of this Contract and be kept valid at least 15 days after the date of last shipment. The amount of such letter of credit shall be sufficient to cover the Contract amount and additional charges and/or expenses to be borne by Buyer.

Article 7. Inspection

The inspection of the Goods shall be done according to the export regulation of the Republic of Korea and/or by the supplier(s) which shall be considered as final. Should any specific inspector be designated by Buyer, all additional charges incurred thereby shall be at Buyer's account and shall be added to the invoice amount, for which the letter of credit shall be amended accordingly.

Article 8. Claims

Any claim by Buyer of whatever nature arising under this Contract shall be made by email or cable within 7 days after arrival of the Goods at the destination specified in the Bills of Lading. Full particulars of such claim shall be made in writing, and forwarded by registered mail to Seller within 15 days after such email or cabling. Buyer must submit with particulars the inspection report sworn by a reputable surveyor acceptable to the Seller when the quality or quantity of the Goods delivered is in dispute. Failure to make

such claim within such period shall constitute acceptance of shipment and agreement of Buyer that such shipment fully complies with applicable terms and conditions.

Article 9 remedy

Buyer shall, without limitation, be in default of this Contract, if Buyer shall become insolvent, bankrupt or fail to make any payment to Seller including the establishment of the letter of credit within the due period. In the event of Buyer's default, Seller may without prior notice thereof to Buyer exercise any of the following remedies among others:

A. terminate this Contract;

B. terminate this Contract as to the portion of the Goods in default only and resell them and recover from Buyer the difference between the price forth in this Contract and the price obtained upon resale, plus any incidental loss or expense; or

C. terminate the Contract as to any unshipped balance and recover from Buyer as liquidated damages, a sum of 5% of the price of the unshipped balance. Further, it is agreed that the rights and remedies herein reserved to Seller shall be cumulative and in addition to any other or further rights and remedies available at law.

Article 10. Force Majeure

Neither party shall be liable for its failure to perform its obligations hereunder if such failure is the direct result of circumstances beyond that party's reasonable control, including but not limited to, prohibition of exportation, suspension of issuance of export license or other government restriction, act of God, war, blockade, revolution, insurrection, mobilization, strike, lockout or any labor dispute, civil commotion, riot, plague or other epidemic, fire, typhoon, flood.

Article 11. Governing Law

This Contract shall be governed under the laws of Korea.

Article 12. Arbitration

Any dispute arising out of or in connection with this Contract shall be finally settled by arbitration in Seoul in accordance with the Arbitration Rules of the Korean Commercial Arbitration Board.

Article 13. Trade Terms

All trade terms provided in the Contract shall be interpreted in accordance with the latest INCOTERMS 2010 of International Chamber of Commerce.

4. Agreement on General Terms and Conditions (일반무역거래협정서)

Agreement on General Terms and Conditions of Business

This Agreement entered into between KM Co., Ltd., Busan, Korea (hereinafter called the Seller) and MCP Inc., New York, USA, (hereinafter called the Buyer), witnesses as follows;

1. Business: Both Seller and Buyer act as Principles and not as Agents.
2. Goods: Goods in business, their unit to be quoted, and their mode of packing shall be stated in the attached list.
3. Quotations and Offers: Unless otherwise specified in e-mails or letters, all quotations and offers submitted by either party to this Agreement shall be in US Dollars on the basis of CIF New York.
4. Firm Offers: All offers shall be subject to a reply within the period stated in respective e-mails. Within 'immediately reply' is used, it shall mean that a reply is to be received by the seller within three days from and including the date of the dispatch of a firm offer. In either case, however, Sundays and all official holidays are excepted.
5. Orders: Any business closed by e-mail shall be confirmed in writing without delay, and orders thus confirmed shall not be cancelled unless by mutual consent.
6. Credit: Banker's irrevocable Letter of Credit shall be issued in favor of the seller within ten (10) days from the date of contract. Credit shall be made available twenty-one (21) days beyond the contracted time of shipment.
7. Payment: Drafts shall be drawn under irrevocable Letter of Credit at sight, documents attached, for full invoice value.
8. Shipment: All goods sold in accordance with this Agreement shall be shipped within the stipulated time. The date of Bill of Lading shall be taken as conclusive proof of the date of shipment. Unless expressly agreed upon, the port of shipment shall be at the Seller's option.
9. Marine Insurance: All shipments shall be covered ICC(A) Clause for a sum equal to the amount of the invoice plus ten (10) percent, if no other conditions are

particularly agreed upon. All policies shall be made out in US Dollars and payable in New York.

10. **Quality:** The Seller shall guarantee all shipment to confirm to samples, types, or descriptions, with regard to quality and condition.
11. **Damage in Transit:** The Seller shall ship all goods in good condition, and the Buyer shall assume all risks of damage, deterioration or breakage during transportation.
12. **Claims:** Claims, if any, shall be submitted by e-mail within fourteen (14) days after arrival of goods at destination. Certificates recognized by surveyors shall be sent by mail without delay. All claims which can not be amicably settled between the Seller and the Buyer shall be submitted to Arbitration in Seoul. The arbitrators are consisted of three members. The decision of the arbitrators shall be final, and the losing party shall bear expenses thereof.
13. **Force Majeure:** The Seller shall not be responsible for the delay of shipment in all cases of force majeure, including mobilization, war, riots, civil commotion, hostilities, blockade, requisition of vessels, prohibition of export, fires, floods, earthquakes, tempest, and any other contingencies, which prevent shipment within the stipulated period. In the event of any of the aforesaid causes rising, documents proving its occurrence or existence shall be sent by the Seller to the Buyer without delay.
14. **Delayed Shipment:** In all cases of force majeure provided in Article 13, the period of shipment stipulated shall be extended for a period of twenty-one (21) days. In case shipment within the extended period should still be prevented by a continuance of the causes mentioned in Article 13 or the consequences of any of them, it shall be at the Buyer's option either to allow the late shipment of goods or to cancel the order by giving the Seller the notice of cancellation by e-mail.
15. **Shipping Notice:** Shipment effected against the contract of sale shall be immediately e-mailed.
16. **Shipment Samples:** In case shipment samples be required, the Seller shall forward them to the Buyer prior to shipment.
17. **Marking:** All shipments shall be marked as arranged otherwise.
18. **Expenses:** Both parties shall bear all their expenses relating to communication, travelling and other incidental expenses.

19. Trade Terms: Unless specially stated, the trade terms under this contract shall be governed and interpreted by the latest Incoterms (Incoterms 2010)
20. Governing Law: This Agreement shall be governed as to matters including validity, construction and performance under and by the United Nations Convention on Contract for the International Sale of Goods 1980.

In witness whereof, KM Co., Ltd., has hereunto set their hand on the 11th of July 2017, and MCP Inc., has hereto set their hand on the 21st of July 2017. This Agreement shall be valid on and from the 1st of August 2017, and any of the Articles in the Agreement shall not be changed or modified unless by mutual consent.

(Buyer) MCP Inc.	(Seller) KM Co., Ltd.
(singed)__________	(singed) __________
President	President

제5장 인코텀즈 (Incoterms®2010)

제1절 Incoterms의 개념

1. Incoterms의 의의

국제무역거래상의 분쟁을 방지하고 무역의 확대를 도모하기 위해 1936년 국제상업회의소(ICC; International Chamber of Commerce)는 '무역거래조건의 해석에 관한 국제규칙(International rules for the interpretation of trade terms)'을 제정하였다.

이 통일규칙을 "Incoterms[1]"라고 부르는데, Incoterms는 매매계약에 의한 물품의 인도와 관련하여 매도인과 매수인의 의무를 규정한 것으로 거래당사자간에 비용과 위험이 어떻게 분배되고 이전되는지에 대한 유권해석이라고 할 수 있다.

Incotemrs® 2010은 국제상업회의소의 등록상표로 정형거래규칙을 표기할 경우 이를 반드시 병행표기 하도록 하고 있다.

2. 개정배경

무역거래에서 널리 사용되고 있는 Incoterms가 1936년에 처음으로 제정된 이래 시대의 흐름에 따라 국제무역관습을 반영하기 위하여 현재까지 제7차에 걸쳐 개정을 하게 되었다.

Incoterms 2000의 개정 이후 국제운송관행의 변화, 전자통신의 사용증가, 관세자유지역(customs free zones)의 확대 및 미국의 9·11사건 이후의 물품의 이동에 대한 보안문제의 관심고조, 2004년 개정 미국통일상법전(Uniform Commercial Code)상의 거래조건의 삭제 등 무역관행의 변화가 있었고 이를 반영하고 새로운 거래규칙을 제공하기 위하여 2010년 제7차 개정을 한 것이다.

---

1) 'International Commercial Terms'의 약자

특히 제7차 개정에서는 'ICC rules for the use of domestic and international trade terms(국내·국제거래조건의 사용에 관한 ICC 규칙)'이라는 공식부제를 채택함으로써, EU 등에서 국경의 중요성이 점차 감소하여 국내거래와 국제거래의 차이가 소멸되고 있고 실무상 순수한 국내매매계약에서도 흔히 Incoterms가 사용되고 있는 현실을 반영함과 동시에 Incoterms도 ICC의 '규칙(rule)'으로 의도되어 있음을 강조한다.

제2절 Incoterms의 구성

1. Introduction

Incoterms® 2010의 서문은 인코텀즈 규칙의 사용 및 해석에 관한 종합적인 정보를 제공하는 것일 뿐 이 규칙의 일부는 아니며, 규칙의 사용법과 주요 특징 등의 내용을 담고 있다.

Incoterms® 2010 규칙의 서문은 크게 'Introduction'의 개요, 'Main features of the Incoterms® 2010 rules(규칙의 주요 특징)', 'Variations of Incoterms rules(규칙의 변형)', 'Status of this introduction(서문의 지위)', 'Explanation of terms used in the Incoterms® 2010 rules(규칙에서 사용된 용어의 설명)'로 구성되어 있다.

(1) How to use the Incoterms® 2010 rules

Incoterms 규칙의 정의에 관한 내용으로서, 이는 물품매매계약에서 매도인이 매수인에 물품을 인도하는 것과 관련된 업무, 비용 및 위험을 설명하고 있는 정형거래조건이라는 것을 규정하고 있다.

1) Incorporate the Incoterms® 2010 rules into your contract of sale (매매계약서에 인코텀즈 2010 규칙 삽입)

If you want the Incoterms 2010 rules to apply to your contract, you should make this clear in the contract, through such words as, "[the chosen Incoterms rule including the named place, followed by] Incoterms®2010"

해당 계약에 인코텀즈 2010 규칙을 적용하고자 하는 경우에, 그러한 취지를 계약에서 명확히 하여야 하며, 그 방법으로 "[the chosen Incoterms rule including the

named place followed by] Incoterms 2010(여기에 선택된 Incoterms 규칙 및 지정 장소를 표시함)"과 같은 문구를 삽입한다.

2) Choose the appropriate Incoterms rule
(적당한 인코텀즈 규칙의 선택)

The chosen Incoterms rule needs to be appropriate to the goods, to the means of their transport, and above all to whether the parties intend to put additional obligations, for example such as the obligation to organize carriage or insurance, on the seller or on the buyer. The Guidance Note to each Incoterms rule contains information that is particularly helpful when making this choice. Whichever Incoterms rule is chosen, the parties should be aware that the interpretation of their contract may well be influenced by customs particular to the port or place being used.

선택된 인코텀즈 규칙은 해당 물품과 그 운송방법에 적합하여야 하고, 무엇보다도 예컨대 운송계약이나 보험계약의 체결에 관한 의무와 같은 추가적 의무를 매도인과 매수인 중에서 누가 부담하도록 의도하는지에 적합하여야 한다. 각 인코텀즈 규칙의 사용지침에서는 특히 이런 선택을 하는데 유용한 정보가 담겨있다. 그러나 어떠한 인코텀즈 규칙이 선택되든지 간에, 당사자들은 해당 계약에서 이용되는 항구나 장소에 특유한 관습에 의하여 계약의 해석이 영향을 받을 수 있다는 것을 명심해야 한다.

3) Specify your place or port as precisely as possible
(가능한 한 정확하게 장소 또는 항구를 명시)

The chosen Incoterms rule can work only if the parties name a place or port, and will work best if the parties specify the place or port as precisely as possible. A good example of such precision would be:

"FCA 38 Cours Albert 1er, Paris, France Incoterms 2010"

Under the Incoterms rules Ex Works (EXW), Free Carrier (FCA), Delivered at Terminal (DAT), Delivered at Place (DAP), Delivered Duty Paid (DDP), Free Alongside Ship (FAS), and Free on Board (FOB), the named place is the place where delivery takes place and where risk passes from the seller to the buyer. Under the Incoterms rules Carriage Paid To (CPT), Carriage and Insurance Paid To

(CIP), Cost and Freight (CFR) and Cost, Insurance and Freight (CIF), the named place differs from the place of delivery. Under these four Incoterms rules, the named place is the place of destination to which carriage is paid. Indications as to place or destination can helpfully be further specified by stating a precise point in that place or destination in order to avoid doubt or argument.

선택된 인코텀즈 규칙은 당사자들이 그에 관한 장소나 항구를 지정하는 때에만 작동할 수 있고, 당사자들이 그러한 장소나 항구를 가급적 정확하게 명시하는 경우에 가장 잘 작동한다. 예컨대 다음과 같이 정확하게 명시하는 것이 좋다.

"FCA 38 Cours Albert 1er, Paris, France Incoterms® 2010"

공장인도(EXW), 운송인인도(FCA), 도착터미널인도(DAT), 도착장소인도(DAP), 관세지급인도(DDP), 선측인도(FAS), 본선인도(FOB)의 인코텀즈 규칙에서, 지정장소는 인도가 일어나는 장소이자 위험이 매도인에게서 매수인에게로 이전하는 장소이다. 운송비지급인도(CPT), 운송비·보험료지급인도(CIP), 운임포함인도(CFR), 운임·보험료포함인도(CIF)에서 지정장소는 인도장소와 다르다. 후자의 4가지 인코텀즈 규칙에서, 지정장소는 목적지이고 거기까지의 운임이 지급되어야 한다. 장소나 목적지의 표시는 의문이나 논란을 피할 수 있도록 그러한 장소나 목적지 내의 정확한 지점을 명시하는 것이 좋다.

4) Remember that Incoterms rules do not give you a complete contract of sale (인코텀즈 규칙은 완전한 매매계약을 제공하지 않는다는 것을 상기)

Incoterms rules do say which party to the sale contract has the obligation to make carriage or insurance arrangements, when the seller delivers the goods to the buyer, and which costs each party is responsible for. Incoterms rules, however, say nothing about the price to be paid or the method of its payment. Neither do they deal with the transfer of ownership of the goods, or the consequences of a breach of contract. These matters are normally dealt with through express terms in the contract of sale or in the law governing that contract. The parties should be aware that mandatory local law may override any aspect of the sale contract, including the chosen Incoterms rule.

인코텀즈 규칙은 매매계약의 어느 당사자가 운송계약이나 보험계약을 체결할 의무를 부담하는지, 매도인은 매수인에게 언제 물품을 인도하는지, 각 당사자는

어떠한 비용을 부담하는지를 규정한다. 그러나 인코텀즈 규칙은 매매대금이나 그 지급방법에 대하여는 침묵한다. 또한 인코텀즈 규칙은 물품 소유권의 이전이나 계약위반의 효과를 다루지 않는다. 이러한 사항들은 해당 매매계약상의 명시조건이나 그 준거법에 의하여 다루어진다. 더욱이 당사자들은 매매계약(선택된 인코텀즈 규칙 포함)의 어느 측면에서도 국내법의 강행규정이 우선한다는 것을 유의하여야 한다.

(2) Main features of the Incoterms® 2010 rules

1) Two new Incoterms rules – DAT and DAP have replaced the Incoterms 2000 rules DAF, DES, DEQ and DDU

The number of Incoterms rules that has been reduced from 13 to 11. This has been achieved by substituting two new rules that may be used irrespective of the agreed mode of transport DAT, Delivered at Terminal, and DAP, Delivered at Place for the Incoterms 2000 rules DAF, DES, DEQ and DDU.

Under both new rules, delivery occurs at a named destination: in DAT, at the buyer's disposal unloaded from the arriving vehicle (as under the former DEQ rule); in DAP likewise at the buyer's disposal, but ready for unloading (as under the former DAF, DES and DDU rules).

The new rules make the Incoterms 2000 rules DES and DEQ superfluous.

The named terminal in DAT may well be in a port, and DAT can therefore safely be used in cases where the Incoterms 2000 rule DEQ once was. Likewise, the arriving "vehicle" under DAP may well be a ship and the named place of destination may well be a port: consequently, DAP can safely be used in cases where the Incoterms 2000 rule DES once was. These new rules, like their predecessors, are "delivered", with the seller bearing all the costs (other than those related to import clearance, where applicable) and risks involved in bringing the goods to the named place of destination.

인코텀즈 2010은 기존의 DAF, DES, DEQ 및 DDU 규칙들을 통합하여 새로운 DAT규칙과 DAP규칙을 신설하였다. 결과적으로 DAF, DES, DEQ 및 DDU규칙들을 삭제하고, DEQ규칙에 대응하는 것으로 DAT규칙을, DES규칙과 DDU규칙에

대응하는 것으로 DAP규칙을 신설한 것으로 되었다. 따라서 인코텀즈 2010은 13가지에서 11가지의 규칙으로 줄어들었다. DAT규칙과 DAP규칙은 기존의 규칙들과 마찬가지로 도착지 인도규칙에 속하며, 모든 운송방식에 이용할 수 있다. DAT규칙에서는 도착되는 운송수단에서 화물이 양하된 상태에서 매수인의 처분에 둘 때 인도가 발생하며, DAP규칙에서는 도착되는 운송수단에서 화물의 양하준비가 된 상태에서 매수인의 처분에 둘 때 인도가 발생한다. DAT규칙에서의 지정터미널은 통상 도착항구 내에 위치하기 때문에 기존의 DEQ규칙을 이용하였다면 DAT규칙을 이용하여야 할 것이다. 마찬가지로 DAP규칙에서 도착되는 운송수단이 선박이 되는 경우 지정목적장소는 항구가 될 것이기 때문에 결과적으로 기존의 DES규칙을 이용하였다면 DAP규칙을 이용하여야 할 것이다.

2) Classification of the 11 Incoterms 2010 rules

The 11 Incoterms 2010 rules are presented in two distinct classes:

RULES FOR ANY MODE OR MODES OF TRANSPORT

EXW EX WORKS
FCA FREE CARRIER
CPT CARRIAGE PAID TO
CIP CARRIAGE AND INSURANCE PAID TO
DAT DELIEVERED AT TERMINAL
DAP DELIVERED AT PLACE
DDP DELIVERED DUTY PAID

RULES FOR SEA AND INLAND WATERWAY TRANSPORT

FAS FREE ALONGSIDE SHIP
FOB FREE ON BOARD
CFR COST AND FREIGHT
CIF COST INSURANCE AND FREIGHT

The first class includes the seven Incoterms 2010 rules that can be used irrespective of the mode of transport selected and irrespective of whether one or than one mode of transport is employed. EXW, FCA, CPT, CIP, DAT, DAP and DDP belong to this class. They can be used even when there is no maritime transport at all.

It is important to remember, however, that these rules can be used in cases where a ship is used for part of the carriage.

In the second class of Incoterms 2010 rules, the point of delivery and the place to which the goods are carried to the buyer are both ports, hence the label "sea and inland waterway" rules. FAS, FOB, CFR and CIF belong to this class. Under the last three Incoterms rules, all mention of the ship's rail as the point of delivery has been omitted in preference for the goods being delivered when they are "on board" the vessel. This more closely reflects modern commercial reality and avoids the rather dated image of the risk swinging to and fro across an imaginary perpendicular line.

첫째 부류는 선택된 운송방식이 어떤 것인지를 불문하고 또한 그 운송방식이 단일운송인지 복합운송인지를 가리지 않고 사용 가능한 Incoterms 2010의 7가지 규칙을 포함한다. EXW, FCA, CPT, CIP, DAT, DAP, DDP가 여기에 속한다. 이들은 해상운송이 전혀 포함되지 않는 경우에도 사용가능하다. 그러나 중요한 점으로, 이들은 운송의 일부에 선박이 이용되는 경우에도 사용될 수 있음에 유의하여야 한다.

인코텀즈 2010의 둘째 부류에서, 물품의 인도장소와 도착장소는 모두 항구이며, 이에 '해상운송과 내수로운송'규칙이라고 명명되었다. FAS, FOB, CFR, CIF가 여기에 속한다. 그 중 FOB, CFR, CIF규칙에서 인도지점으로서의 선측난간이라는 문구가 전부 삭제되고, 대신에 물품은 본선에 적재된 때에 인도되는 것으로 되었다. 이는 현대의 상사실무를 면밀히 반영하는 것이자, 가상의 수직선 위에서 위험이 전후로 왕래한다는 구시대의 관념을 폐기하는 것이다.

인코텀즈 2010은 11가지의 규칙을 운송방식에 따라 분류하고 있다. 즉 단일 또는 복수의 운송방식용 규칙과 해상 및 내수로 운송용 규칙으로 분류하고 있다. 인코텀즈 2010은 기존의 분류방법인 E, F, C 및 D 그룹의 분류방법을 실질적으로 유지시키고 있다. 왜냐하면 이러한 분류는 매매계약당사자들이 어떤 규칙을 그들의 계약에 이용할 것인지를 결정하는 데 있어서 중요하기 때문이다.

해상운송이 전혀 개입되지 않는 도로, 철도, 항공 등을 통한 단일운송은 물론 육상, 해상, 항공 등을 연결하는 복합운송, 컨테이너선 운송 등에는 단일 또는 복수의 운송방식용 규칙들을 이용하여야 한다.

해상 및 내수로 운송용 규칙들은 물품을 해상을 통해서만 운송되는 경우에 이용

될 수 있는 것이다. 즉, 인도지점과 물품이 매수인에게 운송되는 장소가 모두 항구인 경우에 이용될 수 있다. 물론 해상을 통한 단일운송의 경우에도 물품을 직접 본선 상에 인도하는 경우가 아니라면 단일 또는 복수의 운송방식용 규칙들을 이용하여야 한다. 특히 인코텀즈 2010은 현실의 상업적 환경을 반영하여 FOB, CFR 및 CIF규칙에서 물품에 관한 위험이전의 분기점으로 기존의 '선측난간'의 개념을 '본선적재(on board)'의 개념으로 개정하였다.

[표 5-1] 인코텀즈 2000과 2010의 비교

Incoterms 2000		Incoterms 2010	
E group (출하지인도)	EXW	복합운송조건	EXW, FCA, CPT, CIP, DAT, DAP, DDP
F group (주운송비미지급인도)	FCA, FAS, FOB		
C group (주운송비지급인도)	CFR, CIF, CPT, CIP	해상운송조건	FAS, FOB, CFR, CIF
D group (도착지인도)	DAF, DES, DEQ, DDU, DDP		

3) Rules for domestic and international trade

Incoterms rules have traditionally been used in international sale contracts where goods pass across national borders. In various areas of the world, however, trade blocs, like the European Union, have made border formalities between different countries less significant. Consequently, the subtitle of the Incoterms 2010 rules formally recognizes that they are available for application to both international and domestic sale contracts. As a result, the Incoterms 2010 rules clearly state in a number of places that the obligation to comply with export/import formalities exists only where applicable.

Two developments have persuaded the ICC that a movement in this direction is timely. Firstly, traders commonly use Incoterms rules for purely domestic sale contracts. The second reason is the greater willingness in the United States to use Incoterms rules in domestic trade rather than the former Uniform Commercial Code shipment and delivery terms.

인코텀즈 규칙은 전통적으로 물품이 국경을 넘어가는 국제매매계약에 사용되어 왔다. 그러나 세계각처에서 유럽연합과 같은 자유무역지대의 등장으로 국제거래에서 국경의 의미가 퇴색되었다. 그에 따라 인코텀즈 2010 규칙은 그 부제에

서 이 규칙이 국제매매계약 및 국내매매계약에 모두 사용가능하다고 공식적으로 인정한다. 따라서 인코텀즈 2010규칙은 여러 곳에서 수출/수입통관을 이행할 의무는 '해당되는 경우에' 한하여 존재함을 명시한다.

ICC가 이러한 방향선회를 시의 적절하다고 본 것은 다음 두 가지의 변화 때문이다. 첫째, 거래당사자들은 순수한 국내매매계약에서도 인코텀즈 규칙을 통상적으로 사용한다. 둘째 이유는 국내거래에서 종래의 통일상법전의 선적조건과 인도조건 대신에 인코텀즈 규칙을 사용하고자 하는 미국의 강한 의지 때문이다.

4) Guidance Notes

Before each Incoterms 2010 rule you will find a Guidance Note. The Guidance Notes explain the fundamentals of each Incoterms rule, such as when it should be used, when risk passes, and how costs are allocated between seller and buyer. The Guidance Notes are not part of the actual Incoterms 2010 rules, but are intended to help the user accurately and efficiently steer towards the appropriate Incoterms rule for a particular transaction.

각 Incoterms® 2010 규칙 앞에는 사용지침이 있다. 이는 예컨대 어떠한 경우에 해당 규칙이 사용되어야 하는지, 위험은 언제 이전하는지, 매도인과 매수인 사이에서 비용은 어떻게 분담되는지의 문제와 같은 각 Incoterms®2010 규칙의 근간을 설명한다. 사용지침은 Incoterms®2010의 실질 규칙의 일부를 구성하지 않으며, 단지 사용자들로 하여금 해당 거래에 적합한 인코텀즈 규칙을 정확하고 효율적으로 사용할 수 있도록 유도하고자 하는 목적을 갖는다.

5) Electronic communication

Previous versions of Incoterms rules have specified those documents that could be replaced by EDI messages. Article A1/B1 of the Incoterms 2010 rules, however, now give electronic means of communication the same effect as paper communications, as long as the parties so agree or where customary. This formulation facilitates the evolution of new electronic procedures throughout the lifetime of the Incoterms 2010 rules.

이전의 인코텀즈 규칙에서는 EDI문서에 의하여 대체 가능한 서류를 명시하였다. 그러나 Incoterms® 2010의 각 규칙 A1/B1에서는 이제, 당사자간에 합의되었거나 관습이 있는 범위 내에서, 전자적 수단에 의한 통신에 대하여 종이에 의한 통신과 동일한 효력을 부여하였다. 이러한 개정은 Incoterms® 2010 규칙의 시행기간 중에 새로운 전자적 절차의 개발을 활성화한다.

6) Insurance cover

The Incoterms 2010 rules are the first version of the Incoterms rules since the revision of the Institute Cargo Clauses and take account of alterations made to those rules. The Incoterms 2010 rules place information duties relating to insurance in article A3/B3, which deal with contracts of carriage and insurance. These provisions have been moved from the more generic articles found in articles A10/B10 of the Incoterms 2000 rules. The language in articles A3/B3 relating to insurance has also been altered with a view to clarifying the parties' obligations in this regard.

Incoterms® 2010 규칙은 협회적하약관이 개정된 이후로는 인코텀즈 규칙의 최초버전이므로 그 약관의 개정사항을 반영한다. Incoterms® 2010 규칙은 운송계약과 보험계약을 다루는 각 A3/B3에서 보험에 관한 정보제공의무를 부과한다. 이러한 규정은 인코텀즈 2000 규칙의 각 A10/B10에 내재하던 일반적 규정에서 여기로 이동한 것이다. 보험에 관하여 A3/B3에 사용된 문구는 이러한 점에 관하여 당사자들의 의무를 명확히 하기 위하여 변경되었다.

7) Security – related clearances and information required for such clearances

There is heightened concern nowadays about security in the movement of goods, requiring verification that the goods do not pose a threat to life or property for reasons other than their inherent nature. Therefore, the Incoterms 2010 rules have allocated obligations between the buyer and seller to obtain or to render assistance in obtaining security-related clearances, such as chain-of-custody information, in articles A2/B2 and A10/B10 of various Incoterms rules.

오늘날 물류상 보안에 관한 우려가 증대하였고, 그에 따라 물품이 그 고유한 성질외의 이유로 생명이나 재산에 위협이 되지 않는다는 확인이 요구되었다. 따라서 Incoterms® 2010 규칙에서는 각 인코텀즈 규칙의 A2/B2와 A10/B10 규정에서 매도인과 매수인 사이에 보관사슬정보를 입수하는 것과 같이 보안관련 통관을 완료하거나 그 완료에 협조할 의무를 할당하였다.

8) Terminal handling charges

Under Incoterms rules CPT, CIP, CFR, DAT, DAP and DDP, the seller must make arrangements for the carriage of the goods to the agreed destination. While the freight is paid by the seller, it is actually paid for by the buyer as freight costs are normally included by the seller in the total selling price. The carriage costs will sometimes include the costs of handling and moving the goods within port or container terminal facilities and the carrier or terminal operator may well charge these costs to the buyer who receives the goods. In these circumstances, the buyer will want to avoid paying for the same service twice: once to the seller as part of the total selling price and once independently to the carrier or the terminal operator. The Incoterms 2010 rules seek to avoid this happening by clearly allocating such costs in articles A6/B6 of the relevant Incoterms rules.

인코텀즈의 CPT, CIP, CFR, CIF, DAT, DAP, DDP 규칙에서 매도인은 약정된 목적지까지 물품을 운송하는 계약을 체결하여야 한다. 그 운임은 매도인이 부담하지만, 그러한 운송비용은 통상 매도인의 총 매매가격에 산입되어 있기 때문에, 실제로는 매수인이 부담하게 된다. 운송비용은 간혹 항구나 컨테이너터미널 내에서 물품을 취급하고 운반하는데 드는 비용을 포함하며, 운송인과 터미널 운영자는 으레 이러한 비용을 물품을 수령하는 매수인에게 청구한다. 이러한 상황에서, 매수인은 동일한 서비스에 대한 이중지급, 즉 총 매매가격의 일부로서 매도인에게 한번 지급하고 그와 별도로 운송인이나 터미널 운영자에게 또다시 지급하게 되는 것을 피하고자 한다. Incoterms® 2010 규칙은 A6/B6의 관련 인코텀즈 규칙에서 그러한 비용을 명확히 할당함으로써 이중지급이 발생하지 않도록 도모한다.

9) String sales

In the sale of commodities, as opposed to the sale of manufactured goods, cargo is frequently sold several times during transit "down a string". When this happens, a seller in the middle of the string dose not "ship" the goods because these have already been shipped by the first seller in the string. The seller in the middle of the string therefore performs its obligations towards its buyer not by shipping the goods, but by "procuring" goods that have been shipped. For clarification purposes,

Incoterms 2010 rules include the obligation to "procure goods shipped" as an alternative to the obligation to ship goods in the relevant Incoterms rules.

제조물매매에 대립되는 일차산품매매의 경우에, 흔히 화물은 운송중에 "연속적으로" 수차 전매된다. 이러한 연속매매의 경우에, 그 연속거래의 중간에 있는 매도인은 물품을 "선적"하지 않는다. 물품은 이미 그 연속거래상의 최초의 매도인에 의하여 선적되었기 때문이다. 따라서 연속거래의 중간에 있는 매도인은 물품을 선적하는 대신에 그렇게 선적된 물품을 "조달"함으로써 매수인에 대한 의무를 이행한다. 명확하게 할 목적에서, Incoterms® 2010 규칙은 관련 인코텀즈 규칙에서 물품을 선적할 의무에 대신하는 의무로서 "선적된 물품을 조달"할 의무를 신설한다.

(3) Variations of Incoterms rules

Sometimes the parties want to alter an Incoterms rules. The Incoterms 2010 rules do not prohibit such alteration, but there are dangers in so doing. In order to avoid any unwelcome surprises, the parties would need to make the intended effect of such alterations extremely clear in their contract. Thus, for example, if the allocation of costs in the Incoterms 2010 rules is altered in the contract, the parties should also clearly state whether they intend to vary the point at which the risk passes from seller to buyer.

간혹 당사자들은 인코텀즈 규칙을 변경하여 사용하고자 한다. Incoterms® 2010은 그러한 변경사용을 금지하지 않으나, 그렇게 하는 때에는 위험이 따른다. 원하지 않는 의외의 결과를 방지하기 위하여, 당사자들은 계약 내에서 그러한 변경으로 의도하는 효과를 매우 명확하게 밝힐 필요가 있다. 따라서 예컨대, Incoterms® 2010의 비용분담규칙을 변경하고자 하는 경우에 당사자들은 위험이 매도인에게서 매수인에게로 이전하는 시점도 변경하고자 의도하는지 여부도 명확하게 명시하여야 한다.

(4) Status of this introduction

This introduction gives general information on the use and interpretation of the Incoterms 2010 rules, but does not form part of those rules.

이 '소개'는 소개 규칙의 사용과 해석에 관한 일반적 정보를 제공할 뿐이고, 이 규칙의 일부를 구성하지 않는다.

(5) Explanation of terms used in the Incoterms® 2010 rules

As in the Incoterms 2000 rules, the seller's and buyer's obligations are presented in mirror fashion, reflecting under column A the seller's obligations and under column B the buyer's obligations. These obligations can be carried out personally by the seller or the buyer or sometimes, subject to terms in the contract or the applicable law, through intermediaries such as carriers, freight forwarders or other persons nominated by the seller or the buyer for a specific purpose.

The text of the Incoterms 2010 rules is meant to be self-explanatory. However, in order to assist users the following text sets out guidance as to the sense in which selected terms are used throughout the document.

- **Carrier:** For the purposes of the Incoterms 2010 rules, the carrier is the party with whom carriage is contracted.
- **Customs formalities:** These are requirements to be met in order to comply with any applicable customs regulations and may include documentary, security, information or physical inspection obligations.
- **Delivery:** This concept has multiple meanings in trade law and practice, but in the Incoterms 2010 rules, it is used to indicate where the risk of loss of or damage to the goods passes from the seller to the buyer.
- **Delivery document:** This phrase is now used as the heading to article A8. It means a document used to prove that delivery has occurred. For many of the Incoterms 2010 rules, the delivery document is a transport document or corresponding electronic record. However, with EXW, FCA, FAS and FOB, the delivery document may simply be a receipt. A delivery document may also have other functions, for example as part of the mechanism for payment.
- **Electronic record or procedure:** A set of information constituted of one or more electronic messages and, where applicable, being functionally equivalent with the corresponding paper document.
- **Packing:** This word is used for different purposes:
  1. The packaging of the goods to comply with any requirements under the contract of sale.
  2. The packaging of the goods so that they are fit for transportation.
  3. The stowage of the packaged goods within a container or other means of transport.

In the Incoterms 2010 rules, packaging means both the first and second of the above. The Incoterms 2010 rules do not deal with the parties' obligations for stowage within a container and therefore, where relevant, the parties should deal with this in the sale contract.

인코텀즈 2000 규칙과 마찬가지로, 매도인과 매수인의 의무는 대칭적으로 규정되어 있으며, A항목은 매도인의 의무를, B항목은 매수인의 의무를 다룬다. 각각의 의무는 매도인이나 매수인이 손수 이행하거나, 경우에 따라서는, 해당 계약조건이나 준거법의 제한하에, 운송인이나 운송주선업자 기타 매도인이나 매수인이 특별한 목적으로 지정하는 자와 같은 중간행위자를 통하여 이행할 수 있다.

Incoterms® 2010 규칙의 전문은 자명하도록 작성되어있다. 그러나 사용상 편의를 위하여, 이 문서에 사용된 일부 용어의 의미에 관하여 다음과 같이 안내한다.

- **운송인**: 인코텀즈 2010 규칙에서, 운송인은 운송계약을 체결한 당사자이다.
- **통관**: 이는 관련 세관규정을 준수하기 위하여 요구되는 사항이며, 서류나 보안, 정보, 물리적 검사에 관한 의무를 포함한다.
- **인도**: 이 개념은 거래법과 실무에서 여러 의미를 갖지만, 인코텀즈 2010 규칙에서 이 용어는 물품의 멸실 또는 손상의 위험이 어디에서 매도인에게서 매수인에게로 이전하는지를 표시하는 목적으로 사용되어 있다.
- **인도서류**: 이 표현은 이제 A8항의 제목으로 사용되어 있다. 이는 인도가 이루어진 사실을 증명하는 용도의 서류를 의미한다. 다수의 인코텀즈 2010 규칙에서, 인도서류는 운송서류나 그에 상당하는 전자기록이다. 그러나 EXW, FCA, FAS, FOB의 경우에, 인도서류는 단순한 수령증일 수도 있다. 인도서류는 또한 예컨대 지급 매커니즘의 일부로서 다른 기능을 수행하기도 한다.
- **전자기록 또는 절차**: 하나 또는 그 이상의 전자메시지로 이루어지고, 경우에 따라서는, 종이서류에 상당하는 기능을 하는 일체의 정보
- **포장**: 이 용어는 다음과 같은 다양한 목적으로 사용된다.
  1. 매매계약의 일정한 조건을 준수하기 위하여 물품을 포장하는 것
  2. 물품이 운송에 적합하도록 포장하는 것
  3. 포장된 물품을 컨테이너 기타 운송수단에 적입하는 것

인코텀즈 2010 규칙에서, 포장은 위의 첫째와 둘째를 의미한다. 인코텀즈 2010 규칙은 컨테이너 적입할 당사자의 의무를 다루지 않으며 따라서 필요한 경우에 이러한 의무는 당사자들이 매매계약에서 다루어야 한다.

2. FOR ANY MODE OR MODES OF TRANSPORT

(1) EXE (EX WORKS)

EXW (insert named place of delivery) Incoterms® 2010

Guidance Note

This rule may be used irrespective of the mode of transport selected and may also be used where more than one mode of transport is employed. It is suitable for domestic trade while FCA is usually more appropriate for international trade.

"Ex Works" means that the seller delivers when it places the goods at the disposal of the buyer at the seller's premises or at another named place (i.e. works, factory, warehouse, etc.). The seller does not need to load the goods on any collecting vehicle, nor does it need to clear the goods for export, where such clearance is applicable.

The parties are well advised to specify as clearly as possible the point within the named place of delivery, as the costs and risks to that point are for account of the seller. The buyer bears all costs and risks involved in taking the goods from the agreed point, if any, at the named place of delivery.

EXW represents the minimum obligation for the seller. The rule should be used with care as:

a) The seller has no obligation to the buyer to load the goods, even though in practice the seller may be in a better position to do so. If the seller does load the goods, it does so at the buyer's risk and expense. In cases where the seller is in a better position to load the goods, FCA, which obliges the seller to do so at its own risk and expense, is usually more appropriate.

b) A buyer who buys from a seller on an EXW basis for export needs to be aware that the seller has an obligation to provide only such assistance as the buyer may require to effect that export: the seller is not bound to organize the export clearance. Buyers are therefore well advised not to use EXW if they cannot directly or indirectly obtain export clearance.

c) The buyer has limited obligations to provide to the seller any information regarding the export of the goods. However, the seller may need this information for, e.g., taxation or reporting purposes.

- irrespective of the mode of transport selected: 선택된 운송수단에 상관없이
- at thedisposal of: 임의처분 할 수 있는
- at the seller's premises or another place: 매도인의 구내 혹은 기타 다른 장소에서
- a collecting vehicle: (물품 등의) 수취용 차량
- bear all costs and risks: 모든 비용과 위험을 부담하다
- clear the goods for export: 수출통관하다

(2) FCA (FREE CARRIER)

FCA (insert named place of delivery) Incoterms® 2010

Guidance Note

This rule may be used irrespective of the mode of transport selected and may also be used where more than one mode of transport is employed.

"Free Carrier" means that the seller delivers the goods to the carrier or another person nominated by the buyer at the seller's premises or another named place.

The parties are well advised to specify as clearly as possible the point within the named place of delivery, as the risk passes to the buyer at that point.

If the parties intend to deliver the goods at the seller's premises, they should identify the address of those premises as the named place of delivery. If, on the other hand, the parties intend the goods to be delivered at another place, they must identify a different specific place of delivery.

FCA requires the seller to clear the goods for export, where applicable. However, the seller has no obligation to clear the goods for import, pay any import duty or carry out any import customs formalities.

- the point within the named place of delivery: 지정인도장소 내의 지점
- on the other hand: 한편
- where applicable: 적용 가능한 경우에
- clear the goods for import: 물품을 수입통관하다
- carry out any import customs formalities: 수입통관절차를 수행하다

(3) CPT (CARRIAGE PAID TO)

CPT (insert named place of destination) Incoterms® 2010

Guidance Note

This rule may be used irrespective of the mode of transport selected and may also be used where more than one mode of transport is employed.

"Carriage Paid To" means that the seller delivers the goods to the carrier or another person nominated by the seller at an agreed place (if any such place is agreed between the parties) and that the seller must contract for and pay the costs of carriage necessary to bring the goods to the named place of destination.

When CPT, CIP, CFR, or CIF are used, the seller fulfills its obligations to deliver when it hands the goods over to the carrier and not when the goods reach the place of destination.

This rule has two critical points, because risk passes and costs are transferred at different places. The parties are well advised to identify as precisely as possible in the contract both the place of delivery, where the risk passes to the buyer, and the named place of destination to which the seller must contract for the carriage. If several carriers are used for the carriage to the agreed destination and the parties do not agree on a specific point of delivery, the default position is that risk passes when the goods have been delivered to the first carrier at a point entirely of the seller's choosing and over which the buyer has no control. Should the parties wish the risk to pass at a later stage (e.g. at an ocean port or airport) they need to specify this in their contract of sale.

The parties are also well advised to identify as precisely as possible the point within the agreed place of destination, as the costs to that point are for account of the seller. The seller is advised to procure contracts of carriage that match this choice precisely. If the seller incurs costs under its contract of carriage related to unloading at the named place of destination, the seller is not entitled to recover such costs from the buyer unless otherwise agreed between the parties.

CPT requires the seller to clear the goods for export, where applicable. However, the seller has no obligation to clear the goods for import, pay any import duty or carry out any import customs formalities.

- at an agreed place: 지정장소에서
- pay the costs of carriage necessary: 필요한 운송비를 지급하다
- to bring the goods to the named place of destination: 물품을 지정목적지에 운송하다
- be entitled to recover: 구상할 권리를 가지다

(4) CIP (CARRIAGE AND INSURANCE PAID TO)

CIP (insert named place of destination) Incoterms® 2010

Guidance Note

This rule may be used irrespective of the mode of transport selected and may also be used where more than one mode of transport is employed.

"Carriage and Insurance Paid to" means that the seller delivers the goods to the carrier or another person nominated by the seller at an agreed place (if any such place is agreed between the parties) and that the seller must contract for and pay the costs of carriage necessary to bring the goods to the named place of destination.

The seller also contracts for insurance cover against the buyer's risk of loss of or damage to the goods during the carriage. The buyer should note that under CIP the seller is required to obtain insurance only on minimum cover. Should the buyer wish to have more insurance protection, it will need either to agree as much expressly with the seller or to make its own extra insurance arrangements.

When CPT, CIP, CFR or CIF are used, the seller fulfills its obligations to deliver when it hands the goods over to the carrier and not when the goods reach the place of destination.

This rule has two critical points, because risk passes and costs are transferred at different places. The parties are well advised to identify as precisely as possible in the contract both the place of delivery, where the risk passes to the buyer, and the named place of destination to which the seller must contract for the carriage. If several carriers are used for the carriage to the agreed destination and the parties do not agree on a specific point of delivery, the default position is that risk passes when the goods have been delivered to the first carrier at a point entirely of the seller's choosing and over

which the buyer has no control. Should the parties wish the risk to pass at a later stage (e.g., at an ocean port or airport) they need to specify this in their contract of sale.

The parties are also well advised to identify as precisely as possible the point within the agreed place of destination, as the costs to that point are for account of the seller. The seller is advised to procure contracts of carriage that match this choice precisely. If the seller incurs costs under its contract of carriage related to unloading at the named place of destination, the seller is not entitled to recover such costs from the buyer unless otherwise agreed between the parties.

CIP requires the seller to clear the goods for export, where applicable. However, the seller has no obligation to clear the goods for import, pay any import duty or carry out any import customs formalities.

- the risk of loss of or damage to the goods during the carriage: 운송도중 물품에 대한 손실과 손상의 위험
- obtain insurance only on minimum cover: 최소담보조건만으로 보험을 담보하다
- Should the buyer wish to have more insurance protection: 만일 매수인이 더 큰 담보로 보호받기를 원한다면

(5) DAT (DELIVERED AT TERMINAL)

DAT (insert named terminal at port or place of destination) Incoterms® 2010

Guidance Note

This rule may be used irrespective of the mode of transport selected and may also be used where more than one mode of transport is employed.

"Delivered at Terminal" means that the seller delivers when the goods, once unloaded from the arriving means of transport, are placed at the disposal of the buyer at a named terminal at the named port or place of destination. "Terminal" includes any place, whether covered or not, such as a quay, warehouse, container yard or road, rail or air cargo terminal. The seller bears all risks involved in bringing the goods to and unloading them at the terminal at the named port or place of destination.

The parties are well advised to specify as clearly as possible the terminal and, if possible, a specific point within the terminal at the agreed port or place of destination,

as the risks to that point are for the account of the seller. The seller is advised to procure a contract of carriage that matches this choice precisely.

Moreover, if the parties intend the seller to bear the risks and costs involved in transporting and handling the goods from the terminal to another place, then the DAP or DDP rules should be used.

DAT requires the seller to clear the goods for export, where applicable. However, the seller has no obligation to clear the goods for import, pay any import duty or carry out any import customs formalities.

- once unloaded from the arriving means of transport: 일단 도착운송수단으로부터 양하한 상태로
- whether covered or not: 덮개의 유무를 불문하고
- bear the risks and costs: 위험과 비용을 부담하다

(6) DAP (DELIVERED AT PLACE)

DAT (insert named place of destination) Incoterms® 2010

Guidance Note

This rule may be used irrespective of the mode of transport selected and may also be used where more than one mode of transport is employed.

"Delivered at Place" means that the seller delivers when the goods are placed at the disposal of the buyer on the arriving means of transport ready for unloading at a named place of destination. The seller bears all risks and involved in bringing the goods to the named place.

The parties are well advised to specify as clearly as possible the point within the agreed place of destination, as the risks to that point are for the account of the seller. The seller is advised to procure contracts of carriage that match this choice precisely. If the seller incurs costs under its contract of carriage related to unloading at the place of destination, the seller is not entitled to recover such costs from the buyer unless otherwise agreed between the parties.

DAP requires the seller to clear the good for export, where applicable. However, the seller has no obligation to clear the goods for import, pay any import duty or carry out

any import customs formalities. If the parties wish the seller to clear the goods for import, pay any import duty and carry out any import customs formalities, the DDP should be used.

- at the disposal of the buyer: 매수인의 임의처분하에 있다
- as the risks to that point are for the account of the seller: 매도인이 그 지점까지의 위험을 부담하기 때문에

(7) DDP (DELIVERED DUTY PAID)

DDP (insert named place of destination) Incoterms® 2010

Guidance Note

This rule may be used irrespective of the mode of transport selected and may also be used where more than one mode of transport is employed.

"Delivered Duty Paid" means that the seller delivers the goods when the goods are placed at the disposal of the buyer, cleared for import on the arriving means of transport ready for unloading at the named place of destination. The seller bears all the costs and risks involved in bringing the goods to the place of destination and has an obligation to clear the goods not only for export but also for import, to pay any duty for both export and import and to carry out all customs formalities.

DDP represents the maximum obligation for the seller.

The parties are well advised to specify as clearly as possible the point within the agreed place of destination, as the costs and risks to that point are for the account of the seller. The seller is advised to procure contracts of carriage that match this choice precisely. If the seller incurs costs under its contract of carriage related to unloading at the place of destination, the seller is not entitled to recover such costs from the buyer unless otherwise agreed between the parties.

The parties are well advised not to use DDP if the seller is unable directly or indirectly to obtain import clearance.

If the parties wish the buyer to bear all risks and costs of import clearance, the DAP rule should be used.

Any VAT or other taxes payable upon import are for the seller's account unless expressly agreed otherwise in the sale contract.

- at the named place of destination: 지정목적지에서
- maximum obligation for the seller: 매도인에게 최대의무이다
- VAT: value added tax 부가가치세

3. RULES FOR SEA AND INLAND WATERWAY TRANSPORT

(1) FAS (FREE ALONGSIDE SHIP)

FAS (insert named port of shipment) Incoterms® 2010

Guidance Note

This rule is to be used only for sea or inland waterway transport.

"Free Alongside Ship" means that the seller delivers when the goods are placed alongside vessel (e.g., on a quay or a barge) nominated by the buyer at the named port of shipment. The risk of loss of or damage to the goods passes when the good are alongside the ship, and the buyer bears all costs from that moment onwards.

The parties are well advised to specify as clearly as possible the loading point at the named port of shipment, as the costs and risks to that point are for the account of the seller and these costs and associated handling charges may vary according to the practice of the port.

The seller is required either to deliver the goods alongside the ship or to procure goods already so delivered for shipment. The reference to "procure" here caters for multiple sales down a chain ('string sales'), particularly common in the commodity trades.

Where the goods are in containers, it is typical for the seller to hand the goods over to the carrier at a terminal and not alongside the vessel. In such situations, the FAS rule would be inappropriate, and the FCA rule should be used.

FAS requires the seller to clear the goods for export, where applicable. However, the seller has no obligation to clear the goods for import, pay any import duty or carry out any import customs formalities.

- at the named port of shipment: 선적항에서
- string sales: 연속매매
- procure goods already so delivered for shipment: 선적을 위해 이미 그렇게 인도된 물품을 조달하다

(2) FOB (FREE ON BOARD)

FOB (insert named port of shipment) Incoterms® 2010

Guidance Note

This rule is to be used only for sea or inland waterway transport.

"Free on Board" means that the seller delivers the goods on board vessel nominated by the buyer at the named port of shipment or procures the goods already so delivered. The risk of loss of or damage to the goods passes when the goods are on board vessel, and the buyer bears all costs from that moment onwards.

The seller is required either to deliver the goods on board vessel or to procure goods already so delivered for shipment. The reference to "procure" here caters for multiple sales down a chain ('string sales'), particularly common in the commodity trades.

FOB may not be appropriate where goods are handed over to the carrier before they are on board the vessel, for example goods in containers, which are typically delivered at a terminal. In such situations, the FCA rule should be used.

FOB required the seller to clear the goods for export, where applicable. However, the seller has no obligation to clear the goods for import, pay any import duty or carry out any import customs formalities.

- delivers the goods on board the vessel: 물품을 본선상에 인도하다
- procure the goods already so delivered: 이미 그렇게 인도된 물품을 조달하다
- goods are handed over to the carrier: 물품이 운송인에게 전달되다

(3) CFR (COST AND FREIGHT)

CFR (insert named port of destination) Incoterms® 2010

Guidance Note

This rule is to be used only for sea or inland waterway transport.

"Cost and Freight" means that the seller delivers the goods on board vessel or procures the goods already so delivered. The risk of loss of or damage to the goods passes when the goods are on board vessel. The seller must contract for and pay the costs and freight necessary to bring the goods to the named port of destination.

When CPT, CIP, CFR or CIF are used, the seller fulfills its obligations to deliver when it hands the goods over to the carrier in the manner specified in the chosen rule and not when the goods reach the place of destination.

This rule has two critical points, because risk passes and costs are transferred at different places. While the contract will always specify a destination port, it might not specify the port of shipment, which is where risk passes to the buyer. If the shipment port is of particular interest to the buyer, the parties are well advised to identify it as precisely as possible in the contract.

The parties are well advised to identify as precisely as possible the point at the agreed port of destination, as the costs to that point are for the account of the seller. The seller is advised to procure contracts of carriage that match this choice precisely. If the seller incurs costs under its contract of carriage related to unloading at the specified point at the port of destination, the seller is not entitled to recover such costs from the buyer unless otherwise agreed between the parties.

The seller is required either to deliver the goods on board vessel or to procure goods already so delivered for shipment to the destination. In addition, the seller is required either to make a contract of carriage or to procure such a contract.

The reference to "procure" here caters for multiple sales down a chain ('string sales'), particularly common in the commodity trades.

CFR may not be appropriate where goods are handed over to the carrier before they are on board the vessel, for example goods in containers, which are typically delivered at a terminal. In such circumstances, the CPT rule should be used.

CFR requires the seller to clear the goods for export, where applicable. However, the seller has no obligation to clear the goods for import, pay any import duty or carry out any import customs formalities.

- The seller fulfills its obligation to deliver: 매도인이 자신의 인도의무를 행하다

(4) CIF (COST INSURANCE AND FREIGHT)

CIF (insert named port of destination) Incoterms® 2010

Guidance Note

This rule is to be used only for sea or inland waterway transport.

"Cost, Insurance and Freight" means that the seller delivers the goods on board vessel or procures the goods already so delivered. The risk of loss of or damage to the goods passes when the goods are on board vessel. The seller must contract for and pay the costs and freight necessary to bring the goods to the named port of destination.

The seller also contracts for insurance cover against the buyer's risk of loss of or damage to the goods during the carriage. The buyer should note that under CIF the seller is required to obtain insurance only on minimum cover. Should the buyer wish to have more insurance protection, it will need either to agree as much expressly with the seller or to make its own extra insurance arrangements.

When CPT, CIP, CFR or CIF are used, the seller fulfills its obligations to deliver when it hands the goods over to the carrier in the manner specified in the chosen rule and not when the goods reach the place of destination.

This rule has two critical points, because risk passes and costs are transferred at different places. While the contract will always specify a destination port, it might not specify the port of shipment, which is where risk passes to the buyer. If the shipment port is of particular interest to the buyer, the parties are well advised to identify it as precisely as possible in the contract.

The parties are well advised to identify as precisely as possible the point at the agreed port of destination, as the costs to that point are for the account of the seller. The seller is advised to procure contracts of carriage that match this choice precisely. If the seller incurs costs under its contract of carriage related to unloading at the specified point at the port of destination, the seller is not entitled to recover such costs from the buyer unless otherwise agreed between the parties.

The seller is required either to deliver the goods on board vessel or to procure goods already so delivered for shipment to the destination. In addition, the seller is required either to make a contract of carriage or to procure such a contract. The reference to "procure" here cater for multiple sales down a chain ('string sales'), particularly common in the commodity trades.

CIF may not be appropriate where goods handed over to the carrier before they are on board vessel, for example goods in containers, which are typically delivered at a terminal. In such circumstances, the CIP rule should be used.

CIF requires the seller to clear the goods for export, where applicable. However, the seller has no obligation to clear the goods for import, pay any import duty or carry out any import customs formalities.

제3절 Incoterms의 구성상의 특징

1. 표제의 변경

Incoterms® 2010은 각 거래규칙별로 지침서에 이어서 매도인과 매수인의 의무사항을 10개의 항목으로 분류하여 설명하고 있다. 매도인의 의무사항(A1~A10)과 매수인의 의무사항(B1~B10)들이 각 항목별로 대칭으로 설명되어 있다.

[표 5-2] Incoterms® 2010상 매도인과 매수인의 의무 관련 항목

A The Seller's Obligations	B The Buyer's Obligations
A1 General obligations of the seller (매도인의 일반적 의무)	B1 General obligations of the buyer (매수인의 일반적 의무)
A2 Licences, authorizations, security clearances and other formalities (허가, 승인, 보안통관 및 기타 절차)	B2 Licences, authorizations, security clearances and other formalities (허가, 승인, 보안통관 및 기타 절차)
A3 Contracts of carriage and insurance (운송 및 보험 계약)	B3 Contracts of carriage and insurance (운송 및 보험계약)
A4 Delivery (인도)	B4 Taking delivery (인도의 수령)
A5 Transfer of risks (위험의 이전)	B5 Transfer of risks (위험의 이전)
A6 Allocation of costs (비용의 배분)	B6 Allocation of costs (비용의 배분)
A7 Notice to the buyer (매수인에 대한 통지)	B7 Notice to the seller (매도인에 대한 통지)
A8 Delivery document (인도서류)	B8 Proof of delivery (인도의 증거)
A9 Checking-packing-marking (점검-포장-화인)	B9 Inspection of goods (물품의 검사)
A10 Assistance with information and related costs (정보에 의한 협조와 관련 비용)	B10 Assistance with information and related costs (정보에 의한 협조와 관련 비용)

2. 정형거래규칙의 분류

Incoterms® 2010 규칙에 있는 정형거래규칙은 구분 기준에 따라 여러 가지로 분류할 수 있다.

(1) 지정장소인도 규칙과 특수비용포함인도 규칙

정형거래조건 통일규칙은 그 표현방식에 따라 물품의 인도장소를 나타내는 지정장소인도 규칙과 가격을 구성하는 비용요소를 나타내는 특수비용포함인도 규칙으로 대별할 수 있다.

지정장소인도 규칙의 경우, 거래규칙 뒤에 기재한 지정장소는 계약의 이행지, 즉 물품의 인도장소로서 위험과 비용도 그 인도와 동시에 매도인으로부터 매수인에게 이전된다. 따라서 인도 이후의 일체의 위험과 비용은 매수인이 부담해야 한다.

한편 특수비용포함인도 규칙은 선적지 인도를 기초로 하여 매도인은 매수인의 부담에 속하는 특정비용을 부담하고 매수인은 매도인이 부담하지 않는 비용과 위험을 부담하는 정형거래조건이다. 특수비용포함인도 규칙에서는 매수인이 부담할 특정비용을 매도인이 부담하고 위험만을 매수인이 부담하므로 여기에 비용부담과 위험부담의 분리가 생기는데 이것이 특수비용포함인도 규칙의 특징이다. 따라서 특수비용포함인도 규칙의 경우에는 위험의 분기점과 비용의 분기점이라는 두 가지 중요한 분기점(critical point)이 있다.

Incoterms® 2010에 규정된 규칙 중 C로 시작되는 규칙은 모두 특수비용포함인도 규칙이고, E, F, D로 시작되는 규칙은 모두 지정장소인도 규칙이다.

(2) 선적지인도 규칙과 양륙지인도 규칙

정형거래조건은 물품의 인도장소에 따라 적출지매매(shipment contracts), 즉 선적지인도 규칙과 도착지매매(arrival contracts), 즉 양륙지인도 규칙으로 구별할 수 있다.

선적지인도 규칙은 물품의 인도장소를 선적지로 하는 매매조건으로서 그 인도장소가 매매당사자의 위험부담의 분기점이 된다. 비용부담의 분기점도 원칙적으로 위험부담과 동일하지만 특수비용포함인도 규칙의 경우에는 예외이다.

그리고 양륙지인도 규칙은 물품의 인도장소를 목적지로 하는 매매조건으로서 그 인도장소를 매매당사자의 위험부담과 비용부담의 분기점으로 한다. 선적지인도 규칙에서는 위험부담과 비용부담의 분기점이 일치하지 않는 조건이 있지만 양륙지인도 규칙에서는 모두 일치한다.

Incoterms® 2010에 규정된 규칙 중 E, F, C로 시작되는 규칙은 모두 선적지인도 규칙으로 매도인의 인도의무가 매도인의 소재지에서 완료되지만 D로 시작되는 규칙은 모두 양륙지인도 규칙으로 매도인의 인도의무가 목적지까지 연장된다.

(3) 현실적인도 규칙과 상징적인도 규칙

정형거래조건은 물품의 인도형태에 따라 현실적인도 규칙과 상징적인도 규칙으로 구분할 수 있다. 상징적인도(symbolic delivery) 규칙은 선적서류(선하증권)의 교부에 의해 인도가 이루어지는 것으로 CFR, CIF가 이에 속한다. 즉 상징적인도 규칙에서는 물품이 선적되어도 매수인이 그 대금을 지급할 의무가 없으며, 선적서류와 상환으로 대금을 지급하면 된다.

반면 현실적인도(actual delivery; physical delivery) 규칙은 매도인으로부터 매수인 또는 그 대리인에게 현실적이고 직접적으로 물품을 교부함으로써 인도가 이루어지는 것으로 Incoterms® 2010에 규정된 규칙 중 CFR과 CIF를 제외한 모든 규칙이 이에 속한다.

(4) 복합운송규칙과 해상운송규칙

Incoterms® 2010 규칙은 운송방식에 따라 정형거래조건을 분류 하고 있다. 즉 Incoterms® 2010 규정된 규칙 중 EXW, FCA, CPT, CIP, DAT, DAP, DDP의 7가지 규칙은 운송방식에 관계없이 사용할 수 있는 규칙이고, FAS, FOB, CFR, CIF 규칙은 해상 및 내수로 운송의 경우에만 사용할 수 있는 조건이다.

[표 5-3] 정형거래조건의 분류

<table>
<tr><th>표현방식 기준</th><th>인도장소 기준</th><th>인도형태 기준</th><th>운송방식 기준</th><th>거래규칙</th></tr>
<tr><td rowspan="7">지정장소 인도</td><td rowspan="4">선적지 인도</td><td rowspan="9">현실적인도
(actual delivery)</td><td rowspan="2">복합운송</td><td>EXW</td></tr>
<tr><td>FCA</td></tr>
<tr><td rowspan="2">해상운송</td><td>FAS</td></tr>
<tr><td>FOB</td></tr>
<tr><td rowspan="3">양륙지 인도</td><td rowspan="5">복합운송</td><td>DAT</td></tr>
<tr><td>DAP</td></tr>
<tr><td>DDP</td></tr>
<tr><td rowspan="4">특수비용포함
인도</td><td rowspan="4">선적지 인도</td><td>CPT</td></tr>
<tr><td>CIP</td></tr>
<tr><td rowspan="2">상징적인도
(symbolic delivery)</td><td rowspan="2">해상운송</td><td>CFR</td></tr>
<tr><td>CIF</td></tr>
</table>

제4절 Incoterms® 2010의 활용

1. Incoterms® 2010의 사용

일부 국가에서는 수입물품에 부과되는 관세를 계산하기 위해 특정 인코텀즈의 규칙을 기준으로 사용하기도 한다. 예를 들면, 미국이나 남아프리카 공화국은 FOB가격을 기준으로 과세가격을 설정하며, 인도나 우리나라의 경우에는 물품의 CIF가격을 기준으로 과세가격을 산정하고 있다. [그림 5-1]에서는 현재 Incoterms® 2010를 채택하여 사용하고 있는 국가들의 현황을 보여주고 있다.

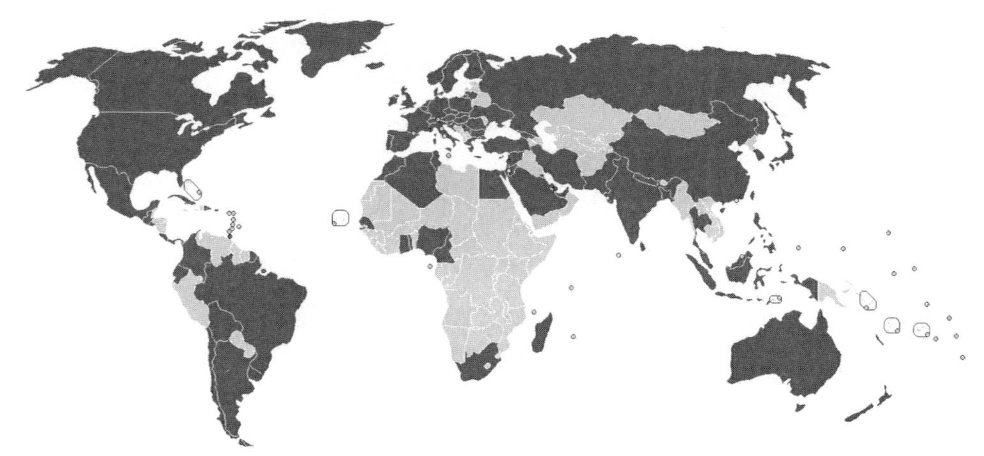

[그림 5-1] Incoterms® 2010 사용국가 분포

2. Incoterms® 2010을 활용한 가격모델

무역거래의 당사자들(수출상 또는 수입상)은 교역을 통한 이익을 얻기 위하여 청약과 반대청약의 연속적 과정에서 가격을 협상하게 된다. 이러한 가격협상과정에서 인코텀즈는 다음과 같이 활용될 수 있다. [그림 5-2]에서는 기업이 실제 Incoterms® 2010를 활용한 가격을 어떻게 책정할 수 있는지를 예시적으로 보여주고 있다

Exporter (Country A)  Importer (Country B)

Exporter (Country A)	Importer (Country B)
Costs	**Costs**
Cost of Manufacturing	→ Buying Price (Less Cash Discount)
Export Commission (7~20%)	Marine Insurance
Freight Forwarder Fee	Freight Port to Port
Freight to Port	Brokerage Costs
Consular Invoice	Duty (Tariff)
Export Packing	Tax
Foreign Distributor/Agent Fee (5~20%)	Freight In (Port to Receipt)
	Banking Cost
Selling Price	Landed Cost
	Expenses
	Distributor Commission
	Repacking
	Freight Out
	Salary
	Interest
	Postage
	Landed Cost + Expenses
	Profit Margin
	Sales Price

출처: Import Export how to get started in international trade, Carl A. Nelson, McGraw-Hill

[그림 5-2] 수출입물품의 가격분석

[표 5-4] CIF가격분석 사례

Terms of Sale: CIF

Export Cost Elements	Cost	Import Cost Elements	Cost
Factory Cost of 100 units @ $100/unit	$10,000	Landed Cost CIF	$14,105
Expenses		Duty @5.5%	$776
Brokerage Costs	$100	Tax	$150
Export Packing	$150	Brokerage Clearance Fees	$50
Freight to Port	$500	Reforwarding from Broker	$100
Consular Invoice	$50	Banking Charges	$50
Freight Forwarder Fee	$150	Letter of Credit @1/4%	$75
Export Agent Commission @ 15% of Cost*	$1,500	Total Landed Cost	$15,306
Foreign Agent Commission @ 5% of Cost**	$500	Expenses	
Marine Insurance ($12,950@$1.20 Per $100)	$155	Warehouse	-
Transportation (Ocean)	$1,000	Repacking	$100
Landed Cost (CIF)	$14,105	Freight Out	$100
		Advertising	$500
		Salary	$1,410
		Interest	-
		Postage	$100
		Total Landed+Expenses	$17,516
		Unit Cost	$175.16
		Suggested Selling Price @ 100% Markup	$350.32
		Profit on 100 Units	$17,516

* Only if an export middlemen or import agent is used.

** Calculated at a commission of 10% of buying Price: Markup(%)=Sell Cost/Costx100

출처: Import Export how to get started in international trade, Carl A. Nelson, McGraw-Hill

제6장 추심 및 신용장

제1절 추심 (Collection)

추심결제방식은 취소불능화환신용장 없이 단순히 매매당사자간의 계약에 의거하여 수출상이 물품을 선적한 후 관련서류를 첨부한 화환어음을 수입업자에게 제시하면 수입업자가 그 어음에 대한 지급 또는 인수를 하여 결제하는 방법이다.

추심방식에는 지급인도조건(D/P)과 인수인도조건(D/A)이 있으며, 대금결제가 수입상으로부터 수출업자에게 이루어지는 것이지만, 환의 이동방향이 반대로 움직이기 때문에 이를 소위 '역환방식(逆換方式)'이라고 한다.

추심방식은 신용장방식에서와 같이 은행이 수출업자에게 대금지급을 보장하는 것이 아니라 매매당사자간의 매매계약에 의하여 대금결제가 이루어지는 순수 외상거래방식이기 때문에, 매수인의 신용을 절대적으로 한다. 따라서 본사와 해외의 자회사간의 거래에 주로 이용되지만, 최근에는 일반 무역거래에서도 그 비중이 점차 높아져가고 있는 실정이다.

추심통일규칙(URC 522; Uniform Rules for Collections) 제2조 a항에서는 추심을 다음과 같이 규정하고 있다.

◆ URC 522 Article 2 Definition of Collection

For the purposes of these Articles:

a. "Collection" means the handling by banks of documents as defined in sub-Article 2b below, in accordance with instructions received, in order to:

i. obtain payment and/or acceptance, or

ii. deliver documents against payment and/or against acceptance, or

iii. deliver documents on other terms and conditions.

(본 규칙의 목적상,

a. "추심"이라 함은 은행이 접수된 지시에 따라 다음과 같은 목적으로 아래 제2조 b항에 정의된 서류를 취급하는 것을 의미한다.

i. 지급 및/또는 인수를 받거나, 또는

ii. 서류를 지급인도 및/또는 인수인도 하거나, 또는

iii. 기타의 조건으로 서류를 인도하는 목적)

1. 추심서류

(1) 추심서류

추심서류에는 금융서류와 상업서류가 있으며 추심의뢰은행은 이러한 서류를 추심의뢰서에 첨부하여 추심은행에 송부한다.

1) 금융서류 (financial documents)

금융서류란 환어음, 약속어음, 수표 또는 기타 금전의 지급을 받기 위해 사용되는 증서를 말한다. 금융서류는 주로 환어음(bill of exchange)이 사용되나 일부 유럽 및 남미 국가에서는 환어음에 첨부되는 과중한 인지대금의 부담을 피하기 위하여 영수증(receipt)을 사용하기도 한다.

URC 제2조 b항 i호에서는 금융서류를 다음과 같이 규정하고 있다.

"Financial documents" means bill of exchange, promissory notes, cheques, or other similar instruments used for obtaining the payment of money.

2) 상업서류 (commercial documents)

상업서류는 상업송장, 운송서류, 권리증서 등으로 금융서류가 아닌 서류를 의미한다. 즉 상업서류는 신용장방식 거래에서의 서류와 같이 상업송장, 운송서류, 보험서류, 포장명세서, 원산지증명서 등 수입화물의 통관에 필요한 제서류를 말한다.

URC 제2조 b항 ii호에서는 상업서류를 다음과 같이 규정하고 있다.

"Commercial documents" means invoices, transport documents, documents of title or other similar documents, or any other documents whatsoever, not being financial documents.

(2) 추심지시서 (Collection Instruction)

추심의뢰은행(remitting bank)이 추심의뢰인(principal)의 지시에 따라 추심의 조건을

나열한 서류로서 신용장거래의 Covering letter에 해당하는 서류로 추심거래에 관여하는 당사자들의 추심서류 처리에 관한 기준을 제시하는 중요서류이다.

(3) 추심의 종류

상업서류가 첨부되지 않고 금융서류만으로 이루어진 추심을 무화환추심(clean collection)이라고 하며 주로 용역거래의 추심에 이용되며, 상업서류가 첨부된 금융서류만으로 이루어지는 추심을 화환추심(documentary collection)이라고 하며 주로 무역거래의 추심에 이용된다.

URC 제2조 c항과 d항에서는 무화환추심과 화환추심을 다음과 같이 규정하고 있다.

◆ URC Article 2 Definitions of Collection

c. "Clean collection" means collection of financial documents not accompanied by commercial documents.

d. "Documentary collection" means collection of:

i. Financial documents accompanied by commercial documents;

ii. Commercial documents not accompanied by financial documents.

(c. "무화환추심"이라 함은 상업서류가 첨부되지 아니한 금융서류의 추심을 의미한다.

d. "화환추심"이라 함은 다음과 같은 추심을 의미한다.

i. 상업서류가 첨부된 금융서류의 추심;

ii. 금융서류가 첨부되지 아니한 상업서류의 추심)

2. 추심결제방식의 당사자

(1) Principal (추심의뢰인)

계약물품을 선적하고 자신의 거래은행에 추심의 취급을 의뢰하는 매매계약상의 매도인인 수출업자(exporter)를 말한다. 수출자는 선적을 이행한 후에 추심을 위하여 화환어음을 발행하기 때문에 발행자(drawer)라고도 하며, 수출대금을 청구하는 채권자(creditor)이면서 추심의뢰은행의 고객이다.

(2) Remitting Bank (추심의뢰은행)

추심의뢰인(수출업자)으로부터 금융서류와 상업서류의 추심을 의뢰받은 수출국에

있는 은행으로 보통 수출자의 거래은행이 된다. 추심의뢰은행은 추심의뢰인의 대리인(agent)의 성격을 가지고 있으므로 추심의뢰인의 지시를 엄격히 따라야 하며, 추심의뢰인의 사전 동의 없이 그 지시의 내용을 변경해서는 안된다.

(3) Collecting Bank (추심은행)

추심의뢰은행 이외에 추심과정에 참여하는 모든 은행으로서 보통 수입업자의 거래은행을 말하는데, 추심의뢰은행이 요청한 추심의뢰서에 따라 지급인에게 추심하여 대금을 송부하는 은행을 말한다. 이 은행은 추심의뢰은행의 대리인 성격을 가지고 있기 때문에 추심의뢰은행의 지시를 엄격히 따라야 한다.

(4) Presenting Bank (제시은행)

수입업자인 지급인에게 직접 추심서류를 제시하는 은행으로서 넓은 의미에서 추심은행에 포함된다. 즉 추심은행이 수입업자의 거래은행이 아닌 경우에는 제시은행이 존재하게 된다.

(5) Drawee (지급인)

관계 당사자는 아니지만 수출지 추심의뢰은행의 추심의뢰에 대하여 최종지급을 하거나 인수를 담당하는 수입업자를 말한다. 추심거래에 있어서 채무자로서 추심서류를 제시받고 추심 의뢰한 상업어음에 대하여 지급(payment)을 하는 자 또는 인수(acceptance)하여 만기에 지급하는 자로서 수입자가 된다. 추심의뢰서에 상업어음의 제시를 받는 자로 명시되며 이러한 제시를 위하여 지급인의 완전한 주소가 표시되어야 한다. 이는 통상 buyer, consignee, importer가 된다.

URC 제3조에서는 추심거래 당사자들을 다음과 같이 규정하고 있다.

◆ URC Article 3 Parties to a Collection

a. For the purposes of these Articles the "parties thereto" are:

i. The "principal" who is the party entrusting the handling of a collection to a bank;

ii. The "remitting bank" which is the bank to which the principal has entrusted the handling of a collection;

iii. The "collecting bank" which is any bank, other than the remitting bank, involved in processing the collection;

iv. The "presenting bank" which is the collecting bank making presentation to the drawee.

b. The "drawee" is the one to whom presentation is to be made according to the collection instruction.

3. 추심관계은행의 면책

(1) 피지시자 행위에 대한 면책

◆ URC Article 11 Disclaimer for Acts of an Instructed Party

a. Banks utilizing the services of another bank or other banks for the purpose of giving effect to the instructions of the principal, do so for the account and at the risk of such principal.

b. Banks assume no liability or responsibility should the instructions they transmit not be carried out, even if they have themselves taken the initiative in the choice of such other bank(s).

c. A party instructing another party to perform services shall be bound by and liable to indemnify the instructed party against all obligations and responsibilities imposed by foreign laws and usages.

a. 추심의뢰인의 지시를 이행하기 위하여 그 밖의 은행 또는 다른 은행의 서비스를 이용하는 은행은 그 추심의뢰인의 비용과 위험부담으로 이를 행한다.

b. 은행은 자신이 전달한 지시가 이행되지 않는 경우에도 아무런 의무 또는 책임을 지지 아니하며, 그 은행 자신이 그러한 다른 은행의 선택을 주도한 경우에도 그러하다.

c. 다른 당사자에게 서비스를 이행하도록 지시하는 당사자는 외국의 법률과 관행에 의해 부과되는 모든 의무와 책임을 져야하며, 또 이에 대하여 지시받은 당사자에게 보상하여야 한다.

(2) 접수된 서류에 대한 면책

◆ URC Article 12 Disclaimer on Documents Received

a. Banks must determine that the documents received appear to be as listed in the

collection instruction and must advise by telecommunication or, if that is not possible, by other expeditious means, without delay, the party from whom the collection instruction was received of any documents missing, or found to be other than listed.

Banks have no further obligation in this respect.

b. If the documents do not appear to be listed, the remitting bank shall be precluded from disputing the type and number of documents received by the collecting bank.

c. Subject to sub-Article 5.c. and sub-Article 12.a. and 12.b. above, banks will present documents as received without further examination.

a. 은행은 접수된 서류가 외관상 추심지시서에 기재된 대로 있는가를 확인하여야 하며, 또 누락되거나 기재된 것과 다른 서류에 대하여 지체 없이 전신으로, 이것이 가능하지 않은 경우에는 다른 신속한 수단으로 추심지시서를 송부한 당사자에게 통지해야 한다.

은행은 이와 관련하여 더 이상의 의무를 지지 아니한다.

b. 만일 서류가 목록에 없는 경우, 추심의뢰은행은 추심은행에 의해 접수된 서류의 종류와 통수에 대하여 다툴 수 없다.

c. 5조 c항 그리고 12조 a항과 12조 b항에 따라, 은행은 서류를 더 이상의 심사 없이 접수된 대로 제시한다.

(3) 서류의 효력 등에 관한 면책

◆ URC Article 13 Disclaimer on Effectiveness of Documents

Banks assume no liability or responsibility for the form, sufficiency, accuracy, genuineness, falsification or legal effect of any document(s), or for the general and/or particular conditions stipulated in the document(s) or superimposed thereon; nor do they assume any liability or responsibility for the description, quantity, weight, quality, condition, packing, delivery, value or existence of the goods represented by any document(s), or for the good faith or acts and/or omissions, solvency, performance or standing of the consignors, the carriers, the forwarders, the consignees or the insurers of the goods, or any other person whomsoever.

은행은 어떠한 서류이든 그 형식, 충분성, 정확성, 진정성, 위조 또는 법적 효력에

대하여, 또는 서류상에 명기 또는 부기된 일반 조건 및/또는 특별조건에 대하여 어떠한 의무나 책임도 지지 않으며; 또한 은행은 서류에 의해 표시되어 있는 물품의 명세, 수량, 중량, 품질, 상태, 포장, 인도, 가치 또는 존재에 대하여, 또는 물품의 송하인, 운송인, 운송주선인, 수하인, 보험자 또는 기타 당사자의 성실성, 작위 및/또는 부작위, 지급능력, 이행 또는 신용상태에 대하여 어떠한 의무나 책임을 지지 아니한다.

(4) 송달중의 지연, 분실 및 번역에 대한 면책

◆ URC Article 14 Disclaimer on Delays, Loss in Transit and Translation

a. Banks assume no liability or responsibility for the consequences arising out of delay and/or loss in transit of any message(s), letter(s) or document(s), or for delay, mutilation or other error(s) arising in transmission of any telecommunication or for error(s) in translation and/or interpretation of technical terms.

b. Banks will not be responsible for any delays resulting from the need to obtain clarification of any instructions received.

a. 통보, 서신 또는 서류의 송달 중의 지연 및/또는 멸실로 인하여 발생하는 결과, 또는 모든 전신의 송달 중에 발생하는 지연, 훼손 또는 기타의 오류, 또는 전문용어의 번역 및/또는 해석상의 오류에 대하여 어떠한 의무나 책임을 지지 아니한다.

b. 지시의 명확성을 기하기 위한 필요에서 기인하는 어떠한 지연에 대해서도 책임을 지지 아니한다.

(5) 유로 인한 결과에 대한 면책

◆ URC Article 15 Force Majeure

Banks assume no liability or responsibility for consequences arising out of the interruption of their business by Act of God, riots, civil commotions, insurrections, wars, or any other causes beyond their control or by strikes or lockouts.

은행은 천재, 폭동, 소요, 반란, 전쟁 또는 기타 은행이 통제할 수 없는 원인에 의하거나 또는 동맹파업이나 직장폐쇄에 의하여 은행업무가 중단됨으로써 발생하는 결과에 대하여 어떠한 의무나 책임을 지지 아니한다.

4. 추심결제방식의 종류

(1) 지급인도조건 (D/P; Documents against Payment)

지급인도조건의 결제방식은 수출상이 수입상과의 매매계약에 따라 물품을 자신의 책임하에 선적한 후, 관련서류가 첨부된 일람불환어음(documentary sight bill)을 수입상을 지급인(drawee)으로 발행하여 자신의 거래은행인 추심의뢰은행(remitting bank)에 추심을 의뢰하면, 수출업자의 거래은행은 그러한 서류가 첨부된 환어음을 수입업자의 거래은행인 추심은행(collecting bank)으로 송부하여 추심을 의뢰한다.

그러면 수입업자의 거래은행인 추심은행은 그 환어음의 지급인인 수입상으로부터 대금을 지급받으면서 서류를 인도하고, 지급받은 대금은 추심을 의뢰하여 온 수출상의 거래은행인 추심의뢰은행으로 송금하여 결제하는 방법이다.

이 때 유의할 점은 추심거래에 참여하는 모든 은행은 수출업자의 단순한 추심대리인으로서 수출대금의 추심이나 추심의뢰의 업무만 수행한다는 것이다. 따라서 추심은행이나 추심의뢰은행들은 모두 환어음과 그 선적서류를 심사하여야 할 의무가 없으며, 기타 서명의 진실성이나 서명인의 권한유무를 조사할 책임을 부담하지 않게 된다.

(2) 인수인도조건 (D/A; Documents against Acceptance)

인수인도조건의 결제방식은 수출상이 수입상과의 매매계약에 따라 물품을 자신의 책임하에 선적한 후, 관련서류가 첨부된 기한부환어음(documentary usance bill)을 수입상을 지급인(drawee)으로 발행하여 자신의 거래은행인 추심의뢰은행(remitting bank)에 추심을 의뢰하면, 수출업자의 거래은행은 그러한 서류가 첨부된 환어음을 수입업자의 거래은행인 추심은행으로 보내어 추심을 의뢰한다.

그러면 수입업자의 거래은행인 추심은행(collecting bank)은 그 환어음의 지급인(drawee)인 수입상으로부터 어음의 인수(acceptance)를 받으며 서류를 인도하고, 어음의 만기일에 대금을 지급받아 추심을 의뢰한 수출상의 거래은행(remitting bank)으로 송금하여 결제하는 방법이다.

이러한 거래조건은 수입업자가 기한부어음을 인수함으로써 관계 운송서류를 인도받고, 해당 수입물품을 통관하여 판매한 후, 그 판매대금으로 어음만기일에 결제하게 됨으로써 수출상으로부터의 신용공여(외상거래)가 D/P조건에 추가된 형태라 할 수 있다. 따라서 수입업자는 우선 수입물품을 인도받아 국내판매 또는 수출용 원자재로 사용한 후에 그 판매대금으로 만기일(maturity date)에 수입대금을 결제하는 편리한 수입방법의 하나이다.

5. 추심결제방식의 거래절차

국제무역거래에서 대금결제를 D/P 또는 D/A 방식을 이용할 경우에는 일반적으로 다음의 과정을 거친다.

① 물품매매당사자간에 D/P 또는 D/A 계약을 체결한다.

② 수출상은 수입상과 약정한 대로 계약과 일치하는 물품을 선적한다.

③ 수출상은 계약서에 약정한 서류, 예컨대 상업송장 · 선하증권 · 보험증권 · 포장명세서 · 원산지증명서 등의 서류에 환어음을 발행하여 거래은행인 추심의뢰은행(remitting bank)을 통하여 추심은행(collecting bank) 앞으로 수출대금에 대한 추심요청을 하여 줄 것을 의뢰한다.

④ 추심의뢰은행은 계약서상에 명시된 추심은행 또는 제시은행 앞으로 추심서류 및 환어음을 송부한다.

⑤ 추심은행측에 선적서류가 도착되면 지급인인 수입상에게 서류도착통지를 한다.

⑥ D/P 거래인 경우에는 어음지급, D/A 거래인 경우에는 어음인수를 행한다. 이와 동시에 추심은행은 서류를 수입상에게 인도한다.

⑦ 추심은행(collecting bank) 및 제시은행(presenting bank)은 수입상으로부터 지급받은 추심대금을 추심지시서(collection instruction)상의 지시에 따라 상대은행에게 송금한다.

⑧ 추심의뢰은행은 추심은행으로부터 송금 받은 대금을 수출상에게 지급함으로써 수출상은 수출대금을 회수하게 되며, D/P · D/A의 모든 거래 과정은 완료된다.

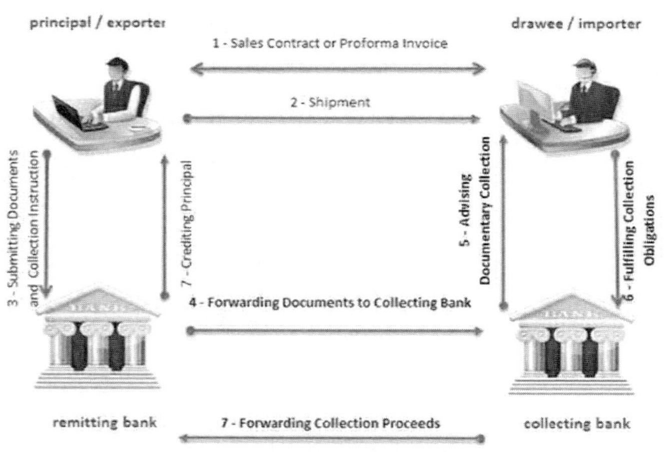

[그림 6-1] 추심결제방식의 거래절차

제2절 신용장 (Letter of Credit)

무역거래에서 물품매매에 따른 대금결제는 매우 중요한 기능이다. 신속하고도 확실한 대금결제는 무역업자나 거래은행 역시 효율적으로 자금을 운용할 수 있음은 물론 원활한 경영을 도모할 수 있기 때문에 이에 대한 연구가 필요하다.

무역대금결제방식은 매매당사자의 합의에 따라 다양하게 정할 수 있으나, 전통적으로 신용장에 의한 결제가 주를 이루고 있다. 어느 당사자에게 특별히 유리하지 않고 매매당사자 모두에게 편리하고 유리한 지급수단이라는 유용성 때문이다.

대금결제방식으로 신용장을 선택하는 경우에는 신용장의 종류, 금액, 발행시기, 제시서류 등을 구체적으로 약정하게 된다. 이하에서는 신용장의 기능, 효용, 거래원칙 및 특성과 신용장거래의 당사자 등에 대해 살펴본다.

1. 신용장의 의의

오늘날 무역매매의 대금결제는 대부분 신용장에 의하여 이루어지고 있는데, 특히 국제물품매매에 있어서는 거의 화환신용장이 사용되고 있다.

화환신용장이란 무역거래에서 대금결제의 신속화 및 정확성을 위하여 수입업자의 거래은행(개설은행)이 수입업자(개설의뢰인)의 요청으로 수출업자(수익자)로 하여금 일정 기간 및 일정조건하에서 선적서류를 담보로 하여 신용장 개설은행 또는 신용장 개설은행이 지정한 매입은행을 지급인으로 하는 화환어음을 발행하도록 하여, 이 어음이 제시될 경우에는 지급, 인수 또는 매입할 것을 수출업자 및 선의의 소지인에 대하여 보증하는 증서이다.

이러한 신용장이 개설되고 신용장에 의거하여 화환어음이 발행되면 신용장부 화환어음은 비록 수입상이 지급불능이 된다고 하더라도 개설은행이 책임지기 때문에 부도의 염려가 없다. 즉 신용장의 본질은 신용장 개설은행이 수익자인 수출업자가 발행하는 화환어음의 인수 · 지급을 확약하고 있는 것이라고 말할 수 있다.

신용장통일규칙(UCP 600) 제2조에서는 신용장에 대하여 다음과 같이 정의하고 있다.

◆ UCP 600 Article 2 Definitions

Credit means any arrangement, however named or described, that is irrevocable and thereby constitutes a definite undertaking of the issuing bank to honour a complying

presentation
(신용장이라 함은 그 명칭이나 기술에 관계없이 취소불능이며, 일치하는 제시에 대해 지급이행 하겠다는 개설은행의 명백한 확약을 구성하는 모든 약정을 말한다)

Honour means:

a. To pay at sight if the credit is available by sight payment.

b. To incur a deferred payment undertaking and pay at maturity if the credit is available by deferred payment.

c. To accept a bill of exchange "draft" drawn by the beneficiary and pay at maturity if the credit is available by acceptance.

(지급이행이라 함은 다음을 말한다.

a. 지급에 의하여 사용될 수 있는 경우 일람 후 지급하는 것

b. 급에 의하여 사용될 수 있는 경우 연지급 확약의무를 부담하고 만기일에 지급하는 것

c. 에 의하여 사용될 수 있는 경우 수익자에 의하여 발행된 환어음("어음")을 인수하고 만기일에 지급하는 것)

Negotiation means the purchase by the nominated bank of drafts (drawn on a bank other than the nominated bank) and/or documents under a complying presentation, by advancing or agreeing to advance funds to the beneficiary on or before the banking day on which reimbursement is due to the nominated bank.

(매입이라 함은 상환이 지정은행에 행해져야 할 은행영업일에 또는 그 이전에 수익자에게 대금을 선지급 하거나 또는 선지급 하기로 약정함으로써, 일치하는 제시에 따른 환어음(지정은행이 아닌 은행을 지급인으로 하여 발행된) 및/또는 서류의 지정은행에 의한 구매를 말한다)

즉, 신용장이란 개설의뢰인인 수입업자의 요청에 따라 개설의뢰인의 거래은행인 개설은행이 수출업자를 수익자로 하여 신용장을 발행하고, 수익자, 배서인(endorser) 또는 선의의 소지인(bona fide holder)이 신용장의 제조건, 신용장통일규칙, 국제표준은행관행(ISBP; International Standard Banking Practice)의 적용 가능한 규정에 일치하는 환어음을 제시하면 매입(negotiation)하거나, 지정은행이 제시하는 환어음 및/또는 서류에 대해 지급이행(지급, 연지급 또는 인수)을 확약하는 비유통약속증서이다. 결국 신용장이란 수익자에 대한 개설은행의 조건부 지급확약서이다.

2. 신용장의 특성

신용장거래에서는 일반적으로 독립 · 추상성의 원칙, 완전성과 정확성의 원칙, 엄밀일치의 원칙과 국제표준은행관행 및 서류거래의 원칙 등 4가지 주요한 거래의 원칙이 존중되고 있다. 이는 은행으로 하여금 보다 적극적인 신용장의 기능, 즉 지급확약기능과 금융기능을 수행하게 함으로써 원활한 거래를 도모할 수 있도록 하기 위한 것이다.

(1) 독립·추상성의 원칙

1) 신용장의 독립성 (principle of autonomy)

신용장의 독립성(independence)이란 신용장은 매매당사자간의 근거계약(underlying contract)이나 기타 거래와는 별개의 독립된 거래로 간주하는 신용장거래상의 기본원칙을 말한다. 이러한 신용장의 독립성은 신용장의 본질을 규정하는 가장 중요한 조건으로 간주되고 있다.

신용장거래가 매매계약으로부터 독립성이 있기 때문에 은행은 제시된 서류를 발행한 운송회사 · 검사소 · 수출상 등에 직접 가서 일일이 확인을 하지 않더라도 지급 · 인수 · 매입을 함으로써 국제상거래가 원활하게 되는 것이다.

◆ UCP 600 Article 4 Credits v. Contracts

a. A credit by its nature is a separate transaction from the sale or other contract on which it may be based. Banks are in no way concerned with or bound by such contract, even if any reference whatsoever to it is included in the credit. Consequently, the undertaking of a bank to honour, to negotiate or to fulfill any other obligation under the credit is not subject to claims or defences by the applicant resulting from its relationships with the issuing bank or the beneficiary.

A beneficiary can in no case avail itself of the contractual relationships existing between banks or between the applicant and the issuing bank.

(신용장은 그 성질상 그것이 근거될 수 있는 매매계약 또는 기타 계약과는 독립된 거래이다. 은행은 그러한 계약에 관한 어떠한 참조사항이 신용장에 포함되어 있다 하더라도 그러한 계약과는 아무런 관계가 없으며 또한 이에 구속되지 아니한다. 결과적으로 신용장에 의하여 지급이행 되거나, 매입하거나 또는 기타 모든 의무를 이행한다는 은행의 확약은 개설은행 또는 수익자와 개설의뢰인과의 관계로

부터 생긴 개설의뢰인에 의한 클레임 또는 항변에 지배받지 아니한다.
수익자는 어떠한 경우에도 은행상호간 또는 개설의뢰인과 개설은행간에 존재하는 계약관계를 원용할 수 없다)

b. An issuing bank should discourage any attempt by the applicant to include, as an integral part of the credit, copies of the underlying contract, proforma invoice and the like.
(개설은행은 신용장의 필수적인 부분으로서 근거계약의 사본, 견적송장 등을 포함시키고자 하는 어떠한 시도도 저지하여야 한다)

2) 신용장의 추상성 (principle of abstraction)

신용장의 추상성은 수출업자와 수입업자는 구체적인 물품을 가지고 거래하는 것이지만 은행은 물품을 대표하는 서류만을 가지고 모든 것을 판단한다는 것을 의미한다. 다시 말해 매매계약서에 언급된 물품이 무엇이든지 그리고 실제로 선적된 물품이나 도착된 물품이 어떠하든지 은행은 신용장에서 요구하는 서류만을 가지고 대금지급여부를 판단한다는 것이다.

신용장통일규칙 제5조에서는 이러한 신용장의 추상성에 대하여 규정하고 있다.

◆ UCP 600 Article 5 Documents v. Goods, Services or Performance

Banks deal with documents and not with goods, services or performance to which the documents may relate.
(은행은 서류를 취급하는 것이며 그 서류와 관련될 수 있는 물품, 용역 또는 이행을 취급하는 것은 아니다)

(2) 완전·정확성의 원칙 (doctrine of completeness and preciseness)

1) 신용장발행지시의 완전·정확성

신용장의 완전성과 정확성의 원칙이란 신용장 발행을 위한 지시, 신용장 그 자체, 신용장에 대한 조건변경, 지시 및 그 조건변경 자체는 완전하고 명확하지 않으면 안 된다는 것을 말한다.

완전성이란 신용장 그 자체로서 효력 발생에 결격사유가 없어야 함을 뜻한다. 따라서 신용장에 너무 지나치게 상세한 명세를 삽입하는 것은 혼란과 오해를 초래할 염려가 있으므로 신용장개설은행은 개설의뢰인을 설득하여 이를 억제하도록 하고 있다

(UCP 600 제4조 b항).

또한 신용장개설의뢰인은 지시를 함에 있어 어떤 의혹을 야기 시킬 수 있는 불명확한 점이 있어서는 안 되고 정확한 지시를 할 필요가 있다. 개설의뢰인의 불완전하고 부정확한 지시로 인하여 발생하는 문제 가운데, 특히 신용장조건상에 수익자가 제시하여야 할 서류를 구체적으로 명시하지 않아 발생되는 비서류적 조건(non-documentary conditions)에 대한 문제가 야기된다.

신용장통일규칙에서는 이러한 비서류적 조건에 관하여 제14조 h항에 다음과 같이 규정하고 있다.

◆ UCP 600 Article 14 Standard for Examination of Documents

h. If a credit contains a condition without stipulating the document to indicate compliance with the condition, banks will deem such condition as not stated and will disregard it. (신용장이 어떤 조건과의 일치성을 표시하기 위하여 서류를 명시하지 않고 그 조건을 포함하고 있는 경우에는, 은행은 그러한 조건을 명기되지 아니한 것으로 보고 이를 무시하여야 한다)

2) 신용장발행의 완전 · 정확성

① 지시준수의 완전 · 정확성

신용장개설은행이 개설의뢰인으로부터 원활하게 대금상환을 청구하기 위해서는 개설의뢰인과의 신용장발행 약정에 의하여 신용장발행 · 변경과 관계된 지시사항을 개설은행은 개설의뢰인의 대리인으로서 엄격히 준수할 필요가 있다.

② 과도한 명세에 대한 제지

개설의뢰인은 신용장의 서류거래성으로부터 오는 특정불이익을 방지하려는 의도 때문에 실제로 과도한 명세를 신용장이나 조건변경서에 삽입하려고 개설은행에 지시하는 경우가 종종 있다. 이에 대하여 UCP 600 제4조 b항에서는 개설은행은 신용장의 구성요소부분으로서 계약서 사본 등의 관련 서류를 포함시키려는 모든 시도를 제지하여야 한다고 규정하고 있다.

(3) 엄밀일치의 원칙과 ISBP

1) 엄밀일치의 원칙 (doctrine of strict compliance)

엄밀일치의 원칙이란 은행은 신용장조건에 엄밀히 일치하지 않는 서류에 대해서 수

리를 거절 할 수 있다는 권리를 가진다는 법률원칙이다. 즉, 은행은 제시된 서류가 신용장조건의 문언과 합치되는 것으로 판명되는 제시서류에 한하여 지급을 행할 수 있다는 원칙을 말한다.

국제상거래상의 지급도구인 신용장은 엄밀일치성을 생명으로 하기 때문에 서류는 신용장 조건에 엄밀하게 일치하여야 하는 것을 기본으로 하고 있다.

그러나 엄밀일치의 원칙적용은 서류를 심사하는 자의 태도에 따라 은행이 방어적인 입장에서 행동하기 쉽기 때문에, 채무불이행을 원하는 은행의 안전한 피난처가 되기 쉽다는 문제도 발생한다.

2) 상당일치의 원칙 (doctrine of substantial compliance)

상당일치의 원칙이란 엄밀일치의 원칙이 엄격하게 적용되는 신용장거래에서도 커다란 하자가 없는 상태에서 신용장의 조건과 상당히 그리고 실질적으로 일치하는 서류의 경우 그러한 서류를 수리하는 것을 말한다.

이는 신용장통일규칙에서의 엄밀일치의 원칙을 다소 완화하여 제시된 서류가 신용장상의 제조건과 상호 모순되는 내용이 아닌 한 어느 정도까지 일치하면 은행은 그러한 서류를 인수하여 대금지급을 할 의무가 있다고 하는 원칙이다. 신용장통일규칙 제14조 d항과 e항에서는 이러한 상당일치의 원칙에 대한 내용을 다음과 같이 규정하고 있다.

◆ UCP 600 Article 14 Standard for Examination of Documents

d. Data in a document, when read in context with the credit, the document itself and international standard banking practice, need not be identical to, but must not conflict with, data in that document, any other stipulated document or the credit.
(서류상의 자료가 신용장, 그 서류자체 및 국제표준은행관행의 관점에서 검토되는 경우, 그 서류상의 자료나 기타 다른 명시된 서류 또는 신용장과 동일할 필요는 없지만 이와 상충되어서는 아니 된다)

e. In document other than the commercial invoice, the description of the goods, services or performance, if stated, may be in general terms not conflicting with their description in the credit.
(상업송장 이외의 서류에 있어서, 물품, 용역 또는 이행의 명세가 명기되어 있는 경우 신용장상의 명세와 상충되지 아니하는 일반용어로 기재될 수 있다)

엄밀일치의 원칙은 계약내용을 정확하게 인지하고 있는 수출업자가 작성하는 서류인 상업송장에만 적용하고, 운송인이 발행하는 운송서류, 보험자가 발행하는 보험증권 등과 같이 수출업자가 아닌 다른 당사자들이 발행한 서류들은 상호 모순되지 않고 그다지 커다란 하자가 아닌 경우에 이를 대금지급 거절을 위한 방법으로 악용하는 것을 막기 위하여 상당일치의 원칙이 인정되고 있다.

3) 국제표준은행관행 (ISBP)

신용장 서류심사를 위한 국제표준은행관행(International Standard Banking Practice for the Examination of Documentary Credits)은 UCP 500 제13조에서 최초로 반영된 개념이다. 동 조에서는 '규정된 서류의 문면상 신용장의 제조건과의 일치성은 본 규칙에 반영되어 있는 국제표준은행관행에 따라 결정 된다'고 규정하여 모호하고 매우 추상적인 조항이었다.

은행들은 나름대로 그들의 업무처리지침, 연수교재 및 국제상업회의소의 교육 및 무역간행물 등을 통하여 국제표준은행관행을 검토하여 왔다. 그러나 이와 관련된 은행업무는 다분히 은행의 재량권을 남용할 수 있는 문제의 소지가 있다 할 것이다.

이에 따라 ICC 은행위원회 특별팀의 작업에 의해 2002년 10월 30일 로마 총회에서 승인된 "ISBP, ICC Publication No.645"라는 UCP 500의 실제적인 추록인 신용장 서류심사를 위한 국제표준은행관행을 200항에 걸쳐 구체적인 표준을 제시하였다.

그 후 ISBP는 2007년 UCP 600이 제정되면서 2007년 4월 은행위원회의 승인을 받아 UCP 600에 반영된 일부 내용을 참조하고 이를 다시 185항으로 축소 및 업데이트 하여 UCP 600의 추록으로 함께 적용할 수 있도록 하고 있다.

이와 같이 ISBP의 도입은 신용장개설은행의 입장에서는 서류상 본질적인 중요한 하자사항이 아님에도 불구하고 문구 하나하나의 엄밀일치만을 고집하여 서류상의 하자만을 지적하고, 지급거절 또는 지급유보상태임을 먼저 통지하는 바람직하지 못한 관행을 예방할 수 있음은 물론 사소한 시비를 모두 법정의 판결로 해결하려는 시도를 감소시킬 수 있을 것이다.

(4) 서류거래의 원칙

신용장거래의 대상은 물품이나 서비스 그 자체나 계약의 이행이 아니고 서류이다. 따라서 신용장통일규칙에서도 신용장거래에서 모든 관계 당사자는 서류에 의하여 거래하며, 그러한 서류가 관계될 수도 있는 물품, 서비스, 기타 이의 이행에 의거해 거래

하지 아니한다고 규정하고 있다(UCP 600 제5조).

은행이 신용장조건에 일치하는 서류와 상환으로 대금을 지급하여야 할 의무는 해당 물품이나 서비스 또는 계약이행이 실제 내용과 일치하지 않는다는 통지에도 아무런 영향을 받지 않는다. 또한 개설은행이 서류접수 후 그것이 문면상 신용장조건에 일치하지 않는 경우에 그러한 서류를 수리할 것인가 아니면 이를 거절하고 문면상 신용장의 조건과 일치하지 않는다는 클레임을 제기할 것인가의 여부는 서류만을 근거로 하여 결정하여야 한다.

서류의 수리 또는 거절 여부를 결정하는 데 있어 '서류만을 근거로 하여(on the basis of documents alone)'라는 말은 개설은행이 개설의뢰인에게 그 불일치에 관한 권리포기 여부를 교섭할 수 있으나 독자적으로 서류를 근거로 결정하여야 한다는 의미를 가진다.

은행은 서류가 일반적 형식을 구비하고 있는지 또는 그 서류가 법률상 완전 유효한 것이라든지, 위조 · 변조가 없다는 등의 사실까지 보장할 수는 없다. 따라서 신용장거래에서 은행은 서류가 나타내고 있는 물품을 알 수 없기 때문에 오직 서류의 문면만을 점검하고 서류에 의한 거래를 하고 있는 것이다.

3. 신용장의 당사자

신용장거래에 관계되는 자를 총칭해서 당사자(parties) 또는 관계당사자(parties concerned)라고 한다. 관계당사자는 모든 신용장에 일정하게 등장하는 것은 아니고 신용장의 종류별 또는 개설은행의 사정에 따라 다르다. 이를 신용장의 조건변경 또는 취소에 관계되는 기본당사자와 기타당사자로 구분 할 수 있다.

(1) 기본당사자

기본당사자는 신용장거래에서 직접적인 권리와 의무를 부담하는 자를 말하며, 신용장의 조건변경 또는 취소에 관계되는 당사자이다.

1) Issuing Bank (개설은행)

개설은행은 신용장 개설의뢰인인 수입업자의 요청 또는 개설은행 자신을 위하여 수익자인 수출업자 앞으로 신용장을 발행하여 주는 은행을 말한다. 개설은행은 일반적으로 개설의뢰인의 주거래은행이 되며 수익자에 대하여 지급을 확약하는 자로 환어음지급에 있어서 최종적인 책임, 즉 상환의무를 부담하게 된다. 개설은행은 발행은행(opening bank) 또는 신용공여은행(grantor)이라고도 하지만 UCP상에서는 'issuing bank'

로 사용되고 있다.

2) Confirming Bank (확인은행)

개설은행으로부터 수권 되었거나 요청 받은 제3의 은행이 신용장에 의하여 발행된 어음의 지급, 인수 또는 매입을 추가로 확약하는 경우 그러한 은행을 확인은행(confirming bank)이라고 한다.

즉, 확인이란 개설은행이 지급 또는 인수를 확약한 신용장에 대하여 제3의 은행이 개설은행의 수권이나 요청에 따라 상환청구를 하지 않을 조건(무소구권)으로 수익자에게 지급, 인수 또는 매입을 확약하는 것을 말한다.

신용장의 확인은 개설은행과는 독립된 확약이며 개설은행에 대한 확인은행의 여신행위라고 할 수 있으므로 개설은행의 확인요구에 대해 반드시 응할 필요는 없다. 수출상은 수입상의 거래은행이 정치, 경제적으로 결제상의 위험이 있다고 판단되면 보통 수출상 소재지의 제3의 은행을 확인은행으로 하는 이른바 확인신용장 발행을 요청하게 된다. 일반적으로 신용장을 통지하는 통지은행이 확인은행의 역할을 동시에 부여받는 경우가 대부분이다. 따라서 확인은행은 통상적으로 수익자와 같은 국가에 위치하게 된다.

3) Beneficiary (수익자)

개설은행으로부터 신용장을 수령하여 신용장조건에 따른 권한과 이익을 가지게 되는 수출상을 특히 신용장거래에서는 수익자(beneficiary)라고 한다.

수익자는 신용장 발행을 통하여 이익을 얻게 되는 당사자로 신용장조건과 일치하는 서류를 지정은행, 개설은행 또는 확인은행(있는 경우)에 제시하고 신용장에 의한 확약의 이행을 요청하는 수출업자를 말한다.

수익자는 수출업자(exporter)나 매도인(seller)이외에도, 신용장의 사용자(user), 환어음을 발행할 수 있으므로 어음발행인(drawer), 신용을 수혜하고 있기 때문에 신용수령인(accreditee), 신용장이 수익자 앞으로 발행된다는 측면에서 수신인(addressee) 또는 물품을 선적하는 자라고 하여 송하인(shipper or consignor)이라고 할 수 있지만, 신용장거래에서는 beneficiary로 통용되고 있다.

(2) 기타당사자

1) Applicant (개설의뢰인)

개설의뢰인은 수익자와의 매매계약을 근거로 자신의 국가 또는 외국에 소재하는 거

래은행인 개설은행에 신용장의 발행을 요청하는 당사자를 말한다. 즉, 수입상은 매매계약의 조건에 따라 자기의 거래은행에 대해서 신용장발행을 의뢰하게 되는데 이 경우 수입상을 신용장거래에서는 개설의뢰인이라고 한다.

개설의뢰인은 매수인(buyer), 수입상(importer)이란 명칭 외에도 지급의무가 있다는 점에서 채무자(accountee), 신용장을 개설하여 주는 자라고 하여 개설인(opener), 지급인(drawee), 여신수령인(grantee), 신용제공인(accreditor) 등으로 불리기도 한다.

2) Advising Bank (통지은행)

통지은행은 개설은행이 발행한 신용장을 수익자에게 단순히 통지해주는 은행을 말한다. 즉 신용장개설은행이 신용장을 발행하게 되면 그 내용을 수익자에게 알리기 위하여 수익자 소재지에 있는 개설은행의 본 · 지점이나 환거래은행(correspondent bank)을 경유하여 통지하게 되는데, 이 때 통지를 하는 은행을 통지은행(advising bank; notifying bank; transmitting bank)이라고 한다.

통지은행은 필요한 경우 확인을 추가하여 확인은행의 역할을 할 수도 있고, 지급은행(paying bank) 또는 인수은행(accepting bank)의 역할을 하기도 한다.

3) Negotiating Bank (매입은행)

수익자는 선적 후 개설은행이나 상환은행 등 신용장상에 명기된 지급인 앞으로 환어음을 발행하고 신용장에서 요구하는 선적서류를 준비하여 거래은행에 환어음의 매입(negotiation)을 의뢰하게 되는데, 이 때 환어음을 매입하는 은행을 매입은행이라고 한다.

매입은행은 우선 자기 자금으로 매입을 해주고 개설은행으로부터 대금을 돌려받는데, 상환 받을 수 있는 기간까지의 환가료(exchange commission)를 공제하기 때문에 어음금액을 할인하여 수익자에게 지급한다. 따라서 매입은행은 곧 할인은행이라고도 할 수 있다. 특히 환어음 매입이 수익자의 거래은행 이외의 특정은행으로 지정되어 있는 매입제한신용장(restricted credit)일 경우에는 매입을 의뢰받은 수익자의 거래은행은 매입 후 매입제한은행에 재매입(renegotiation)을 의뢰하게 된다. 이때의 매입은행을 재매입은행(renegotiating bank)이라고 한다.

매입은 수출지의 은행이 수익자가 제시하는 서류를 할인가격으로 구매하는 것을 말한다. 즉 매입은 지정은행(확인은행, 지급은행, 인수은행 및 매입은행 등)이 자신이 아닌 은행을 지급인(일반적으로 개설은행)으로 하여 발행된 환어음에 서류가 첨부되어 제시된 경우에는 그 환어음 및/또는 서류를 구매하고, 환어음 없이 서류만 제시된 경우에는 그 서류만 구매하는 것이다. 지정은행은 환어음 및/또는 서류에 대하여 선지급한

후에 구매할 수도 있으며, 선지급 하지 않고 선지급 하겠다는 약정만으로 구매할 수도 있다. 매입은 개설은행으로부터 대금을 지급받기 전에 미리 선대(융자)하는 선적 후 금융에 해당된다.

4) Paying Bank (지급은행)

지급(payment)이란 개설은행의 요청에 따라 지정된 수출지의 특정은행(예치환거래은행)이나 개설은행 자신이 수익자가 제시하는 환어음 및/또는 서류를 받고 약정된 신용장 금액을 액면가액으로 지급하는 것을 말한다.

지급은행은 개설은행으로부터 수익자가 발행한 환어음 및/또는 서류에 대하여 직접 대금을 지급하도록 수권 받은 은행을 말한다. 이에 따라 개설은행 자신이나 개설은행의 예치환거래은행(depository correspondent bank) 또는 개설은행이 결제대금을 위탁시켜 둔 지정은행이 지급은행이 된다.

지급신용장(straight credit; payment credit)에서 수익자가 개설은행이나 개설은행이 지정하는 은행에 직접 서류를 제시하면 지급하고, 인수신용장(acceptance credit)하에서는 인수은행(accepting bank)이 수익자가 발행한 기한부환어음을 인수하고 그 어음의 만기일에 지급함으로써 지급은행의 역할을 담당한다. 지급은행은 지급행위에 대해 책임을 부담하지 않고 단순히 대리인의 역할만 수행하는 것이다.

5) Accepting Bank (인수은행)

인수(acceptance)란 개설은행의 요청에 따라 지정된 수출지의 은행이 수익자 또는 매입은행에 대하여 수익자가 발행한 기한부신용장의 어음을 어음 만기일에 자행에 제시하면 대금을 지급하겠다고 하는 의사표시를 말한다.

개설은행이 자신의 해외지점이나 예치환거래은행(주로 통지은행)을 인수은행으로 지정하고 그 은행을 지급인으로 하여 수익자가 발행한 기한부 환어음을 인수하는 것을 명시하고 있는 신용장을 인수신용장(acceptance credit)이라고 한다.

인수은행은 인수신용장에서 수익자가 선적 후 신용장조건과 일치하는 서류가 첨부된 기한부 환어음(usance bill)을 발행하여 은행에 제시할 경우, 이 기한부 환어음을 인수하도록 권한을 부여 받은 은행을 말한다. 따라서 인수은행은 자신의 은행 앞으로 발행된 기한부 환어음을 인수한 경우에는 그 어음의 결제일에 반드시 지급할 의무가 생기므로 어음의 만기일에는 지급은행이 된다.

6) Reimbursing Bank (상환은행)

일반적인 신용장거래에서는 매입은행이 수익자로부터 제시된 환어음과 선적서류를

매입하여 이를 개설은행에 송부하여 대금을 상환 받는다. 하지만 신용장의 결제통화가 제3국의 통화인 경우 매입은행이 선적서류는 개설은행 앞으로 송부하고, 환어음은 제3의 은행으로 송부하여 대금을 상환 받는 경우가 있다.

상환은행은 수익자가 발행한 환어음을 매입한 매입은행에게 어음대금을 상환하도록 개설은행으로부터 수권 받아 상환을 해주는 은행을 말한다. 상환은행은 개설은행은 물론 매입은행과도 환거래계약을 체결하고 있어 단순하게 개설은행과 매입은행의 계정을 정리해주는 역할을 한다.

7) Transferring Bank (양도은행)

양도은행은 양도가능신용장(transferable credit)에서 제1수익자(first beneficiary)가 제2수익자(second beneficiary)에게 신용장을 양도하고 이에 따라 지급, 인수 또는 매입을 하도록 개설은행으로부터 수권 받은 은행을 말한다.

즉, 최초 수익자가 제2의 수익자에게 신용장의 모든 권리와 의무를 이전시킬 수 있는 양도가능신용장의 양도절차를 의뢰받은 은행을 양도은행이라고 한다. 주로 개설은행의 본 · 지점 또는 환거래은행인 통지은행이 양도은행의 역할을 하게 된다.

4. 신용장의 결제과정

신용장방식에 의해 진행되는 일반적인 절차 및 흐름은 다음과 같다.

① 국내의 수입상이 외국의 수출상과 매매계약을 체결하고 물품매도확약서(offer sheet)를 받는다.

② 수입상은 해당되는 경우 관계기관에 수입승인을 신청하여 수입승인서(I/L)를 발급받고 거래은행에 수입신용장 개설을 의뢰한다.

③ 신용장개설을 의뢰받은 외국환은행은 신용장을 발행하여 통지은행에 신용장을 송부한다.

④ 신용장을 수취한 통지은행은 신용장의 내도 사실을 수출상에게 통지한다.

⑤ 신용장을 수취한 수출상은 해당 물품의 생산 또는 구매완료 후 상업송장, 포장명세서 및 기타 서류를 작성하고, 물품에 대한 부보를 해야 할 경우(즉, 운송조건이 CIF, CIP인 경우) 보험증권을 교부 받은 후,

⑥ 선박회사 또는 항공회사를 수배하여 물품을 선 · 기적하고, 동 회사로부터 선하증권 또는 Air Waybill을 교부받는다.

⑦ 신용장에서 요구하는 환어음과 제서류를 갖추어 거래은행에 화환어음 매입을 의

뢰한다.

⑧ 매입은행은 화환어음(또는 운송서류)을 매입하여 어음대금을 수출상에게 지급한다.

⑨ 매입은행은 수출상에게 지급한 어음을 결제받기 위하여 수입국의 신용장 개설은행에게 선적서류를 송부하고 어음매입대전의 상환을 청구한다.

⑩ 신용장 개설은행은 어음대금을 매입은행에 지급한다.

⑪ 개설은행은 선적서류가 접수되면 도착사실을 수입상에게 통지한다.

⑫ 개설은행은 수입상이 수입어음을 결제 또는 인수한 후 선적서류를 수입상에게 인도한다.

⑬ 수입상은 선박회사 또는 항공회사로부터 화물도착통지서를 받으면 동 회사에 운임을 정산한 후 물품인도지시서(delivery order; D/O)를 받고,

⑭ 보세창고에 D/O 또는 항공화물운송장(AWB; Air Waybill)을 제시하고 수입화물의 인수절차를 거친다.

⑮ 수입상은 세관에 관세 등 소정의 세금을 납부하고 수입통관절차를 거쳐 선박회사로부터 화물을 인수받는다.

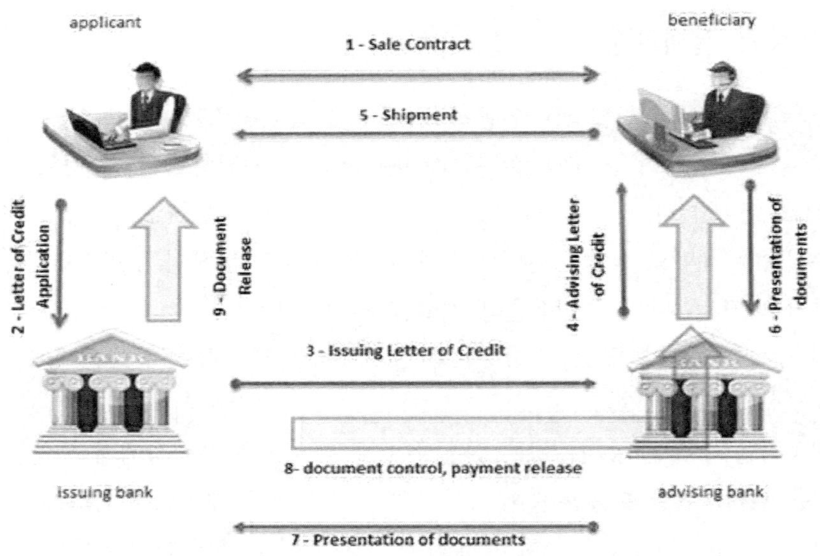

[그림 6-2] 신용장거래의 일반 절차

5. 신용장의 종류

(1) 요구서류 유무에 따른 분류

1) 화환신용장 (documentary credit)

화환신용장은 수출업자가 발행한 환어음(drafts)과 상업송장(commercial invoice), 운송서류(transport documents), 보험서류(insurance document) 그리고 기타 신용장에서 요구하는 서류와 상환으로 대금지급을 확약하는 신용장이다.

2) 무화환신용장 (clean credit)

무화환신용장이란 운송서류의 제시가 없어도 수출업자가 발행한 환어음만으로 대금을 지급받을 수 있는 신용장이다. 여기에는 입찰보증(bid bond), 계약이행보증(performance bond), 보증신용장(stand-by credit)과 같이 은행이 지급만을 보증하는 것이 포함된다.

(2) 취소가능 여부에 따른 분류

1) 취소가능신용장 (revocable credit)

취소가능신용장이란 신용장에 "취소가능(revocable)"이라는 문구가 있는 신용장으로 개설은행이 수익자에게 미리 통지하지 않고 언제든지 일방적으로 신용장을 취소하거나 그 조건을 변경할 수 있는 신용장이다. UCP 600에서는 취소가능신용장을 인정하지 않고 있다.

2) 취소불능신용장 (irrevocable credit)

취소불능신용장이란 개설은행이 발행한 신용장이 수익자에게 통지된 경우 신용장 유효기간 내에는 수익자, 개설은행 또는 확인은행(있는 경우) 전원의 합의가 없이는 취소하거나 변경할 수 없는 신용장을 말한다. UCP 600 제2조에서 신용장은 그 명칭이나 표현에 관계없이 취소불능이라고 규정하고 있어 어떠한 경우에도 취소불능신용장만을 허용하고 있다. 즉, 신용장상에 "취소불능(irrevocable)"이라는 표현이 없어도 모두 취소불능으로 간주된다는 것이다.

(3) 확인 유무에 따른 분류

1) 확인신용장 (confirmed credit)

확인신용장이란 개설은행의 요청에 의해 개설은행 이외의 제3의 은행이 수익자가

발행하는 환어음의 지급, 인수 또는 매입을 추가적으로 확약하고 있는 신용장을 말한다. 개설은행은 통상 수출국에 소재하는 개설은행의 본 · 지점이나 예치환거래은행(depositary correspondent bank)을 확인은행으로 지정하게 된다.

확인은행의 확인은 개설은행의 지급확약에 대한 보증이 아니라 개설은행과는 별개의 독립된 지급확약이다. 따라서 수익자는 개설은행과 확인은행으로부터 이중으로 지급확약을 받게 되는 것이다.

2) 무확인신용장 (unconfirmed credit)

무확인신용장은 개설은행 이외의 제3의 은행의 확약문언이 없는 신용장을 말한다.

(4) 사용방법에 따른 분류

1) 지급신용장 (payment credit)

지급신용장은 신용장에 의한 환어음의 매입여부에 대하여 명시가 없고 신용장 조건에 맞게 발행된 서류가 신용장 개설은행 또는 개설은행이 지정한 지정은행에 제시되면 지급할 것을 확약한 신용장을 말한다. 지급신용장은 지급시기에 따라 일람지급신용장(sight payment credit)과 연지급신용장(deferred payment credit)으로 구분된다.

① 일람지급신용장 (sight payment credit)

환어음의 발행지시가 없고 서류의 제시만을 요구하고 있는 신용장으로 환어음 없이 선적서류제시 즉시 지급되는 무어음 신용장이다.

② 연지급신용장 (deferred payment credit)

기한부환어음의 발행지시가 없고 서류의 제시만을 요구하고 있는 신용장으로 환어음 없이 선적서류제시 후 일정기간이 경과한 후 대금지급이 이루어지는 무어음 신용장이다.

2) 인수신용장 (acceptance credit)

인수신용장은 개설은행 또는 개설은행이 지정한 인수은행이 기한부환어음을 인수하고 어음의 만기일에 지급할 것을 약속하는 신용장이다. 기한부환어음을 인수한 인수은행은 환어음의 만기일에 지급은행이 된다.

인수신용장은 기한부 기간 동안 이자부담의 주체가 누가 되느냐에 따라 다음과 같이 구분된다.

① 무역인수신용장 (shipper's usance credit)

수출업자인 수익자가 유전스(usance)기간(어음기간) 동안의 이자를 수입업자에게 제

공하여 주는 것을 말한다. 개설은행을 어음지급인(drawee)으로 하여 개설은행에 환어음과 운송서류가 도착하게 되면 수입업자로 하여금 운송서류의 인수여부를 결정하도록 하여 동 "인수사실 및 만기일"을 매입은행에게 통지하고 만기일에 대금을 결제하는 방식이다.

수익자는 원리금을 만기일에 지급받거나 은행에 할인을 요청하여 조기에 대금을 지급받을 수도 있다. 따라서 수익자는 만기일에 대금을 영수하거나 거래은행에 할인을 요청하여 기간이자를 공제한 금액을 조기에 수취할 수도 있다. 신용장 기재문언은 "Usance interest is for the account of beneficiary" 등과 같이 표기된다.

② **은행인수신용장 (banker's usance credit)**

은행인수신용장은 어음인수은행이 Usance기간 동안 신용을 공여하는 형태의 신용장을 말한다. 환어음의 인수장소에 따라 개설은행의 해외 환거래은행이 어음인수의 주체가 되는 해외은행인수신용장(overseas banker's usance credit)과 수입지 국내의 개설은행이 어음인수의 주체가 되는 국내은행인수신용장(domestic banker's usance credit)으로 구분된다.

해외인수신용장의 경우 인수은행은 매입은행으로부터의 지급청구에 대하여 매입은행을 통하여 수익자에게 어음대금 전액을 일람지급(at sight)과 동일하게 지급한다. 국내인수신용장의 경우 개설은행 등이 매입은행으로부터 선적서류 및 기한부어음이 도착하면 동어음을 인수함과 동시에 매입은행 앞으로 대금을 지급하고 수입상으로부터는 어음의 만기일에 대금을 회수한다.

수익자는 매입은행을 통하여 일람출급으로 어음대금 전액을 지급받을 수 있다. 은행인수신용장의 경우 "Usance drafts must be negotiated on at sight basis and acceptance commission and discount charges are for the account of buyer" 등과 같이 기재된다.

3) 매입신용장 (negotiation credit)

매입신용장은 신용장에 의해 발행되는 환어음이 매입될 것을 예상하여 개설은행이 환어음의 발행인(수익자), 배서인(endorser) 및 선의의 소지인(bona fide holder)에게 지급을 약속하는 신용장이다.

수익자가 환어음을 매입은행에 매입 의뢰하면 매입은행이 환어음의 선의의 소지인이 되어 자신의 자금으로 매입하고 지급인인 개설은행에 제시하여 지급을 받게 된다.

① **일람출급매입신용장 (sight negotiation credit)**

개설은행이 환어음의 발행인, 배서인 및 선의의 소지인에게 일람출급환어음이 제시

되면 즉시 지급하겠다고 확약한 신용장이다.

② **기한부매입신용장 (usance negotiation credit)**

개설은행이 환어음의 발행인, 배서인 및 선의의 소지인에게 기한부환어음이 제시된 후 만기일에 지급하겠다고 확약한 신용장이다.

매입신용장은 매입을 위한 특정은행의 지정여부에 따라 다음과 같이 구분된다.

(ㄱ) 자유매입신용장 (open credit, freely negotiable credit)

신용장에 환어음의 매입은행을 지정하거나 제한하지 않아 어떠한 은행도 자유롭게 매입할 수 있는 신용장이다. 따라서 수익자는 자신의 거래은행 등과 같이 원하는 은행을 마음대로 선택하여 매입을 의뢰할 수 있다. 자유매입신용장의 표시문언은 다음과 같다.

"This credit is available with any bank by negotiation against presentation of the following documents."

"This credit is freely negotiable by any bank"

(ㄴ) 매입제한신용장 (restricted credit)

매입제한신용장은 신용장 개설은행이 그 신용장에 의하여 발행된 어음의 매입을 특정은행으로 한정시키는 신용장을 말한다. 매입제한신용장의 매입제한문언은 다음과 같다.

"Negotiations under this credit are restricted to xxx bank."

"This credit is available through xxx bank only."

[표 6-1] 매입신용장, 지급신용장 및 인수신용장의 비교

구분	지급시기	종류	
지급신용장 (Payment credit)	일람불	Sight Payment credit	
	기한부	Deferred Payment credit	
인수신용장 (Acceptance credit)	기한부	Acceptance credit	
매입신용장 (Negotiation credit)	일람불	Sight Negotiation credit	Open credit Restricted credit
	기한부	Usance Negotiation credit	Open credit Restricted credit

(5) 대금지급시기에 따른 분류

대금지급시기에 따른 신용장의 분류는 [표 6-2]에서 나타난 것과 같이 일람출급신용장, 기한부신용장 및 할부신용장 등으로 구분 할 수 있다.

[표 6-2] 대금지급시기에 따른 신용장의 분류

지급시기	형태	내용	
일람출급 신용장 (Sight credit)	환어음 및 서류의 매입 허용여부	Sight Negotiation credit	Sight Open credit Sight Payment credit
		Sight Payment credit	환어음 없이 선적서류의 제시로 지급
기한부 신용장 (Usance credit)	환어음 지급기일	At 30 days after B/L date	선적 후 30일부 정기출급 환어음
		At 30 days afte date of draft	환어음 발행 후 30일부 정기출급 환어음
		At 30 days after sight	일람 후 30일부 정기출급 환어음
	환어음 발행과 지급확약	Usance Negotiation credit	환어음 발행
		Deferred Payment credit	환어음 불필요
		Acceptance credit	환어음 발행
	신용공여 주체	Shipper's Usance credit	수익자가 수입업자를 위해 기한부환어음의 만기일까지 지급을 유예해주는 신용장
		Banker's Usance credit	해외은행인수신용장과 국내은행인수신용장으로 구분됨
할부신용장 (Instalment Shipment credit)	Instalment Payment credit		기한부신용장의 일종으로 신용장에서 지급만기일을 각각 달리 지정한 복수의 기한부어음을 요구하는 신용장
	Instalment Shipment credit		일정한 기간 내에 수회에 걸쳐서 주기적으로 정해진 수량을 할부선적하도록 명시한 신용장

(6) 상환청구유무에 따른 분류

1) 상환청구가능신용장 (with recourse credit)

상환청구가능신용장이란 수익자가 발행한 환어음을 매입한 매입은행, 배서인 또는 선의의 소지인이 환어음의 지급인(drawee)인 개설은행으로부터 대금지급을 받지 못하였을 경우, 그 환어음의 발행인인 수익자에게 이미 지급된 환어음 금액을 돌려 달라는 상환청구(소구)가 가능한 신용장을 말한다. 신용장에 "with recourse"의 명시적인 문언이 있거나 아무런 명시가 없는 경우에는 상환청구가능신용장으로 간주된다.

2) 상환청구불능신용장 (without recourse credit)

상환청구불능신용장이란 환어음의 발행인인 수익자에게 이미 지급된 환어음 금액을 상환청구(소구)할 수 없도록 하고 있는 신용장을 말한다. "상환청구불능(without recourse)"이라는 명시적인 문구가 있는 경우에만 상환청구불능신용장으로 간주된다.

어음발행인에 대한 상환청구 유무는 그 나라의 어음법에 따른다. 한국의 경우 상환청구가능(with recourse) 및 상환청구불능(without recourse)에 관계없이 어음법 제9조에서 상환청구권을 인정하고 있기 때문에 상환청구불능신용장하에서도 상환청구가 가능하다. 하지만 영미법에서는 "without recourse"의 표시가 있는 것은 원칙적으로 상환청구권을 인정하지 않고 있다.

(7) 양도허용여부에 따른 분류

1) 양도가능신용장 (transferable credit)

양도가능신용장이란 신용장에 "transferable"이란 표시가 있어 최초의 수익자(first beneficiary)가 신용장금액의 일부 혹은 전부를 제3자에게 양도할 수 있도록 허용하고 있는 신용장을 말한다.

양도가능신용장은 1회에 한하여 양도가 허용되며 분할선적이 금지되어 있지 않으면 최초의 수익자는 다수의 제2수익자(second beneficiary)에게 분할 양도할 수 있다. 즉, 다수의 제2수익자에게 분할양도하는 경우도 모두 1회의 양도로 간주된다.

하지만 제2수익자가 양도 받은 신용장을 또 다시 제3자에게 재양도하는 것은 불가능하다. 다만, 제2수익자가 다시 최초수익자에게 다시 양도하는 것은 재양도로 간주하지 않는다.

이러한 신용장의 양도가 필요한 경우는 ① 무역을 직접적으로 수행할 수 없거나, ② 주문 받은 물품 중 일부를 다른 수출업자가 생산하거나, ③ 거래은행에 무역금융 수혜를 위한 거래한도가 부족하거나, ④ 기타 업무수행 상의 번거로움을 피하기 위한 경우 등이다.

신용장의 양도는 원신용장의 범위 내에서 다음 사항에 대해서만 양도가 가능하다.

[표 6- 3] 양도가능 사항

구분	내용
감액 · 단축	금액, 단가, 유효기일, 제시를 위한 기간, 최종선적일 또는 정해진 선적기간
보험비율의 증가	원신용장이나 UCP에 규정된 부보금액을 충족시키는 방법으로 부보되어야 하는 율

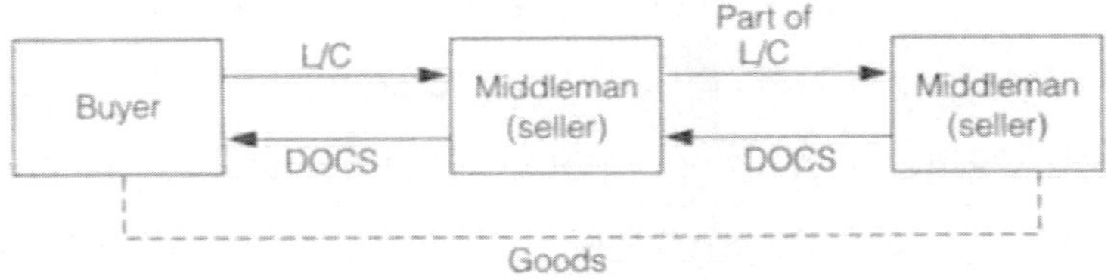

[그림 6-3] 양도가능신용장

2) 양도불능신용장 (non-transferable credit)

양도불능신용장은 신용장에 "transferable"이라는 표시가 없는 신용장을 말한다. 양도불능신용장은 어느 경우에서라도 최초의 수익자가 제3자에게 양도할 수 없다.

[표 6-4] 신용장의 종류

구분	분류	신용장의 종류
일반 신용장	요구서류 유무	Documentary credit Clean credit
	취소가능 여부	Revocable credit Irrevocable credit
	확인 유무	Confirmed credit Unconfirmed credit
	매입허용 여부	Negotiation credit Payment credit
	대금지급시기	Sight credit Usance credit
	상환청구 유무	With Recourse credit Without Recourse credit
	양도허용 여부	Transferable credit Non-transferable credit
	국내외 거래 용도	Local credit Master credit
특수신용장	특수목적과 용도	Stand-by credit Red Clause credit Revolving credit Back to Back credit

☞ Stand-by L/C

Stand-by L/C are often called non-performing letters of credit because they are only used if the collection on a primary payment method is past due. They can be used to guarantee repayment of loans, fulfillment by subcontractors, and securing the payment for goods delivered by third party.

☞ Red Clause L/C

Red Clause credit has a condition that the beneficiary is allowed to obtain an advance or pre-shipment from the advising or confirming bank.

☞ Revolving L/C

Revolving Credit has a condition that the amount is renewed or automatically reinstated without specific amendments to the credit.

제3절 신용장거래실무

1. 신용장의 구성

Negotiation Credit(SWIFT)

(MT 700) ISSUE OF A DOCUMENTARY CREDIT

From: BANK OF AMERICA, NEW YORK

To: KOREA EXCHANGE BANK, SEOUL, KOREA

:27 sequence of total: 1/1

:40A form of documentary credit: IRREVOCABLE

:20 documentary credit number: MD1NY705NS00018

:31C date of issue: 5/15/2017

:31D date and place of expiry: 8/10/2017 KOREA

:50 applicant: BROWN CO., LTD. 310 FIFTH AVE. NEW YORK, NY10118, USA

:59 beneficiary: KM CO., LTD. CPO BOX 195, SEOUL, KOREA

:32B currency code amount: USD500,000

:39A percent credit amount tolerance: 10/10

:41D available with by name, address: ADVISING BANK *BY NEGOTIATION*

:42C drafts at: SIGHT

:42A drawee: BANK OF AMERICA, NEW YORK, NY 10015, USA

:43P partial shipment: ALLOWED

:43T transshipment: NOT ALLOWED

:44A loading on board/dispatch/taking in charge: BUSAN, KOREA

:44B for transportation to: NEW YORK, USA

:44C latest date of shipment: 7/25/2017

:45A description of goods and/or services

2,000 SETS OF COMPUTERS. OTHER DETAILS ARE AS PER SALES NOTE NO.A01 DATED MAY 5, 2017 CIF NEW YORK INCOTERMS 2010

:46A documents required

+SINGED COMMERCIAL INVOICE IN TRIPLICATE

+PACKING LIST IN TRIPLICATE
+FULL SET OF CLEAN ON BOARD OCEAN BILL OF LADING MADE OUT TO THE ORDER OF BANK OF AMERICA MARKED FREIGHT PREPAID AND NOFIFY PARTY ACCOUNTEE
+MARINE INSURANCE POLICIES AND CERTIFICATES IN DUPLICATE ENDORSED IN BLANK FOR 110PCT OF INVOICE VALUE.
+INSURANCE POLICIES OR CERTIFICATES MUST EXPRESSLY STIPULATE THAT CLAIMS ARE PAYABLE IN THE CURRENCY OF THE DRAFTS AND MUST ALSO INDICATE A CLAIM SETTING AGENT IN NEW YORK. INSURANCE MUST INDICATE CARGO INSURANCE CLAUSE (B)
:47A additional conditions
ALL DOCUMENTS MUST BEAR OUR CREDIT NUMBER
T/T REIMBURSEMENT NOT ALLOWED
:48 period for negotiation: DOCUMENTS MUST BE PRESENTED WITHIN 10 DAYS AFTER THE DATE OF BILL OF LADING BUT WITHIN THE CREDIT VALIDITY
:53A reimbursement bank: BANK OF AMERICA, NEW YORK, NY 10015, USA
:71B charges: ALL BANKING COMMISSIONS AND CHARGES OUTSIDE USA ARE FOR ACCOUNT OF BENEFICIARY
:49 confirmation instructions: WITHOUT
:78 instructions to the paying/accepting/negotiating bank: DRAFTS AND ALL DOCUMENTS MUST BE SENT TO US BY COURIER SERVICE IN ONE LOT. DRAFTS DRAWN UNDER AND NEGOTIATED IN CONFORMITY WITH THE TERMS OF THIS CREDIT BE DULY HONORED ON PRESENTATION.
:72 sender to receiver information: THIS CREDIT IS SUBJECT TO UCP (2007 REVISION) ICC PUBLICATION NO. 600

2. 신용장 자체에 관한 사항

(1) Issuing bank (개설/발행은행)

From: Bank of America, New York, USA

개설은행은 개설의뢰인의 의뢰에 의하여 신용장을 발행하는 은행으로 수입업자의 거래은행이 된다. 일반적으로 신용장의 발행자는 개설은행이고 수신자는 통지은행이 된다. SWIFT 신용장에서의 "we"는 개설은행을 의미하고, "you"는 수익자(beneficiary)를 의미한다.

(2) Sequence of total (총 페이지 수)

:27 sequence of total: 1/1 (총 페이지 수: 1)

개설된 신용장의 총 페이지 수를 의미한다. 예를 들어 총 페이지 수가 2페이지면 1페이지는 1/2, 2페이지는 2/2로 표시된다.

(3) Form of documentary credit (화환신용장의 종류)

:40A form of documentary credit: IRREVOCABLE (화환신용장의 종류: 취소불능)

취소불능화환신용장(irrevocable documentary credit) 등과 같이 신용장의 종류를 표시한 것으로 대부분 "irrevocable"이란 문언이 기재되어 있다. 취소불능신용장은 당사자 전원[수익자, 개설은행, 확인은행(있는 경우)]의 합의가 있어야만 신용장의 취소나 조건 변경이 가능하다. 신용장통일규칙에서는 신용장상에 "irrevocable"의 문언이 없더라도 취소불능신용장으로 간주된다.

(4) Documentary credit number (화환신용장번호)

:20 documentary credit number: ①M ②D1 ③NY ④7 ⑤04 ⑥N ⑦S ⑧0001 ⑨8

① 수입신용장의 표시번호 (M: Master L/C, L: Local L/C)
② 은행고유번호 (D1: 우리은행, 42: 신한은행 등)
③ 개설은행 지점번호 (D1NY: 우리은행/뉴욕지점),
④ 개설연도의 끝자리 수
⑤ 개설월 표시
⑥ 수입용도 구분 (N: Normal 일반재 내수용 물자, E: Export 수출용 원자재)
⑦ 대금결제방법 (S: Sight L/C, U: Usance L/C, P: D/P, A: D/A, R: Remittance)
⑧ 신용장일련번호
⑨ 은행별 확인번호 (Check digit number)

화환신용장번호는 개설은행이 신용장을 개설하면서 부여하는 고유번호이다. 일반적으로 신용장번호를 관련 서류상에 기재할 것을 요구하는 경우가 많다. 신용장번호는

한국은행이 정하는 "수출입승인서 및 신용장 등의 번호기재요강"에 따라 발행등록시 자동으로 정해진다.

(5) Date of issue (개설일자)

:31C date of issue: 5/15/2017 (개설일 2017년 5월 15일)

개설은행이 신용장을 발행하는 일자로서 개설은행의 지급확약 개시일이다.

(6) Date and place of expiry (신용장의 유효기일 및 장소)

:31D date and place of expiry: 8/10/2017, Korea (유효기일 및 장소 2017년 8월 10일, 한국)

신용장의 유효기일 및 장소는 일람지급(sight payment), 연지급(deferred payment), 인수(acceptance) 및 매입(negotiation) 등을 위하여 제시되어야 할 최종일과 제시장소를 말한다. 신용장 유효기일의 의미는 동 기간 내에 지급확약의 효력이 있고 서류제시장소가 특정되었을 경우에는 그 특정은행에, 그 이외에는 수익자의 거래은행에 신용장상에서 요구되고 있는 서류의 제시(presentation)가 이루어져야 한다.

(7) Applicant (개설의뢰인)

:50 applicant: BROWN CO., LTD., 310 FIFTH AVE, NEW YORK, NY10118, USA

신용장개설의뢰인은 개설은행에게 신용장의 개설을 의뢰하는 수입업자를 말한다.

(8) Beneficiary (수익자)

:59 beneficiary: KM Co., Ltd., CPO BOX 195, SEOUL, KOREA

수익자는 신용장을 수령하는 수출업자로서 수익자의 상호와 주소를 기재한다.

(9) Advising bank (통지은행)

To: KOREA EXCHANGE BANK, SEOUL, KOREA

통지은행은 개설은행에서 보내는 신용장을 단순히 통지하는 은행으로 수익자의 소재지에 있는 개설은행의 본·지점이나 환거래계약을 체결한 은행이 된다.

(10) Currency code, amount (신용장 통화 및 금액)

:32B currency cod, amount: USD500,000

신용장 통화 및 금액은 개설은행이 수익자에게 실제로 지급하는 금액이 아니라 지급할 수 있는 최대의 사용한도액이며, 수익자의 환어음발행금액을 기준으로 실제 지급되는 금액이다. 통화는 문자로 기재되고 금액은 숫자로 기재된다.

(11) Percent credit amount tolerance (신용장금액 과부족 용인비율)

:39A percent credit amount tolerance: 10/10

신용장금액 과부족 용인비율을 나타내는 것으로 신용장금액의 편차를 의미한다. 10/10은 표시된 금액을 기준으로 상한 10%, 하한 10%까지 허용하는 것을 의미한다.

3. 환어음에 관한 사항

(1) Available with ~ by~ (신용장 사용가능은행 및 사용방법)

:41D available with ~ by ~: Any Bank by Negotiation (모든 은행에서 매입에 의해 사용가능함)

신용장은 그것이 일람지급(by sight), 연지급(by deferred payment), 인수(by acceptance), 매입(by negotiation) 중 어느 것에 의하여 사용될 수 있는지를 명시하여야 한다. "available with ~ by~"에서 with 다음에는 신용장을 사용할 수 있는 은행이 기입되는데 "NEW YORK BANK", "Advising Bank(통지은행)", "Issuing Bank(개설은행)", "Reimbursing Bank(상환은행)", "Any Bank(모든 은행)" 등과 같이 표시된다. 한편 by 다음에는 "by sight payment", "by deferred payment", "by acceptance", "by negotiation" 중 하나를 선택하여 기재한다.

(2) 환어음의 지급방식

:42C drafts at: SIGHT (환어음: 일람지급)

환어음의 지급방식에 대해서는 "sight payment", "deferred payment", "acceptance", "negotiation" 중에서 하나를 선택하여 표시함으로써 허용되는 신용장의 지급확약방식을 기재한다. 지급신용장의 경우 환어음이 제시되지 않고 수익자에게만 대금지급을 확

약하고 있기 때문에 ":42C drafts at" 및 ":42A drawee"란에 아무런 표시를 하지 않는다.

환어음의 종류는 환어음의 지급기일에 따라 "at sight"로 표시되는 일람출급신용장(sight credit)과 "at xxx days after sight" 등으로 표시되는 기한부신용장(usance credit)으로 구분된다. 일람출급환어음은 환어음이 지급인에게 제시되는 즉시 지급되고, 기한부환어음은 일정기간이 경과된 후에 지급된다. 환어음금액은 신용장금액을 초과 할 수 없다.

(3) (환어음 지급인)

:42A drawee: BANK OF AMERICA, NEW YORK, NY10015 USA

환어음 지급인은 "draft drawn on" 다음에 기재된다. 일반적으로 개설은행이나 지정은행 등 은행명이 기재된다.

4. 운송에 관한 사항

(1) Partial shipment (분할선적)

:43P partial shipment: ALLOWED (분할선적: 허용됨)

분할선적은 수익자가 물품의 선적으로 2회 이상 나누어 선적하는 것을 의미한다. 분할선적에 관한 아무런 표시가 없을 경우에는 분할선적이 허용되는 것으로 간주한다. 분할선적의 경우 마지막 선적분량이 신용장에서 규정하고 있는 선적일 이내에 선적되어야 한다.

(2) Transshipment (환적)

:43T transshipment: NOT ALLOWED (환적금지)

환적은 선적항에서 양륙항까지 운송과정 중에 한 운송수단으로부터 다른 운송수단으로 물품을 옮겨 싣는 것을 의미한다.

(3) Place of shipment (선적지)

:44A loading on board/dispatch/taking in charge: BUSAN, KOREA (본선적재/발송/수탁: 한국 부산항)

선적지는 물품이 선적되는 장소로서 "loading on board/dispatch/taking in charge from/at(~으로부터 본선적재/발송/수탁)" 다음에 기재된다. "loading on board"는 해상운

송서류, "dispatch"는 항공운송서류, 그리고 "taking in charge"는 복합운송서류가 요구될 때 해당 장소를 기재한다.

(4) Place of destination (도착지)

:44B for transportation: NEW YORK, USA

목적지는 "for transportation to" 다음에 기재된다. 복합운송에서는 양륙항(port of discharge)과 구별되어 기재된다.

(5) Latest date of shipment (최종선적일)

:44C latest date of shipment: 7/25/3017 (최종선적일: 2017년 7월 25일)

선적기일은 물품의 최종선적, 즉 적재, 발송, 수탁 등을 위하여 최종적으로 허용되는 일자를 말한다. "not later than July 25, 2017"일 경우 인도조건에 따라 7월 25일까지는 적재, 발송 또는 수탁을 완료하여야 한다는 의미이다. 만일 7월 25일이 공휴일이라고 하더라도 공휴일을 불문하고 적재, 발송, 수탁이 이루어져야 한다. SWIFT 신용장에서는 선적기일의 의미로 "latest date of shipment" 등으로 표기된다.

5. 물품명세서에 관한 사항

:45A description of goods and/or services: (물품 및/또는 용역의 명세)

물품명세(description of commodity)는 물품명 및 수량, 규격, 단가(unit price), 가격조건(price terms), 원산지(country of origin) 등을 표기한다.

6. 요구설에 관한 사항

(1) Commercial invoice (상업송장)

상업송장은 수익자가 발행하는 서류로서 물품의 명세서, 가격계산서 및 대금청구서의 역할을 한다. 물품명세는 신용장의 물품명세와 일치하여야 한다. 신용장상에서 상업송장상에 어떠한 내용을 명시할 것을 요구하는 경우에는 지시대로 상업송장에 기재하여야 한다.

일반적으로 "signed commercial invoice in triplicate"와 같이 통수를 표시한다.

(2) Packing list (포장명세서)

포장명세서는 선적화물의 포장 및 포장단위별 명세와 단위별 순중량(net weight), 총중량(gross weight), 용적(measurement), 화인(shipping mark) 및 포장의 일련번호 등을 기재한 명세서이다.

(3) Transport document (운송서류)

운송서류는 물품의 선적, 발송, 수탁을 명시하는 인도의 증거서류를 포괄하여 부르는 것으로 해상선하증권(ocean bill of lading), 항공화물운송장(Air Waybill), 복합운송증권(combined transport document) 등과 같이 운송방식에 따라 요구되는 운송서류가 다르다.

① **Full Set**

"전통"이란 선하증권의 원본 3통이 1조로 발행되었다면 3통 모두를 갖춘 것을 말한다. 3통은 각각 정식의 선하증권으로서 독립적인 효력을 가지기 때문에 1통이 사용되면 나머지 2통은 무효가 된다.

과거 매입은행이나 지정은행 등이 개설은행에 운송서류를 송부할 때 분실사고를 방지하기 위하여 원본 1통을 먼저 송부하고 나중에 나머지 원본들을 별도로 송부하는 관행이 있었다. 이러한 관행을 반영하여 선하증권 원본은 3통을 발행하고 있으나, 신용장통일규칙에서 "단일의 선하증권 원본 또는 2통 이상의 원본으로 발행된 경우에는 선하증권 상에 표시된 대로 전통일 것"으로 규정되어 있어 한 통의 선하증권 원본을 발행할 수 있는 근거를 마련하였다.

② **Clean**

"무사고"란 의미로 선적된 물품 및 포장이 파손되거나 부족함이 없고 외관상 완전한 상태로 선적되었음을 나타내는 것으로 사고문언(remarks)이 없는 것을 말한다. 일반적으로 신용장상에 표기된 물품명 및 수량 등이 동일하게 선하증권에 기재되어 있어야 은행이 서류를 수리한다.

③ **On board ocean Bill of Lading**

"해상선적선하증권"을 의미한다. 운송인이 선하증권을 발행하는 방법으로는 송하인으로부터 화물을 수취한 후 발행하는 "수취선하증권(received bill of lading)"과 물품이 본선에 선적된 후 발행하는 "선적선하증권(on board bill of lading)"으로 구분된다.

은행은 수취식으로 발행된 선하증권은 수리거절하고 선적선하증권만을 수리하기 때

문에 선하증권에 "on board: July 25, 2017" 등과 같이 선적된 날짜가 기재되어야 한다.

④ **Made out to the order of Bank of America**

"Bank of America의 지시식"의 의미로 수하인(consignee)은 Bank of America가 지시하는 상대방이 된다. 같은 의미로 "made out to our order"라고도 할 수 있다.

일반적으로 대금지급을 보증하고 있는 개설은행은 수입업자가 대금지급을 완료할 때까지 물품의 담보권을 확보하는 것이 자신에게 유리하기 때문에 개설은행의 지시식으로 선하증권을 발행하도록 요구하고 있다.

그 밖의 신용장상에 수하인을 표시하는 방법으로 단순 지시식(to order), 송하인의 지시식(to the order of shipper) 등으로 기재하도록 요구할 수 있다. 단순 지시식이거나 송하인 지시식인 경우 수익자는 선하증권 원본의 배면에 무기명배서(blank endorsement[1]) 하여 운송서류를 양도한다.

⑤ **Freight prepaid**

"운임선급"의 의미로 송하인이 운송인에게 운송비를 사전에 지급해야 함을 의미한다. Incoterms 2010 규칙하에서 화주가 해상운임을 지급하는 경우는 CFR 규칙이나 CIF 규칙이다. 만일 FAS 규칙이나 FOB 규칙이 사용된 경우라면, 해상운임은 수입업자가 부담해야 하기 때문에 운임후지급(freight to collect)이라고 표시되어야 한다.

⑥ **Notify accountee**

"착화통지처"로 화물도착통지처를 의미한다. 화물이 목적항에 도착한 경우 운송인이 화물도착통지(arrival notice)를 보낼 상대방으로 통상 수입업자가 된다.

(4) Insurance document (보험서류)

CIF 또는 CIP 규칙인 경우 수익자는 반드시 신용장에 명시된 보험서류를 구비해야 한다. 보험서류는 물품이 운송되는 도중에 해난이나 기타의 위험으로 인하여 입게 될 손해에 대해 화주에 의해 부보된 보험에 대해 보험자가 발급하는 증거서류이다.

신용장에서 수리 가능한 보험서류는 보험증권(insurance policy), 포괄예정보험에 의한 보험증명서(insurance certificate) 및 통지서(declaration)가 있다.

예시의 신용장에서 "endorsed in blank"는 백지배서를 요구한다는 의미이다. 백지배서는 유가증권의 소유권 양도시에 행해지는 법률행위이다. 보험증권은 유가증권이 아

1) 백지배서(blank endorsement)란 배서인이 피배서인이 명기되어 있지 않은 백지상태로 배서하는 방법을 말한다. 예를 들어 송하인지시식 선하증권의 경우 배서인인 송하인이 양도받을 은행(매입은행 등)을 명시하지 않고 선하증권에 배서(뒷면에 서명)하는 것을 말한다.

님에도 불구하고 배서조항을 명시하여 유가증권과 같은 법률적 행위를 하도록 규정하였다.

부보금액은 송장금액에 대하여 110%를 부보 하도록 부보범위를 정하고 있다. 원칙적으로 손해보험에서 초과보험은 인정되지 않지만 국제무역거래에서는 예외적으로 희망이익(estimated profit)과 최소한의 수출입비용이 인정되어 초과보험이 합법적으로 가능하다.

담보범위는 ICC(A), ICC(B), ICC(C) 중에서 당사자간에 합의하여 정하게 되며, 특약보험의 가입여부도 마찬가지이다. 부보 되는 통화는 신용장에 의하여 발행된 환어음의 통화와 일치하여야 한다.

(5) Certificate of origin (원산지 증명서)

원산지증명서는 수입통관 또는 수출대금의 결제시 구비되어야 하는 서류의 하나로 해당 물품이 해당국가에서 생산, 제조 또는 가공되었다는 사실을 증명하는 서류이다.

(6) Inspection certificate (검사증명서)

검사증명서는 수출물품이 매매계약이나 수출입국이 미리 정하고 있는 품질조건이나 규격에 합치하고 있다는 것을 수출국의 공적 검사기관이 검사하고 발행하는 서류이다.

(7) Certificate of weight and measurement (중량 및 용적 증명서)

물품의 중량 및 용적에 대한 증명서를 요구할 경우 수익자는 이들에 대한 증명서를 발급하여 제출하여야 한다.

7. 추가조건에 관한 사항

추가조건에 관한 사항은 신용장에 따라 다르지만, 일반적으로 특별조건(special conditions)을 두어 신용장 표준양식에 기재되지 못한 사항에 대하여 요구하게 된다.

예를 들어, 특별선박편의 지정(nomination)은 "Shipment must be effected by SNCD line only", 신용장의 양도허용여부에 대해서는 "This credit is transferable", 서류상에 신용장번호 기재사항의 지시는 "All documents must bear our credit number", 전신환(T/T)에 의한 송금은 금지된다는 지시는 "T/A reimbursement is not allowed"와 같이 요구할 수 있다.

8. 기타 사항

(1) Period for presentation (제시기일)

:48 period for presentation: Document must be presented within 10 days after the date of bill of lading but within the credit validity (제시기일: 서류는 선하증권 발행일 이후 10일 이내에, 하지만 신용장 유효기일 이내에 제시되어야 한다)

제시기일은 수익자가 신용장에 의한 대금지급을 받기 위하여 은행에 서류를 제시해야 하는 기일이다. 신용장예시에서는 "선하증권 발급 후(물품선적 후) 10일 이내에 서류가 제시되어야 하지만 서류가 신용장에서 규정하고 있는 만기일 이내에 제시되어야 한다"라고 규정되어 있어 실무적으로 유의할 필요가 있다.

즉, 선적 후 10일의 제시기일이 무조건 보장되는 것이 아니라, 신용장 유효기간의 범위 내에서 10일간의 제시기간이 주어진다는 것이다.

(2) Confirmation instructions (확인지시)

:49 confirmation instructions: WITHOUT (미확인신용장)

:49 confirmation instructions: CONFIRMATION (확인신용장)

개설은행은 신용장조건으로 확인이 있는지 여부에 대해 표기하여야 하며, 통상 확인은 수출국에 소재하는 개설은행의 본·지점 혹은 제3의 은행이 확인을 통해 추가적인 지급확약을 하게 된다.

(3) Reimbursing bank (상환은행)

:53A reimbursement bank: BANK OF AMERICA, NEW YORK, NY 10015, USA

신용장개설은행이 대금의 상환을 위해 제3의 은행에게 결제방법을 지시하는 것으로, 개설은행의 계정을 가지고 있는 상환은행에게 대금지급을 하도록 지시할 수 있다.

(4) Charges (은행수수료)

:71B charges: All banking commissions and charges outside of USA are for account of beneficiary

은행수수료 부담란에는 은행수수료를 어느 당사자가 부담할 것인가를 기재한다.

(5) Instructions to the paying/accepting/negotiating bank (지급, 인수, 매입은행에 대한 지시사항) (서류송달방법)

:78 instructions to the paying/accepting/negotiating bank: Drafts must be sent to drawee bank for your reimbursement by courier service in one lot.

제시된 서류가 개설은행에 송달될 때 서류의 분실을 방지하기 위하여 두 번으로 나누어 송달할 것인가 아니면 한 번에 송부할 것인가를 기재할 수 있다.

(6) Engagement Clause (지급, 인수, 매입은행에 대한 지시사항) (지급확약문언)

지급확약문언과 관련하여 개설은행의 지급확약문언은 신용장의 종류에 따라 다르다.

① **매입신용장**

We hereby engage with drawers, endorsers and bona fide holders that drafts drawn under and negotiated in conformity with the terms of this credit will be duly honored on presentation.

(당행은 이 신용장하에서 발행되고 신용장조건에 일치하여 매입된 환어음은 제시 되는대로 정히 지급이행 될 것을 환어음 발행인, 배서인 그리고 선의의 소지인에게 약속한다)

② **일람지급신용장**

We hereby engage with you that payment will be duly made against documents presented in conformity with terms of this credit.

(당행은 이 신용장조건과 일치하는 서류가 제시되면 지급이 이루어질 것임을 귀사에게 약속한다)

③ **인수신용장**

We hereby engage with you that drafts drawn in conformity with the terms of this credit will be duly accepted on presentation and duly honored at maturity.

(당행은 이 신용장조건과 일치하여 발행된 환어음은 제시 되는대로 정히 인수될 것이며, 만기일에 정히 지급될 것임을 귀사에게 약속한다)

(7) Instructions to the paying/accepting/negotiating bank: 지정은행에 대한 지시사항 (이중매입방지문언)

:78 instructions to the paying/accepting/negotiating bank: The amount and date of negotiation of each draft must be endorsed on the reverse hereof by the negotiating bank

이중매입방지문언은 신용장에 의하여 환어음을 매입하였을 때에는 같은 신용장을 가지고 이중으로 매입하는 것을 방지하기 위하여 신용장 원본의 뒷면에 매입사실을 기재하도록 명시하고 있는 문언을 말한다.

(8) Sender to receiver information (추가정보)

:72 sender to receiver information: This credit is subject to UCP(2007 revision) ICC publication No.600

추가정보는 신용장통일규칙 준거문언이다. 신용장통일규칙은 임의규칙이기 때문에 이 규칙이 적용되기 위해서는 적용문언을 기재하여야 한다.

제4절 환어음

1. 수출환어음

(1) 환어음의 매입

수출환어음의 매입(negotiation)이란 수출상이 신용장, D/A, D/P 조건의 수출계약에 의거하여 선적을 완료하고 발행한 수출환어음 및 운송서류를 거래은행이 할인(discount)하는 것을 말한다.

수출상의 거래은행인 매입은행(negotiating bank)이 수출상이 발행한 이 환어음을 매입하는 것은 수출상에 대한 여신행위로, 매입은행은 매입대금을 신용장 개설은행에 상환청구하거나 환거래은행 또는 해외지점을 통하여 수입상에게 추심할 수 있다.

(2) 환어음의 정의

A bill of exchange is an unconditional order in writing, addressed by one person to another, signed by the person giving it, requiring the person to whom it is addressed to pay on demand, or a fixed or determinable future time, a sum certain in money to or to the order of a specified person, or to bearer.

(3) 환어음의 개념

환어음(draft, bill of exchange)이란 어음의 발행인(drawer)인 채권자가 지급인(drawee)인 채무자에게 일정한 기일 및 장소에서 채권금액을 지시인(order) 또는 소지인(bearer)에게 무조건적으로 지급할 것을 위탁하는 요식유가증권(formal instrument)이며 유통증권(negotiable instrument)이다.

즉 채권자인 어음발행인(drawer)이 채무자인 지급인(drawee)에 대하여 일정기일에 일정한 장소에서 그 채권금액을 지시인 또는 소지인에게 무조건 지급할 것을 위탁하는 유가증권으로서 지급청구서(demand for payment)의 역할을 한다.

환어음은 선하증권 등의 서류를 첨부하여 발행하면 화환어음(documentary bill of exchange)이 되며, 보통 2통을 1조(set)로 하여 발행되어 하나가 결제되면 나머지는 자동적으로 무효가 된다. 환어음의 효력에 대한 준거법은 원칙적으로 행위지의 법률에 따른다. 예를 들어 환어음이 한국에서 발행되고 영국에서 지급되었을 경우 어음발행행위는 한국의 어음법이 적용되고 지급행위는 영국의 환어음법에 따른다.

신용장방식의 거래는 물론 무신용장 방식인 추심방식의 거래에서도 대금결제를 위한 수단으로 환어음이 널리 이용되고 있다. 환어음이 신용장조건에 의하여 선적서류 등과 함께 발행되면 화환어음(documentary bill of exchange)이고, 선적서류 등이 첨부되지 않은 것은 무화환어음(clean bill of exchange)이 된다. 한편 D/A, D/P계약서에 의하여 발행되는 환어음을 추심어음(bill of documentary collection)이라고 한다.

2. 환어음의 당사자

(1) 발행인 (drawer)

환어음을 발행하고 서명하는 자로서 일반적으로 환어음의 발행인은 수출업자로 채권자가 된다. 환어음은 반드시 발행인의 기명날인이 있어야 효력이 발생된다.

(2) 지급인 (drawee)

지급인은 환어음의 지급을 위탁받는 채무자로서 신용장거래에서는 보통 개설은행(issuing bank)이나 개설은행이 지정한 은행인 결제은행(reimbursing bank)이 되고, D/A 및 D/P거래에서는 수입업자가 지급인이 된다.

(3) 수취인 (payee)

수취인은 환어음금액을 지급받을 자로서 환어음 발행인 또는 발행인이 지정하는 제3자가 될 수 있다. 즉 수취인은 보통 환어음 발행인인 수출업자가 될 수도 있고, 어음을 매입한 매입은행(negotiating bank) 또는 환어음을 점유하고 있는 선의의 소지인(bona fide holder) 등이 될 수 있다. 따라서 환어음 발행인과 수취인은 동일할 수도 있고 다를 수도 있다.

(4) 인수인 (acceptor)

환어음이 기한부형식으로 발행된 경우에는 지급인에 의하여 인수되어야 한다. 환어음의 지급인이 본인의 명의로 서명하여 거래의 지급인임을 인정하고 환어음의 만기일(due date, at maturity)에 지급할 것이라는 의사를 표명하는 것을 인수(acceptance)라고 한다. 환어음의 인수인은 기한부 환어음의 만기에 어음금액을 지급할 것이라는 약속을 하고 인수에 대한 내용을 어음의 전면에 기재하고 서명하게 된다.

3. 환어음의 기재사항

(1) 필수기재사항

1) 환어음의 명칭

환어음을 표시하는 "환어음(bill of exchange)"이라는 표시가 있어야 한다.

2) 무조건지급위탁문언

환어음은 무조건적으로 지급을 위탁하는 증권이기 때문에 이에 대한 문언이 있어야 한다. 즉 일정한 금액을 지급하라는 무조건의 위탁문언(unconditional order in writing) 문구를 기재할 것을 요구하고 있다. 환어음상에 일정금액을 지급한다는 의미의 "pay to ~ the sum of ~"의 문언이 이에 해당된다. 무조건 위탁이란 지급에 조건이 없다는 의미로 "pay to ~"가 이에 해당된다.

예를 들어 "물품이 도착한 때" 혹은 "특정 기업의 자금 중에서" 등과 같이 지급에 조건을 붙이거나 지급자금을 한정하는 경우에는 어음이 무효가 된다.

① 수취인: "pay to" 다음에는 수취인을 기재한다.

② 어음금액(문자): "the sum of" 다음에는 확실한 지급통화와 금액을 문자로 기재한다.

③ 어음금액(숫자): 어음금액은 숫자와 함께 병기한다. 금액에 대한 숫자와 문자 간

에 차이가 나면 문자금액이 우선한다.

3) 지급인 (drawee)

환어음은 지급위탁증권이기 때문에 환어음상에 지급인이 기재되어야 한다. 일반적으로 환어음의 하단 좌측에 "To ~" 다음에 기재되는 자로서 환어음의 지급인이 된다. 신용장거래의 경우에는 개설은행 또는 제3의 은행(상환은행, 결제은행)이 지급인이 되고, 추심거래(D/A, D/P)의 경우에는 수입업자가 지급인이 된다. 신용장상에 "~your drafts drawn on New York Bank"와 같은 문구가 있다면 "on" 뒤의 New York Bank가 지급인이 된다. 한편 "~drawn on accountee"인 경우에는 발행의뢰인인 수입업자가 지급인이 된다.

4) 지급지 (domicile)

지급지는 어음금액이 지급될 일정한 지역을 말한다. 지급지는 환어음 하단 좌측의 "To" 다음에 지급인명과 함께 기재된다. 지급지는 실제 존재하는 지역이어야 하며 지급인의 주소로 대신할 수 있다. 영미법에서는 지급지의 표시가 임의기재사항이다.

5) 지급기일 (tenor)

지급기일은 어음금액이 지급될 날로 환어음상의 "at ~ sight of"의 문언이 이에 해당된다. 지급기일은 일람출급(at sight)과 기한부(usance)로 구분되며 기한부는 다시 일람후 정기출급(after sight), 발행일자 후 정기출급(after date), 확정일자 후 정기출급(after fixed date), 확정일출급(fixed date)으로 구분된다.

① **일람출급 (at sight)**

환어음이 지급인에게 제시되는 즉시 지급되어야 한다는 의미로 환어음상에 "at ××× sight"라고 표시하거나 "at" 다음의 지급일자에 대해 아무런 표시를 하지 않을 수도 있다.

② **기한부 (usance)**

i. 일람 후 정기출급(at xxx days after sight): 환어음이 지급인에게 제시된 후 일정기간이 경과한 후에 지급하라는 의미로 환어음상에 "at 90 days after sight" 등과 같이 기재한다. 통상 지급인(인수인)이 인수의 의사를 표시한 다음 날로부터 90일이 되는 날이 만기일이 된다.

ii. 발행일자 후 정기출급(at xxx days after date): 환어음이 발행된 다음 날부터 일정기간이 경과한 후에 지급되는 것으로 환어음에 "at 60 days after date" 등과 같이 기재된다. 이 경우 환어음을 발행한 다음 날로부터 60일이 되는 날이 만기일이 된다.

iii. 확정일자 후 정기출급(at xxx days after B/L date): 선하증권 등의 서류가 발행된 다음 날부터 일정기간이 경과한 후 지급되는 것으로 “at 60 days after B/L date” 등과 같이 기재한다. 이 경우 선적일 다음 날부터 60일째 되는 날이 만기일이 된다.

iv. 확정일출급(fixed date): 환어음상에 확정된 날에 지급되는 것으로 “on December 15, 2017”과 같이 확정된 지급기일의 일자를 표시한다.

6) 수취인 (payee)

환어음금액을 지급받을 자로 환어음상에 “pay to~”의 문언이 이에 해당된다. 신용장거래에서 수취인은 일반적으로 매입은행이 된다.

① 기명식환어음: “pay to Korea Exchange Bank”와 같이 수취인을 특정인의 명칭을 기재한다.

② 지시식환어음: “pay to the order of Korea Exchange Bank”와 같이 지시식으로 발행되는 경우로 양도 가능한 유통성을 가지고 있다. 지시식 환어음은 배서와 인도에 의해 양도된다.

③ 소지인식환어음: “pay to bearer”와 같이 환어음의 지참인식 지급청구권을 가진다.

7) 발행일 및 발행지

환어음의 발행일은 어음이 발행된 날로서 어음상에 기재된 날짜를 의미한다. 신용장거래에서 발행일은 신용장유효기일 이내에 발행되어야 한다. 발행지는 환어음이 발행된 장소로 실제로 발행된 장소와 일치될 필요는 없다. 발행지는 “Seoul Korea”와 같이 도시명으로 기재한다.

8) 발행인 (drawer)의 기명날인

환어음의 발행인은 환어음을 발행하는 자로 신용장거래에서는 수익자인 수출업자이며 양도가 이루어진 신용장의 경우에는 제2수익자(양수인)가 된다. 어음은 행위지법에 따르도록 되어 있으므로 발행인의 기명과 날인이 있어야 한다.

(2) 임의기재사항

1) D/P·D/P의 표시

D/A · D/P거래에서는 D/A · D/P가 명확하게 구분이 되어 있지 않으면 D/P로 간주된

다. D/A의 경우에는 "D/A at xxx days after sight"와 같이 표시하고, D/P인 경우에는 어음상에 D/P라는 문구를 기재한다.

2) 어음번호

어음번호는 특별한 의미는 없고 다만 후일 참조할 경우가 발생할 경우 편리하게 확인하기 위해서 기재한다.

3) 복본번호

환어음은 보통 2조로 발행되기 때문에 각각의 환어음에 번호를 붙여 발행된다. 이들 번호가 없으면 복본으로 발행되어 독립적으로 유통될 위험이 있다.

4) 파훼문구

동일한 내용의 어음이 2통이 발행되는 복본(set bill)의 경우 독립된 법적 효력을 가지고 있지만 만일 어느 한 통에 대해서 지급이 완료되면 나머지 것은 자동적으로 무효가 된다. 파훼문구는 이중지급을 방지하기 위하여 제1환어음에는 "this first bill of exchange (second of the same tenor and date being unpaid)"로 되어 있고, 제2환어음에는 "this second bill of exchange(first of the same tenor and date being unpaid)"의 문언이 기재되어 있다.

5) 대가수취문언 (valuation clause)

대가수취는 대가를 수령하였다는 것을 말한다. 환어음상에 대가수취문언은 "value received and charge the same to account of~"로 표기된 문언이다. 이 문언은 환어음 발행인이 어음의 대가를 영수하였으며 동 대가에 해당하는 어음금액을 ~의 계정으로부터 징수를 요한다는 의미로 "account of~"의 공란에 신용장 개설의뢰인의 명칭이 기재된다.

6) 신용장에 관한 문언

신용장거래에 의한 환어음의 경우 신용장의 종류, 번호, 발행일자 및 개설은행을 기재함으로써 해당 환어음이 특정신용장에 의하여 발행되었다는 것을 나타낸다. 환어음상에 "Drawn under ~ L/C No.____ dated ~"로 기재된다. Drawn under이하에는 신용장 개설은행이 기재되고, D/A · D/P 등 무신용장방식인 경우에는 공란으로 두거나 계약서상의 지정은행이 기재된다.

제5절 추심 및 신용장 관련 통신문

1. Letter asking for L/C

Gentlemen:

The letter of credit to cover your order No.123 dated July 15 has not yet been received by us, although the shipment for this order has to be made in a few days.

We have, therefore, been compelled to cable you, requesting you to issue and send the credit, as follows:

"CABLE IMMEDIATELY CREDIT COVERING ORDER JULY FIFTEENTH"

When you have received the above cable, you will, we hope, lose no time in arranging the required credit with your bank.

In order to save time for mailing, please electronically send your L/C direct to our bankers as previously instructed.

Your speedy arrangement will be much appreciated.

Very truly yours,

- to cover: 결제하다
- have, therefore, been compelled to: 부득이 ~하다
- lose no time: 시간을 지체하지 않다
- arranging the required credit: 요구한 신용장을 수배하다
- your speedy arrangements will be much appreciated: 신속한 대응을 해주시면 고맙겠습니다.

2. Reply to the foregoing

Gentlemen:

We have today received your letter of the July 30 informing us that you have not yet received the letter of credit covering our order No.123 and requesting us to open it at once.

The credit in question was mailed to you through the branch office of our bank in New York on the 5th of this month, and so we expect it will reach you in time for shipment of this order.

We are sorry for not sending cable upon issuing the L/C, but we have today sent you the following cable:

"CREDIT MAILED FIFTH EXPECTED REACHING YOU BEFORE SHIPMENT"

Please do your best to hasten shipment within the stipulated date.

Very truly yours,

- covering your order: 당사의 주문을 결제하기 위한
- the credit in question: 해당 신용장
- in time for shipment: 선적에 늦지 않도록

3. Request for Changing of the Opening Bank of L/C

Dear Sirs,

We have received your letter of June 5, informing us of your prospective bank which would open the letter of credit.

Although we thank you for prompt attention to this matter, we have to say that the bank you mentioned in the letter is not acceptable.

Under the circumstances, would you kindly ask one of the banks listed on the enclosed sheet of paper, cancelling the bank you mentioned? Or we recommend you that the letter of credit to be opened by Second Rate Bank of Canada be confirmed at your cost by our bank.

We trust that you will understand this situation and hope that you will surely accept this favor. We would appreciate your prompt attention.

Yours faithfully,

- prospective bank: (신용장 개설)예정 은행
- under the circumstances: 이러한 상황에서
- favor: 호의

4. Request for extension of Expiration date of L/C

Gentlemen:

We have received with thanks the letter of credit covering your order No.112.

With respect to the subject letter of credit, we would like you to extend its validity from July 21 to August 21.

The manufacturers we assigned to process your order No.112 have reported to us with an apology that the order would take a couple of more weeks for an unexpected delay of schedule on the part of their subcontractors. The subcontractors seem to have incurred an extraordinary delayed delivery of material to be applied as a vital ingredient to the product, and our expected shipment will be correspondingly delayed.

We judge the cause somewhat beyond their control and permissible as well.

We would be much obliged it if you would understand the situation we are put in and extend both the time of shipment and validity of the L/C accordingly. Interest cost and other charge incidental to the extension will be borne by us on receipt of your bill.

Your prompt attention to this matter will be greatly appreciated.

Faithfully yours,

- expiration date: 유효기간
- extend: 연장하다
- subcontractors: 하청기업
- incur: (손해 등을) 입다
- ingredient: 재료, 구성부분
- permissible: 허용할 수 있는

5. Request for extension of Shipment

Dear Sirs,

We regret to inform you that it is impossible to complete shipment during July of your order No.113.

In fact, a terrible typhoon struck this part of the country on the 20th of this month and our manufacturer suffered serious damage, making it impossible to ship within the validity of L/C which expires on the 30th of July.

Under this circumstances, we hope you will agree to extend the shipping date until the 30th August.

Though the delay is beyond our control, we are no less sorry for it, and will do our utmost to expedite manufacture. The expected date of shipment will be around the 15th August.

We trust that you will understand the situation and hope that you will accept our request.

Your kind arrangement to this matter will be much appreciated.

Yours very faithfully,

- beyond our control: 불가항력의
- expedite manufacture: 제조를 서두르다
- no less: 그래도, 역시, 그런데도

6. Request for confirmation of Confirming Bank

Gentlemen:

We have received your recent letter informing us of an opening of a letter of credit. We were surprised at the same time that the L/C would be opened by a bank whose name is totally unknown to us.

Although we thank you for prompt attention to this matter, it is regrettable that you did not comply with what has been agreed upon despite our repeated reminder. We have to say that the bank you mentioned in the letter is not acceptable. We, therefore, ask you to let us appoint one of our bankers here to have them confirm the L/C in particular. This would be the most appropriate method thinkable under the circumstances where time is most important.

Since the opening of the credit was done without our consent and against the good faith, we would request that the confirmation fee be borne by you.

Please, let us hear from you by the end of this month. Thank you very much for your attention in advance.

Faithfully yours,

- mutually acceptable bank: 상호간에 용인되는 은행
- repeated reminder: 수차례의 조언
- appropriate method: 적절한 방법

7. Reply to the foregoing

Gentlemen:

Regarding the confirmation of the L/C No.234, we would like you to understand that the bank we approached for the issuing of the credit is the most locally accessible bank to us of all commercial banks in this country.

The other reasons why we used the Busan Bank was that, firstly being our bankers they would take far lesser time until credit is issued and secondly their credit is one of the best among banks of compatible credit standing.

We would admit, however, that the Busan Bank may not fully satisfy such a rigid credit status of the internationally qualified banks as we initially agreed. We will, therefore, accept your request as is proposed in your recent correspondence on condition that half of the confirmation fees that your bank will charge will be borne by you.

We hope that you would accept our counter-request appreciating extremely inconvenient locality we are located and good profit potentials that our business will bring.

Faithfully yours,

- confirmation of the L/C: 신용장의 확인
- the most locally accessible bank: 가장 현지에서 접근 가능한 은행
- satisfy such a rigid credit standing: 그와 같은 엄격한 신용상태를 만족시키는
- compatible credit standing: 적합한 신용상태
- on condition that: ~하는 조건으로

8. Asking for amendment of L/C

Gentlemen:

We have received your L/C covering our order No.246. Thank you very much for your prompt attention and consideration.

We must point out, however, that the name of the goods should read "TM-R11", not "TM-R111". We are sure this must obviously be a mere clerical error committed either on your own side or the bank who opened the credit in your instructions.

Since our Bankers here are so strict that they never tolerate any discrepancy between what the L/C states and what our shipping documents describe. It might be possible to meet the discrepancy by our submitting a letter of indemnity since this is not a case of material importance. However, we believe that amendment of the credit precedes any expedient.

Under the circumstances, please contact the opening bank for correction, and let us know when we will be able to receive the amendment so that we can keep our bankers properly informed. Thank you very much.

Faithfully yours,

- clerical error: 사무적인 실수
- committed either in your own side or the bank: 귀사 측 또는 은행 측에 의해 저질러진
- never tolerate any discrepancy: 어떠한 불일치도 관대하게 다루지 않는다
- a letter of indemnity: 파손화물보상장
- material importance: 중요한 의미
- amendment of the credit precedes any expedient: 신용장의 조건변경이 어떠한 편의적 조치보다도 우선한다

9. Request for extension of the sight of the draft

Gentlemen:

We are happy to know that there has been a continuous growth of trade volumes between us. With Christmas season in sight, we expect a slightly better business climate ahead of us.

As you know, our business has been done on an L/C at sight basis. You are also well aware that we accepted the sight of the draft on condition that the usance would be reviewed after lapse of one year or when the volume of trade has grown to the amount we initially agreed upon, whichever comes earlier.

We would like you to consider an extension of the draft up to 90 days after sight, which will be applied for contracts to be signed from the first day of January 2017. We are confident that the volume of trade has grown satisfactorily enough to justify such financial favor. The extended usance will convenience us a lot.

Your kind attention to our request will be much appreciated, and we look forward to a favorable reply in this matter.

Faithfully yours,

- an L/C at sight: 일람불 어음을 기반으로 한 신용장
- to be applied for contracts to be signed from: ~로부터의 계약에 적용될
- justify: 정당화하다
- financial favor: 재정적 편의

10. Request for shift from dollar to won-based business

Gentlemen:

As you are well aware of the recent appreciation of the Korean won is out of ordinary both in speed and impact on all exporters of dollar-denominated business.

The purpose of this letter is not to deplore the currency situation but to explore the possibility of continuing our long-standing business on a mutually favorable basis. In fact, we are standing at a very risky situation where our export business to you is very marginal which produces virtually no margin of profit.

Although this may be too large a favor to ask, we would like you to consider if it is possible on your side to partially revise the currency basis from dollars do the won. We would like you to understand that minimum 50% of invoice amount for the contracts dated on or after January 1, 2017 needs to be based on the new currency basis.

If this request is not acceptable, we will have to admit, though very reluctantly, that we will no longer financially be able to continue doing business with you. We trust, however, that you would accept this proposal in appreciation of past concession we had made to help you out of the financial difficulties you encountered more than once.

We are looking forward to your kind study on our proposal. Thank you for your consideration in advance.

Very truly yours,

- out of ordinary: 예외적인, 이상한, 보통이 아닌
- appreciation: 평가(절상)
- dollar-denominated business: 달러기반 거래
- deplore the currency situation: 통화정세를 한탄하다
- on mutually favorable basis: 상호간에 호의적인 기반으로
- on longer financially be able: 재무적으로 가능하지 않다
- in appreciation of past concessions: 과거의 양보를 평가하여
- in advance: 미리

11. Export Letter of Credit

ABC BANK, NEW YORK

IRREVOCABLE LETTER OF CREDIT

KM TRADING CO., LTD. No.1000 Date August 10, 2017
BUSAN, KOREA US$9,760.00

Gentlemen:

We hereby establish our irrevocable letter or credit in your favor for account of New York Trading Co., Inc., New York for a sum or sums not exceeding US$9,760.00(US Dollars Nine Thousand Seven Hundred and Sixty Only) valid in Busan until April 30, 2017 and available by your drafts at sight drawn on us accompanied by

Commercial invoices in triplicate

Negotiable Insurance Policy or Underwriter's Insurance Certificate in duplicate

For 10% over the CIF value covering All Risks and War Risk from Busan Port to New York USA payable in US Dollar in New York.

Full set of clean on board bills of lading

made out to order of shipper and blank endorsed, marked notify New York Trading Co., Inc., New York. Evidencing shipment of following commodities from Busan to New York, dated not later than September 15, 2017

Commodities:

Cotton Undershirts 1,600 doz. at US$3.00 per doz. and 1,600 doz. at US$3.10 per doz. CIF New York.

Transshipment is not allowed.

Partial shipments are permitted.

Draft drawn under this credit must bear the clause “drawn under Letter of Credit ABC BANK,

NEW YORK, No.1000 dated August 10, 2017"

The negotiating bank must forward documents to us in two separate airmail. The amount of any draft drawn under this credit must concurrently with negotiation, be endorsed on the reverse hereof and the presentation of any such draft shall be a Warranty by the negotiating bank that such endorsement has been made and that the documents have been forwarded as herein required.

We hereby agree with the drawers, endorsers and bona fide holders of draft drawn under and in compliance with the terms of the credit that the said drafts will be honored by us on presentation.

Yours faithfully,

ABC BANK, NEW YORK

Unless otherwise stated herein, this credit is "Subject to Uniform Customs and Practice for Documentary Credits 2007 Revision, International Chamber of Commerce, Publication No.600"

12. Bill of Exchange

BILL OF EXCHANGE

No.JR-2345 TOKYO, JAPAN APRIL 27, 2017

FOR CAN$10,275.00

At 60 days after sight on the FIRST bill of exchange (Second of the same tenor and date being unpaid) pay to Japan International Bank or order the sum of CANADA DOLLAR TEN THOUSAND TWO HUNDRED AND SEVENTY-FIVE ONLY.

Value received and charge the same to account of VP HPK Trading Co., Ltd. drawn under Bank of Canada L/C No.345 dated March 18, 2017

To: Bank of Canada
Toronto
Canada

HPK Trading Co., Ltd.
Hiroshima Honda
Hiroshima Honda, President

제7장 국제물품운송

제1절 국제운송의 기초

1. 무역과 국제운송

(1) 운송의 정의

운송(transportation)이란 '사람이나 재화를 어떤 장소에서 다른 장소로 이동하는 것으로서, 그 사이 재화의 형태나 성질을 물리적 또는 화학적으로 변화시키지 않는 것'을 말한다. 따라서 국제운송은 사람이나 재화의 이동이 국제간에 이루어지는 것을 의미한다.

(2) 무역상품의 국제운송

국제분업에 의하여 각 국가에서 특화된 물품이 생산되어 교역이 이루어지기 위해서는 그 물품이 소비되는 곳으로 이동되어야 한다. 물품의 이동은 적절한 운송수단에 의존하게 된다. 물품의 운송이 이루어질 수 없다면 국제분업은 불가능하다. 오늘날 무역에 의하여 국제경제가 상호 이익을 도모하며 발전할 수 있었던 것도 국제적인 운송이 가능하였기 때문이다. 따라서 무역이 발전하면 운송수요가 증가하여 운송부문도 발전하게 되고, 세계경제가 침체되어 운송수요가 감소하면 운송분야도 부진을 나타낸다. 무역과 운송은 이처럼 밀접한 관계가 있는 경제활동이다.

2. 운송의 형태

(1) 해상운송

해상운송은 해상에서 선박에 의한 물품 또는 여객의 운송을 말한다. 해상운송이 다른 운송부문과 구별되는 점은 '바다(sea, ocean)'와 운송수단인 '선박(vessel; ship)'이 해

상운송의 개념을 규정하는 중요한 요소가 되는 것이다.

해상운송은 운송선박의 성격에 따라 부정기선 운송과 정기선 운송으로 구분되는데, 부정기선 운송은 선박이 운항하는 일정한 항로나 운항일정이 있는 것이 아니고 운송할 화물이나 화주의 요구가 있는 때마다 불규칙적으로 운항하는 운송형태를 말하는 것이고, 정기선 운송은 지정된 항로를 운항일정에 따라 규칙적으로 반복 운항하는 운송형태를 말하는 것이다.

본래 초기의 해운업은 부정기선 형태를 취하였으나 무역량이 크게 증가하고 조선 및 항해기술이 발달함에 따라 정기선 형태로 발전하게 되었으며, 최근 컨테이너선의 출현으로 인해 정기선 운송이 오늘날 해운의 주류를 이루고 있다.

(2) 육상운송

국제육상운송으로는 철도운송에 의한 경우와 도로운송에 의한 경우로 구분된다. 철도 및 도로에 의한 육상운송은 다른 방식에 의한 운송의 완성을 위한 부수적인 단계로 이용되기도 하고, 대륙간의 국제물품운송에 이용되기도 하는 바, 우리나라의 경우에는 주로 해상운송이나 항공운송시 수출자의 공장이나 창고에서 선적지까지 그리고 해외로부터 수입된 물품에 대하여는 양륙지에서 수입자의 공장이나 창고까지 내륙운송에 이용된다.

(3) 항공운송

항공운송은 항공기의 선복에 여객과 화물을 탑재하고, 국내외 공항에서 다른 공항까지 항로로 운항하는 수송시스템을 말한다. 항공운송은 다른 운송방식에 비해 신속하고 안전하지만 대량수송이 어렵고 운임이 비싸기 때문에 과거에는 주로 긴급화물의 운송이나 고가의 사치품 등을 운송하는데 이용되었지만 항공기술의 발달과 함께 항공기가 대형화됨에 따라 대량수송이 어느 정도 가능해졌고, 또한 전자산업의 발달과 함께 소형경량의 고부가가치제품에 대한 교역량이 크게 증대되면서 항공운송의 점유율이 계속 높아지고 있다.

(4) 복합운송

복합운송이란 동일 목적물에 관한 운송이나 운송계약에 여러 운송인이 관여하는 종래의 통운송의 특수한 형태로서, 서로 다른 2가지 이상의 운송수단 또는 운송방법에 의한 화물운송을 말한다. 복합운송은 컨테이너화와 함께 비약적으로 발전하게 되었다.

비록 컨테이너에 의한 일관운송이 반드시 복합운송을 전제로 한 것은 아니지만, 표준화된 컨테이너 및 기타 단위화 수단의 개발로 그 안에 적입된 화물에 영향을 주지 않고 먼 곳까지 표준 단위로 선적하는 것이 가능해 졌으며, 한 운송수단에서 다른 운송수단으로 이동이 용이하므로 컨테이너는 문전에서 문전까지(door to door) 일관된 운송을 제공하는 복합운송에 매우 적합한 방식이다.

3. 운송과 매매계약의 관계

(1) 운송계약과 무역계약

무역계약의 이행을 위해서는 매도인으로부터 매수인에게 물품의 인도가 필요하지만 매도인과 매수인은 서로 멀리 떨어져 있기 때문에 매도인이 물품을 직접 매수인에게 인도하는 것이 현실적으로 매우 어렵다. 따라서 매매당사자외에 물품의 인도를 위해서는 제3자가 개입하여 운송을 이행하는 것이 필요한데 그러한 운송업무를 담당하는 자가 운송인이다. 결국 매도인은 운송인의 운송서비스를 이용하여 자신의 인도의무를 이행하게 되는 것이다.

매매당사자가 운송인의 운송서비스를 이용하기 위해 운송인과 체결하는 계약이 운송계약이다. 운송계약은 매매계약의 종속계약적 성격이 있기 때문에 운송계약의 내용은 무역계약의 선적조건에 따라 결정된다.

(2) 정형거래조건과 무역운송

무역계약에서는 운송계약의 내용 중 선적시기만 선적조건(shipment terms)에 명시하고, 나머지 운송계약 체결 당사자, 운송방법, 운임부담자, 인도방법 등은 매매당사자간에 구체적으로 합의하기보다는 당사자가 선택하는 정형거래조건에 의하여 자동적으로 결정되는 것이 일반적이다.

정형거래조건(trade terms)은 가격조건을 뜻하는 명시조건인 반면, 계약 목적물에 대한 권리이전 시기, 위험부담 및 비용부담의 분기점, 인도장소, 운송계약 및 보험계약 체결의무 등에 관한 보완적인 기능을 수행하는 묵시조건이기도 하다. 이러한 정형거래조건을 규정한 국제규칙 중 대표적인 것이 Incoterms이다.

(3) 운송계약과 보험계약

해상구간에서 운송되는 무역화물은 화주가 운송료를 지불하고 운송인에게 해당 화

물의 운송을 의뢰한 것으로 운송도중에 발생되는 화물에 대한 멸실 또는 손상의 위험은 원칙적으로 화물의 운송책임이 있는 운송인이 보상해야 한다.

그러나 운송인은 화주와의 해상운송계약에서 일반적으로 운송약관에 따라 손해를 전액보상하지 않을 수 있다. 게다가 운송인이 면책되는 위험에 의해 발생하는 손해에 대하여는 운송인에게 책임을 물을 수 없다. 따라서 그러한 면책위험에 의한 화물의 멸실 및 손상위험은 여전히 존재하게 된다.

따라서 화주는 이러한 해상운송 중에 있는 화물에 발생할 수 있는 위험을 커버하기 위하여 보험회사와 적하보험을 체결해야 한다. 또한 운송인 입장에서는 자기 책임 하에 운송하는 화물이 자신의 과실이나 부주의 등으로 인해 화물의 멸실 또는 손상이 발생하게 될 경우 화주에게 보상해 주어야 하는 위험이 존재하기 때문에 운송인 역시 이러한 위험을 커버하기 위하여 선주책임보험에 부보해야 한다. 그리고 선박자체가 손상될 위험이 있으므로 선박보험계약도 체결하게 된다.

제2절 해상운송

1. 해상운송의 기초

(1) 해상운송의 의의

무역거래에서 매매당사자간의 계약이행을 위해서는 필연적으로 국제물품운송이 수반된다. 국제물품운송은 국제간에 재화의 위치변화를 통한 가치형성에 기여하는 서비스로, 그 기본적 기능은 인적·물적자원의 장소적 이동을 통하여 자원의 효율성을 높이려는 데 있다.

전통적으로 국제물품운송을 주도해 오고 있는 운송형태는 해상운송이다. 해상운송이란 일반적으로 선박을 이용하여 사람과 화물을 운송하고 그 대가로 운임을 받는 상행위를 말하지만, 국제운송론에서는 특히 상선을 이용하여 국제간 화물을 운송하고 운임을 받는 상행위로 그 의미를 제한하여 규정한다.

(2) 해상운송의 특징

해상운송은 육상운송이나 항공운송과 비교하여 다음과 같은 특징이 있다.

1) 대량운송

선박의 경우 수십만 톤의 화물선이 있고, 컨테이너 전용선의 경우 10,000 TEU급 이상의 선박이 취항하고 있는 등 대량운송이 가능하다.

2) 원거리운송

해상운송은 주로 대양을 횡단하는 원거리 운송이다.

3) 저렴한 운송비

해상운송은 1회에 대량운송이 이루어지기 때문에 규모의 경제가 가능하여 단위당 운송비가 저렴하다.

4) 운송로 자유성

철도운송의 경우는 철로, 도로운송의 경우에는 도로가 필요하지만, 해상운송의 경우 암초 등을 피하기 위한 해로가 있으나 다른 운송수단에 비해 운송로가 자유롭다.

5) 국제성

해상운송에서 입출항의 국적이 서로 다른 것이 일반적이며 주항로가 공해상이라는 점이 특정국가의 성격을 벗어난 것이다.

6) 저속성

해상운송은 대량운송이며 운임이 저렴한 반면 속력이 느린 것이 문제였으나, 오늘날 고속선의 취항으로 선박의 신속성의 문제는 상당히 해소되고 있다.

7) 위험성

해상운송은 육상운송보다 비교적 많은 위험성이 있다.

8) 높은 산업연관성

해상운송은 운송서비스를 통하여 무역거래를 촉진시키고, 운임수입을 통하여 국제수지에 기여하며, 철강 · 조선 · 보험 · 창고업 등 관련 산업을 발전시키고, 전시에 병력 및 군수물자를 수송하는 등의 국방목적에도 크게 기여할 수 있다.

◆ Flags of Convenience (편의치적)

편의치적이란 용어는 아직 국제법상의 법률용어로 정착되지 못한 상태이나 일반적으로 소유선박을 다른 나라의 국적으로 등록하여 치적국의 국기를 게양하게 되는 것을 말한다. 즉 선주가 속한 국가의 엄격한 요구조건과 의무부과를 피하기 위하여 파나마,

온두라스, 라이베리아, 코스타리카, 레바논, 싱가포르, 소말리아, 키프로스 등 조세피난처(tax heaven)의 국적을 취득한 선박을 편의치적선이라 한다. 최근에 편의치적과 동의어로 개방등록(Open Registry)이라는 용어가 자주 사용되고 있다.

2. 정기선운송과 개품운송계약

(1) 의의

정기선(liner)이란 특정항로를 화물의 유무에 관계없이 규칙적으로 반복 · 운항하는 운송형태이다. 부정기선(tramper)과는 달리 공산품 등의 일반화물(general cargo) 또는 포장화물(packaged cargo)을 운송한다. 따라서 운송계약도 다종다양한 개품운송계약이다.

(2) 정기선의 특징

1) Repeated Sailing (반복운항)

일정한 시차(interval)를 두고 사전에 지정된 여러 항구를 빈번하게 운항한다.

2) Common Carrier (일반운송인)

불특정 다수의 화물을 운송하는 공중운송인(public carrier)이다. 즉 밀수품 등의 금지품이 아닌 적법화물이면 화주 또는 화물에 차별을 두지 않고 운임표(tariff)에 따라 운송의 요청에 응해야 한다.

3) Higher Value (고가 서비스)

선박자체가 부정기선에 비해 고가이며, 화물도 완제품 내지 반제품인 2차 상품이 주종을 이루기 때문에 1차 상품인 원자재 및 농산물이나 광산물 등의 부정기선 화물에 비해 고가이며 운임 역시 부정기선에 비해 높다.

4) Standard Contract (표준계약서)

부정기선은 화물의 종류, 수량에 따라 운송계약이 다양하게 체결되나, 정기선은 화물의 종류, 수량에 관계없이 정형화된 선하증권이 운송계약서 역할을 한다.

5) Freight Tariff (운임표)

서비스가 공중성을 띠고 있기 때문에 관계당국이 관여하여 운임표를 작성, 공시하도록 하고 필요하면 이를 조정하기도 한다.

6) Large Organization (대형조직)

다양한 화물의 취급 및 여러 항구를 기항하므로 취항항구마다 영업소를 두게 된다. 따라서 본사 및 영업소의 조직규모가 부정기선에 비해 훨씬 크다.

7) Capital Intensive Business (자본집약산업)

화물이 있든 없든 일정에 맞춰 규칙적으로 운항해야 하기 때문에 많은 선박이 필요하고 조직규모도 커서 막대한 자본을 요하는 위험도가 큰 사업이다.

(3) 정기선운송과 개품운송계약

해상운송계약은 운송인(carrier)이 해상에 있어서 선박에 의하여 행하는 물품운송을 인수하는 계약이다. 통상 송하인이 화물을 해상으로 운송하는 경우 화물의 중량이 항로사정을 감안하여 운송형태를 정하는 데, 통상 정기선으로 화물을 운송하는 경우 개품운송계약을 체결한다.

1) 개품운송계약(個品運送契約) (Contract of Affreightment in a General ship)

개품운송계약이란 선박회사가 다수의 화주로부터 개개의 물품을 대상으로 개별적으로 운송계약을 체결하는 것을 말한다. 일반적으로 선박회사가 불특정 다수의 화주로부터 화물운송을 위탁받아 이들 화물을 분류하여 목적지별로 컨테이너에 적입한 후 정기항로에 취항하는 정기선을 통하여 운송을 하게 된다. 즉, 여러 화주로부터 화물을 모아 혼재하여 운송하는 방식을 말한다. 이러한 개품운송계약은 불요식계약이므로 별도의 계약서 작성은 필요 없다.

개품운송계약에서 당사자의 운송계약체결의무는 Incoterm®2010의 규칙에 따라 결정된다. FCA, FAS 및 FOB 규칙에서는 수입업자가 운송계약을 체결할 의무가 있고, CFR, CIF 또는 CPT, CIP 규칙인 경우에는 수출업자가 운송계약을 체결할 의무가 있다.

2) 정기선운임의 산정기준

① **용적기준**

용적기준은 1입방미터(cubic meter: 1)를 1톤으로 하는 용적톤(measurement ton) 기준이다. 계산단위는 CBM(Cubic Meter)을 주로 사용하며 대부분의 일반화물에 대해 이 기준을 적용하고 있다. 용적운임이 적용되는 화물을 용적화물(measurement cargo)이라고 한다.

② **중량기준**

중량기준은 1,000kg의 중량을 1중량톤(weight ton)으로 하여 운임을 산정하는 방식으로 통상 Metric Ton(M/T)이라고 한다. 중량기준에는 Long Ton(영국톤: 2,240lbs = 1,016kg)과 Short Ton(미국톤: 2,000lbs = 906kg)이 있다. 철강, 금속 및 기계류 제품 등이 이 기준으로 이용되고 있으며 중량운임이 적용되는 화물을 중량화물(weight cargo)이라고 한다.

③ **가격기준**

가격기준은 종가운임(ad valorem rate)이라고 한다. 보석, 귀금속, 예술품 및 희귀품 등의 고가품에 주로 이용되는 방법으로 용적 및 중량에 관계없이 상업송장가격에 대하여 일정률의 운임이 부과된다. 대상물품에 대한 보관방법이나 적재장소에 대한 주의가 요구되고 손해발생시 배상액이 고액이기 때문에 일반화물의 운임보다 비싸다.

④ **수익기준**

운임계산의 기준으로 사용되는 톤을 수익톤 또는 운임톤(Revenue Ton: R/T)이라고 하며 Freight Ton 이라고도 한다. 운임계산시 화물의 총 중량(gross weight)과 총 용적(gross measurement)을 비교하여 운임이 큰 쪽을 운임톤으로 결정하는 방식이다. 이 때 용적과 중량의 비교는 1CBM(Cubic Meter = 1m^3)과 1M/T(Metric Ton = 1,000kg)이다. 즉 화물에 대한 용적 1CBM의 무게가 1,000kg 이상이 되면 중량화물이 되어 중량기준으로 운임을 부과하고, 1CBM의 무게가 1,000kg 이하이면 용적화물이 되어 용적기준으로 운임을 부과한다. 대부분 정기선운송의 일반화물의 경우 용적화물에 해당된다.

3) 정기선운임의 부담자와 지급시기

운임은 선적과 동시에 송하인(shipper)이 지불하는 선지급(freight prepaid)과 양륙지에서 수하인(consignee)이 화물을 수령할 때 지불하는 후지급(freight collect)이 있다. Incoterm® 2010 규칙에서 FAS 및 FOB 규칙으로 매매계약을 체결하고 운송계약을 체결하려면 운임후지급에 해당되어 수입업자가 수입지의 선박회사 또는 대리점으로부터 수입화물인도지시서(Delivery Order; D/O)를 발급받으면서 운임을 지급한다. 한편 CFR 또는 CIF 규칙으로 매매계약을 체결하고 운송계약을 체결한 경우에는 운임선지급으로 수출업자는 선적지에서 선박회사 또는 대리점으로부터 선하증권(Bill of Lading; B/L) 발급일자의 환율을 적용하여 운임을 지급하고 선하증권을 교부받는다.

(4) 정기선운송과 해운동맹

1) 해운동맹의 의의

해운동맹(Shipping Conference, Shipping Ring)이란 특정항로에 정기선을 취항시키고 있는 선사들이 상호간의 경쟁을 억제하여 동맹 각사의 이익보존 및 증진을 도모함과

동시에, 다른 한편으로 운송능력 및 운임의 안정, 서비스의 향상 등을 목적으로 하여, 운임, 적취량, 배선 등 영업형태를 상호 협정하는 국내적이거나 국제적인 카르텔의 일종이라 할 수 있다.

해운동맹이 운임에 비중을 두었을 때에는 운임동맹(freight conference)이라고 하고, 항로에 비중을 두었을 때에는 항로동맹(navigation conference)이라고 한다.

2) 해운동맹의 대내적 운영

해운동맹은 대내적으로 동맹선사간의 과당경쟁을 방지하고 경쟁에 따른 폐혜를 최소화하기 위하여 다음과 같은 기능을 한다.

① **Rate Agreement (운임협정)**

운임협정은 해운동맹 결성의 주된 이유이며, 가장 기본적이고 중요한 협정이다. 운임에 관한 협정에는 운임수준을 정하는 방법과 운임의 최저수준만을 정하는 방법이 있다. 즉 가맹선주는 협정된 공표운임률(tariff rate)을 지켜야 하고, 이를 위반하면 위약금을 지급하여야 한다.

② **Sailing Agreement (항로제한협정)**

동맹가입의 각 선주간 적하 및 그 수량을 할당하고, 할당량을 초과하여 운송한 경우 초과분에 대하여는 위약금을 부과하는 방법이다. 또 항해에 대하여도 발항지 및 기항지를 제한하는 지역협정과 항해수를 제한하는 배선협정도 있다.

③ **Pooling Agreement (운임공동계산)**

순운임수입에 대하여 합동계산하는 방식이다. 각 동맹선사의 과거의 실적에 따라 정한 비율 즉 pool point를 결정하고 이에 따라 수입운임을 조정 · 배분하는 방법이다. 이 pool point는 보통 6개월~1년을 기준으로 정산한다.

④ **Joint Service; Joint Operation (공동경영)**

해당 동맹에 관한 한 각 동맹선사가 공동경영을 하는 수가 있다. 불필요한 경쟁을 배제하기 위해 가장 강한 규제이며 동시에 경비의 절감 등 합리적 경영을 달성할 수도 있다. 동맹의 손익은 결산기에 미리 정한 비율에 따라 배분한다.

3) 해운동맹의 대외적 운영

해운동맹에 가입하지 않은 비동맹선사에 대항하고 계약화주를 동맹선의 구속하에 두기 위해 다음과 같은 화주구속수단을 사용하고 있다.

① Contract Rate System (계약운임제도)

계약운임제는 일반화주에게는 일반운임률인 공정운임률을 적용하고 동맹선에만 선적하겠다는 계약을 하는 화주에 대해서는 일반운임률보다 낮은 계약운임률(contract rate)을 적용하는 제도를 말한다. 계약운임률과 비계약운임률(non-contract rate)은 항로에 따라 대략 10~15% 정도 차이가 난다. 만일 계약화주가 계약을 위반하여 맹외선(outsider)에 적재하였을 경우에는 위약금이나 그 밖의 다른 제재가 가해진다. 계약화주와 비계약화주에 대하여 별도의 요금률을 적용한다고 하여 이중운임제도(dual rate system)라고도 한다.

② Deferred Rebate System (운임연환급제)

운임연환급제는 화주가 일정기간(보통 6개월) 동맹선에만 선적하고 그 기간 내에 지급된 총 운임 중 일부(보통 10%)를 다음의 일정기간 동안에도 동맹선에 계속 선적할 경우에 환급해 주는 제도이다. 화주가 일정기간 동맹선박을 이용해야 하는 기간을 계산기간(account period)이라고 하고, 그 이후 일정기간을 동맹선박에 선적해야 하는 기간을 거치기간(deferred period)이라고 한다. 거치기간이 경과되어야 계산기간의 운임을 환급받을 수 있기 때문에 화주가 운임을 환급받기 위해서는 계속해서 동맹선박을 이용하여야 한다. 이 제도는 화주를 구속하는 수단 중 가장 가혹한 수단이라고 할 수 있다.

③ Fidelity Rebate System (성실환급제)

성실환급제는 일정기간(보통 4개월) 동안 동맹선에만 선적한 화주에게 그 기간 내에 받은 운임의 일정비율을 그 기간 경과 후 즉시 환불해 주는 제도이다. 성실환급제는 거치기간이 없이 계산기간이 지나면 바로 환급받을 수 있다는 점에서 운임연환급제와 다르다.

④ Fighting Ship (대항선)

해운동맹이 비동맹선박인 맹외선의 진출을 저지할 수 없는 경우, 회원사들 중 특정 선박(fighting ship)을 선정하여 맹외선의 운항일정에 맞춰 배선시키고 정상적인 동맹운임보다 대폭 인하된 운임을 적용시킴으로써 맹외선의 집하를 방해하는 제도이다. 대항선의 투입으로 맹외선이 철수하면 운임은 다시 정상수준으로 회복되고 대항선 투입에 따라 손실을 본 선주에 대해서는 동맹의 비용으로 보상해 준다.

3. 부정기선운송과 용선계약

(1) 부정기선의 의의

부정기선(tramper)이란 운송 수요자의 요구에 따라 수시로 어느 곳이나 운항하는 선박을 말한다. 정기적으로 일정한 항로를 운항하는 정기선과 달리 항로나 화물 또는 항해에 관한 아무런 제한을 받지 않고, 집화가 가능한 곳을 찾아 회항하기도 한다. 정기선의 경우는 화물이 선박을 찾아오는데 비하여 부정기선의 경우는 선박이 화물을 찾아다닌다고 할 수 있다.

(2) 부정기선운송의 특징

부정기선은 화물수요에 따라 화주가 요구하는 시기와 항로에 선복을 제공하여 불규칙적으로 운항하는 운송형태로 다음과 같은 특징이 있다.

1) 대상

부정기선운송의 대상은 운송수요가 급증하는 화물과 운임부담력이 상대적으로 약한 대량의 살화물(bulk cargo), 즉 광석, 곡물, 원당, 원면, 원목, 비료 등을 주운송 대상으로 한다. 또한 선박은 화물의 성질이나 형태에 따라 벌크선 또는 전용선이 이용된다.

2) 운임

운임은 정기선이 공정운임률과 개품운송계약에 따라 결정되는 것과는 달리 그 당시의 수요와 공급에 의하여 결정되고, 용선계약(charter party)에 의하는 것이 일반적이다. 부정기선 시장은 동맹결성이 어렵기 때문에 경쟁원리가 적용되며, 가격인 운임이나 용선료는 수급에 따라 결정된다.

3) 운송인

부정기선운송서비스를 제공하는 운송인은 1인 혹은 소수의 특정 화주(용선자)를 대상으로 운송계약을 체결하고 운송서비스를 제공하는 사적운송인(private carrier)으로 공공성을 지니지 않는다. 또한 부정기선운송에서는 운송인이 1인 또는 소수의 용선자와 개별적인 교섭에 의하여 운송계약을 체결하며, 이러한 형태의 운송계약을 용선계약이라 한다.

4) 기타

화물의 운송은 지역별, 시기별로 불규칙적이고 수요에 따라 항로도 결정되므로 범세계적 시장을 형성한다. 즉 항로가 일정하지 않고 항차마다 매번 항로가 달라지며 운항

일정도 그때그때 결정된다. 따라서 특정 항해는 1회 또는 수회의 항해로 끝난다. 따라서 단일 기업으로는 시장점유율이 크지 못하기 때문에 독점이 어렵고 카르텔의 형성도 어렵다.

정기선에 비하여 부정기선은 고정된 항로가 없고, 운임도 낮은 요율을 적용하며 운임 변동폭이 심하다. 그러나 부정기선운송은 정기선운송의 한계성을 보완하는 특징적인 활동 분야를 갖고 있기 때문에 해상운송의 형태로 병존할 수밖에 없다.

[표 7-1] 개품운송계약과 용선계약의 비교

	개품운송계약	용선계약
계약의 목적	개개의 물품운송	선복의 전부 또는 일부
운송방법	정기선 (Liner)	부정기선 (Tramper)
적용법규	성문법 (statute law)	보통법 (common law)
책임관계	운송인면책 확대 불인정	운송인 책임 수정가능
당 사 자	선주와 송하인	선주와 용선자
화 주	불특정 다수 화주	특정 화주
화 물	소량화물, 공산품 등의 일반화물, 컨테이너화물, 포장화물 등	단일화주의 대량 산화물 (원유, 철강, 석탄, 곡물 등)
계약의 증빙	선하증권 (B/L)	용선계약서 (C/P)
운 임 률	공표운임률 (tariff)	수급에 의한 시세 (open rate)
운임조건	Berth (Liner) Term	FI, FO, FIO

(3) 용선운송계약

부정기선을 이용할 경우에는 용선운송계약(contract of affreightment by charter party; contract of sea carriage by charter party)이 체결된다. 용선운송계약이란 화주가 선박회사로부터 선복(ship's space)의 전부 또는 일부를 빌리는 계약을 체결하는 것을 말한다.

용선계약은 선복의 범위에 따라 선복의 일부만 빌리는 일부용선계약(partial charter)과 선박 한 척을 전부 빌리는 전부용선계약(whole charter)으로 구분된다. 전부용선계약은 용선형태에 따라 정기(기간)용선계약(time charter), 항해용선계약(voyage charter) 및 나용선계약(bareboat charter)으로 구분된다. 용선운송계약시에는 개품운송과는 달리 표준화된 용선계약서(charter party: C/P)에 의하여 정식으로 운송계약을 체결하고 있다.

1) Time Charter (정기용선계약)

정기용선계약이란 일정기간 동안 용선하는 것으로 기간용선계약이라고도 하는데,

선주는 선박에 부속용구 및 항해에 필요한 장비를 갖추고 선장 및 선원을 승선시킨 상태에서 선박의 내항성(seaworthiness)을 유지하여 용선주에게 선박을 인도하게 된다.

선주는 용선기간 중에 선박의 선원비, 선용품비, 수리비, 검사비 등의 직접비(direct cost)와 감가상각비, 금리, 보험료 등의 간접비(indirect cost)를 부담하여야 한다. 용선주는 정기용선료(time charter hire)외에 항만사용료, 연료비, 적양하비, 운반비 등의 운항비를 부담하여야 한다.

정기용선주는 자기의 화물을 운송하는 경우도 있으나 용선된 선박으로 타인의 화물을 운송하여 얻은 운임에서 용선비와 전술한 제비용(직접비 및 간접비)을 공제한 차액을 취하는 용선주도 있다.

2) Voyage Charter; Trip Charter (항해용선계약)

① 항해용선계약의 의의

항해용선계약이란 한 항구에서 다른 항구까지의 일항차 또는 수개항차에 걸쳐 물품운송을 의뢰하는 화주(용선주; charterer)와 선박회사 사이에 체결하는 용선계약을 말한다. 항해용선계약에서의 운임은 '화물의 톤 당 얼마'로 표시되는 경우가 일반적이다. 그러나 항해용선계약의 변형으로 운임은 '한 항해에 얼마'로 포괄운임을 지급하는 선복용선계약(lump sum charter)과 '1일 얼마'로 용선요율을 정하는 일부용선계약(daily charter)이 있다.

② 항해용선계약의 종류

i. 운임결정방식에 따른 분류

(ㄱ) Voyage Charter, Trip Charter (항차용선계약)

운임을 톤당 얼마로 하여 화물의 실제 선적량에 따라 책정한다. 물량용선계약(freight charter)이라고도 한다. 대부분의 항해용선계약은 이 방법으로 체결된다.

(ㄴ) Lump Sum Charter (선복용선계약)

화물의 선적량에 관계없이 일정선복(선박의 전체나 일부)을 얼마로 하여 운임을 결정한다. 선복용선계약은 특히 잡다한 화물을 혼적할 경우에 채택한다. 선주는 부적(dead space)을 걱정하지 않아도 된다.

(ㄷ) Daily Charter (일부용선계약)

운임을 1일 얼마로 정하는 용선계약이다. 이 경우 기간용선(time charter)과 비슷하기 때문에 정기용선계약과 같아 보이나 그 본질은 완전히 다르다. 선박은 출항항과 도착항이 정해져 있고 운항비도 선주의 부담이기 때문에 항

해용선계약이다.

ii. 하역비 및 항비부담방식에 따른 분류

(ㄱ) Gross Term Charter

항해용선시 선주가 적양항에서 일체의 하역비(stevedorage) 및 항비(port charge)를 부담하는 조건이다. 부정기선의 항해용선시 보편적으로 이용되는 조건이다. Berth Term(Liner Term)과 같은 조건이다.

(ㄴ) Net Term Charter

용선인(화주)이 하역비뿐만 아니라 본선의 입항시부터 출항시까지 일체의 항비를 부담한다. 이는 통상 선주가 잘 알지 못하는 항로에 배선할 경우나 화주가 자신의 하역시설을 보유하고 있는 경우에 이용된다.

화주가 하역비를 부담하고, 선주가 항비를 부담하는 FIO조건과 혼동해서는 안된다.

(ㄷ) FIO (Free In & Out) Charter

선적 및 양륙이 화주의 책임과 비용으로 이루어지는 조건이다. 따라서 선주는 순수한 해상운송만을 행하는 운송조건이다. 즉, 용선인이 하역비를, 선주가 항비를 부담한다. 화주가 선적항 및 양륙항에 하역시설을 소유 또는 임차하여 화주 스스로 적하·양하 하는 것이 유리할 경우 이용된다. 선적항 및 양륙항에서 모두 체선료(demurrage)나 조출료(dispatch money)가 발생한다.

③ 항해용선계약에서의 주요 조건

i. 하역비 부담조건

항해용선계약에서 하역비의 부담조건으로, 하역비(stevedorage)를 선주와 화주 중에 누가 부담할 것인가에 대하여 다음 중 어느 한 가지를 선택하여 명확하게 약정하여야 한다.

(ㄱ) Berth Terms (Liner Terms)

선적 및 양하시 하역비는 모두 선주가 부담하는 조건이다. 이 조건은 오늘날 특히 정기선에 의한 운송의 경우에도 많이 이용되고 있다.

(ㄴ) FIO (Free In and Out)

'Berth Terms'와 반대로 선적 및 양하시 하역비는 모두 화주가 부담하는 조건이다. 이는 용선운송의 경우 많이 이용된다.

(ㄷ) FI (Free In)

선적시의 하역비는 화주가 부담하고 양하시는 선주가 부담하는 조건이다.

(ㄹ) FO (Free Out)

FI와 반대로 선적시의 하역비는 선주가 부담하고 양하시는 화주가 부담하는 조건이다.

(ㅁ) FIOST (Free In, Free Out, Stowed, Trimmed)

선적, 양륙, 본선 내의 적입, 선창내 화물정리비는 모두 화주가 부담하는 조건이다. 즉 FIO조건에 'Stowage' 및 'Trimming Charge'가 추가되는 조건이다.

ii. 정박기간의 표시

정박기간(laydays; laytime)이란 화주가 용선한 선박에 계약물품을 적재 또는 양륙하기 위하여 그 선박을 선적항 또는 양륙항에 정박할 수 있는 기간을 말한다. 약정된 기일 내에 하역작업이 종료되지 않으면 화주는 선주에게 체선료(demurrage)를 지급하여야 하며, 만일 예정된 기일보다 하역작업이 일찍 종료되면 선주가 화주에게 조출료(dispatch money)를 지급한다.

정박기간은 화물의 종류, 항구의 상황 및 상관습에 따라 다음과 같은 방법이 이용되고 있다.

(ㄱ) CQD (Customary Quick Dispatch) (관습적 조속하역)

해당 항구의 관습적 하역방법 및 하역능력에 따라 가능한 한 신속하게 적재 또는 양륙하는 조건을 말한다. 이 경우 불가항력에 의한 하역불능은 정박기간에서 공제되지만, 일요일 · 공휴일 및 야간하역을 약정된 하역일에 포함시키는지의 여부는 특약이 없는 한 해당 항구의 관습에 따른다.

(ㄴ) Running Days (연속하역일)

하역개시일부터 종료시까지의 경과일수를 계산하는 방법이다. 따라서 우천, 파업 및 기타 불가항력 등 어떠한 원인에 관계없이 하역개시부터 종료시까지의 일수를 모두 정박기간에 산입하여 계산하는 방법이다. 일요일이나 공휴일에 대해서도 이들을 제외한다는 특약이 없는 한 정박기간에 산입하고 야간 초과작업으로 인한 비용은 화주가 부담한다. 보통 '1일 몇 톤'과 같이 1일의 책임하역수량을 표시한다.

(ㄷ) WWD (Weather Working Days) (호천하역일)

하역이 가능한 좋은 일기상태의 날만 정박기간에 산입하여 계산하는 방법으로 현재 가장 많이 사용되고 있는 조건이다. 하역 가능한 상태여부는 기상상황과 화물의 종류에 따라 다르기 때문에 선장과 화주가 그 때마다 합의하여 결정한다.

일요일과 공휴일의 처리방법에 대해서는 “sundays and holidays excepted(SHEX)”라고 부기되면 일요일이나 공휴일에 작업하였더라도 정박기간에 산입하지 않고, “Sundays and holidays excepted unless used(SHEXUU)”라고 부기되면 일요일이나 공휴일의 하역시에는 정박기간에 산입된다. 하지만 “unless used”에 대해서도 시간 수만 계산되는지, 아니면 1일로 계산되는지의 문제가 발생할 수 있기 때문에 실제 작업된 시간만을 산입하고자 할 경우에는 “WWD sundays and holidays excepted unless used, but only time actually used to count”라고 합의하여야 한다.

정박기간의 기산시점은 하역준비완료통지서(N/R; Notice of Readiness)가 통지된 후 일정시간이 경과되면 개시되지만 해당 항구의 관습에 따른다. 하역이 완료되면 정박일수를 기재한 정박일계산서(laydays statement)를 작성하여 선장 및 화주가 서명한다. 이 때 약정된 대로 하역이 이행되지 않았다면 체선료나 조출료를 부담하게 된다.

3) Bareboat Charter; Demise Charter (나용선계약)

나용선계약이란 선주가 내항성(seaworthiness)이 있는 선박을 운송업을 영위하는 선사에 용선하는 것으로 용선주가 선박 이외의 선원, 장비, 소모품 및 운항에 관한 모든 감독, 관리에 대한 책임을 진다. 선박을 소유하고 있는 선주는 임대인이 되고 선박으로 해상운송업을 영위하는 용선주는 임차인이 되는 것이다. 따라서 나용선은 임대차용선이라고도 한다.

선주는 용선주로부터 매월 또는 상호 합의한 시기에 나용선료(bareboat charter hire)를 받는다. 또한 한국의 운송업자가 외국선박을 나용선하여 한국의 선원과 장비 등을 갖추어 다시 외국에 재용선(sub-charter)하여 외화를 획득하기도 한다.

4. 해상운임의 구성요소

정기선운임은 일반적으로 기본운임, 할증료 및 부가수수료 등으로 구성되어 있다.

(1) 기본운임 (basic freight)

화물의 중량(weight), 용적(measurement), 가격(price) 등을 기준으로 하여 산정된다. 여기에는 품목에 관계없이 중량 또는 용적을 기준으로 하여 일정하게 부과하는 품목별 무차별 운임(freight all kinds; FAK rate), 품목별 운임(commodity freight), 최저운임(minimum

freight), 소화물운임(parcel freight) 등으로 나눌 수 있다.

(2) 할증료 (surcharge)

할증료는 정기항로의 운임을 일단 공표하게 되면 운임을 긴급히 인상해야 할 사정이 있을 때 수시로 변경하는 것이 쉽지 않기 때문에 부과하는 것이다.

1) CAF (Currency Adjustment Factor: 통화할증료)

운임의 지불통화가치 하락에 따른 환차손을 화주에게 부담시킬 경우 운임의 몇%로 할증요금을 제시하게 된다. 이 경우 부과되는 할증요금이 통화할증료이다.

2) BAF (Bunker Adjustment Factor: 유류할증료)

선박 운항 비용 가운데 연료비가 20~30%를 차지하고 있는데 선박의 연료는 벙커유가 사용된다. 이 벙커유의 가격이 상승하게 되면 선사의 이익이 줄어들어 손실을 입게 되는데, 이러한 손실을 보전하기 위하여 부과되는 할증운임이 유류할증료이다.

3) Heavy Lift surcharge (중량할증료)

일반화물보다 무거울 경우에 부과되는 할증운임으로 기관차 등 1개의 중량이 상당히 큰 화물에 부과되는 운임이다.

4) Bulky or Lengthy cargo surcharge (장척할증료)

부피가 크거나 길이가 길어 다른 화물과 혼재하기 어렵거나 취급하는데 어려움이 있는 화물에 대하여 부과하는 할증운임이다.

5) Congestion surcharge (체선할증료)

도착항의 항만사정이 선박으로 혼잡할 경우 신속히 하역할 수 없게 되어 선박의 가동률이 저하되기 때문에 선박회사에게 손해가 발생하는 경우 이에 대하여 화주에게 전가하기 위한 운임이다.

6) Optional surcharge (선택항할증료)

선적시 목적항을 두 개 이상 정했다가 출항 후 1개항을 선택할 때 부과되는 할증운임이다. 이는 선적시 목적항이 정해져 있지 않기 때문에 효율적인 화물관리가 어렵게 되고 추가적인 비용발생 가능성을 가지기 때문에 부과되는 운임이다.

7) Canal surcharge (운하할증료)

(3) 부가수수료 (additional charge)

부가수수료는 양륙지 변경수수료(diversion charge), 선내인부임(stevedorage), 환적비(transshipment charge), 컨테이너화물적입비(container stuffing charge), 부두사용료(wharfage), 반송운임(back freight)이 있고 초과정박일수에 대해 용선주가 선주에게 지급하는 일종의 벌과금에 해당되는 체선료(demurrage)가 있다.

1) THC (Terminal Handling Charge: 터미널 화물처리비)

선적시 컨테이너터미널 입고시점부터 본선의 선측까지, 그리고 양륙시 본선선측에서 CY gate를 통과하기까지 화물의 이동에 수반되는 화물처리비용을 THC라고 한다. 국가마다 터미널화물처리비용의 개념과 원가구성요소가 조금씩 다르며 THC, CHC(Container Handling Charge), DDC(Destination Delivery Charge) 등으로 부과되고 있다.

2) CFS Charge (Container Freight Station Charge)

CFS에서 LCL 화물을 FCL 화물로 적입(stuffing, vanning)시, FCL 화물을 LCL 화물로 적출하여 분류할 때 부과되는 작업비를 CFS Charge라 한다.

3) Documentation Fee (서류발급비용)

선박회사가 선하증권(B/L)이나 화물인도지시서(D/O) 발급시 소요되는 비용을 보전하기 위하여 부과되는 비용을 말한다.

4) DDC (Destination Delivery Charge: 도착지화물인도비용)

북미수출의 경우 도착항에서 터미널의 작업비용(THC)과 목적지까지의 내륙운송비용을 포함하여 해상운임과는 별도로 징수하는 비용을 말한다.

5) Demurrage (체선료)

화주가 허용된 시간을 초과하여 자신의 컨테이너를 CY에서 반출해가지 않을 경우 선박회사에 지불해야 하는 비용을 말한다. 즉 선사에게 컨테이너를 사용하지 못하게 함에 따른 일종의 벌과금이다.

6) Detention (지체료)

화주가 허용된 시간 이내에 반출해간 컨테이너나 트레일러를 지정된 선사의 CY로 반환하지 않을 경우 지불하는 비용을 말한다. 즉 선사 컨테이너의 이용을 저해함에 따라 부과하는 일종의 벌과금이다.

7) Wharfage (부두사용료)

부두운영업자 또는 부두소유자가 부두의 사용료로서 부두의 유지, 개조를 위하여 사용자로부터 징수하는 것을 말한다.

8) Outport Arbitrary (외항추가운임)

선박이 기항하는 항구(base port) 이외의 지역행 화물에 적용되는 운임을 말한다.

5. 해상운송절차

(1) 선적절차

1) 일반화물

① **선적요청 (Shipping Request)**

수출상은 신용장상의 선적기일(shipping date)에 맞추어 배선표(sailing schedule)를 참조하여 알맞은 선박을 정하고, 구두 · 전화 또는 기타의 방법(EDI)으로 선박회사에 선복(ship's space)을 신청(offer)하는 선적요청서(S/R; Shipping Request)를 제출한다.

② **인수확인 (booking)**

선박회사에서 수출상의 선적요청을 승낙(acceptance) 또는 인수하여 인수확인서(B/N; Booking Note)를 교부하면 이것으로 운송계약이 성립하게 된다. 정기선에 의한 개품운송계약에서는 개별적으로 운송계약서가 작성되지 않으며, 선적 후에 선하증권이 발행되면 그것이 운송계약의 추정적 증빙이 된다.

③ **선적지시 (Shipping Order)**

선박회사는 화주의 선복신청을 인수한 후 선복원부(Shipping Book)에 기입하고, 화주 또는 선박대리업자 앞으로 계약화물을 선적하여 목적지까지 운송하도록 선장에게 지시하는 선적지시서(S/O; Shipping Order)를 교부하며, 화주는 이것을 본선에 제출하여 일등항해사의 서명을 받은 후 선적을 하게 된다. 선적지시서에는 화물의 명세, 검수인이 검수한 용적 및 중량증명, 송하인의 성명, 선적항 및 양륙항이 기재된다.

④ **검수**

화물을 선적 · 양륙할 때에는 선주와 화주 쌍방의 검수인(tally man)이 입회하여 화물의 수량과 상태를 조사하고 그 결과를 검수표(tally sheet)로 작성하여 일등항해사에게 보고한다. 본선수취증 및 Cargo Boat Note와 같이 화물의 선적 및 양륙화물의 인도를

증명하는 서류는 검수표를 기초로 하여 발행되므로, 이들 서류를 조사하면 손상 또는 부족이 운송의 어느 단계에서 발생하였는지를 알 수 있다.

⑤ **본선수취증 (Mate's Receipt) 발급**

일등항해사는 검수표의 내용과 선적지시서의 내용을 대조·확인한 후 화물을 선창에 적부시키고, 본선수취증(M/R; Mate's Receipt)을 발급한다. 본선수취증은 그곳에 기재된 상태대로 화물을 수령하였음을 인정하는 증서이며, 선주가 자신의 위험하에 물품을 점유하고 있다는 것을 확인하는 것이다.

선적시 화물의 상태와 선적지시서의 기재사항을 대조하여 이상이 없으면, 본선수취증에 "Shipped in apparent good order and condition(양호한 상태로 선적되었음)"으로 기재되지만, 만일 이상이 있는 경우에는, 비고(remarks)란에 그 사실이 기재되는 바, 이를 사고부 수취증(foul receipt)이라 한다.

본선수취증에 기재된 내용은 선하증권에도 그대로 기재되므로 사고부 선하증권(dirty B/L)을 발행하게 된다. 하지만, 신용장에서는 통상 무사고 선하증권을 요구하기 때문에 고장부 선하증권은 화환취결시 담보서류로 적절하지 않다. 따라서 송하인은 선사와 교섭하여 차후에 선적된 화물이 문제가 되더라도 선사에 책임을 전가하지 않는다는 취지의 각서인 파손화물보상장(L/I; Letter of Indemnity)을 선사에 제공하고 무고장 선하증권을 교부받는다.

⑥ **선하증권 발행**

송하인이 물품 선적 후 교부받은 본선수취증을 선사에 제출하면 선사는 송하인에게 선하증권을 발행한다. 하지만 실무에서는 본선수취증은 선박회사 내부에서 왕래하고 있으며, 특별한 요청이 없는 한 송하인에게 직접 교부하는 일은 거의 없다. 즉, 선박회사에서는 화물의 인수·선적 사실을 내부 업무 시스템을 통해 직접 확인할 수 있으므로 화주에게 본선수취증의 제시를 요구하지 않고 송하인의 요청에 따라 즉시 선하증권을 발급한다.

2) 컨테이너화물

① **FCL (Full Container Load) 운송**

i. 화주는 선적의뢰시 선적요청서(Shipping Request)를 비롯한 포장명세서, 상업송장 등의 서류를 제출하고, 공컨테이너의 인도를 요청하면서 인도시간, 장소 등을 통지한다.

ii. 선사의 대리인인 CY Opreator가 트럭회사에 공컨테이너의 인도를 지시하고,

기기수도증(EIR; Equipment Interchange Receipt) 5부를 작성하여 이 중 1부를 트럭기사를 통해 화주에게 전달한다.

iii. 화주는 공컨테이너를 인도받고 세관에 수출통관을 요청한다.

iv. 화주는 수출통관이 완료된 후 수출신고필증이 발급되면, 자기공장에서 자기의 책임하에 컨테이너에 화물을 적입(shipper's pack)하고, 공컨테이너 투입시 함께 전달된 운송인봉인(carrier's seal)을 직접 컨테이너에 부착한다.

v. 화주는 선박회사가 지정한 CY로 컨테이너화물을 운송한 후 CY Opreator에게 직접 인도·반입한다. 이 경우 선박회사와 화주의 책임의 분기점은 CY에의 인도시점이다.

vi. 화주가 적재된 컨테이너를 CY에서 CY Operator에게 인도할 때 선박회사의 대리인인 CY Operator는 화주가 제출한 서류와 선박회사로부터 송부 받은 booking list 및 컨테이너에 적입된 화물과 대조한 후 부두수취증(D/R; Dock Receipt)을 발행하여 컨테이너내적표(CLP; Container Load Plan)와 함께 화주에게 교부한다.

vii. 화주는 이 D/R과 상환으로 선사로부터 수취선하증권인 컨테이너선하증권(Container B/L)을 받게 된다.

viii. BCTOC에 반입된 컨테이너는 작업절차를 거쳐서 해당선박에 선적된다.

② LCL (Less Container Load) 운송

LCL은 20' 또는 40' 컨테이너 1대를 채울만한 물량이 되지 못하기 때문에 FCL과 같이 컨테이너 door 운송이 필요 없으며, CFS로 운송된다.

i. 선적의뢰시 선적요청서(S/R)를 비롯한 포장명세서·상업송장 등의 서류를 제출한다.

ii. 여러 화주의 소량화물을 실은 트럭은 각 화물들의 최종 목적지에 따라 여러 CFS를 돌게 된다.

iii. CY(CFS)에 도착(장치)한 다음 CY Clerk으로부터 보세구역 장치확인을 받은 후 수출신고를 한다.

iv. 운송주선인은 사전에 선박회사에 공컨테이너 투입을 요청하고 입고된 화물에 대하여 Tally, Measuring, Weighing 등 제반준비를 한다. 수출신고필증이 발급되면 CFS 운영인은 CLP에 따라 화주별·목적지별로 화물을 혼재(carrier's pack)한 후 컨테이너에 적입한다. 화주와 선박회사간에 책임의 분기점은 CFS에의 인도시점이다.

v. 혼재된 컨테이너는 CY 운영인에게 인도되어 일시 장착된 후 셔틀운송으로 Marshalling Yard에서 선적을 기다리게 된다.

vi. BCTOC에 반입된 컨테이너는 작업절차를 거쳐서 해당선박에 선적된다.

(2) 양륙절차

1) 일반화물

① 수입화물의 도착통지

본선이 수입항에 입항하면 그 본선이 소속된 선박회사 또는 그 대리점은 선하증권에 화물도착통지처(notify party)가 기재되어 있는 경우에 수하인에게 본선의 도착사실을 통지하고 화물의 인수를 요청한다. 그러나 지시식으로 발행되는 선하증권에는 수하인명이 기재되어 있지 않기 때문에 수입업자가 자진해서 문의할 필요가 있다.

② 화물인도지시서 발급

수하인은 송하인(또는 은행)으로부터 입수한 선하증권을 선박회사에 제출한다. 이에 선박회사는 사전에 본선의 선장으로부터 제출된 적하목록(M/F; Manifest)과 화물의 품명, 개수, 중량, 화인 및 화물번호 등을 조회하고, 착지급운임(freight collect)의 경우에는 운임의 지급을 받고 선하증권 배면에 수하인의 배서와 동시에 "화물을 인도하였음"이라고 기입하고 선주 또는 그 대표자가 서명한다. 이 선하증권과 상환으로 선박회사는 화물인도지시서(D/O; Delivery Order)를 교부한다.

화물인도지시서(D/O; Delivery Order)는 해상운송인(선박회사 또는 그 대리점)이 수하인 등 선하증권의 소지인으로부터 선하증권 또는 수입화물선취보증장(L/G; Letter of Guarantee)의 제시를 받은 경우, 선하증권과 상환으로 그 제시인에게 교부하는 서류로서, 이 화물인도지시서를 지참한 수하인에게 화물을 인도해 주도록 물품보관자(재래화물의 경우 본선의 선장, 컨테이너화물의 경우 CY/CFS의 운영인)에게 지시하는 서류이다.

③ 수입화물의 양륙

수하인은 선박회사로부터 발급받은 화물인도지시서를 본선에 제출한다. 화물인도지시서에 의해 본선으로부터 화물 양륙시 세관원이나 검수사는 본선의 적하목록과 대조하여 화물의 이상여부를 기재한 화물인수증(cargo boat note)를 작성하고, 화물을 양륙한다.

④ 수입화물선취보증장 (L/G) 인도

본선이 입항 후 화물은 양륙되었지만 환어음이나 운송서류가 수입지의 은행에 도착

하지 않은 경우에는 화환관계은행을 보증인으로 하고 선하증권은 도착 즉시 선박회사에 인도하겠으며, 이에 대한 모든 사고는 보증은행이나 수하인이 단독 또는 연대로 책임을 부담하겠다고 서약한 수입화물선취보증장(L/G; Letter of Guarantee)을 선박회사에 제출하고 화물의 인도를 받을 수 있다. 즉 선박회사는 수하인과 은행이 공동으로 서명한 수입화물선취보증서를 받고 화물의 인도지시서를 발행하게 되는 것이다.

◆ Letter of Guarantee (L/G)

L/G is a guarantee which is issued by the issuing bank at the request of importer in order to take delivery of goods from shipping company before the importer obtain B/L. The importer can clear the goods for import through the customs by rendering the L/G instead of B/L.

A written undertaking is usually provided by bank promising to hold the carrier harmless up to a certain sum for claims that may arise from the delivery of goods to a particular person who is unable to surrender the original bill of lading in return for the goods.

☞ Trust Receipt (T/R) (수입화물대도)

T/R is a declaration by a client to a bank that ownership in goods released by the bank are retained by the bank, and the credit has received the goods in trust only.

⑤ **수입통관**

보세구역에 반입된 양륙화물에 대하여 화주는 세관에 수입신고(import declaration)를 하여 심사를 받고 관세납부 후 수입신고필증을 취득한다.

2) 컨테이너화물

수입화물이 도착하게 되면 운송인(선사 또는 포워더의 대리점)은 수입화주에게 화물도착통지(Arrival Notice)를 하게 되며, 화주는 은행에 수입대금을 지급하고 선적서류를 인수 받아 수입통관절차를 이행하게 된다.

① 수출지에 있는 운송인은 목적지에 있는 운송인에게 선적서류를 발송한다.

② 수입화주(수하인)의 신속한 화물인수 준비를 위해 해당 선박 도착전에 도착통지(Arrival Notice)를 한다.

③ 도착지 운송인으로부터 화물의 도착통지를 받은 화주는 L/C 개설은행에 수입대금을 지급하고 수출지 운송인이 발행하여 수출지의 매입은행을 통해 제시된 선하증

권 원본을 받는다.

④ 선하증권 원본을 회수한 화주는 운송인에게 운임 및 부대비용을 지급하고 이 선하증권과 상환으로 화물인도지시서(D/O)를 받는다.

⑤ 선사는 선박의 입항 24시간 전에 적하목록 등을 첨부한 입항보고서를 전자문서로 작성하여 관할세관장에게 제출한다.

⑥ 관세사를 통한 수입신고를 한다.

⑦ FCL을 도착지에서 통관하고자 할 경우 보세운송을 통하여 이루어지는데, 보세운송을 하고자 하는 화주, 보세운송업자 또는 관세사는 전자문서로 작성한 '보세운송신고서'를 세관화물정보시스템에 전송한다.

⑧ 수입신고수리를 받은 후 화주는 컨테이너 보세장치장에 수입신고필증 및 화물인도지시서를 제시하고 CY(CFS)에서는 화물인도지시서의 소지인에게 화물을 인도한다.

6. 선하증권 (Bills of Lading)

(1) 선하증권의 의의

선하증권이란 해상물품운송계약에 따른 운송물의 수령 또는 선적을 증명하고 해상운송인에 대한 운송물의 인도청구권을 나타내는 유가증권이다.

계약물품을 운송하기 위해서 송하인(shipper)은 선박회사나 그 대리점과 운송계약을 체결하여 물품을 해상운송인에게 인도하고 선하증권을 운송인으로부터 발급받아 수입상에게 전달하는 수속을 한다.

함부르크 규칙 제1조 제7항에서는 선하증권을 다음과 같이 규정하고 있다.

◆ UN Convention on the Carriage of Goods by Sea (Hamburg Rules) Article 1 Definitions

7. "Bills of Lading" means a document which evidences a contract of carriage by sea and the taking over or loading of the goods by the carrier, and by which the carrier undertakes to deliver the goods against surrender of the document.

(선하증권이란 해상운송계약 및 운송인에 의한 물품의 수령 또는 선적을 증명하는 증권으로서, 운송인이 그 증권과 상환으로 물품을 인도할 것을 약정하는 증권을 말한다)

(2) 선하증권의 기능

1) 물품영수증 (receipt of goods)

운송인이 B/L을 발행하면 B/L은 그곳에 기재된 물품과 물품의 수량, 중량 및 상태와 동일한 물품을 운송인이 송하인으로부터 수령하였다는 것을 나타내는 추정적 증거(prima facie evidence)이다. 따라서 운송인은 선적된 화물이 B/L상 기재된 내용과 다르다는 것 또는 화물이 면책위험에 의해 멸실 또는 손상된 것이 아닌 한 B/L상 기재된 그대로의 물품을 인도하여야 한다.

2) 권리증권 (document of title to the goods)

B/L의 기능 중에서 가장 중요한 것이 B/L 그 자체가 화물에 대한 권리를 나타내는 유가증권이라는 것이다. 즉 정당한 방법으로 선하증권을 소지한 자는 화물을 청구할 수 있는 청구권과 이를 처분할 수 있는 처분권을 갖는다.

또한 운송인은 반드시 정당한 선하증권을 제시하는 자에게만 화물을 인도하여야 하고, 비록 수하인이라 하더라도 B/L이 기명식(straight B/L)으로 발행되지 않는 한 정당하게 배서된 B/L의 제시 없이 화물을 청구할 권리가 없다.

3) 운송계약의 증빙 (an evidence of the terms and conditions of contracts)

개품운송계약은 청약(offer)에 해당하는 선복신청서(S/R; Shipping Request)와 승낙(acceptance)에 해당하는 인수확약서(B/N; Booking Note)에 의하여 성립되지만 별도의 운송계약서가 작성되지 않는다. 따라서 선하증권이 유일한 운송계약의 추정적 증거(prima facie evidence)가 된다.

이는 실제 운송계약의 내용이 선하증권의 내용과 다름을 입증하면 선하증권의 기재내용을 수정하도록 요청할 수 있음을 의미한다. 그렇지만 발행된 선하증권을 일단 수락하여 유통시키면 제3자에 대하여는 선하증권이 유일한 운송계약의 증빙이 된다.

(3) 선하증권의 종류

1) 발행시기에 의한 구분

① 선적선하증권 (Shipped B/L, On Board B/L)

선적선하증권은 증권면에 "shipped on board vessel" 또는 "loaded on board vessel"과 같이 화물이 실제로 특정 선박에 적재되었음이 기재된 것이다.

비록 시간적으로 적재전에 발행되어도 선적후 적재완료 되었다는 문언과 일자를 기재하고 발행자가 서명하면 선적선하증권이 된다. 이것을 On Board Notation(본선적재부기) 또는 On Board Endorsement라고 한다. 컨테이너선적에서 선적선하증권을 요구하는 경우에 주로 이러한 형식을 취한다.

또한 경우에 따라서는 적재 전에도 보증장(L/G; Letter of Guarantee)을 받고 선적선하증권을 발행하는 경우가 있는데, 이 경우에 발행행위는 위법이지만 선하증권 그 자체는 유효하다.

오늘날 가장 많이 이용되고 있는 FOB 계약이나 CIF 계약에 적당한 선하증권은 선적선하증권이어야 한다. 왜냐하면 FOB 계약이나 CIF 계약은 모두 본선인도를 전제로 하기 때문이다. 선적선하증권만이 CIF 계약에서 매수인에게 '계속적인 화환담보(continuous documentary cover)'를 부여할 수 있다.

② **수취선하증권 (Received for shipment B/L)**

선적전에도 화물이 선박회사가 지정한 장소에서 운송인에게 인도되면 화주에게 B/L이 발행될 수 있다. 이 경우에 증권면에 "Received~for shipment"와 같이 선적을 위하여 물품을 수령했다는 취지가 기재되어 있는데, 이것이 수취선하증권이다. 이것은 일종의 부두수령증(Dock Receipt)으로 Hague Rules 제3조 제3항과 우리 상법에 이의 발급을 인정하고 있다.

◆ Hague Rules Article 3 (3)

After receiving the goods into his charge the carrier or the master or agent of the carrier shall, on demand of the shipper, issue to the shipper a bill of lading showing among other things:

(a) the leading marks necessary for identification of the goods as the same are furnished in writing by the shipper before the loading of such goods starts, provided such marks are stamped or otherwise shown clearly upon the goods if uncovered, or on the cases or covering in which such goods are contained, in such a manner as should ordinarily remain legible until the end of the voyage;

(b) either the number of packages or pieces, or the quantity, or weight, as the case may be, as furnished in writing by the shipper;

(c) the apparent order and condition of the goods.

Provided that no carrier, master or agent of the carrier shall be bound to state or show in the bill of lading any marks, number, quantity or weight which he

has reasonable ground for suspecting not accurately to represent the goods actually received, or which he has no reasonable means of checking.

(운송인, 선장 또는 운송인의 대리인은 화물을 자기 책임하에 인수한 후 송하인이 요구하면 여타 사항 가운데 다음 사항을 표시한 선하증권을 송하인에게 교부하여야 한다.

(a) 화물의 선적개시 전에 송하인이 서면으로 통지한 것과 동일한 화물임을 증명하는데 필요한 주요 하인(荷印). 단, 이러한 하인은 무포장일 때는 동화물 자체에, 그리고 포장화물일 때는 화물이 들어 있는 상자나 포장에 항해가 끝날 때까지 통상 읽어볼 수 있도록 남아 있게 명확히 압인되거나 그 밖의 방법으로 표시되어야 한다.

(b) 송하인이 서면으로 통지한 내용과 같은 포장 및 개품의 수 또는 경우에 따라 수량이나 중량.

(c) 화물의 외관상태

단, 운송인, 선장 또는 운송인의 대리인은 화물의 하인, 수량, 용적 또는 중량이 실제로 인수한 화물을 정확히 나타내지 못한다는 상당한 의문의 근거가 있거나 또는 이를 검사할 적절한 방법이 없는 경우에는 선하증권에 이를 기재하거나 표시할 의무가 없다)

신용장통일규칙에서는 선적선하증권을 요구하고 있는 경우에 별도의 명시가 없는 한 수취선하증권도 증권상에 물품의 본선적재일 표시(On Board Notation)가 있으며 그 본선적재 표시일자를 선적일로 간주하여 수리한다고 규정하여 수취선하증권의 일반화를 인정하고 있다. 이는 컨테이너 B/L이나 복합운송증권은 일반적으로 수취식으로 발행되므로 L/C에서 선적선하증권을 요구하는 경우에 수취선하증권에 "On Board"표시를 함으로써 선적선하증권으로 인정하게 한 것이다. FOB계약에서 매수인은 선적시를 알아야 하는데, 수취선하증권에서는 이를 알 수 없다.

2) 하자(Remarks)의 유무에 의한 구분

① **무고장선하증권 (Clean B/L)**

Clean B/L은 foul B/L에 대응하는 것으로 B/L상에 포장이나 수량 등에 대하여 특정단서, 부가조항 또는 유보사항 등에 관한 remarks가 기재되어 있지 않은 B/L을 말한다. 결국 B/L상에 "shipped on board in apparent good order and condition"과 같은 문언이 인쇄되어 있기 때문에 remarks가 없으면 이 인쇄문언에 의하여 자동적으로 무고장선하증권이 된다.

신용장통일규칙 제27조와 Incoterms에는 "무고장운송서류는 물품 및/또는 포장에 하자가 있는 상태를 명시적으로 표시하는 부가조항이나 단서가 기재되어 있지 아니한 운송서류"라고 정의하고 있다.

1970년대 이후 컨테이너의 등장으로 운송화물의 내용표시가 없이 "shipper's load and count"나 혹은 "said by shipper to contain"과 같은 부지약관(Unknown Clauses)이 있어도 은행에서 이를 Clean B/L로 간주해 수리하고 있다.

② 고장부선하증권 (Foul or Dirty B/L, Claused B/L)

선적된 물품의 포장상태가 불완전하거나 수량이 부족하면 이를 증권 상에 remarks란에 기재하게 된다. 이런 사실이 기재된 B/L을 고장부선하증권이라고 한다.

통상 신용장에서는 Clean B/L을 요구하고 있기 때문에 고장부선하증권으로는 수출대금을 회수할 수 없다. 왜냐하면 화물의 상징인 선하증권에 이상이 있으면 질권 자체에 하자가 있기 때문이다. 즉, 신용장통일규칙 제27조에서 "은행은 무고장 운송서류(clean transport document)만을 수리 한다"라고 규정하고 있으며, Incoterms 서문에서도 모든 운송서류는 반드시 화물이 양호한 상태에서 발급되어야 하며 만약 그렇지 못한 운송서류는 모두 Foul B/L로 간주된다고 규정하고 있다.

그러나 지적된 고장화물을 대체시키거나 재포장하는 것이 시간적으로 불가능할 때 화주인 수출업자는 선박회사에 파손화물보상장(L/I; Letter of Indemnity)을 제공하고 무고장선하증권으로 교부받을 수 있다. 이 때 수출업자는 차후에 파손화물에 대해 문제가 제기될 경우에 파손화물보상장에 근거하여 선박회사에게 보상책임을 져야 한다. 한편 선박회사는 수출업자로부터 받은 파손화물보상장으로는 수하인 및 B/L 소지인에게는 대항할 수 없다. 왜냐하면 파손화물보상장은 선박회사와 송하인 간의 보상약속이기 때문에 L/I는 선박회사와 송하인 사이에만 유효하다.

실무적으로는 수출대금회수를 위하여 L/I를 제출하고 Clean B/L을 선박회사로부터 교부받았다면 수입상에게 이러한 사실을 통보하고 파손화물에 대해서는 차후 추가선적이나 가격공제 또는 할인 등으로 양해를 구해야 한다. 또한 보험회사도 L/I에 대해서 보상책임이 없기 때문에 수출업자는 이를 보험회사에 고지해야 하며 이를 고지하지 않으면 사기(fraud)로 간주된다.

3) 수령인의 표시방법에 따른 구분

① 기명식 선하증권 (Straight B/L; Non-negotiable B/L)

기명식 선하증권은 선하증권의 수하인(consignee)란에 특정인이 기입된 것을 말한

다. 이 경우 화물의 소유권은 그 특정인에게 귀속되기 때문에 화물대금이 선불되었거나 신용장에서 이것을 요구하는 경우를 제외하고는 이러한 형식으로 발행되지 않는다.

선적된 화물이 목적지에 도착했어도 선하증권상에 기명된 특정인만이 그 화물을 인수할 수 있기 때문에 운송중 화물의 전매나 유통이 제한을 받는다. 우리나라에서는 기명식 선하증권도 발행인이 선하증권의 양도를 특별히 금지하지 않는 한 배서에 의하여 양도할 수 있도록 상법(제820조, 제130조)에 규정하고 있다.

일반적으로 운송기한이 짧아서 증권이 유통이 실효가 없는 항공운송에서의 항공화물운송장(Air Waybill)이나, 운송 중 유통이 필요하지 않는 해상화물운송장(Sea Waybill) 등은 기명식으로 발행되어 원본 1부가 화물과 함께 수하인에게 보내진다.

② **지시식 선하증권 (Order B/L)**

지시식 선하증권은 선하증권의 수하인(consignee)란에 특정인을 기입하지 않고 "Order of A", "Order" 또는 "Order of ABC Bank" 등으로 기입된다. 지시식으로 발행된 선하증권은 화환취결시 백지배서(blank endorsement)로 은행에 인도되며, 이 증권의 정당한 소지인은 화물에 대한 청구권을 갖게 된다.

통상 신용장에는 "Full set of clean on board bill of lading made out to the order of shipper, marked freight prepaid and notify accountee"와 같이 명시하고 있다. 화물이 운송중 자유롭게 전매 또는 유통될 수 있도록 선하증권을 지시식으로 발행하는 것은 현대의 신속한 유통제도에 부합되는 것이며 특히 은행의 개입으로 결제가 이루어지는 신용장제도와도 조화를 이루는 방식이라고 할 수 있다. 운송서류의 유통은 서류매매를 본질로 하는 CIF 계약과도 부합되기 때문에 CIF계약이 널리 이용되게 된 것도 1855년 영국의 '선하증권법(Bill of Lading Act)'에서 선하증권에 유통성이 부여된 이후부터다. 그러나 선하증권의 유통성은 환어음의 유통성보다 약하다.

한편 선하증권은 소지인식(bearer form)으로도 발행될 수 있다. 소지인식 B/L은 단순한 인도로 양도가능하기 때문에 권리증권인 선하증권에서 소지인식이 잘 이용되지 않는다.

4) 특수선하증권

① **적색선하증권 (Red B/L)**

적색선하증권은 선하증권과 보험증권을 결합시킨 것이다. 선박회사는 보험회사에 모든 Red B/L 발행분에 대하여 일괄 부보하게 되며, 선박회사는 보험료를 운임에 추가시켜 화주로 하여금 부담하게 된다.

② **기간경과선하증권 (Stale B/L)**

Stale B/L은 선하증권의 제시 시기가 필요 이상으로 지연되었을 때 지연된 선하증권을 말한다. 즉 선하증권의 제시가 너무 지연되어 수하인이 법률적, 실무적 분규에 빠지게 되거나 물품의 보관을 위해 창고료 등이 발생하면 그러면 B/L은 'stale'이라고 할 수 있다.

신용장통일규칙에서는 L/C상에 별도로 서류제시기간이 약정되어 있지 않으면 선적일 이후 21일을 경과한 서류는 은행이 수리하지 않는다고 규정하고 있다.

③ **House B/L과 Groupage B/L**

House B/L은 각기 다른 화주의 화물을 혼재하는 Freight Forwarder가 개별화주 앞으로 발행하는 것이며, 운송인이 전체의 화물에 대하여 freight forwarder 앞으로 발행하는 운송서류가 Groupage B/L이다. House B/L의 예가 FIATA Combined Transport B/L이다.

④ **Switch B/L**

중계무역에 사용되는 선하증권으로, 선하증권 상에 'switch'라고 기재된다. 이는 중계무역업자가 실공급자와 실수요자를 모르게 하기 위해 사용한다. 중계무역일 경우에 중계무역상은 수출품이 실제수출지에서 실제수입지로 바로 운송되도록 한 후, 수출자를 송하인, 중계무역상을 수하인으로 하여 발급된 선하증권을 취득하여 이를 운송인에게 반환하고, 운송인으로부터 중계무역상을 송하인, 실제 수입자를 수하인으로 하며 나머지 내용은 원선하증권과 동일한 내용의 새로운 선하증권을 발급받아 이를 수입상의 신용장개설은행에 제시하여 신용장 대금을 지급받고 실제 수입자는 자신의 신용장개설은행에 수입대금을 납부하고 후선하증권을 교부받아 이를 수출품의 도착지에서 운송인에게 지시하여 운송물을 인도받게 된다.

따라서 중계무역의 경우, 운송인에게 원선하증권을 반환받게 되면, 그 제시자의 요구에 따라 후선하증권을 발급하여 줄 의무를 부과할 필요가 있기 때문에, 이를 위하여 발행되는 원선하증권을 'switch'라는 문언이 기재된 Switch선하증권이라고 하는 것이다.

⑤ **Surrender B/L**

Surrender B/L이란 송하인의 요청에 따라 선사가 B/L에 "Surrendered" 스탬프를 날인하여 B/L을 발행하는 것을 말한다. 'surrender'의 의미는 화주 및 선사가 선하증권의 권리증권적 기능을 포기하는 것으로, B/L 원본 없이 수하인(수입상)이 물품을 인수할 수 있도록 하기 위해 업계의 편의상 이용되는 B/L이다.

B/L을 surrender하는 주체는 선사이다. 즉, 선사는 original B/L의 권리증권적 기능을

포기하겠다는 것으로 볼 수 있으며, 이는 original B/L없이도 수하인이 확인되면 화물을 인도할 수 있다는 것이다. 절차상으로 보면 B/L을 surrender하면 선사에서 B/L이 surrender 되었다는 정보와 이 물품을 인수할 수하인에 대한 정보를 도착항의 선사 대리점에 전송하게 되고, 이를 근거로 하여 도착항의 선사대리점은 물품이 도착할 무렵에 수하인에게 화물도착통지를 한다. 연락을 받은 수하인은 선사대리점에 가서 자신의 신분을 증명하고 대금을 정산하는 등의 기타 업무를 마친 후 화물인도지시서(D/O)를 발급받아 물품을 인수하게 된다.

Surrender B/L은 수하인이 은행에 대금을 결제함이 없이 화물을 수령해 갈 수 있고 또한 담보로서의 기능을 하지 못하므로 원칙적으로 신용장거래에서는 이용할 수 없다. 물론 수하인을 SWB(Sea Waybill)처럼 개설은행으로 하는 경우에는 이러한 문제를 해결할 수 있다.

실무에서 널리 이용되고 있는 Surrender B/L은 수하인이 original B/L 없이, 그리고 L/G를 발급받지 않고 신속하게 화물을 인수하기 위해서 이용되고 있다. 따라서 대금결제에 문제가 없는 사전송금방식이나 본 · 지사간의 거래에 이용될 수 있는 B/L이라고 할 수 있다.

⑥ **전자식 선하증권 (Electronic B/L)**

전자식 선하증권은 기존의 종이선하증권을 발행하지 않고, 선하증권의 내용을 구성하는 정보를 전자적 방법에 의해 운송인의 컴퓨터에 보관하고, 운송인이 부여한 '개인키(private key)'를 사용함으로써 물품에 대한 지배권 및 처분권의 권리를 그 권리자의 지시에 따라 수하인에게 그 정보를 전송하는 형식의 선하증권을 말한다.

제3절 복합운송

1. 복합운송의 기초

복합운송의 개념에 대한 용어는 이미 1929년 바르샤바협약(국제항공에 관한 일부규칙의 통일에 관한 협약) 제31조에서 'Combined Carriage'란 용어에서 출발하여 1956년 해륙복합운송용 컨테이너가 개발되면서 본격적인 복합운송이란 개념으로 발전되기까지 개념상 통운송(through transport)이나 연속운송(successive transport)으로 이해되고

그러한 개념위에서 운송계약이 체결되어 왔다.

그러나 실제로 복합운송이란 용어는 1949년 국제상업회의소(ICC)에서 국제화물복합운송증권협약의 예비초안에서 종래의 통운송에 대립된 용어로 복합운송이란 표현이 사용되었다.

따라서 복합운송이란 "물품이 어느 한 국가의 지점에서 수탁하여 다른 국가의 인도지점까지 적어도 두 가지 이상의 운송방식에 의하여 이루어지는 물품운송을 의미한다." 그러나 두 가지 이상의 운송방식에 의하는 경우라 할지라도 계약을 이행하기 위하여 부수적으로 행하는 집화(pick-up)와 인도(delivery)가 다른 운송방식에 의해 이행되었다면 복합운송으로 간주되지 않는다.

◆ UN Convention on International Multimodal Transport of Goods (MT Convention)

Article 1 Definitions

For the purposes of this Convention:

1. "International multimodal transport" means the carriage of goods by at least two different modes of transport on the basis of a multimodal transport contract from a place in one country at which the goods are taken in charge by the multimodal transport operator to a place designated for delivery situated in a different country. The operation of pick-up and delivery of goods carried out in the performance of a unimodal transport contract, as defined in such contract, shall not be considered as international multimodal transport.

◆ UNCTAD/ICC Rules for Multimodal Transport Documents Article 2 Definitions

2.1 Multimodal transport contract means a single contract for the carriage of goods by at least two different modes of transport.

2. 복합운송의 특성

(1) 단일운송계약

복합운송에서 운송에 관한 모든 책임은 복합운송인에게 집중되므로, 복합운송계약 역시 전 운송구간을 커버하는 단일운송계약이어야 하며, 복합운송인이 운송의무를 이행하기 위해 각 구간 운송인과 체결하는 하청운송계약은 복합운송계약과 무관하므로

송하인과는 아무런 관련이 없다.

(2) 복합운송인의 전 운송구간에 대한 주체성

복합운송인(MTO; Multimodal Transport Operator)은 자기명의로 복합운송을 인수하는 자, 즉 복합운송계약상 운송의 인수당사자로, 전 운송구간에 걸쳐 복합운송의 인수인으로 복합운송계약에 의한 권리 · 의무의 주체가 되어야 한다. 복합운송인이 전 운송구간에 대해 단일책임을 진다는 것은 반드시 복합운송인이 전 운송구간의 운송을 실행하여야 한다는 것은 아니고, 오히려 어느 한 구간도 직접 운송을 담당하지 않더라도 전체 운송에 대해 책임을 진다는 것이다.

(3) 단일운임

복합운송은 서비스의 대가로서 각 운송구간마다 분할된 것이 아닌, 전 구간에 대해 '단일화된 운임(through rate)'을 설정하여 화주에게 제시한다.

(4) 운송수단의 다양성

복합운송은 서로 다른 이종의 운송수단에 의해 운송되어야 한다. 복합운송은 통운송처럼 운송인의 수가 문제가 아니라 운송수단의 종류가 문제이며 이러한 운송수단은 각각 다른 법적 규제를 받는 것이어야 한다. 따라서 우리 상법과 같이 도로, 철도, 내수로 운송에 모두 육상운송법이 적용되는 경우는 서로 다른 운송수단이 사용되었음에도 불구하고 복합운송으로 간주하지 않는다.

또한 서로 다른 이종의 운송수단에 의해 운송이 이루어지더라도 화물의 집하작업과 인도에 있어서만 다른 운송수단에 의해 이행되는 경우 역시 복합운송으로 간주하지 않는다.

(5) 복합운송증권의 발행

UN국제물품복합운송협약 제5조 제1항에 의하면 복합운송인은 화물을 인수한 경우 복합운송증권을 발행하여야 하며, 증권의 형식은 송하인의 선택에 따라 유통성 또는 비유통성으로 발행되어야 한다. 즉, 복합운송인은 화물을 수령할 때 송하인의 증권 교부청구가 없는 경우에도 이와 상관없이 복합운송증권을 교부하여야 한다. 이는 상법과 함부르크 규칙의 경우 송하인 등의 청구에 따라 선하증권을 발행하는 것과 차이를 나타낸다. 다만, 증권의 형식은 송하인의 선택에 따르도록 규정하고 있다.

◆ MT Convention Article 5 Issue of Multimodal Transport Document

1. When the goods are taken in charge by the multimodal transport operator, he shall issue a multimodal transport document which, at the option of the consignor, shall be in either negotiable or non-negotiable form.
(1. 복합운송인은 화물을 자기의 보관으로 인수한 때에는 송하인의 선택에 따라서 유통성증권형태 혹은 비유통성 형태의 복합운송증권을 발급하여야 한다)

◆ Hamburg Rules Article 14 Issue of Bill of Lading

1. When the carrier or the actual carrier takes the goods in his charge, the carrier must, on demand of the shipper, issue to the shipper a bill of lading
(운송인 또는 실제운송인이 화물을 자기의 관리하에 인수한 때에는, 운송인은 송하인의 청구에 따라서 송하인에게 선하증권을 발행하여야 한다)

3. 복합운송인

(1) 복합운송인

복합운송인(Multimodal Transport Operator; MTO)은 국제복합운송인으로서 이종운송수단을 결합하여 송하인을 상대로 복합운송계약을 체결한 계약의 당사자로서 2국 이상을 운송하는 운송인이다. 즉, 복합운송인이란 스스로 또는 자신의 대리인을 통해서 복합운송계약을 체결하고 송하인이나 운송인의 대리인이 아닌 주체(하청운송인이 아닌)로서 행동하고 그 계약의 이행에 대해 책임을 지는 자이다. TCM협약에서는 CTO(Combined Transport Operator), UN MT 협약에서는 MTO(Multimodal Transport Operator), 미국에서는 ITO(International transport Operator)라 부른다.

◆ MT Convention Article 1 Definitions

2. "Multimodal transport operator" means any person who on his own behalf or through another person acting on his behalf concludes a multimodal transport contract and who acts as a principal, not as an agent or on behalf of the consignor or of the carriers participating in the multimodal transport operations, and who assumes responsibility for the performance of the contract.
("복합운송인"이라 함은 스스로 혹은 자신을 대리한 타인을 통하여 복합운송계약

을 체결하고, 송하인이나 복합운송운영에 관여하는 운송인의 대리인으로서 또는 그러한 사람에 갈음하여서가 아니라, 주체로서 행위를 하고, 또한 계약의 이행에 관한 책임을 지는 사람을 말한다)

1) 실제운송인 (Actual Carrier)

자신이 직접 선박, 트럭, 항공기 등의 운송수단을 보유하면서 복합운송인의 역할을 수행하는 운송인으로서, 선박회사, 철도회사, 트럭회사, 항공회사 등은 실제운송인에 해당된다.

2) 계약운송인 (Contracting Carrier)

선박, 트럭, 항공기 등의 운송수단을 직접 보유하지는 않으면서도 실제운송인처럼 운송의 주체로서의 화물의 인수에서 인도까지 각 운송단계를 유기적으로 조직함으로써 복합운송인의 기능과 책임을 다하는 운송인을 말한다. 여기에는 해상운송주선인, 항공운선주선인, 통관업자 등이 해당되는데, 이들 중에서 해상운송주선인이 가장 대표적인 운송인이다.

운송주선인(Freight Forwarder)은 계약운송인형 복합운송인으로서, 실제운송인에 대해서는 화중의 입장으로, 화주에게는 운송인의 입장으로 책임과 의무를 수행한다.

3) 무선박운송인 (NVOCC; Non-Vessel Operating Common Carrier)

계약운송인인 운송주선인(Freight Forwarder)을 법적으로 실체화시킨 것으로서, 자기 스스로 선박을 직접 운항하지 않으면서 해상운송인, 즉 VOCC(Vessel Operating Common Carrier)에 대해서는 화주의 입장으로, 화주에 대해서는 Common Carrier의 입장이 되는 운송인을 말한다.

(2) 복합운송인의 책임체계

1) 책임의 구분

① 과실책임 (Doctrine of Liability for Negligence)

과실책임주의는 선량한 관리자로서의 주의의무(due diligence)를 전제로 성립된다. 따라서 운송인이 주의의무를 다하지 못해 발생한 손해에 대해서는 책임을 져야 한다. 이 때 피해자는 운송인이 주의의무를 태만했음을 증명해야 한다. 즉, 화물의 멸실이나 손상이 운송인의 과실에 의한 것임을 화주가 입증하면 운송인은 책임을 면할 수 없는 제도이다.

② **무과실책임 (Liability without Negligence)**

무과실책임주의는 운송인의 과실유무를 불문하고 배상책임을 지는 것이다. 다만 엄격책임 또는 절대책임과는 달리 불가항력, 포장의 불비, 화물고유의 성질, 통상의 손모나 누손 등으로 발생한 손해에 대해서는 면책을 인정하고 있다.

◆ 과실추정주의 (Presumption of Negligence)

과실추정주의는 운송 중에 발생하는 모든 사고에 대해 일단 운송인에게 과실이 있는 것으로 추정한다는 뜻이다. 따라서 운송인은 스스로 무과실을 입증하여야만 면책이 될 수 있다. 즉, 입증책임이 운송인에게 전가되어 운송인이 자기 또는 사용인이 적절한 주의의무(due diligence)를 다 했음을 입증해야 한다. 화물의 멸실 또는 손상이 운송인의 과실에 의한 것이 아님을 입증하지 못하거나 운송인이 적절한 주의의무를 다 했음을 입증하지 못한다면 책임을 면할 수 없다.

③ **엄격책임 (절대책임; Absolute Liability)**

엄격책임은 손해의 결과에 대해서 절대적으로 책임을 지는, 즉 면책의 항변이 일체 용인되지 않는 제도이다(예: 항공운송에 관한 국제협약인 몬트리올 협정에서는 여객의 사상에 대해서 항공사는 절대책임을 지게 되어 있다).

2) 복합운송인의 책임체계

① **이종책임체계 (Network Liability System)**

이종책임체계는 복합운송인이 전 운송구간에 대하여 화주에게 책임을 지지만, 그 책임의 내용은 손해발생구간의 판명여부에 따라 달라지는 것이다. 즉 이종책임체계는 복합운송인의 책임을 운송물의 멸실 또는 손상이 생긴 운송구간을 아는 경우(known damage)와 알 수 없는 경우(unknown damage)로 나누어 각기 다른 책임체계를 적용하는 방법이다.

손해발생구간이 확인되는 경우의 운송인의 책임은 운송물의 멸실 또는 손상이 생긴 운송구간에 적용될 국제협약 또는 강행적인 국내법에 따라서 결정된다. 즉, 해상구간에는 헤이그-비스비 규칙이, 그리고 항공구간에는 바르샤바협약이 적용된다.

이 원칙의 기본개념은 기존 운송법상 책임제도와 최대한의 조화를 이루는 것이다. 즉 해상, 육상, 항공 등의 운송구간 또는 운송방식에 따라서 각각 고유한 법원칙이 성립되어 적용되고 있는데, 이들 법원칙을 존중하는 것이 실무상 무리가 없고, 복합운송의 이용도 원할 하게 된다는 것이다.

반면, 멸실이나 손상 등의 손해발생구간을 알 수 없는 경우와 혹은 아는 경우라 하더라도 그 구간에 적용될 협약이나 강행법규가 없는 경우에는 그 손해가 해상구간에서 발생된 것으로 추정하여 헤이그-비스비 규칙을 적용하거나 별도로 정해진 일반원칙을 적용하게 된다.

② **단일책임체계** (Uniform Liability System)

단일책임체계는 복합운송인이 물품의 멸실이나 손상, 지연 등의 손해가 발생한 운송구간이나 운송방식과 상관없이 화주에 대하여는 전 운송구간에 걸쳐서 전적으로 동일한 내용의 책임을 부담하는 것을 말한다. 이 제도는 간명하기 때문에 당사자들간의 분쟁을 줄일 수 있다는 장점이 있다. 즉 송하인이나 운송인 등은 손해발생의 장소나 시기 등을 고려할 필요가 없으므로 불필요한 소송을 제거할 수 있다.

그러나 복합운송인은 여전히 실제운송인에게 구상(求償)해야 하는 문제가 남아 있기 때문에, 오히려 절차가 복잡하여 비용이 증가할 수 있다는 문제점과 책임수준을 어디에 맞추느냐에 따라 이해관계가 달라지게 된다는 문제점이 존재한다.

③ **절충식책임체계** (Flexible Liability System)

이 제도는 'network liability system'과 'uniform liability system'을 절충한 것으로, 복합운송인의 책임체계가 일률적인 책임원칙을 따르고 책임의 정도와 한계는 손상이 발생한 구간의 규칙에 따르는 것이다.

UN MT협약은 이 책임체계를 따르고 있는데, MT협약 제19조에서는 단일책임체계를 채택하더라도 어느 구간의 운송수단에 고유한 협약 또는 강행법규에 의한 책임한도액이 본 협약의 한도액보다 높은 경우에는 고유의 협약 또는 강행법규가 우선하는 것으로 규정하고 있다.

즉, 손해발생구간의 확인여부에 관계없이 동일한 책임규정을 적용한다는 점에서는 단일책임체계를 채택한 것으로 보이지만, 손해발생구간이 확인되고 그 구간에 적용될 국제협약 또는 강행적인 국내법에 규정된 책임한도액이 MT협약의 책임한도액보다 높은 한도를 규정하고 있는 경우에는 그 구간에 적용될 법의 책임한도액을 인정하여 이종책임체계를 절충하고 있는 것이다.

◆ MT Convention Article 19 Localized Damage

When the loss of or damage to the goods occurred during one particular of the multimodal transport, in respect of which an applicable international convention or mandatory national law provides a higher limit of liability than the limit that would follow from application of paragraph 1 to 3 of article 18, then the limit of the multimodal transport operator's liability for such loss or damage shall be determined by reference to the provisions of such convention or mandatory national law.

(3) 국제물류주선인

1) 운송주선인

운송주선인이란 복합운송체계의 전문적인 운송지식과 기술을 바탕으로 화주의 운송 업무를 대행하여 국제간의 교역화물을 송하인의 생산공장에서 수하인의 창고까지 여러 단계의 운송과정과 제반절차를 신속하고 원활하게 접속하여 일관운송서비스를 제공하는 업무를 수행하는 자를 말한다.

FIATA 복합운송 선하증권표준약관에서는 "운송주선인이란 본 선하증권 표면에 운송주선인 선하증권 발행인으로 기명되어 운송인으로서 복합운송계약 이행을 위한 책임을 지는 복합운송인을 말한다"라고 규정하고 있다. 운송주선인을 총칭하여 Freight Forwarder라고 하고, Forwarding Agent, Shipping Agent, Air Freight Forwarder 등의 이름으로 알려져 있다.

2) 국제운송주선인연맹 (FIATA)

국제운송주선인연맹(International Federation of Freight Forwarder Association; FIATA)은 freight forwarder간의 상호협조를 통하여 업자들의 이익을 수호할 목적으로 1929년 오스트리아 Vienna에서 설립되었으며 한국은 1977년에 정회원으로 가입하였다.

4. 복합운송증권

복합운송증권이란 선박, 철도, 항공기 및 차량에 의한 운송방식 중 적어도 두 가지 이상의 다른 운송방식에 의하여 운송물품의 수탁지와 인도지가 상이한 국가의 영역 간에 이루어지는 복합운송계약을 증명하기 위한 증권이다.

◆ MT Convention Article 1. Definitions

"Multimodal transport document" means a document which evidences a multimodal transport contract, the taking in charge of the goods by the multimodal transport operator, and an undertaking by him to deliver the goods in accordance with the terms of that contract.

5. 복합운송경로

(1) 복합운송경로의 의의

복합운송의 형태는 ① 해륙복합운송, ② 해공복합운송, ③ 육해공복합운송이 있다. 해륙복합운송은 선박을 이용한 해상운송수단과 철도 또는 트럭 등을 이용한 육상운송수단이 결합되어 이루어지는 운송방식으로서 해상경로를 중심으로 내륙운송과 결합되는 방식과 Land Bridge방식에 의한 대륙횡단철도와의 제휴에 의한 방식으로 구분할 수 있다. Land Bridge방식이란 항로를 중심으로 한 해상운송경로의 중간에 일부 대륙횡단경로를 운송구간으로 추가하여 환적 없이 일괄 운송함으로써 최종 목적지까지 두 가지 이상의 운송수단에 의하여 운송되는 방식이다.

(2) American Land Bridge (ALB)

한국 등의 극동지역에서 미국대륙을 횡단하여 유럽까지 화물을 운송하는 방식으로서, 1972년 미국의 Seatrain사가 처음으로 개설하였다. 이는 한국, 일본 등의 극동지역의 항만에서 선적된 화물을 북미서안까지는 컨테이너선에 의해 해상운송된 후, 북미대륙의 횡단철도를 이용하여 북미동부의 항만까지 육상운송되고, 거기에서 다시 해상운송으로 유럽지역의 항만 또는 유럽내륙까지 컨테이너를 이용한 일괄 운송하는 방식을 말한다. 이 경우 북미대륙을 횡단하는 철도는 이단적열차(DST; Double Stack Train)가 이용되고 있다.

출처: Import Export how to get started in international trade, Carl A. Nelson, McGraw-Hill

[그림 7-1] American Land Bridge

제4절 항공운송

1. 항공운송의 개념

항공운송(carriage by air, air transportation)은 항공기의 항복(plane's space)에 여객, 우편 및 화물을 탑재하고 한 국가의 국제공항에서 공로(air route)로 다른 나라의 국제공항까지 운송하는 운송시스템을 의미한다. 국제항공운송은 오늘날 국제무역에 있어서 중요한 수송수단의 역할을 담당하고 있으며 상업적인 수송수단으로서의 위치를 차지하고 있다.

국제화물운송은 해상이나 육상운송이 주류를 이루고 있지만 항공산업의 발전과 화물전세기의 등장, 상품의 고부가가치화 및 소형화, 국제분업의 가속화를 통한 운송수요의 증가, 그리고 세계무역의 긴밀화 등으로 인해 신속하고 안전한 항공운송의 비중이 점차 증가되고 있다.

2. 항공운송의 특징

① 신속운송

기회비용이 중요시되는 계절유행상품이나 납기가 촉박한 상품과 같이 긴급물품의 수송에 적합하다. 그리고 신속운송에 의해 상품판매에 따른 대금회수 기간이 단축된다.

② 안전운송

생선, 식료품, 생화, 방사선물질, 신문, 잡지, 뉴스필름, 원고 및 선적서류 등과 같은 화물의 경우 다른 운송수단에 비해 안전하게 국제운송 할 수 있다.

③ 적기 인도를 통한 재고 비용과 자본비용의 절감

국제항공운송은 화물을 적기에 인도할 수 있어 재고비용과 자본비용을 절감시킬 수 있다.

④ 내륙지역으로의 탁월한 접근성

해상운송에 비해 내륙지역으로의 접근성이 탁월하다. 특히 도로, 항만 등의 미비로 항공운송이 아니면 운송할 수 없는 내륙의 오지의 경우에는 그 역할이 더 크게 된다.

⑤ 보험요율의 저렴성

화물취급 및 안정운송으로 인한 화물에 대한 위험이 낮아 보험요율이 저렴하다. 해상운송의 전위험담보(A/R)보다 항공전손(Total Loss) 보험요율이 매우 저렴하다.

⑥ 포장비 절감

간단한 화물포장만으로도 안전운송이 가능하기 때문에 노동, 자재, 화물총중량 등의 절감효과가 있다.

⑦ 비싼 운임

해상운송하는 경우와 항공운송하는 경우의 운임의 차이는 매우 크다.

⑧ 긴급수요, 소량화물의 신속한 운송

화물의 집화, 인도, 화물추적, 특수화물취급, 통관절차를 포함한 수속절차의 처리 등에 탁월한 서비스를 제공할 수 있다.

3. 항공화물 운송업자

(1) 항공화물운송대리점 (Air Cargo Agent)

항공화물운송대리점이란 항공사 또는 총대리점을 위하여 유상으로 항공기에 의한 화물운송계약체결을 대리하는 사업을 말한다. 항공화물운송대리점은 항공사를 대리하여 항공사의 운송약관, 운임률표와 운항시간표에 의거해 항공화물을 수집하고 항공화물운송장(Air Waybill; AWB)을 발행하며 이에 부수되는 업무를 수행하고 그 대가로 일정 수수료를 받는다.

(2) 항공화물운송주선업자 (Air Freight Forwarder)

항공화물운송주선업자는 혼재업자(consolidator)라고도 하는데, 타인의 운송수요에 대해 자기의 명의로 항공사의 항공기를 이용, 화물을 혼재하여 운송해 주는 사업자이다.

혼재업자는 자체운송약관과 운임률표(tariff)를 가지고 혼재되는 개개의 화물에 대해 혼재화물운송장(House Air Waybill; HAWB)을 발행한다. 혼재화물이 항공사에 인도될 때 혼재업자는 화물집화자이면서 송하인이 되어 항공사로부터 항공화물운송장(Master Air Waybill; MAWB)을 발급받게 된다. 수출상이 은행을 통하여 대금결제를 받는 것과 수입상이 화물도착지에서 항공화물을 찾게 되는 것은 HAWB이다. MAWB은 항공사와 혼재업자간의 운송계약에 따른 증빙이며 항공화물을 수하인별로 분류하여 인도할 때 HAWB와 연결시켜 업무를 수행하게 된다.

[표 7-2] 항공화물대리점과 항공화물운송주선업자의 비교

구분	대리점	주선업자
활동영역	FCL 화물을 주로 취급 LCL 화물은 주선업자에게 혼재의뢰	국내외 LCL 화물 취급
운임	항공사의 운임률표 사용	자체의 운임률표 사용
화주에대한책임	항공사 책임	주선업자 책임
운송약관	항공사의 약관 사용	자체의 약관사용
수수료	IATA의 5% commission 및 취급수수료를 수취	수취운임과 지급운임과의 차액을 수익으로 하거나 IATA의 5% commission 수취
항공화물운송장	항공사의 Master Air Waybill 발행	자체의 House Air Waybill 발행

4. 항공화물운송장

(1) 의의

해상운송의 선하증권에 해당하는 항공운송의 기본서류가 항공화물운송장(AWB; Air Waybill) 또는 항공화물탁송장(Air Consignment Note)이다. 이 운송장은 송하인과 운송인 사이에 운송계약이 체결되었다는 증거서류이며 동시에 송하인으로부터 화물을 수령하였다는 증빙이 된다.

육상운송 및 해상운송에서의 화물운송장이나 선하증권은 운송인이 발행·교부하지만, 항공화물운송장은 송하인이 작성하는 것이 원칙이고, 가령 운송인이 명시 또는 묵시의 의사표시에 의해 이를 작성하더라도 그것은 송하인을 대신하여 작성한 것으로 추정된다.

운송인의 서명은 화물인수시에 이루어져야 하며, 스탬프로 대체될 수 있고, 송하인의 서명 역시 인쇄 또는 스탬프로 대체될 수 있다. 항공화물운송장은 서명됨으로써 발행이 완료되고 완전한 운송장으로 성립된다.

(2) 기능

1) 운송계약서

AWB은 송하인과 항공운송인간의 항공운송계약의 성립을 입증하는 운송계약서이다.

그러나 운송장은 12통으로 구성되어 있어 그 전통이 모두 운송계약서는 아니며 송하인용 및 원본이 이에 해당된다.

2) 화물수취증

항공화물운송장은 항공운송인이 송하인으로부터 화물을 수취한 것을 증명하는 화물수령증의 성격을 가지고 있다.

3) 운임계산서

화물과 함께 목적지에 보내져 수하인이 운임 및 요금을 계산하는 근거자료로서 사용된다.

4) 보험계약증서

국제항공운송 중 발생할 화물의 멸실 또는 손상의 위험은 별도의 항공보험증권에 의해 담보되는 것이 아니고, 해상적하보험증권에 항공화물약관을 첨부하여 담보가 가능하다. 항공운송의 경우 사고가 발생하면 기체도 화물도 전손이 되는 경우가 대부분이기 때문에 항공화물약관은 전위험담보조건을 사용한다.

그러나 보험수배능력이 없는 일반 화주를 위해 항공화물화주보험이라는 제도가 있다. 이 제도는 항공회사와 보험회사가 미리 포괄예정보험계약을 체결해 두고 송하인이 항공사에 화물을 인도할 때 항공화물운송장에 필요사항을 기재한 후 보험료를 납부함으로써 자동적으로 부보되는 것을 말한다. 선하증권의 경우 Red B/L이 이러한 역할을 수행한다.

5) 세관신고서

수출입신고서 및 통관자료로서 사용된다.

6) 화물운송의 지시서

AWB에 송하인이 화물의 운송, 취급, 인도에 관한 지시를 기재할 수 있다.

(3) 항공화물운송장과 선하증권의 차이

항공화물운송장과 선하증권은 운송인과 화주 사이에 운송계약이 체결되었다는 증거서류라는 점, 그리고 운송인이 화물을 수령하였다는 점에서 유사하지만, 양자의 법률적 성격은 다음과 같은 점에서 차이가 난다.

1) 유통성

선하증권은 유통성 유가증권의 성질을 가지는 데 반해, 항공화물운송장은 양도성이

나 유통성을 갖고 있지 않은 비유통성 유가증권이다. 항공화물운송장에는 "Non-negotiable"이라고 표시되어 유통이 금지된 '비유통증권'으로만 발행된다.

2) 발급시기

선하증권은 대부분 선적 후 발급이 되지만, 항공화물운송장은 화물이 운송인에게 보관되면 운송장이 발급되는 수취식이라 할 수 있다. 즉 선하증권은 선적을 증명하는 증권이므로 선적이 완료된 후에 발행되어야 한다. 그러나 항공운송에 있어서는 화물을 운송, 위탁해서 항공기에 적재할 때까지 많은 시일을 요하지 않기 때문에 항공사 창고에 화물이 도착하면 바로 운송장을 발행해 주고 있다.

3) 발행형식

선하증권은 대부분 지시식으로 되어 있어 정당한 배서에 의해 누구에게나 양도가능한 권리증권이다. 그러나 항공화물운송장은 기명식으로 되어 있어 항공화물운송장에 기재되어 있는 수하인이 아니면 해당 화물을 인수할 수 없다. 따라서 신용장개설은행은 신용장을 개설하면서 자신이 AWB의 수하인으로 표시되도록 요구함으로써 담보권을 확보하게 된다.

4) 작성자

항공화물운송장은 송하인이 작성해서 항공사에 교부하는 형식을 취하고 있는 반면, 선하증권은 선박회사가 작성해서 송하인에게 교부하도록 되어 있다.

5) 상환증권성

선하증권은 화물을 회수하기 위해서는 반드시 선하증권 원본이 필요한 상환증권인데 반해, 항공화물운송장은 원본이 없더라도 화물을 인수할 수 있기 때문에 상환증권이 아니다.

[표 7-3] 항공화물운송장과 선하증권의 비교

구분	AWB	B/L
유가증권성	유가증권이 아닌 화물수취증	유가증권
유통가능성	비유통성	유통성
발행시기	수취식(창고반입 후 발행)	선적식(선적 후 발행)
상환증권성	비상환증권	상환증권
발행형식	기명식	지시식
작성자	송하인이 작성하는 것이 원칙	운송인

제5절 국제물품운송관련 통신문

1. Shipping Advice

Gentlemen:

We are pleased to inform you that your Order No. ITC-7533 of 1,000 units of Model TM-R11 have been shipped on board the S/S "LEESOONSHIN" of Daehan Line which is scheduled to leave Busan, Korea on October 15, and is due to arrive at Manila on October 22.

You will find enclosed copies of the shipping documents covering your order as follows:

Commercial Invoice	1
Bill of Lading	1
Marine Insurance Policy	1
Packing List	1
Certificate of Origin	1

Please note that we have drawn a draft on your bank at 60 days for the invoice amount, under Letter of Credit M-023-508-ES-00223 through the Bank of Woori, Yeochon office. We ask you to accept it upon presentation.

We trust that the goods will reach you in good order and give you complete satisfaction so that you may favor us with further orders.

Very truly yours,

- S/S: steam ship (M/V; Motor Vessel)
- be due to: 예정이다
- further orders: 추가주문

2. Shipping Notice

Gentlemen:

Shipment: Order No.100

We are pleased to advise you that we have shipped your order as below, by S/S "Pacific Bear" of Korea Shipping Corporation which left here today:

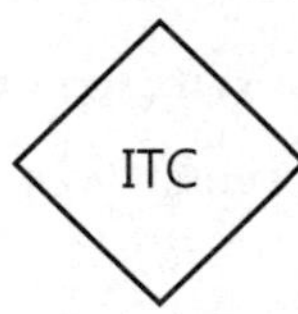

5 Cases of Imitation Pearls

Completing your Order No.100 of November 9, 2017

SAN FRANCISCO C/# 1-20

Made in Korea

We are glad to have completed our service to you, and hope this initial transaction will turn out to be a milestone to our everlastingly prosperous relationship.

In compliance with your request, two non-negotiable copies of the B/L and three copies of shipping invoice are enclosed.

In order to cover this shipment, we have drawn on you at sight through The Bank of Seoul under the L/C No.D1234 issued by The National Bank of New York, San Francisco, and ask you to honor the draft upon presentation.

We trust that the goods will reach you in good condition and give you full satisfaction.

We look forward to receiving your repeat orders as soon as possible.

Truly yours,

- turn out (to be) prove (to be)~: ~으로 되다, ~이 판명되다
- milestone: 이정표
- in compliance with your request: 귀사의 요청에 따라

3. Asking for postponement of shipment

Gentlemen:

Your Order No. GW7533

We are sorry to inform you that we are unable to effect shipment in full of your order No.GW7533 for 200 cases of Model SR11 since there has been some trouble with the machine control system of our factory.

50 out of the 200 cases you ordered are to be shipped by the beginning of next year as arranged. As to the rest, we have to ask for postponement of shipment till January 5, 2017, and those 150 cases will be sent by the first available air freight leaving Inchon, at our expense. Because of this, we have to ask you to amend the Letter of Credit to reflect this change.

Though the delay is beyond our control, we are no less sorry for it and shall be obliged if you will kindly understand the situation and obtain your clients' consent.

We look forward to hearing from you as soon as possible.

Sincerely yours,

- to effect shipment: 선적을 하다 (to make shipment)
- in full: 전부, 전량
- the rest: 나머지 부분
- at our expense: 당사의 비용부담으로
- to amend: 수정하다, 변경하다
- inconvenience: 불편

4. Inquiry for tariff

Dear Sirs,

We have a consignment of accessories and clothes now waiting to be shipped from Busan to Long Beach, USA.

The products packed in 100 cartons of accessories and 200 cartons of clothes are weighing 325kgs and measuring 12 cubic meters.

As our customers want the products urgently, we would be appreciated it if you would let us know the possible earliest direct vessel together with your competitive rate of freight by return e-mail as soon as possible.

Very truly yours,

- a consignment: 적송품
- a competitive rate of freight: 경쟁적인 운임율
- the products packed in: 포장된 제품들은 (the products which are packed in)
- urgently: 긴급하게
- the possible earliest direct vessel: 가능한 한 가장 빠른 직항선

5. Reply from the foregoing

Dear Mr. Kim,

Thank you for your e-mail offer of yesterday inquiring us about the rate of freight and vessel schedule.

The first vessel you asked for will be "Trade Luck 043W" which is due to sail on the 29th, and the second one will sail on the 2nd of next month.

However, the products have to reach us by the 27th for shipment by the first vessel.

Considering our mutual business relations in the future, we will quote you at US$250 per cubic meter to Long Beach Port, which bears no margin on our side this time.

We will send you our shipping request form and return it to us right away by e-mail after you fill it out.

Yours faithfully,

- inquiring us about~: 당사에게 ~을 요청하는
- be due to sail: 출항하기로 예정된
- bear no margin: 이윤이 없다
- a shipping request: 선복요청서

6. Air Cargo Shipping Notice

Gentlemen:

We are pleased to inform you that we have air-freighted your order No.213 dated July 17 for 72 cartons of health food by KE901 at 10:00 PM today, and the cargo will arrive at Charles de Gaulle Airport at 21:00 today. The relevant documents are as follows;

1. Commercial invoice in two copies
2. Packing list in two copies
3. A non-negotiable airway bill
4. A certificate of origin
5. Insurance policy in two copies
6. A weight and an inspection certificate

We thank you for this business and trust that this cargo will reach you in good condition and we look forward to receiving your further orders soon

Yours very truly,

- air-freight: 항공선적하다
- weight and inspection certificate: 중량 및 검사증명서

7. Shipment and payment notice

Dear Sirs,

With reference to your order No.132 dated July 12 for computers, we have shipped the products by CGM Korrigan 2343 sailed on September 23 from Busan. This vessel is scheduled to arrive at Le Harve port on October 25.

We enclosed two non-negotiable clean on board bills of lading made out to the order of the issuing bank, a copy of marine insurance policy covering the invoice amount plus 10 percent, two copies of commercial invoice and one copy of inspection certificate as you requested.

To cover this shipment, we have drawn drafts on the issuing bank at 120 days after sight for full invoice value under the L/C and the drafts were presented to Korea Exchange Bank together with original shipping documents.

We, therefore, ask you to honor the drafts at maturity.

We hope that the products will be in your hands in good condition and we look forward to your additional orders.

Yours faithfully,

- with reference to: ~과 관련하여
- made out to your order: 귀사 지시에 따라 발행된
- draw drafts on the issuing bank: 개설은행을 지급인으로 하여 어음을 발행하다
- at 120 days after sight: 일람 후 120일
- honor the drafts at maturity: 만기일에 어음을 결제하다

8. Postponement of shipment due to strike

Dear Sirs,

We are very sorry to inform you that it seems impossible for us to execute your order No.23 dated July 21 within the stipulated time due to a strike of our local supplier.

We received your requests several times for a punctual shipment as contracted and there was no doubt that we could ship the products by Trade Luck 023W sailing on August 2.

Our supplier informed that the work at the factory has been suspending for two weeks because of a temporal strike and it is impossible for them to meet the delivery date mutually agreed on.

They estimate, however, that the strike will be over within this week and assure us that they will give us a special priority to deliver the goods.

As we have been doing everything possible to carry out our business, we can promise you a definite shipment by the next earliest direct vessel.

We want you to accept our deep apologies for the inconvenience the delay has caused you.

Very truly yours,

- within the stipulated time: 예정된 기간 내에
- due to~: ~로 인하여, ~때문에
- a punctual shipment: 정확한 선적
- there was no doubt that: ~는 의심의 여지가 없었다
- the work at the factory: 공장에서의 작업
- give us a special priority: 당사에게 특별의 우선권을 부여하다
- a week or so: 약 일주일 정도

9. Delay of shipment notice

Gentlemen:

In order to execute your order No.142, we went through legal formalities on our side and booked the freight space on the Adam Abraham due to sail on November 19.

Owing to a traffic strike in the southern part of this country, however, the suppliers of raw & sub-materials have been held up and we can not manufacture the products by the end of this week as scheduled.

Under these circumstances, we may not be able to ship the products by the vessel referred to, and we want you to extend the date of shipment and expiry date for one month respectively.

Of course, we are well aware that the shipment of your products are much overdue the shipment time contracted, but we will make every possible effort to re-book on the first ship available after the strike, which at present seems to the Golden Gate sailing around December 5.

We apologize for the inconvenience you have been put to and assure you that nothing like this accident will happen in the future.

Yours faithfully,

- execute : (주문 등을)수행하다, 이행하다
- a traffic strike: 운송파업
- go through legal formalities: 법률적인 절차를 밟다
- be held up: 지연되다, 방해되다
- the vessel referred to: 언급된 선박
- re-book on the first ship available: 가능한 첫 선박에 재예약하다

제8장 해상보험

제1절 해상보험의 개요

1. 해상보험의 정의

해상보험(marine insurance)은 해상사업과 관련하여 발생하는 손해를 보상하는 경제적 제도이다. 그리고 해상보험은 보험자와 피보험자간에 체결되는 해상보험계약(contract of marine insurance)에 의해서 구체적으로 시행된다.

영국해상보험법 제1조에서는 해상보험을 다음과 같이 정의하고 있다.

◆ Marine Insurance Act (MIA) Article 1 Marine Insurance defined

A contract of marine insurance is a contract whereby the insurer undertakes to indemnify the assured, in manner and to the extent thereby agreed, against marine losses, that is to say, the losses incident to marine adventure.

(해상보험계약이란 보험자가 그 계약에 의하여 합의한 방법과 범위 내에서 해상손해, 즉 해상사업에 수반되는 손해에 대하여 피보험자에게 손해보상을 약속하는 계약이다)

2. 해상보험의 범위

해상보험은 해상에서 우연히 발생하는 사고(perils)로 인하여 손해가 발생할 경우 이를 보상하는 제도이다. 그러나 MIA 제2조에서는 다음과 같이 해상보험계약은 그 명시된 특약 또는 상관습에 의해 담보의 범위를 확장해서 해상항해에 수반되는 내수로(inland waters) 또는 육상위험으로 인한 손해에 대해서도 보상할 것을 규정하고 있어, 사고가 발생하는 지점이 반드시 해상이 아니라도 된다는 점을 나타내고 있다.

따라서 해상운송과 연계하여 육상운송을 하더라도 별도로 육상운송보험계약을 체결할 필요 없이 해상보험계약만으로도 전 운송구간에 대한 보험계약의 체결이 가능하다. 그리고 현재 사용되고 있는 협회적하약관(ICC 2009)의 운송약관(Transit Clause)에서도 보험자의 보상책임이 선적항의 창고에서부터 시작하여 도착항의 창고까지 연장되도록 규정하고 있다. 따라서 선적순서를 기다리기 위해 선적항의 창고에 화물을 임시로 보관할 경우에도 별도로 화재보험에 가입할 필요가 없으며 해상보험으로 보호가 된다.

◆ MIA Article 2 Mixes sea and land risks

(1) A contract of marine insurance may, by its express terms, or by usage of trade, be extended so as to protect the assured against losses on inland waters or on any land risk which may be incidental to any sea voyage.
(해상보험계약은 명시적인 조건이나 무역관행에 의하여 피보험자를 보호하기 위해 해상항해에 수반될 수 있는 내수로 또는 일체의 육상위험의 손해까지 확장될 수 있다)

3. 해상보험의 종류

(1) 선박보험

선박보험은 ① 선박을 대상으로 하는 선체 및 기관보험, ② 선박의 건조에서부터 진수 · 시운전 및 인도에 이르기까지 이에 따른 제반 손해를 보상해 주는 선박건조보험, ③ 보험사고로 인하여 선박이 운항하지 못하게 되는 경우 선주 등에게 예상수익의 손해를 보상해 주는 선박불가동손실보험으로 구분할 수 있다.

(2) 적하보험

적하보험은 운송화물을 대상으로 하는 보험이다. 따라서 적하보험계약이 체결될 수 있는 보험목적물은 화물이다. 그리고 사유물이나 선내에서 소비하기 위한 식료품이나 소모품 등은 화물로 취급되지 않으며 이들 품목은 적하보험의 대상이 될 수 없다.

(3) 운임보험

운임보험은 운임을 대상으로 하는 보험이다. 운임이 선불인 경우는 화주가 운임보험을 체결하고 운임이 도착지에서 지불될 경우에는 선주가 체결한다. 운임보험은 제3자

에 의해서 지불되는 운임뿐만 아니라 선주가 자신의 선박으로 자신의 화물을 운반할 경우 추측될 수 있는 운임도 대상으로 한다. 그러나 여객이 지급하는 여객운임은 운임에 포함되지 않기 때문에 운임보험의 대상에서 제외된다.

(4) 보험기간에 따른 분류

1) 기간보험 (Time Insurance)

기간보험은 일정한 기간을 표준으로 하는 보험이며 이때 기간보험증권(time policy)이 발급된다. 선박보험은 통상 1년을 보험기간으로 하는 기간보험이다.

2) 항해보험 (Voyage Insurance)

항해보험 또는 구간보험은 보험목적물을 부산항에서 뉴욕항까지 부보하는 것처럼 어느 지점에서 다른 지점까지 보험에 가입하는 경우이며 이 때 발행되는 보험증권을 항해보험증권(voyage policy)이라 한다. 적하보험은 항해보험으로 계약이 체결되며 선박보험에서도 특별한 경우에는 항해보험으로 가입하기도 한다.

3) 혼합보험 (Mixed Insurance)

혼합보험[1]은 일정 항해 및 일정 기간을 동시에 보험기간으로 정하는 보험이다. 예를 들어 보험기간을 "런던에서 뉴욕까지, 단 2017년 1월 1일부터 30일간을 한도로 한다"는 식으로 정하게 되면 혼합보험이 된다.

제2절 해상보험계약

1. 해상보험계약의 당사자

(1) 보험자 (Insurer, Assurer, Underwriter)

보험자는 보험계약을 인수하고 이에 따라 보험계약자에게 손실보상을 약속하는 당사자이다. 'Insurer' 또는 'Assurer'는 불확실한 미래의 상황을 확실하게 보장해 주는 사람이라는 의미에서 보험자를 지칭한다. 보험자는 보험계약자에게 발생할지도 모르는 미래의 손실을 금전적으로 보상할 것을 약속하기 때문에 불확실한 상황을 곧 확실하게

1) 혼합보험은 고유명사가 아니기 때문에 다른 용도에서도 사용된다.

보장해 준다는 뜻이다.

한편, 'Underwriter'는 원래 상업협정서의 하단에 기명 · 날인하고 그 내용에 따를 것을 약정하는 사람을 의미했었다. 해상보험에서는 17세기경부터 보험증권을 발행하는 보험자가 보험증권의 내용에 대하여 책임을 진다는 의미에서 보험증권의 하단에 직접 서명을 했는데, 이후 'Underwriter'는 보험계약을 인수하는 개인보험업자를 뜻하게 되었다.

(2) 로이즈의 개인보험업자

대부분의 국가에서 보험자라고 하면 주식회사의 형태를 의미하며 개인보험업자들을 법으로 허용하고 있지 않다. 그러나 영국은 개인보험업자들에 의해 해상보험이 발전되어 왔기 때문에 전통적으로 개인보험업자를 허용하고 있다. 따라서 영국에서는 보험계약을 체결할 수 있는 재력만 있으면 누구든지 보험자가 될 수 있는데, 이 개인보험자들의 집합체를 통칭하여 "Lloyd's"라고 표현하고 있다. 따라서 로이즈는 보험회사가 아니라 개인보험자들의 모임단체이다. 로이즈는 1871년 로이즈 법에 의해 외견상으로 법인격을 가지는 로이즈 조합(Corporation of Lloyd's)이 되었다.

로이즈는 해상보험에서 출발했지만 오늘날에는 손해보험 · 인보험 등 모든 보험분야에 있어서 세계보험시장의 중심이 되고 있다. 특히 다른 나라의 보험시장으로부터 재보험을 많이 인수하고 있으며, 위험도가 매우 크거나 다른 보험자가 인수하기를 꺼려하는 위험들을 취급한다.

(3) 보험계약자 (Policy Holder)

보험계약자는 자기 명의로 보험자와 보험계약을 체결하고 보험료를 지불할 의무가 있는 당사자를 말한다. 보험계약자는 보험계약의 체결에 직접적으로 관여하는 당사자이기 때문에 계약상의 모든 의무를 부담해야 한다. 보험계약자의 자격에 대하여 별도의 제한은 없으며 보험계약자는 대리인으로 하여금 보험계약을 체결하도록 할 수 있다.

(4) 피보험자 (Insured, Assured)

피보험자는 손실이 발생할 경우 보험계약에 의해 보상을 받을 수 있는 당사자이다. 그러나 피보험자는 손해보상을 청구하기 위해서는 피보험이익(insurable interest)을 가져야만 한다. 피보험이익은 보험목적물에 대하여 특정인이 갖는 금전적 이해관계를 말한다. 이해관계가 없으면 손해를 당할 일도 보상을 받을 필요도 없기 때문에 피보험자

는 반드시 피보험이익을 가지고 있거나 이를 취득할 가능성이 있어야 한다.

보험계약자와 피보험자는 동일인이 될 수도 있고 서로 다른 사람이 될 수도 있다. 자신을 위하여 보험계약을 체결하면 보험계약자와 피보험자는 동일인이 되지만 타인을 위한 보험계약을 체결하게 되면 보험계약자와 피보험자는 다른 사람이 된다.

CIF 계약에서는 수출업자가 수입업자를 위하여 적하보험을 체결해야 한다. 수출업자는 보험계약을 체결하고 보험료를 지불하는 보험계약자가 되고, 사고가 발생할 경우 이에 대한 보상청구는 수입업자가 하기 때문에 피보험자는 수입업자가 된다. 그러나 실무적으로는 수출업자가 자기를 피보험자로 하여 보험계약을 체결한 후 보험증권을 배서하여 수입업자에게 양도하는 형식을 취한다. 보험사고가 발생할 경우 수입업자는 보험증권의 소지인으로서 손해보상을 보험자에게 요구한다.

2. 해상보험계약의 법적성질

(1) 낙성계약

해상보험계약은 당사자 쌍방의 의사표시 합치만으로 성립하고, 계약성립을 위하여 당사자간에 아무런 급부를 요하지 않는 낙성계약이다. 보험계약이 성립되기 위해서는 당사자 일방의 청약(offer)과 이에 대한 상대방의 승낙(acceptance)만 있으면 된다. 즉 피보험자가 보험에 가입하고 싶다는 의사표시를 하고, 보험자가 이를 승낙하게 되면 보험계약은 성립된다.

(2) 불요식계약

보험계약은 그 성립을 위하여 당사자간의 합의 외에는 다른 특별한 방식을 필요로 하지 않는 불요식계약이다. 보험계약에서는 법률행위의 요소인 의사표시를 일정한 방식에 의해 행할 것을 필요로 하지 않는다.

(3) 유상 · 쌍무계약

유상계약은 계약의 효과로서 당사자들이 상호 대가를 치른다는 의미로 출연을 행하는 계약을 말한다. 매매 · 교환 · 임대차 · 고용 등의 계약은 유상계약이며 증여는 무상계약이다. 그리고 쌍무계약은 계약의 효과로서 당사자들이 서로 채무를 부담하는 계약을 의미한다. 보험계약은 보험계약자가 보험료를 부담하고 이에 대해 보험자는 보험사고가 발생할 경우 보상금(보험금)을 지급할 의무가 있기 때문에 유상계약이라 할 수

있다.

한편 보험계약은 보험계약자가 보험료를 지불하는 데 대하여 보험자의 위험부담이 계약성립과 동시에 채무로서 발생하기 때문에 양 당사자의 채무는 서로 구속관계에 있는 쌍무계약이라 할 수 있다.

(4) 사행계약

사행계약은 보험계약, 추첨, 경품 등과 같이 당사자에게 발생하는 손실 또는 이익이 불확실한 사건의 발생과 관련되는 계약, 즉 우연성을 계약이다. 보험자는 우연적으로 발생하는 보험사고에 대해서만 그 손실을 보상하기 때문에 보험자의 보험금 지급은 우연성에 좌우되고 이에 따라 보험계약은 사행계약이라고 할 수 있다.

(5) 최대선의의 계약

보험계약은 당사자들의 신의 성실의 원칙에 입각하여 체결되는 최대선의(utmost good faith)의 계약이다. 최대선의의 원칙은 보험계약에서 뿐만 아니라 모든 계약에서 요구되는 기본원칙이라 할 수 있는데, 특히 보험계약에서 강조되는 이유는 보험계약이 우연한 사고를 대상으로 하는 사행계약이기 때문이다.

영국의 해상보험법에서도 해상보험계약은 최대선의를 기초로 하는 계약임을 규정하고 있다. 만약 최대선의의 원칙을 위반할 경우 일방은 보험계약을 취소할 수 있는 권한을 가질 수 있다.

◆ MIA Article 17 Insurance is uberrimae fidei[2)]

A contract of marine insurance is a contract based upon the utmost good faith, and, if the utmost good faith be not observed by either party, the contract may be avoided by the other party.

(해상보험계약은 최대선의를 기초로 한 계약이며, 따라서 당사자 일방이 최대선의를 지키지 않으면 타방은 그 계약을 취소할 수 있다)

(6) 부합계약

부합계약(contract of adhesion)은 계약 내용이 당사자 일방에 의해 정해지고 상대방은 이 내용을 포괄적으로 승인함으로써 효력이 발생하는 계약이다. 상거래에서 일어나

2) uberrimae fidei는 라틴어로 utmost good faith란 의미이다.

는 운송계약, 보험계약 등은 모두 부합계약의 성질을 띤다.

보험자는 불특정다수의 보험계약자를 상대로 보험계약을 체결하기 때문에 보험계약을 체결할 때마다 일일이 보험계약자와 계약내용을 합의할 수는 없다. 또한 보험계약상의 법률적 · 기술적 문제에 대하여 전문 지식이 없는 보험계약자와 협의하여 계약을 체결하는 것도 무의미하며, 개별적으로 계약을 체결하게 되면 보험계약자간에 차별이 발생할 수 있다. 따라서 보험자는 일방적으로 작성한 보험약관을 제시하고 보험계약자는 이것을 포괄적으로 승인함으로써 보험계약이 체결된다.

3. 고지와 담보

(1) 고지 (Disclosure)

1) 피보험자의 고지의무

보험자가 보험계약의 체결 여부를 결정하고 합리적인 보험료를 산정하기 위해서는 피보험자가 보험목적물에 대한 구체적 사항을 보험자에게 알려 주어야 하는데 이를 피보험자의 고지의무라 한다. 영국해상보험법 제18조 제1항에서도 피보험자는 보험계약이 체결되기 전 자기가 알고 있는 모든 중요한 사항을 보험자에게 고지할 것을 피보험자의 의무로서 규정하고 있다.

◆ MIA Article 18 Disclosure by assured

(1) Subject to the provisions of this section, the assured must disclose to the insurer, before the contract is concluded, every material circumstances which is known to the assured, and the assured is deemed to know every circumstances which, in the ordinary course of business, ought to be known by him. If the assured fails to make such disclosure, the insurer may avoid the contract.
(본조의 규정에 따라서, 피보험자는 자기가 알고 있는 모든 중요사항을 계약이 성립되기 전에 보험자에게 고지하여야 하며, 피보험자는 통상의 업무상 마땅히 알아야 하는 모든 사항을 알고 있는 것으로 간주한다. 피보험자가 그러한 고지를 하지 않은 경우에는 보험자는 계약을 취소할 수 있다)

2) 고지의 내용

보험계약을 체결할 때 피보험자는 보험목적물과 관련되는 모든 사항을 알릴 필요는 없고 중요한 사항만을 고지할 의무가 있다. 여기서 말하는 중요한 사항은 보험자가 보험계약을 체결할 당시에 보험료를 확정하거나 보험계약의 인수 여부를 결정하는데 영향을 미칠 수 있는 모든 사항을 의미한다.

그리고 이런 사항들은 피보험자가 정상적인 사업과정에서 당연히 알고 있는 것으로 간주되기 때문에 피보험자는 그러한 사항을 알지 못했다고 항변할 수 없다.

◆ MIA Article 18 Disclosure by assured

(2) Every circumstances is material which would influence the judgment of a prudent insurer in fixing the premium, or determining whether he will take the risk.
(보험료를 결정하거나 또는 위험의 인수여부를 결정하는데 있어서 신중한 보험자의 판단에 영향을 미치는 모든 사항은 중요사항이다)

3) 고지의 시기와 방법

고지의 시기는 보험계약이 체결되기 전이며, 계약이 성립되는 시점에서 피보험자의 고지의무는 종결된다. 고지의무는 보험자가 보험계약의 체결 여부를 결정하고 보험료를 산정하는 데 필요한 정보를 얻기 위한 것이기 때문에 보험계약이 성립되기 전에 고지하면 된다.

고지의 방법에 대해서는 MIA에서 별다른 제한을 두고 있지 않다. 오늘날에는 보험계약청약서를 이용하여 중요한 사실을 고지한다. 보험계약청약서에는 보험자가 알고 싶어 하는 내용이 질문형식으로 인쇄되어 있기 때문에 그 물음에 답하는 것이 고지하는 결과가 된다.

4) 고지가 필요 없는 사항

다음 사항들은 보험자가 특별히 질문하지 않는 한 피보험자는 고지할 필요가 없다.

◆ MIA Article 18 Disclosure by assured

(3) In the absence of inquiry the following circumstances need not be disclosed, namely:
    (a) Any circumstances which diminishes the risk;
    (b) Any circumstances which is known or presumed to be known to the insurer. The insurer is presumed to know matters of common notoriety or knowledge, and matters which an insurer in the ordinary course of his business, as such,

ought to know;

(c) Any circumstances as to which information is waived by the insurer;

(d) Any circumstances which it is superfluous to disclose by reason of any express or implied warranty.

(다음의 사항은 질문이 없는 경우에 고지할 필요가 없다. 즉,

(a) 위험을 감소시키는 일체의 사항

(b) 보험자가 알고 있거나 또는 알고 있는 것으로 추정되는 일체의 사항; 보험자는 일반적으로 소문난 상황이나 상식에 속하는 상황 및 보험자가 자기의 통상의 업무상 마땅히 알아야 하는 상황들을 알고 있는 것으로 추정된다.

(c) 보험자가 그에 관한 정보를 포기한 일체의 사항

(d) 어떠한 명시 또는 묵시담보 때문에 고지할 필요가 없는 일체의 사항)

5) 고지의무의 위반

① 불고지와 부실고지

피보험자는 보험계약을 체결할 당시에 자기가 알고 있는 모든 중요한 사항을 최대선의의 원칙에 따라 고지해야 하며 그리고 이러한 고지는 진실 되게 표시되어야 한다. 만약 중요한 사항을 고지하지 않거나 허위로 표시하게 되면, 불고지(non-disclosure) 또는 부실고지(misrepresentation)로서 피보험자는 고지의무를 위반한 결과가 된다.

② 불고지와 부실고지의 효력

해상보험계약은 최대선의의 계약이다. 만약 최대선의를 보험계약 당사자의 어느 일방이 준수하지 않으면 상대방은 보험계약을 취소할 수 있다(MIA 제17조). 피보험자의 고지의무위반에 대하여 MIA 제20조 제1항에서는 보험자에게 보험계약을 취소시킬 수 있는 권한을 부여하고 있다.

이러한 권한은 보험자의 재량권에 속하기 때문에 상황에 따라서 보험자는 계약을 취소할 수도 있고 하지 않을 수도 있다. 그러나 보험계약을 취소하기 위해서는 불고지 사항 또는 부실고지 사항이 반드시 중요한 사항에 속하여야 하며, 이에 대한 입증책임은 1차적으로 고지의무위반을 주장하는 보험자에게 있다.

◆ MIA Article 20 (1) Representations pending negotiation of contract

Every material representation made by the assured or his agent to the insurer during the negotiations for the contract, and before the contract is concluded, must be true.

If it be untrue the insurer may avoid the contract.

(계약의 협의 중 및 계약이 성립되기 전에, 피보험자 또는 그 대리인이 보험자에 행한 모든 중요한 표시는 진실이어야 한다. 그것이 진실이 아닌 경우 보험자는 그 계약을 취소할 수 있다)

(2) 담보 (Warranty)

1) 담보의 개념

보험계약이 체결될 때 담보가 조건부로 포함되는 경우가 많다. 피보험자는 보험계약을 체결할 때 보험계약과 관련되는 조건을 약속하기도 하고 어떤 사실의 존재 여부에 대해서 자신의 입장을 명확하게 표명하기도 한다. 이러한 피보험자의 약속이나 입장표명을 모두 담보[3)]라고 하는데, 특히 전자의 경우를 약속담보(promissory warranty)라 하고, 후자를 긍정담보(affirmative warranty)라 한다.

MIA 제33조에서는 담보를 피보험자의 약속사항만으로 규정하고 있는데 그 내용은 다음과 같다.

◆ MIA Article 33 Nature of Warranty

(1) A warranty, in the following sections relating to warranties, means a promissory warranty, that is to say, a warranty by which the assured undertakes that some particular thing shall or shall not be done, or that some condition shall be fulfilled, or whereby he affirms or negatives the existence of a particular state of facts.

(2) A warranty may be express or implied.

(3) A warranty, as above defined, is a condition which must be exactly complied with, whether it be material to the risk or not. If it be not so complied with, then, subject to any express provision in the policy, the insurer is discharged from liability as from the date of the breach of warranty, but without prejudice to any liability incurred by him before that date.

(1) 담보에 관한 다음의 제조항에서의 담보는 약속담보를 의미하고, 즉 그것에 의해 피보험자가 어떤 특정한 사항이 행하여지거나 행하여지지 않을 것 또는 어떤 조

3) 'warranty'를 담보 또는 보증이라고 하는데, 만약 담보로 해석할 경우에는 'cover'와 혼동될 수 있다. 즉 보험에서는 '보험자가 보상한다'를 '담보한다'로 표현하며, 또한 보험자가 보상해 주는 위험을 담보위험이라고도 한다.

건이 충족될 것을 약속하는 담보, 또는 그것에 의해 피보험자가 특정한 사실상태의 존재를 긍정하거나 부정하는 담보를 의미한다.

(2) 담보는 명시담보일 수 있고, 또는 묵시담보일 수도 있다.

(3) 위에서 정의한 담보는, 그것이 위험에 대하여 중요한 것이든 아니든 관계없이, 반드시 정확하게 충족되어야 하는 조건이다. 만약 그것이 정확히 충족되지 않는다면, 보험증권에 명시적인 규정이 있는 경우를 제외하고, 보험자는 담보위반일로부터 책임이 해제된다. 그러나 담보위반일 이전에 보험자에게 발생한 책임에는 영향을 미치지 않는다.

2) 담보의 위반과 허용

피보험자가 담보를 위반했을 경우 이를 허용하느냐의 여부는 보험자의 의사에 달려 있다. 그러나 MIA 제34조에서는 담보위반이 허용되는 경우를 규정하고 있다.

◆ MIA Article 34 When breach of warranty executed

(1) Non-compliance with a warranty is executed when by reason of a change of circumstances, the warranty cease to be applicable to the circumstances of the contract, or when compliance with the warranty is rendered unlawful by any subsequent law.

(2) Where a warranty is broken, the assured cannot avail himself of the defence that the breach has been remedied, and the warranty complied with, before loss.

(3) A breach of warranty may be waived by the insurer.

(1) 담보의 불충족이 허용되는 경우는 상황의 변경에 의해 담보가 계약상황에 적용될 수 없게 된 경우, 또는 담보의 충족이 그 이후의 어떠한 법률에 의해 위법이 되는 경우이다.

(2) 담보의 위반이 있는 경우, 피보험자는 손해발생 이전에 그 위반이 교정되고 따라서 담보가 충족되었다는 항변을 이용할 수 없다.

(3) 담보의 위반은 보험자가 그 권리를 포기할 수 있다.

3) 고지의무위반과 담보의무위반의 비교

MIA에서 규정하고 있는 고지의무위반과 담보의무위반의 내용을 비교해 보면 [표 8-1]과 같다. 피보험자가 고지의무를 위반하게 되면 보험계약이 취소될 수 있지만 위반한 사실이 반드시 중요한 사항이어야 한다. 그러나 담보위반은 그 내용이 중요하든 그렇

지 않든 간에 무조건 보험계약이 해지될 수 있다.

고지의무위반과 담보위반에 대해서 보험자는 보험계약을 취소 또는 해지할 수 있는데, 취소는 보험계약을 완전히 무효로 하는 것이고, 해지는 해지시점 이후의 보험계약을 무효로 하는 것이다. 따라서 보험계약이 해지되더라도 그 이전의 보험계약은 유효한 것이기 때문에 해지시점까지의 보험료는 환불되지 않는다.

[표 8-1] 고지위반과 담보위반의 비교

	고지위반	담보위반
위반내역	중요한 사항	어떠한 사항
결 과	보험계약의 취소	보험계약의 해지
효 력	보험계약의 전부 무효	해지시점 이후의 보험계약무효
보험료	전부 반환	일부 반환

4) 담보의 종류

① **명시담보 (express warranty)**

명시담보는 보험증권 또는 보험증권의 일부로 간주되는 서류에 기재되어 있는 담보이다. MIA에서는 명시담보를 다음과 같이 규정하고 있다.

◆ MIA Article 35 Express warranties

(1) An express warranty may be in any form of words from which the intention to warrant is to be inferred.

(2) An express warranty must be included in, or written upon, the policy, or must be contained in some document incorporated by reference into the policy.

(3) An express warranty does not exclude an implied warranty, unless it be inconsistent therewith.

(1) 명시담보는 담보하려는 의사가 추정될 수 있는 것이면 어떠한 형태의 어구도 가능하다.

(2) 명시담보는 반드시 보험증권에 포함되거나 또는 기재되거나, 또는 보험증권 내의 언급에 의해 보험증권의 일부인 서류에 포함되어 있어야 한다.

(3) 명시담보는 그것이 묵시담보와 상반되지 않는 한, 묵시담보를 배제하지 않는다.

② **묵시담보** (implied warranty)

담보의 내용이 보험증권상에 명시되어 있지 않으나 피보험자라면 당연히 지켜야 할 약속을 묵시담보라 한다. 묵시담보에는 대표적으로 내항성담보와 적법담보가 있다.

i. 감항성담보

감항성담보란 선박이라고 하면 반드시 항해를 감당할 수 있는 능력을 갖추고 있어야 한다는 담보이다. 보험증권상에 선박은 감항성(seaworthiness)을 확보하고 있는 것을 조건으로 한다는 명시규정이 없더라도 선박은 반드시 감항성을 확보하고 있어야 한다.

선박의 감항성 확보시기는 해상보험의 종류에 따라서 달리 적용되는데, 선박항해보험(voyage insurance)에서는 항해개시 시점에 선박은 감항성을 가져야 한다. 그리고 항해가 여러 구간으로 나누어질 경우에는 각 구간의 항해개시 시점에서만 감항성이 요구된다. 각 항해구간은 다른 등급의 장비를 필요로 하기 때문에 선박은 각 구간의 항해개시 시점에서 그 구간의 항해에 필요한 감항성을 갖추어야 하기 때문이다.

◆ MIA Article 39 Warranty of seaworthiness of ship

(1) In a voyage policy there is an implied warranty that at the commencement of the voyage the ship shall be seaworthy for the purpose of the particular adventure insured.

(2) Where the policy attaches while the ship is in port, there is also an implied warranty that she shall, at the commencement of the risk, be reasonably fit to encounter the ordinary perils of the port.

(3) Where the policy relates to a voyage which is performed in different stages, during which the ship requires different kinds of or further preparation or equipment, there is an implied warranty that at the commencement of each stage the ship is seaworthy in respect of such preparation or equipment for the purposes of that stage.

(4) A ship is deemed to be seaworthy when she is reasonably fit in all respects to encounter the ordinary perils of the seas of the adventure insured.

(5) In a time policy there is no implied warranty that the ship shall be seaworthy at any stage of the adventure, but where, with the privity of the assured, the ship is

sent to sea in an unseaworthy state, the insurer is not liable for any loss attributable to unseaworthiness.

(1) 항해보험증권에서는 항해의 개시시에 선박은 보험에 가입된 특정한 해상사업의 목적을 위하여 감항이어야 한다는 묵시담보가 있다.
(2) 선박이 항구에 있는 동안에 보험계약이 개시되는 경우에는, 또한 선박이 위험개시시기에 그 항구의 통상적인 위험에 대응하는데 있어서 합리적으로 적합하여야 한다는 묵시담보가 있다.
(3) 상이한 여러 단계로 수행되는 항해에 보험계약이 관련되어 있고, 그 제단계마다 선박이 상이한 종류의 준비나 장비 또는 추가적인 준비나 장비를 필요로 하는 경우에는, 각 단계의 개시시기에 선박은 그 단계의 목적을 위하여 그와 같은 준비나 장비에 관하여 감항이어야 한다는 묵시담보가 있다.
(4) 선박이 피보험해상사업의 통상적인 바다의 위험에 대응하는데 있어서 모든 점에서 합리적으로 적합한 때에는, 선박은 감항인 것으로 간주된다.
(5) 기간보험증권에서는 선박이 어떠한 단계의 해상사업에서도 감항이어야 한다는 묵시담보는 없다. 그러나 피보험자가 은밀히 알고 있으면서도 선박이 불감항 상태로 취항한 경우에는, 보험자는 불감항에 기인하는 어떠한 손해에 대해서도 보상책임이 없다.

ii. 적법담보

적법담보란 해상보험은 합법적이어야 하고 피보험자가 통제할 수 있는 한 합법적으로 수행되어야 한다는 묵시담보이다. 적법담보의 내용은 첫째, 밀무역이나 적대국가와의 통상이 아니어야 하며, 둘째 항해금지구역을 항해하지 않아야 하며, 셋째 출항 전에 반드시 출항허가를 받아야 한다는 것 등이다.

◆ MIA Article 41 Warranty of legality

There is an implied warranty that the adventure insured is a lawful one, and that, so far as the assured can control the matter, the adventure shall be carried out in a lawful manner.

(피보험해상사업은 적법한 사업이어야 하고, 피보험자가 사정을 지배할 수 있는 한 그 해상사업은 적법한 방법으로 수행되어야 한다는 묵시담보가 있다)

4. 피보험이익

(1) 피보험이익의 개념

보험목적물과 이해관계가 있는 자는 보험목적물이 위험에 노출될 경우 손해를 입을 수 있기 때문에 이에 대비하여 보험계약을 체결한다. 보험목적물과 이해관계가 있으므로 보험계약을 체결할 수 있고, 이 계약에 의해서 불확실한 미래의 사고로부터 재산상의 손해를 받을 수 있는 이익을 피보험이익(insurable interest)이라 한다.

피보험이익에 관해서 MIA 제5조에서는 다음과 같이 규정하고 있다.

◆ MIA Article 5 Insurable interest defined

(1) subject to the provisions of this Act, every person has an insurable interest who is interested in a marine adventure.

(2) In particular, a person is interested in a marine adventure or to any insurable property at risk therein, in consequence of which he may benefit by the safety or due arrival of insurable property, or may be prejudiced by its loss, or by damage thereto, or by the detention thereof, or may incur liability in respect thereof.

(1) 이 법이 규정하고 있는 경우를 제외하고, 해상사업에 이해관계가 있는 자는 모두 피보험이익을 갖는다.

(2) 특히 해상사업에 대해서 또는 위험에 노출된 일체의 피보험재산에 대하여 어떤 자가 보통법 또는 형평법[4]상 관계에 있는 경우, 그 결과로 인하여 피보험재산의 안전이나 예정시기의 도착으로 이익을 얻거나, 피보험재산의 멸실이나 손상 또는 억류로 손해를 입거나, 또는 피보험재산에 관하여 배상책임을 발생시키는 자는 해상사업에 이해관계가 있다

(2) 피보험이익의 요건

피보험이익은 경제성, 확실성 및 합법성의 요건을 갖추어야 한다.

1) 경제성

피보험이익은 객관적으로 재산상의 가치를 가지고 있어야 하며 또한 금전적으로 평가될 수 있어야 한다. 개인이 각자 가지고 있는 정신적 가치(sentimental value)는 주관

4) 보통법은 엄격한 형식에 의해서 효력을 발생하는 영미법 전체를 말하고, 형평법은 보통법의 엄격성을 완화시키기 위하여 마련된 보통법을 보완하는 법을 말한다.

적으로 아무리 높게 평가되더라도 피보험이익으로 인정될 수 없다.

2) 확실성

피보험이익은 금전적으로 확정되고 그것이 누구에게 귀속될 것인지가 확실해야 한다. 즉 피보험이익으로 인정되기 위해서는 피보험이익이 경제적으로 얼마의 가치가 있고 또한 누구의 것인지가 분명해야 한다는 것이다. 아무리 경제적으로 높게 평가되더라도 확정될 수 없는 이익은 보험의 대상이 될 수 없다.

그러나 적하보험에서는 피보험이익이 현재 확정되어 있지 않더라도 장래에 확정될 것이 확실하면 보험의 대상으로 인정된다. 예를 들어 CIF 규칙에서 수출업자는 CIF 금액의 110%를 보험에 가입해야 하는데, 여기서 10%를 추가로 인정하는 것은 화물이 무사히 도착하면 그 정도의 이익이 발생할 것이라고 예측하기 때문이다.

3) 합법성

해상보험계약을 비롯한 모든 보험계약은 합법적이어야 하며, 피보험이익도 반드시 법률상 인정되는 합법성을 가져야 한다. MIA 제3조 제1항에서도 합법적인 해상사업(lawful marine adventure)에 한하여 보험계약이 체결될 수 있음을 강조하여 피보험이익의 합법성을 강조하고 있다.

(3) 피보험이익의 존재시기

1) 일반적 시기

일반적으로 보험계약을 체결할 때 피보험자는 피보험이익을 가지고 있어야 한다. 그러나 해상보험계약은 그 국제성으로 인해 피보험이익을 가지고 있지 않더라도 보험계약이 체결될 수 있다. 적하보험에서는 사실상 피보험이익을 가지지 않은 상태에서 수입업자가 보험계약을 체결해야 하는 경우가 많다.

FOB조건이나 CIF조건에서 수입업자는 수출업자로부터 선적완료의 통지를 받은 후 적하보험계약을 체결한다. 그러나 이 시점에서는 화물에 대한 소유이익이 아직까지 수입업자에게로 넘어오지 않았기 때문에 수입업자는 사실상 피보험이익이 없는 상태에서 보험계약을 체결하고 있는 것이다.

이러한 국제무역의 특수성을 고려하여 MIA 제6조 제1항 및 협회적하약관(ICC 2009) 제11조에서는 보험계약을 체결할 당시에는 반드시 피보험이익을 가질 필요는 없지만 보험사고가 발생한 시점에는 이해관계를 갖지 않으면 안 된다고 규정하고 있다. 보통 피보험자가 보험금을 청구할 때 선하증권을 제시해야 하는데 그 이유 중 하나는 피보

험이익을 증명하기 위해서이다.

◆ MIA Article 6 When interest must attach

(1) The assured must be interested in the subject-matter insured at the time of the loss though he need not be interested when the insurance is effected:
Provided that where the subject-matter is insured 'lost or not lost,' the assured may recover although he may not have acquired his interest until after the loss, unless at the time of effecting the contract of insurance the assured was aware of the loss, and the insurer was not.

(2) Where the assured has no interest at the time of the loss, he cannot acquire interest by any act or election after he is aware of the loss.

(1) 피보험자는 보험계약이 체결될 때 보험의 목적에 이해관계를 가질 필요는 없지만, 손해발생시에는 반드시 보험의 목적에 이해관계를 가져야 한다.
단, 보험의 목적이 '멸실 여부를 불문함'이란 조건으로 보험가입되는 경우에는, 보험계약의 체결시 피보험자가 손해발생사실을 알고 있었고 보험자는 그 사실을 알지 못하였을 경우가 아닌 한, 피보험자는 손해발생 후까지 자기의 이익을 취득할 수 없을지라도 보험금을 받을 수 있다.

(2) 피보험자가 손해발생시 이익을 가지고 있지 않는 경우, 피보험자는 손해발생 사실을 알고 난 후에는 어떠한 행위 또는 선임에 의해서도 이익을 취득할 수 없다.

◆ ICC 2009 11 Insurable interest

11.1 In order to recover under this insurance the Assured must have an insurable interest in the subject-matter insured at the time of the loss.

11.2 Subject to Clause 11.1 above, the Assured shall be entitled to recover for insured loss occurring during the period covered by this insurance, notwithstanding that the loss occurred before the contract of insurance was concluded, unless the Assured were aware of the loss and the insurers were not.

(11.1 이 보험에 따라 보상을 받기 위해서는 피보험자는 손해발생시에 보험의 목적에 대하여 피보험이익을 갖고 있어야 한다.

11.2 상기의 제11조 제1항의 규정을 제외하고, 이 보험의 담보기간 중에 발생하는 손해는 그 손해가 보험계약의 체결 이전에 발생한 것이라도 피보험자가 이 손해

발생의 사실을 알았고 보험자가 몰랐을 경우가 아닌 한 피보험자는 이를 보상받을 권리가 있다)

2) 소급보상 경우의 시기

국제무역에서는 보험사고가 발생한 사실을 모르고 수입업자가 적하보험계약을 체결하는 경우가 있을 수 있다. FOB · CFR 등과 같은 가격조건에서는 보험목적물인 화물은 수출항의 창고나 본선상에 있지만 이에 대한 적하보험계약은 수입지의 보험자와 체결한다. 따라서 수입업자나 보험자는 보험목적물의 사고 여부를 직접 확인하지 않고 보험계약을 체결하기 때문에 계약을 체결하기 전에 이미 보험사고가 발생했는데도 이를 모를 수 있다. 이는 과거 통신시설이나 교통시설이 발달하지 못했던 시기에는 이런 일이 자주 일어났기 때문에 의미 있었으나, 현재에는 그 의미가 크게 퇴색되었다.

만약 보험계약을 체결하기 전에 보험사고가 발생하였다면 이때는 보험목적물이 소멸되어 수입업자에게 피보험이익이 없기 때문에 피보험자는 이에 대한 보상을 받을 수 없게 된다. 이러한 선의의 피보험자를 보호하기 위해 적하보험에 한하여 소위 소급보상의 원칙이 적용되고 있다.

즉 보험계약을 체결할 때 보험목적물에 대한 확인 여부가 어려울 경우에는 "보험목적물의 멸실 여부는 불문한다(lost or not lost)"는 조건으로 보험계약을 체결하면, 보험계약이 체결되기 전에 이미 발생한 손해에 대해서도 보험자가 보상한다는 것이다.

MIA에서도 소급보상의 원칙을 인정하여 피보험자는 손해가 발생할 때까지 피보험이익을 취득하지 않아도 그 손해를 보험자로부터 보상받을 수 있는 것으로 규정하고 있다. 그러나 소급보상의 원칙은 피보험자에 의해서 악용될 여지가 있기 때문에 보험계약 당사자 모두가 보험사고의 발생 사실을 모르고 있는 경우에만 이 원칙이 적용된다.

(4) 피보험이익의 평가

1) 보험가액 (insurable value)

손해보상액의 기준이 될 수 있는 금액으로서 보험가액이 있다. 보험가액은 글자 의미 그대로 보험계약이 체결될 수 있는 금액을 말하는데 이는 선박 · 적하 등 보험목적물의 실제 가치를 뜻한다고 볼 수 있다. 또한 이 금액은 보험사고가 발생한 경우에 피보험자가 입는 손해의 한도액이 된다. 보험사고로 인한 최대의 손해액은 보험목적물의 가액만큼 이기 때문에 보험가액은 곧 피보험자가 보험에 가입할 수 있는 최고의 한도액을 뜻한다. 그리고 보험은 손해를 보상하는 것이지 결코 이익을 제공하는 것이 아니

기 때문에 보험자가 실질적으로 보상할 수 있는 최고 한도액도 보험가액이 된다.

2) 협정보험가액

협정보험가액은 보험계약자와 보험자가 보험목적물의 실제 가치를 상호 협의하여 협정한 가액이 된다. 실무적으로 보험자는 보험목적물의 가액을 산정할 수 없기 때문에 먼저 피보험자가 가액을 신고하고, 보험자가 이를 승낙하면 협정보험가액이 된다. 해상보험에서는 대부분 보험가액을 협정하는데 적하보험에서는 수출업자가 작성한 상업송장의 금액이 협정보험가액의 기준이 될 수 있다.

그리고 협정보험가액은 사고가 발생할 경우 보험자가 얼마까지 보상해야 하는가를 미리 정해서 분쟁을 막기 위한 것이기 때문에, 협정보험가액은 반드시 보험계약을 체결할 때 또는 보험사고가 발생하기 전에 협의되어야 한다.

3) 보험가액과 보험금액의 관계

① **보험금액** (insurable amount)

보험가액과 보험금액은 서로 비슷한 용어이지만 보험에서는 엄격히 구분된다. 보험금액은 피보험자가 실제로 보험에 가입한 금액을 말하는데, 이것은 보험자가 보상해주는 최고의 보상액이 된다. 이러한 보험금액은 보험자가 보상해 주기로 약속한 최고의 금액이기 때문에 보험사고가 발생할 경우 보험자는 보험금액의 범위 내에서 보상한다. 이와 같이 보험금액은 보험자의 보상액과 직결되기 때문에 보험료 산정의 기준이 된다. 따라서 보험가액이 높게 평가되더라도 보험료의 부담을 피하기 위하여 보험금액을 낮게 산정하면 그만큼 보상액도 낮아진다.

한편 보험금(claim amount)은 보험사고로 인하여 보험자가 실제로 보상해주는 금액을 말한다. 사고가 발생하면 보험자가 지정한 손해사정인(adjuster)이 사고의 원인과 손해의 범위를 사정하여 손해액을 확정하고 보험자는 이 금액을 보험금으로서 피보험자에게 지급한다. 보험금은 보험금액의 범위 내에서 지급된다.

② **전부보험** (Full Insurance)

전부보험은 보험가액과 보험금액이 일치하는 경우를 말한다. 이는 보험목적물의 실제 가치를 모두 보험에 가입한 경우인데, 당사자간에 보험가액이 협정되고 협정보험가액을 보험금액으로 하여 보험계약을 체결하면 전부보험이 된다.

③ **일부보험** (Under Insurance)

일부보험은 보험목적물의 가액 일부만을 보험에 가입한 경우이다. 따라서 보험가액이 보험금액보다 크게 된다. 일부보험을 이용하는 이유는 보험료를 절감하여 비용지출

을 줄이기 위해서지만 완전한 보상이 안 되기 때문에 미보상부분에 대해서는 피보험자가 책임을 부담하여야 한다. 이러한 일부보험에서 보험자가 보상하는 방법은 전부보험과 달리 비례보상의 원칙[5] 등을 적용하여 보상한다.

④ **초과보험 (Over Insurance)**

초과보험은 보험금액이 보험가액을 초과하는 경우이므로 보험목적물의 실제 가치 이상으로 보험계약을 체결하는 것이다. 이 경우 보험사고가 발생하게 되면 피보험자는 손해액 이상으로 보상을 받기 때문에 부당 이득을 취득하게 된다. 반면 보험사고가 발생하지 않으면 보험자는 필요 이상으로 보험료를 받은 결과가 된다. 이런 이유로 모든 국가에서는 초과보험을 인정하지 않고 있으며 선의의 경우를 제외하고는 무효로 간주한다.

4) 중복보험 (Double Insurance)

① **중복보험의 개념**

중복보험은 동일한 보험목적물에 대해서 여러 보험자와 둘 이상의 보험계약을 체결하고 총 부보된 보험금액이 여러 개의 보험계약 중에서 가장 높게 평가된 보험가액을 초과할 경우를 말한다. 일단 보험에 가입하여 각 보험자로부터 보상받는 금액의 합계가 보험자로부터 평가받은 보험가액 중 가장 높은 금액을 보험목적물의 실제 가치라 하더라도 이를 초과하므로 중복보험은 항상 초과보험의 형태를 띠게 된다. MIA 제32조 제1항에서는 이를 중복보험에 의하여 초과보험이 되었다고 말하고 있다.

◆ MIA Article 32 Double Insurance

(1) Where two or more policies are effected by or on behalf of the assured on the same adventure and interest or any part thereof, and the sums insured exceed the indemnity allowed by this Act, the assured is said to be over-insured by double insurance.

(동일한 해상사업과 이익 또는 그 일부에 관하여 둘 이상의 보험계약이 피보험자에 의해서 또는 피보험자를 대리하여 체결되고, 보험금액이 본법에서 허용된 손해보상액을 초과하는 경우, 피보험자는 중복보험에 의해 초과보험 되었다고 말한다)

5) 보험사고가 발생한 경우, 보험자가 보험가액에 대한 보험금액의 비율에 따라 보상해 주는 원칙을 말한다.

② **중복보험의 성립요건**

중복보험이 성립되기 위해서는 피보험이익 · 보험기간 · 담보위험이 동일하고 여러 보험자와 둘 이상의 보험계약을 체결하고 이렇게 체결된 보험금액의 총액이 가장 높게 평가된 보험가액을 초과해야 한다.

제3절 적하보험증권과 협회약관

1. 해상보험증권의 기재사항

(1) 기재사항의 의의

보험증권이보험계약의 내용을 증명하는 증거증권으로서의 기능을 수행하려면 보험증권상에 보험계약의 내용에 관한 사항이 기재되어 있어야만 한다. 해상보험계약의 내용도 해상보험증권에 구현되지 않는 한 증거로서 인정되지 못한다.

따라서 해상보험증권도 법정기재사항이 있어야만 효력을 발휘하는 요식증권의 성질이 있다고 볼 수 있지만 현실적으로 어음 · 수표 등과 같이 엄격한 요식성을 요구하지는 않는다. 비록 법에서 정한 기재사항이 누락되어도 보험계약의 효력에는 전혀 영향을 미치지 않는다. 이런 이유로 MIA 제23조[6]에서는 해상보험증권의 기재사항으로 피보험자의 성명 또는 피보험자를 대신해서 보험계약을 체결하는 자의 성명만을 규정하고 있다.

◆ MIA Article 23 What policy must specify

A marine policy must specify

(1) The name of the assured, or of some person who effects the insurance on his behalf:

(2)~(5) [Repealed]

(해상보험증권은 다음 사항을 반드시 기재하여야 한다.

(1) 피보험자의 성명 또는 피보험자를 위하여 보험계약을 체결하는 자의 성명

6) MIA 제23조에서는 해상보험증권의 법정기재사항으로 ① 피보험자의 성명 또는 피보험자를 위하여 보험계약을 체결하는 자의 성명, ② 보험의 목적 및 담보위험, ③ 부보항해 · 보험기간, ④ 보험금액, ⑤ 보험자명이 규정되어 있었다. 그러나 1959년 재정법에 의해 ①을 제외하고는 모두 삭제되었다.

(2)~(5) (삭제)

(2) 적하보험증권의 기재사항

적하보험증권에는 피보험자의 성명, 선적항(at and from)과 도착항(arrived at), 선박명(ship or vessel), 출항예정일(sailing on or about), 보험금액(amount insured hereunder), 보험목적물(subject-matter insured) 등이 기재된다.

2. 협회적하약관의 개념과 구성

(1) 협회적하약관의 의의

1) 협회적하약관: 구약관

해상보험거래에서 사용되는 약관은 대부분 협회약관(Institute Clauses)이다. 협회약관은 런던보험자협회(Institute of London Underwriters; ILU)와 로이즈보험자협회(Lloyd's Underwriters Association; LUA)가 합동으로 만든 약관이다.

협회적하약관이 처음 제정된 것은 1912년 런던보험자협회가 채택한 협회적하약관 분손부담보약관(Free from Particular Average Clauses)이며 이 약관의 주요 내용은 보험자가 분손 · 소손해 등을 부담하지 않는 것이다. 1921년에는 분손을 담보하는 협회적하약관 분손담보약관(With Average Clauses)이 제정되었으며 그 후 보험자들이 담보범위를 확장하는 추세에 발맞추어 1951년에 협회적하약관 전위험담보약관(All Risks Clauses)이 제정되어 이 세 가지가 협회적하약관의 기본약관으로 사용되기 시작하였다. 협회적하약관의 분손부담보약관 · 분손담보약관 및 전위험담보약관은 해상적하보험의 기본조건으로 사용되면서 1958년과 1963년 대폭 개정되었다.

◆ Franchise (소손해면책)

Certain commodities are much more likely to be damaged than others. Underwriters, therefore, provide that they will pay claims only of the damage equals or exceeds a certain percentage of the insured value. That percentage below which the underwriters will not pay a claim is known as the franchise.

2) 협회적하약관: 1982년 신약관

협회적하약관 구약관은 분손부담보약관과 그 후에 제정된 분손담보약관이 손해의

형태에 따라 구분된 것이어서 그 내용이 애매모호한 점이 많았고, 전위험담보약관은 약관의 명칭과 실제 내용이 일치하지 않는 부분도 있었다. 이에 따라 1982년 신양식의 해상보험증권이 제정될 때 약관의 명칭과 내용이 알기 쉽게 대폭 정비된 협회적하약관 A약관, B약관 및 C약관을 기본약관으로 하는 신약관이 제정되어 사용되고 있다.

3) 협회적하약관: 2009년 신약관

신약관이 사용된 지 20여 년이 지나는 동안 테러리즘, 해상사기 등 새로운 위험이 등장함에 따라 이의 개정이 불가피하게 되었다. 한편 그동안 영국에서 협회약관을 주도적으로 제정해 왔던 런던보험자협회는 1998년 런던 국제보험 및 재보험시장연합과 합병하여 런던 국제언더라이팅협회(International Underwriting Association of London; IUA)로 새로 탄생하게 되었다. 국제언더라이팅협회는 로이즈시장협회와 합동적하위원회를 구성해서 1982년 1월 1일 도입한 협회적하약관 신약관을 개정하여 2009년 1월 1일부터 사용하도록 하였다.

2009년 신약관은 A약관, B약관, C약관을 기본으로 하는 체제는 1982년 신약관과 동일하지만 테러리즘에 대해 새로운 정의를 포함하고 그동안 애매모호했던 표현을 확실하게 하였다. 그리고 약관에서 사용되는 영어가 현대식으로 표현되었는데 특히 보험자를 지칭하는 'underwriter'가 'insurer'로 대체되었다.

(2) 협회적하약관의 구성

2009년 신약관은 A약관, B약관 및 C약관으로 구성되어 있고 각 약관은 [표 8-2]에서처럼 8개의 그룹약관으로 구성되어 있고 이들은 다시 19개의 개별약관으로 나누어져 있다. A약관, B약관 및 C약관은 각각 19개의 개별약관으로 구성되어 있지만 제1조의 위험, 제4조 및 제6조만 서로 다르고 나머지 항목은 모두 동일하게 구성되어 있다. 또한 면책(제4조~제7조), 지연의 회피(제18조), 법률과 집행(제19조)에서 조항명만 삭제되었다.

[표 8-2] 협회적하약관의 분류

	1982	2009
Risks Covered	1. Risks Clause 2. General Average Clause 3. "Both to Blame Collision" Clause	1. Risks 2. General Average 3. "Both to Blame Collision" Clause
Exclusions	4. General Exclusion Clause 5. Unseaworthiness and Unfitness Exclusion Clause 6. War Exclusion Clause 7. Strikes Exclusion Clause	4. 5. 6. 7.

Duration	8. Transit Clause 9. Termination of Contract of Carriage Clause 10. Change of Voyage Clause	8. Transit Clause 9. Termination of Contract of Carriage 10. Change of Voyage
Claims	11. Insurable Interest Clause 12. Forwarding Charges Clause 13. Constructive Total Loss Clause 14. Increased Value Clause	11. Insurable Interest 12. Forwarding Charges 13. Constructive Total Loss 14. Increased Value
Benefit of Insurance	15. Not to Inure Clause	15.
Minimizing Losses	16. Duty of Assured Clause 17. Waiver Clause	16. Duty of Assured 17. Waiver
Avoidance of Delay	18. Reasonable Despatch Clause	18.
Law and Practice	19. English Law and Practice Clause	19.

제4절 해상위험

1. 해상위험의 의의

해상보험은 해상사업(marine adventure)에 수반하여 발생하는 손실을 보험자가 보상해 주는 계약이다. 해상보험에서 담보하는 해상위험(maritime peril)은 침몰 · 좌초 · 충돌 등과 같이 해상에서 우연히 발생하는 사고나 재해를 말한다. MIA 제3조 제2항에서는 해상위험을 다음과 같이 규정하고 있다.

◆ MIA Article 3 Marine adventure and maritime perils defined

"Maritime perils" means the perils consequent on, or incidental to, the navigation of the sea, that is to say, perils of the sea, fire, war, perils, pirates, rovers, thieves, captures, seizures, restraints, and detainments of princes and peoples, jettisons, barratry, and any other perils, either of the like kind or which may be designated by the policy.

("해상위험"은 바다의 항해에 기인하거나 부수하는 위험을 의미하며, 즉 바다의 위험, 화재, 전재위험, 해적, 강도, 절도, 포획, 나포, 군주와 국민의 억류 및 억지, 투하, 선원의 악행, 및 이와 동종의 또는 보험증권에 기재되는 일체의 기타 위험을 말한다)

2. 담보위험 (Perils insured against)

담보위험은 보험자가 보상해 주는 위험을 말한다. 따라서 해상보험계약은 구체적으로 담보위험을 대상으로 하며 그로 인하여 발생하는 손실만을 보상해 주는 계약이라 할 수 있다. 담보위험의 범위는 보험조건에 따라서 달라지며 그 범위가 넓을수록 보험자의 책임이 많아지기 때문에 보험요율은 증가하게 된다.

현행 적하보험에서 사용되고 있는 B약관과 C약관에서는 담보위험이 구체적으로 보험증권상에 열거되어 있는 열거책임 주의를 택하고 있다.

[표 8-3] 협회적하약관(2009) 조건별 담보위험

	Risks This insurance covers, except as excluded by the provisions of Clauses 4,5,6 and 7 below	A	B	C
1조	1.1 loss of or damage to the subject-matter insured reasonably attributable to			
	1. fire or explosion	○	○	○
	2. vessel or craft being stranded grounded sunk or capsized	○	○	○
	3. overturning or derailment of land conveyance	○	○	○
	4. collision or contact of vessel craft or conveyance with any external object other than water	○	○	○
	5. discharge of cargo at a port of distress	○	○	○
	6. earthquake volcanic eruption or lightning	○	○	○
	1.2 loss of or damage to the subject-matter insured caused by			
	1. general average sacrifice	○	○	○
	2. jettison or washing overboard[7]	○	○	×
	3. entry of sea lake or river water into vessel craft hold conveyance container or place of storage	○	○	×
	1.3 total loss of any package lost overboard or dropped whilst loading on to, or unloading from, vessel or craft	○	○	○
2조	General Average	○	○	○
3조	Both to Blame Collision Clause	○	○	○

3. 면책위험 (Excepted Perils)

면책위험은 손해가 발생하더라도 보험자가 책임을 지지 않는 위험을 말한다. 담보위험이 아닌 위험은 자동적으로 면책위험이 된다. 보험증권에 면책위험을 명시하고 이를 제외한 모든 위험을 담보할 것을 약속하는 방식을 포괄책임주의라 한다.

7) ICC (C)약관의 경우 jettison은 담보위험이나 washing overboard는 담보위험이 아니다.

[표 8-4] 협회적하약관(2009) 조건별 면책위험

	In no case shall this insurance cover loss damage or expense	A	B	C
4조	1. willful misconduct of the Assured	×	×	×
	2. ordinary leakage, ordinary loss in weight or volume, or ordinary wear and tear of the subject-matter	×	×	×
	3. insufficiency or unsuitability of packing or preparation of the subject-matter	×	×	×
	4. inherent vice or nature of the subject-matter	×	×	×
	5. delay	×	×	×
	6. insolvency or financial default of the owners managers charterers or operators of the vessel	×	×	×
	7. deliberate damage to or deliberate destruction of the subject-matter	○	×	×
	8. the use of any weapon or device employing atomic or nuclear fission and/or fusion or other like	×	×	×
5조	unseaworthiness	×	×	×
6조	war civil war revolution rebellion insurrection	×	×	×
7조	strikes, locked-out	×	×	×

제5절 해상손해

1. 해상손해의 의의

해상손해(marine loss)란 화물, 선박 또는 기타의 보험목적물이 해상위험으로 인하여 피보험이익의 전부 혹은 일부가 멸실 또는 손상되어 피보험자에게 재산상의 불이익이나 경제상의 불이익을 초래하는 것을 의미한다. 일반적으로 해상손해는 크게 물적손해(physical loss), 비용손해(expenses) 및 배상손해(liability loss)로 구분 할 수 있다.

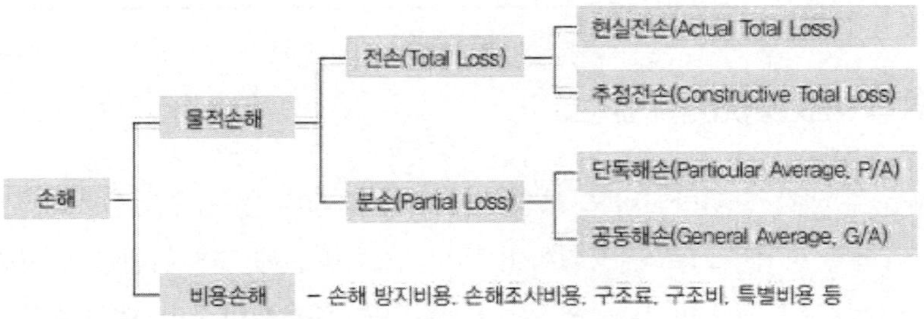

출처: KITA(Korea International Trade Association)

[그림 8-1] 해상손해의 종류

2. 현실전손 (Actual Total Loss)

전손은 담보위험으로 인하여 보험목적물이 전부 소멸되는 경우를 의미한다. 현실전손은 보험목적물이 현실적으로 완전히 파괴되거나 부보된 종류의 물건으로서 존재할 수 없을 정도로 심한 손상을 받을 경우 피보험자가 보험목적물을 박탈당하여 회복할 수 없을 경우에 성립한다.

현실전손은 실질적인 멸실(physical destruction), 성질의 상실(alteration of species), 회복전망이 없는 박탈(irretrievable deprivation), 선박의 행방불명(missing ship) 등이 대표적인 경우이다.

◆ MIA Article 57 Actual Total Loss

(1) Where the subject-matter insured is destroyed, or so damaged as to cease to be a thing of the kind insured, or where the assured is irretrievably deprived thereof, there is an actual total loss.

(2) In the case of an actual total loss on notice of abandonment need be given.

(1) 보험의 목적이 파괴되거나 또는 보험에 가입된 종류의 물건으로서 존재할 수 없을 정도로 손상을 입은 경우, 또는 피보험자가 회복할 수 없도록 보험의 목적의 점유를 박탈당하는 경우에, 현실전손이 있다.

(2) 현실전손의 경우에는 위부의 통지가 필요 없다.

3. 추정전손 (Constructive Total Loss)

해상보험에서 전손은 현실전손과 추정전손으로 구분된다. 추정전손은 해상보험에서만 유일하게 인정되고 있는 손해의 유형으로서 전손이 확실하지 않으나 그럴 것 같다는 추측에 의해 그 손해를 전손으로 처리하는 것이다.

즉, 추정전손은 보험의 목적물이 현실적으로 전멸한 것은 아니지만 현실전손이라고 보는 것이 불가피하다고 인정되거나, 손해의 정도가 심하여 그 목적물의 용도에 사용할 수 없거나 또는 수리비가 수리 후 보험목적물의 가지는 시가보다 클 경우에 전손으로 간주하는 것이다.

◆ MIA Article 60 Constructive Total Loss

(1) Subject to any express provision in the policy, there is a constructive total loss where the subject-matter insured is reasonably abandoned on account of its actual total loss appearing to be unavoidable, or because it could not be preserved from actual total loss without an expenditure which would exceed its value when the expenditure had been incurred.

(1) 보험증권에 명시규정이 있는 경우를 제외하고, 보험의 목적의 현실전손이 불가피한 것으로 생각되기 때문에, 또는 비용이 지출되었을 때에는 보험의 목적의 가액을 초과할 비용의 지출 없이는 현실전손으로부터 보험의 목적이 보존될 수 없기 때문에, 보험의 목적이 합리적으로 포기된 경우에, 추정전손이 있다.

추정전손이 성립되기 위해서는 보험자와 피보험자간의 추정에 의사합치가 있어야 한다. 즉 추정전손은 피보험자가 전손으로 추정한다는 사실을 보험자에게 통지하고, 다시 보험자가 이를 동의해야만 성립된다. 피보험자가 손해를 전손으로 추정하겠다는 의사표시를 해상보험에서는 위부(abandonment)라고 한다.

4. 위부와 대위

(1) 위부 (Abandonment)

추정전손은 위부를 수반하는 전손이다. 추정전손으로 인정될 수 있는 사유가 발생하였다고 하여 자동적으로 추정전손이 성립되는 것은 아니며 위부행위가 있어야 성립된다.

위부는 추정전손의 사유가 발생하여 피보험자가 보험목적물에 대한 일체의 권리를 보험자에게 이전하고 그 대신 전손에 해당하는 보험금을 청구하는 행위를 말한다. 피보험자의 이와 같은 의사표시를 보험자가 승낙하게 되면 추정전손이 성립되고 만약 이를 거절하게 되면 분손으로 처리된다.

◆ Abandonment

In ocean marine insurance, the transfer by the insured to an insurer of all rights, title, and interest in and to the insured property, in return for the sum insured. Abandonment is relinquishing ownership of damaged property to an insurer to permit a total loss claim to be made.

(2) 위부통지 (notice of abandonment)의 방법

위부는 피보험자가 잔존물에 대한 모든 권리를 보험자에게 이전하고 대신 전손보험금을 청구하는 행위이며 이러한 피보험자의 위부의사표시를 위부의 통지라고 한다. 즉 위부의 통지는 피보험자가 자시의 재산을 포기하고 그 재산을 보험자가 처분하는 대로 맡기겠다는 의사표시이다.

이러한 위부의 통지는 서면이나 구두로 할 수 있으며 또는 서면과 구두를 혼용할 수 있다. 피보험자가 보험목적물에 관한 자신의 이익을 보험자에게 무조건 위부하겠다는 의사를 표시하는 것이면 어떠한 방법을 사용해도 상관없다.

(3) 위부통지의 면제

위부를 통지하는 목적은 보험자로 하여금 잔존물에 대한 관리를 보다 조속히 집행할 수 있도록 하고 손해가 확대되는 것을 방지하기 위해서이다. 그런데 보험목적물이 전멸하여 보험자가 회수할 잔존물이 없는 경우에는 굳이 위부를 통지할 필요가 없다. 또한 보험자가 위부의 통지를 면제한 경우와 보험자가 자기의 위험을 재보험하였을 경우에도 위부의 통지는 필요하지 않다.

(4) 대위 (Subrogation)

손해보험에서는 보험자가 전손보험금을 지급하면 보험목적물에 관련되는 일체의 권리를 피보험자로부터 승계 받는데, 이것을 대위의 원칙이라 한다. 대위의 원칙에 의해서 보험자가 취득하는 권리는 보험목적물에 대한 소유권과 제3자에 대한 손해배상청구권으로 나누어지는데 전자를 보험목적물에 대한 대위라 하고 후자를 제3자에 대한 대위라 한다.

◆ Subrogation

Where the insurer pays for a total loss, either of the whole, or in the case of goods of any apportionable part, of the subject-matter insured, he thereupon becomes entitled to take over the interest of the assured in whatever may remain of the subject-matter so paid for, and he is thereby subrogated to all rights and remedies of the assured in and in respect of that subject-matter as from the time of the casualty causing the loss.

5. 분손 (Partial Loss)

분손은 피보험이익의 일부만이 멸실되거나 손상되는 것을 말한다. 분손은 전손의 상대적인 개념으로서 전손에 속하지 않는 모든 손해는 분손으로 취급된다.

(1) 단독해손 (P/A; Particular Average)

단독해손이란 담보위험으로 인하여 발생한 보험목적물의 일부분에 대한 손해를 피보험자가 단독으로 책임지는 손해이다. 예를 들어 폭풍우로 인한 선박의 손상, 화재로 인한 화물의 손상이 있을 경우 선박의 손상은 선주가 단독으로 부담하게 되고, 화물의 손상은 화주가 단독으로 부담하게 된다.

(2) 공동해손 (G/A; General Average)

공동해손제도에서는 공동의 안전을 위하여 취해진 행위를 공동해손행위(general average act)라고 하며 공동해손행위로 인하여 발생한 손해를 공동해손(general average)이라 한다. 즉 선박·화물 및 기타 해상사업과 관련되는 단체에 공동의 위험이 발생했을 경우 그러한 위험을 제거하거나 경감시키기 위해서 선체·장비·화물 등의 일부를 희생(공동해손희생손해; general average sacrifice)시키거나 혹은 필요한 경비(공동해손비용손해; general average expenditure)를 지출했을 때 이러한 손해와 경비를 공동해손이라고 한다.

제6절 해상보험관련 통신문

1. Asking for Insurance Contract

Gentlemen:

We have just received your letter of November 15 and would ask you to effect insurance at the rate quoted, say 0.29 percent, ICC (B) including War Risk, on the goods stated below:

Ten Cases of Dyed Cotton Velveteen, valued at US$2,500 going to Manila from Busan by the S/S "Pacific Bear", leaving Busan on or about December 15.

These goods are packed in strong tin-lined wooden cases with iron-hoop, and marked and numbered.

Please let us have the policy by return.

Yours truly,

- ask you to effect insurance: 부보해 주시기 바랍니다.
- at the rate quoted: 견적한 요율대로
- packed in strong tin-linked wooden cases with iron-hoop: 양판을 깔고 쇠퇴로 묶은 나무상자에 포장하다.
- #No. 1-10: 화물에 번호를 1에서 10까지 붙인 것으로 화물이 10상자 있다는 것을 말함

2. Confirmation of marine insurance

Gentlemen;

Thank you for your e-mail of November 5 referring to Marine insurance for your Order No.135.

In compliance with your instructions, we have effected insurance against War and SRCC Risks with Hyundai Marine & Fire Insurance Co., Ltd. for US$53,500 on fifty (50) cases of MTB Parts. Therefore, all shipments are to be covered on ICC(A) Clause including War and SRCC Risks for 110% of invoice value.

Please note that our CIP prices are quoted on the basis of ICC(A) only. So we could effect, insurance against War and SRCC Risks by your account as per Sales Note No.102.

Your orders have been arranged for shipment by a KAL Freight Cargo to New York. Upon receiving the flight number, we will send you the shipping advice by e-mail.

Best regards,

- in compliance with: ~에 따라
- instructions: 지시
- War & SRCC Risks: 전쟁, 파업 · 내란 · 폭동의 위험으로 특약
- by your account: 귀사의 비용부담으로
- shipping advice: 선적통지

3. Notice of insurance effected

Gentlemen:

In compliance with your instructions, we have covered insurance with The Dongbu Marine Insurance Company for US$5,000 on a 10 cases Cotton Goods, to be shipped from this port to New York per SS "Arirang" on ICC (B) terms 3.5% including TPND risks, which is the lowest rate of premium we can procure at present.

Enclosed please find the policy and we shall be obliged if you remit us the amount of the annexed account, $500 at an early date.

Regards,

- TPND (Theft and Pilferage, Non-Delivery): 도난 발하불착의 위험에 대한 특약 담보 조건
- We can procure at present: 현재 마련할 수 있는
- Shall be obliged if you remit us: 송금해 주시면 감사하겠습니다.
- Annexed account: 첨부된 계산서

4. Asking for Marine Insurance

Gentlemen:

As for the shipment of used furniture by S/S Arirang due to leave for Darkar in Senegal on the 21st of May, our partner, Socida Ltd., has a right to effect an insurance on the goods as the contract is based on FOB.

They instructed us to effect a marine insurance with you on ICC (B) including War Risks at the rate which was mutually agreed upon by both of you.

One copy of commercial invoice and packing list are attached for your information. Please effect an insurance for US$150,000 and send us marine insurance cargo policy in duplicate and some copies together with your invoice for the insurance premium.

Very truly yours,

- as for: ~에 대해서
- to effect an insurance on: (보험을) 부보하다.
- agreed upon by: ~에 의해서 합의된
- insurance premium: 보험료

5. Reply to the foregoing

Gentlemen:

As you requested in your e-mail of October 22, we have effected an insurance for US$250,000 on 20pcs of furniture at the rate of 0.21 percent quoted from Busan to Dakar ICC (B) including War Risks.

We will send you have the marine insurance policy with the statement of premium in a few days and please remit the amount to our accounting department as soon as possible.

Yours faithfully,

- the policy: 보험증권 (the insurance policy)
- The statement of premium due: 보험료 명세서

6. Request for effect of insurance all risks

Gentlemen:

We would like to draw your attention that we made up our mind to make an insurance contract with you at the rate you quoted us by telephone yesterday on the shipment of products for the sum of US$85,000.00

The products will be loaded on Choyang Sun V-35 waiting at the dock No.3 for sailing on December 3.

We want you to cover us on ICC (A) and deliver the marine insurance policy to us as soon as it is ready.

Please send us your draft of the policy by fax so that we can check if everything is perfect.

Very truly yours,

- make up one's mind: 결정하다, 결심하다.
- All risks: 전손담보조건

7. Notice of insurance contract

Gentlemen:

According to your instruction, we duly have made an insurance contract with First Fire & Marine Insurance Co., Ltd. at 0.352 percent for US$9,490 ICC (B) including TPND on 4 sets of Press for Woven Fabric shipped by Golden Gate on last Friday from Busan to Osaka, Japan.

The rate at which we covered is the best rate of premium at present here and we want you to send us the amount in the receipt for which we already paid on behalf of you.

Yours faithfully,

- the amount in receipt: 영수증에 있는 금액
- on behalf of you: 귀사를 대신하여

8. Claim insurance company

Gentlemen:

We would like to inform you that the consignment covering skin care cosmetics were delivered in bad condition as you see in the survey report attached to this e-mail.

Of course, we filed our claim with the shipping company concerned, but they rejected our claim by notifying us that they were not liable for this matter.

In accordance with the policy instructions, we don't have any choice but to ask you to indemnify for the sum of US$30,000 to compensate for the loss we have.

We will send you the following relative documents for your reference.

1. Marine Insurance Policy No. : 01-2-A-1004398
2. Ocean Bill of Lading No. : SEO/01334
3. Loading Port: Busan, Korea
4. Discharging Port: Hamburg, Germany
5. Discharging Date: Oct. 21, 2017
6. Commercial Invoice No. : __________
7. E-mail with the shipping company
8. A Survey Report

- skin care cosmetics: 기초화장품
- a survey report: 조사보고서
- do not any choice but to: ~하지 않을 수 없다
- indemnify: 보상하다

무역클레임

제1절 무역클레임과 해결방안

1. 무역클레임 (Claim)

(1) 클레임의 개념

클레임이란 수출입거래 당사자 또는 이해관계인에게 제기하는 거래상의 불만을 비롯하여 손해배상이나 기타의 의무이행을 청구하는 것을 말하는 것으로, 무역클레임은 피해를 입은 당사자인 청구자(claimant)가 상대방인 피청구자(claimee)에게 자신이 입은 손실을 통보하고 이에 대한 해결을 요구하는 것을 의미한다.

이와 같이 무역클레임은 계약 당사자 중 어느 한 당사자의 계약불이행 또는 계약위반에 대하여 그 상대방에게 제기되는 계약의 해제, 인도 또는 인수의 거절, 가격인하 또는 손해배상의 요구를 말하는 것으로 수출업자와 수입업자 어느 당사자에서든지 일어나지만 무역거래는 수출업자가 주도권을 갖고 계약상품의 선적이나 인도가 계약이행의 기본이 된다는 측면에서 매수인으로부터 매도인에게 제기되는 경우가 일반적이다.

(2) 클레임의 발생원인

무역클레임의 발생원인을 보면 대략 [표 9-1]에서와 같이 구분할 수 있다.

[표 9-1] 무역클레임의 발생원인

발생원인	내용
품질	Inferior quality(품질불량), different quality(품질상이)
수량	Short shipment(출하부족), shortage(착하부족), diminution(감량)
인도	Non-delivery(선적불이행), stevedore damage(하역손상), delayed shipment(선적지연), incomplete packing(포장불완전)
가격 및 결제	Price adjustment(가격조정), overpayment(초과지급), repacking charge(재포장비), expense for return(반송비)
서류	Incorrect invoice(부정송장), misdescription(기재사항의 상이)
계약	Breach of contract(계약위반), cancellation(계약취소)

(3) 클레임의 내용

무역클레임을 제기할 때 피해자가 청구하는 클레임의 내용은 다음과 같은 것들이 있다.

1) 대금지급거절

대금의 지급거절(refusal of payment)이란 수입물품에 하자가 있어 수입업자가 수출업자에게 대금지급을 거절하는 것이다. 물품의 선적 전 송금, 취소불능신용장에 의한 대금결제 등은 대금의 지급거절이 불가능하나 추심으로서 결제기간이 장기간인 인수인도조건(D/A)과 같은 무신용장방식의 거래에서는 제기될 수 있다.

2) 손해배상청구

상대방의 고의나 과실로 입은 피해를 금전으로 보상해 줄 것을 요구하는 것이다. 금전 이외에 다른 방법으로 대체하기 어려운 환차손, 미지급된 운임, 수수료의 미지급 등과 같은 것이나, 새로 수입하더라도 수입국의 시황이 좋지 않은 경우에는 금전의 손해배상을 요구한다.

3) 대금감액청구

대금의 감액청구는 도착물품의 품질, 하인, 포장, 상표 등이 불량하거나 계약물품과 다른 경우 수입업자가 수출업자에게 계약가격보다 감액된 가격으로 물품을 인수하겠다고 요구하는 것을 말한다. 대금의 감액청구방법으로는 대금잔액으로부터의 감액, 추후 선적분의 가격으로부터의 감액 및 송금에 의한 감액 등이 있다.

4) 물품인수거절

물품의 인수거절은 물품이 도착된 후 품질상의 하자나 손상 등을 이유로 화물의 인수를 거절하는 것을 말한다. 이에 대한 방법으로는 전부인수거절(whole rejection)과 일부거절(partial rejection)의 방법이 있다.

5) 대체품인도청구

대체품의 인도청구(requirement of substituted goods)란 물품의 품질이 계약물품과 다르거나 수량이 부족한 경우 이에 해당하는 물품에 대한 대체품을 요구하거나 다음 선적 분에 부족한 수량만큼 추가하여 선적하여 줄 것을 요구하는 것이다. 이와 같은 방법은 지속적인 거래관계를 가지고 있는 우호적인 당사자들간의 거래에서 이용된다.

2. 무역클레임의 종류

(1) 상품에 관한 클레임

상품에 관한 클레임은 상품과 직접적으로 관련된 클레임과 상품과 간접적으로 관련된 클레임으로 구분된다. 상품과 직접적으로 관련된 클레임으로는 품질, 색상, 치수, 수량 및 중량, 손상에 관한 클레임 등이 있다.

(2) 일반적 클레임

거래의 수행과정에서 통상적으로 발생하는 클레임으로서, 거래당사자가 최선을 다했으나 물품의 인도나 대금의 지급까지 시간을 요하는 무역의 특성상 불가피하게 발생하거나 거래당사자간에 어느 일방의 과실이나 태만에 따라 계약을 위반하였을 때 발생하는 것이 일반적 클레임이다.

(3) 마켓 클레임

마켓클레임(market claim)은 무역계약의 성립 후 상품의 시세가 하락한 경우 수입업자가 입은 손실을 보상하기 위하여 보통의 경우에는 클레임의 대상이 되지 않는 사항을 수출업자의 사소한 실수, 시황의 악화, 외환시세의 변동 등을 이유로 가격인하를 요구하거나 물품의 인수를 거부하는 등의 의식적인 클레임을 말한다.

(4) 계획적 클레임

계획적 클레임은 거래 상대방의 고의에 의한 클레임으로 수입업자가 처음부터 교묘한 방법으로 수출업자로 하여금 계약이행에 지장을 초래하게 하여 제기하는 클레임이다.

3. 무역클레임의 해결방법

(1) Amicable Settlement (화해)

화해는 당사자간의 직접적인 교섭에 의하여 원만히 해결하는 것으로 무역거래에서 가장 바람직한 해결방법이다.

(2) Intercession; arrangement (알선)

알선은 상공회의소와 같은 공정한 제3의 기관이 당사자 일방 또는 쌍방의 의뢰에 의

하여 사건에 개입하여 원만한 해결을 위한 조언을 주는 것이다. 따라서 당사자 쌍방의 협력을 얻지 못하면 실패로 끝나게 된다.

(3) Mediation; Conciliation (조정)

조정은 양 당사자가 공정한 제3자를 조정인(conciliator)으로 선정하고 그 조정인이 제시한 구체적인 해결방안(조정안)에 합의함으로써 해결하는 것이다. 조정안에 대해 양 당사자 중 어느 한 쪽이라도 이 조정안에 만족하지 않으면 조정은 이루어지지 않는다.

조정은 중재의 전단계로서 실제로 가장 많이 쓰이며, 현재 대한상사중재원에 접수되는 건들 중에도 이와 같은 중간 조정인(mediator)에 의해 조정되는 예가 가장 많다. 조정은 중재보다는 절차가 간편하나, 조정안의 수락 여부가 당사자의 자유의사에 속하므로 구속력이 없는 것이 단점이라 할 수 있다.

(4) Arbitration (중재)

중재는 조정의 경우와 마찬가지로 공정한 제3자를 중재인(arbitrator)으로 선정하여 중재인이 제시한 판정에 복종함으로써 최종적으로 해결하는 방법이지만, 조정의 경우에는 조정안에 대한 수락여부가 당사자의 자유의사에 맡겨지는데 반해, 중재는 중재인이 제시한 중재판정을 당사자가 거부할 수 없고 그 결과에 구속되는 강제성이 있다.

중재란 재판소 이외의 장소에서 재판관 이외의 사인인 중재인이 행하는 합법적인 사적재판이다. 판결에 대신하여 판정이 내려지고 이 판정의 집행에 대하여 국가가 강제력을 갖는다.

(5) Litigation (소송)

소송은 국가기관의 재판소에 의하여 분쟁을 강제적으로 해결하는 방법으로 사전에 계약서상에 중재에 의해서 해결하겠다는 취지가 없을 경우 상대방에게 강제를 가하기 위한 최후의 수단이다. 소송에 의한 해결방법은 많은 시간과 경비의 부담이 있고, 또 상대방이 타국에 있기 때문에 그 법적 효력이나 강제 집행과정에서 많은 문제점들이 있어 이 최후수단은 많이 이용되지 않고 있다.

4. 전자무역의 클레임과 ADR

(1) 전자무역의 클레임

1) 전자무역 클레임의 특징

최근 전자무역이 활성화되면서 클레임이 증가하고 있다. 이것은 무역거래가 온라인상에서 이루어져서 거래의 속도가 빠르고 거래범위도 전 세계적이며, 법률적 요인 이외에 기술적 요소가 포함되어 거래가 복잡하기 때문이다. 아직 국제적인 상사중재규칙이 제정되지 않아 해결하기 어려운 특징이 있다.

2) 전자무역 클레임의 종류

전자무역의 클레임에는 매매당사자가 합의하여 체결한 무역계약을 어느 한 쪽이 위반하여 발생하는 경우, 매매당사자간에 어떠한 무역계약도 체결하지 않았음에도 불구하고 어느 한 쪽이 상대방의 권리와 이익을 침해하여 발생하는 경우, 전자무역의 특성상 발생하는 경우 등 세 가지가 있다.

① **무역계약위반에 따라 발생하는 클레임**
offline무역의 클레임과 유사하고 주로 계약상품의 미도착, 인도지연, 계약과 다른 상품의 인도, 상품의 품질불량 등으로 발생하는 클레임

② **무역계약의 근거 없이 발생하는 클레임**
contents(내용), 지적재산권, e-mail name 등 기술적인 내용에 의거하여 발생하는 클레임

③ **전자무역의 구조 및 특성으로 발생하는 클레임**
web site 구축에 따른 클레임, 사이트의 주소, e-mail name, 지적재산권에 관한 클레임, 조작실수 및 전자문서의 인증에 관한 클레임, 전자결제에 관한 클레임

(2) 전자무역 클레임의 해결

온라인 ADR[1]에 의한 해결 시스템에는 e-mail을 통한 클레임제기시스템, 사이버조정시스템, 사이버중재시스템 등이 있다.

우리나라에서는 전자거래진흥원의 전자거래분쟁조정위원회에서 온라인에 의한 분쟁조정서비스를 제공하고 있다. 상품 및 서비스의 온라인과 오프라인에 의한 국내외 거래에서 발생한 클레임을 online 및 offline 방법으로 조정하고 있다.

1) ADR(Alternative Dispute Resolution)은 대안적 무역분쟁 해결방법을 의미한다.

제2절 클레임관련 통신문

1. Claim for shortage

Dear Mr. Kim,

Subject: A shortage in toys

We received your consignment covering our order No.10 for toys for children. Upon checking the products against your commercial invoice delivered to us, we discovered a shortage in numbers for item No.11 and No.13 30pcs and 25pcs for No.10 and No.13 were found short in numbers respectively.

There was not any sign we can judge that they were tampered in transit as the boxes packed arrived in good condition.

We are of an opinion that the shortage is due to the mistake in packing and we want you to have this matter settled amicably as soon as possible as we don't want to lodge a claim with you.

We ask you, therefore, to investigate this matter and send us the products immediately on receipt of this e-mail.

Yours truly,

- shortage in numbers: 수량부족
- any sign we can judge: 당사가 판단할 수 없는 어떠한 흔적(징후)
- amicably: 우호적으로
- lodge a claim: 클레임을 제기하다
- investigate this matter: 이 문제를 조사하다

2. Reply to the foregoing

Dear Mr. Foster,

Thank you for your e-mail of August 12 in which you complained about the goods dropped in the boxes even though those were listed in the invoice.

After we have paid our prompt and careful attention to your e-mail, we found that our manufacturer couldn't meet the numbers of the goods you placed an order as they recorded more than 10% of production loss which was much more than before.

As those items were produced only for your market, we don't have enough materials to make the replacements for the shortage right away. Instead, as a settlement, we would like to send the goods in your next order. And, of course, the amount you paid for the shortage this time will be deducted in our next invoice.

We apologize for the errors we made and we will assure you that nothing like this case will occur in the future.

Yours truly,

- our prompt and careful attention to~: ~에 대한 당사의 신속하고 주의 깊은 관심
- meet the numbers of goods: 제품수량을 맞추다
- production loss: 생산손실
- as a settlement: 해결책으로
- be deducted: 공제되다, 감해지다

3. Claim for different goods

Gentlemen:

We have received your goods covering our order No.127 of December 19 for one hundred PC SM-8 and one hundred DVD SR-901.

On opening the cases, we have found they contain completely different articles, and we presume that a mistake was made and the contents of these cases were for another order.

As we need the articles, we must ask you to arrange for dispatch of replacement goods at once. We attach a list of the contents of the cases, and will be glad if you can check them with our order.

In the meantime, we will keep the cases at your disposal. Please let us know that you want to do with them.

Sincerely yours,

- article: 품목
- in the meantime: 그때까지
- at your disposal: 귀사의 뜻대로

4. Claim settlement 1

Gentlemen:

We are very sorry to learn that the case No.7 did not contain the goods you ordered.

On going into the matter, we have found that a mistake was indeed made in packing through an error of our packing workers, and we have arranged for dispatching the right goods to you. Relative shipping documents are enclosed in this letter.

We have already faxed you to inform of this matter, and we also enclose a copy. We will be much obliged if you can keep the case No.7 and the contents until we can call our forwarding agent to take delivery of the different goods.

Please accept our most sincere apologies for the trouble caused to you by our mistake.

Sincerely yours,

- shipping documents: 선적서류
- will be much obliged if you: 귀사가 ~해주시면 감사하겠습니다.

5. Claim for inferior goods

Gentlemen:

This is to confirm my phone call this morning about the unsatisfactory manner in which you executed the order mentioned above.

Upon unpacking this shipment, we have found that the size is wrong, the length of each sheet being short by about 7mm and most sheets are rusty and corroded.

Moreover, you will recall that we had to extend the validity of the relative credit because of the delay in shipment.

You will readily agree that any one of these irregularities can be good reason for canceling this order unconditionally or reshipping the goods at your expense. But our customers say that they would oblige us by accepting these detective goods at a reduction of 30% on the invoice amount.

We consider it quite a reasonable proposition and ask you to help us out of this awkward situation by placing the same amount to our credit.

We are looking forward to waiting for your immediate reply.

Sincerely yours,

- unpack: 포장을 풀다
- irregularities: 위반
- reship: 반송하다
- oblige us by ~ing: 특별한 친절로 ~해 주다
- placing the same amount to our credit: 동 금액을 당사 계정의 대변에 기재하다

6. Reply to the foregoing (meeting halfway)

Gentlemen:

We are writing this to confirm the conversation I had with you over the telephone in reply to your phone call and fax on December 19 concerning the Black Iron Sheets on your order No.35.

It is true that the shipment was delayed, but it was beyond our control since some of our machines had gone out of order because of a local heavy rain which flooded the factory. We then asked for your understanding and you were good enough to extend the credit.

As to the size and corrosion, you will recall the fact that Mr. Kim, a representative of your Seoul Office, inspected our rolling operations and approved of the products. We ourselves conducted a rigorous inspection and found the sheets perfectly conforming to the standards, as you will see in our mill sheets.

Realizing, however, that you are in an awkward position, we will meet you halfway by making a 15% reduction.

We consider it advisable for your customers to accept this liberal settlement.

Very sincerely yours,

- local heavy rain: 국지적인 폭우
- representative: 대표
- rolling operation: 압연작업
- rigorous inspection: 엄격한 검사
- conforming to the standards: 규격에 일치하다
- mill sheet: 검사증명서
- meet you halfway: 반씩 양보하다

7. Claim for breakage

Gentlemen:

We have just received 15 cases Porcelain Ware you shipped by S/S PACIFIC BEAR on our order No.15 of March 20, but regret to have to inform you that the cases Nos. 3, 4 and 6 are broken and their contents badly damaged evidently through faulty packing. Some photos are enclosed as evidence.

We ask you therefore either to send us a credit note for the amount of these cases together with the duty paid on them, US$1,500, or to pass the duty to our credit and send us replacement at your expense.

Your immediately attention to this matter would be appreciated.

Very truly yours,

- evidently through faulty packing: 명백하게 잘못된 포장에 의해
- credit note: 대변표 (debit note: 차변표)
- at your expense: 귀사의 부담으로

8. Reply to the foregoing (claim declined)

Gentlemen:

Your letter of July 10 on the 15 cases Porcelain Ware of your order No.15 has received our most careful attention.

We are, however, unable to account for the breakage, since we paid the best possible attention to the packing of all the 15 cases and the shipping company received the whole lot in perfect condition as is evident from the clean B/L we obtained.

Moreover, the goods have been covered against the risk of breakage. We advise you, therefore, that you file your claim with the insurance company.

We understand the inconvenience you have been put to, and shall be glad to do anything in our power to assist you in pushing your claim.

Faithfully yours,

- account for: 설명하다, 책임을 지다
- clean B/L: 무사고 선하증권
- file your claim with: ~에 클레임을 제기하다
- push: (목적, 요구)를 밀고 나가다, (강력하게) 추구하다

9. Claim settlement 2

Gentlemen:

In reference to your e-mail dated August 26 concerning the complaint you received from GS Chemical, we have conducted an investigation and analysis of the situation, determined the cause, and decided on further actions. The innovations referred to have been conducted by the Caltex quality control team. The following explains a possible cause of the problem:

1. The type of hammer you sent us is not used in the plant. This can only be obtained from an external company which is hired to perform specific tasks in the plant.
2. As we use a sieve before packaging the hammer cannot have been used in manufacturing process.
3. The most likely hypothesis is that during work in our packaging plant, the hammer accidently fell into an empty drum, which was subsequently filled with AA Catalyst.

We have accordingly taken the following measures:

A. We have made external companies aware of the consequences of a quality defect.
   Action: immediate

B. We have reinforced visual inspection of the drums and packaging chain before use.
   Action: immediate

C. We have installed equipment in the packaging plant to detect metallic objects.
   Action: within two months

Please convey our apologies to GS Chemical for this incident and assure them that we have, thanks to this to complaint, been able to improve our quality procedures.

Best regards,

- conduct an investigation: 조사하다
- analysis of the situation: 상황분석
- possible cause: 고려될 수 있는 원인
- the most likely hypothesis: 가장 가능성이 높은 가설
- reinforce: 강화하다

참고문헌

- Hoekman, Bernard and Mattoo, Aaditya, Services Trade and Growth, *Policy Research Working Paper*, No.4461, pp.1-35. World Bank
- Johnson, Thomas, *Export/Import Procedures and Documentation*, 4th edition, AMACOM, 2002
- Keck, Alexander and Schropp, Simon, Indisputably Essential, *Journalof World Trade*, Vol.42, no.5, pp.785-812.
- Nelson, Carl A., *Import Export how to get started in International Trade*, 3rd edition, McGraw-Hill, 2000
- Qureshi, Asif H, International Trade for Development, *Journal of World Trade*, 2009, vol.43, no.1, pp.173-188.
- Ramburg, Jan, *ICC Guideto Inocterms® 2010*, ICC, 2011
- Reynolds, Frank, *Managing Exports Navigating the complex rules, controls, barriers, and laws*, John Wiley & Sons, Inc., 2003
- ICC, *Incoterms® 2010*, 2010
- ICC, *Uniform Customs and Practice for Documentary Credits 2007 Revision*, ICC, 2006
- United Nations, *United Nations Convention on Contracts for the International Sale of Goods*, 2010

- 구종순, 해상보험, 박영사, 2016
- 남품우, 무역영어, 두남출판사, 2013
- 박복재, 무역영어, 전남대학교출판부, 2013
- 석광현, 국제물품매매계약의 법리, 박영사, 2010
- 시오미 요시오 저, 신창선 역, 국제물품매매조약, 피데스, 2012
- 심종석, 국제물품매매계약에 관한 UN협약의 해석과 적용, 삼영사, 2015
- 이시환, 김광수, incoterms 2010, 두남출판사, 2013
- 이신규, 무역영어 개정2판, 두남출판사, 2014
- 장시혁, 실전 비즈니스 무역영어, 한올출판사, 2015
- 전순환, 무역실무, 한올출판사, 2014
- 조규원, 외국환거래 법규와 해설, 무역외환거래연구소, 2013
- 최권수, 무역실무, 세학사, 2013

부 록

- Glossary
- Incoterms 2010
- 무역통신문 사례
    1. 거래제의 및 자사소개
    2. 회신
    3. 청약
    4. 승낙
    5. 견본
    6. 가격
    7. 견적
    8. 계약
    9. 독촉
    10. 주문
    11. 신용장
    12. 선적
    13. 클레임
    14. 지연
    15. 판매

Glossary

Acceptance

A bill of exchange accepted by the drawee, as evidenced by the drawee's signature on the face of the bill. The drawee commits to pay the bill at maturity. (the payee must be sure that the drawee has the means and the will to make payment)

Acceptance draft

A sight draft documented against acceptance. See document against acceptance, sight draft

Acceptance letter of credit

An L/C available by acceptance calling for a time draft (or usance draft, in international palance). Drawn on an intermediate accepting bank, these L/Cs are popular when both buyer and seller need interim financing to facilitate cash flow.

Ad valorem

According to value. See duty.

Advance payment

An arrangement in which the buyer delivers cash to the seller before the seller release the goods. Some sellers ask for such partial payment to show good faith on the part of the buyer and also to enhance their cash flow related to the sale of a particular custom-made item. It may not mean exactly the same as payment in advance.

Advising bank

The bank, usually in the country of the exporter, that notifies the availability of the letter of credit to the exporter. The advising bank is responsible for authenticating and forwarding the L/C but makes no commitment to pay unless it agrees to act as confirming bank. See also negotiating bank.

Advisory capacity

A term indicating that a shipper's agent or representative is not empowered to make definitive decisions or adjustments without approval of the group or individual represented. Compare without reserve.

Affreightment (contract of)

An agreement between a steamship line (or similar carrier) and an importer or exporter in which cargo space is reserved on a vessel for a specified time and at a specified price. The importer or exporter is obligated to make payment whether or not the shipment is made.

After date

A phrase indicating that payment on a draft or other negotiable instrument is due a specified number of days after presentation of the draft to the drawee or payee. Compare after sight, at sight.

After sight

A phrase indicating that the date of maturity of a draft or other negotiable instrument is fixed by the date on which it was drawn, a specified number of days after presentation of the draft to the drawee or payee. Compare after date, at sight.

Agent

see representative.

Air waybill

The carrying agreement between shipper and air carrier that is obtained from the airline used to ship the goods. Technically, it is a nonnegotiable instrument of air transportation that serves as a receipt for the shipper, indicating that the carrier has accepted the goods listed therein and obligates itself to carry the consignment to the airport of destination according to specified conditions. Compare inland bill of lading, ocean bill of lading, through bill of lading.

All-risks clause

An insurance clause providing additional coverage to an open cargo policy, usually for an additional premium. Contrary to its name, the clause does not protect against all risks. The more common perils it does cover are theft, pilferage, non-delivery, fresh water damage, contact with other cargo, breakage, and leakage. Loss of market and losses caused by delay are not covered.

Alongside

A phrase referring to the side of a ship. Goods to be delivered "alongside" are placed on the deck or lighter within reach of the transport ship's tackle so that they can be loaded aboard.

Amendment letter of credit

A change in the terms, amount, or expiration date of a letter or credit usually in the interest of the beneficiary.

Applicant

The party, usually an importer, requesting the issuing bank to issue the letter of credit.

Arbitrage

The process of buying foreign exchange, stocks, bonds, and other commodities in one market and immediately selling them in another market at higher prices.

Assignment of proceeds

A document signed by the beneficiary under a letter of credit assigning the rights to proceeds from an L/C drawing to a third party. From the perspective of the assignee, an arrangement differs radically from a transferable letter of credit. The latter conveys a right to the transferee to present documents under an L/C; the former does not.

ATA

A French abbreviation signifying temporary admission.

ATA carnet

A customs document that enables the holder to carry or send goods temporarily into certain foreign countries without paying duties or posting bonds.

At sight

A phrase indicating that payment on a draft or other negotiable instrument is due upon presentation or demand. Compare after date, after sight.

Authority to pay

A document comparable to a revocable letter of credit but under whose terms the authority to pay the seller stems from the buyer rather than from a bank.

Baby letter of credit

The second of two L/Cs in a back-to-back letter of credit arrangement.

Back-to-back letter of credit

A baby letter of credit in which the issuing bank is secured by a master letter of credit. The applicant of the baby becomes the beneficiary of the master, and the terms of the two L/Cs are such that documents presented under the baby can obtain payment under the master. Back-to-backs are popular among middlemen who want to protect their position between the buyer and manufacturer.

Balance of trade

The balance between a country's exports and imports.

Bank affiliate trade association

A trade association partially or wholly owned by a banking institution.

Banker's acceptance (B/A)

A draft bearing the acceptance of a drawee bank, thus qualifying for financing in the liquid US dollar banker's acceptance market. It is a useful vehicle for fixed-term, fixed-rate financing, especially for banks without access to low-cost US dollar funds.

Banker's bank

A bank that is established by mutual consent by independent and unaffiliated banks to provide a clearinghouse for financial transactions.

Bank holding company (BHC)

Any company that directly or indirectly owns or controls, with power to vote, more than 5 percent of the voting shares of another bank.

Barratry

Negligence or fraud on the part of a ship's officers or crew resulting in loss to the owners. See open cargo policy.

Barter

Trade in which merchandise is exchanged directly for other merchandise without use of money. Barter is an important means of trade with countries using currency that is not readily convertible.

Beneficiary

The person, usually an exporter, in whose favor a letter or credit is issued or a draft is drawn.

Bill of exchange

A written, unconditional demand, signed by the drawer and addressed to the drawee, to pay a sum of money upon presentation or at some future date (x days after "sight" or x days after "bill of lading date") to the order of the payee, or to the bearer. Frequently known as a draft or bill. See draft.

Bill of lading (B/L)

A document that provides the terms of the contract between the shipper and the transportation company to move freight between stated points at a specified charge. Usually prepared by the shipper on forms issued by the carrier, it serves as a document of title, a contract of carriage, and a receipt of goods. It is the primary evidence of shipment of goods and the exporter's key to prompt payment. See also charter party bill of lading, transport document.

Blanket policy

See open cargo policy

Blocked currency

Exchange that cannot be freely converted into other currencies. Cash deposits that cannot be transferred to another country because of local regulations or a shortage of foreign exchange.

Bonded warehouse

A building authorized by customs authorities under bond or guarantee of compliance with revenue laws for the storage of goods without payment of duties until removal.

Booking

An arrangement with a steamship company for the acceptance and carriage of freight.

Broker
See export broker.

Brussels Tariff Nomenclature
See Customs Cooperation Council Nomenclature.

Buying agent
An agent who buys in a country for foreign importers, especially for such large foreign users as mines, railroads, governments, and public utilities. Synonymous with purchasing agent.

Carnet
A customs document allowing special categories of goods to cross international borders without payment of duties.

Carrier
A transportation line that hauls cargo.

Cash against documents (CAD)
Payment for goods in which a commission house or other intermediary transfers title documents to the buyer upon payment in cash.

Cash in advance (CIA)
Payment for goods in which the price is paid in full before shipment is made. This method is usually used only for small purchase or when the goods are built.

Cash with order (CWO)
Payment for goods in which the buyer pays when ordering and in which the transaction is binding on both parties.

Certificate of free sale
A certificate, requiring by some foreign governments, stating that the goods for export, if products under the jurisdiction of the US Food and Drug Administration, are acceptable for sale in the United States that is, the products are sold freely without restriction. The FDA will issue shippers a "letter of comment" to satisfy foreign requests or regulations.

Certificate of inspection
A document in which certification is made as to the good condition of the merchandise immediately prior shipment. The buyer generally designates the inspecting organization, usually an independent inspection firm or government body.

Certificate of manufacture
A statement by a producer, sometimes notarized, certifying that manufacture has been completed and that the goods are at the disposal of the buyer.

Certificate of origin
A certificate stating the origin of goods, usually signed by the importing country's embassy

in the country of the exporter.

CFR

Cost and freight. Incoterms indicating that the sale price includes all costs of shipment and freight up to the port of destination. The buyer must insure the cargo from the port of loading, for if the cargo is lost the buyer will bear the consequences. See Incoterms 2010

Chamber of commerce

An association of business people whose purpose is to promote commercial and industrial interests in the community.

Charter party

A written contract, usually on a special form, between the owner of a vessel and a "charterer" who rents use of the vessel or a part of its freight space. The contract generally includes the freight rates and ports involved in the transportation.

Charter party bill of lading

A B/L issued subject to a charter party arrangement. Charter party B/Ls are not acceptable under letter of credit unless allowed explicitly.

CIF

Cos, Insurance, and freight. Incoterms indicating that all cost of shipment and insurance and freight up to the port of destination are included in the quoted sale price. The seller must insure the cargo as far as the port of delivery, for if the cargo is lost the seller will bear the consequence. See Incoterms 2010.

CIF&C

Cost, insurance, freight, and commission. A pricing term indicating that these costs are included in the quoted sale price.

CIF&E

Cost, insurance, freight, and exchange (currency). A pricing term indicating that these costs are included in the quoted sale price.

Clean bill of lading

A B/L signed by the transportation company indicating that the shipment has been received in good condition with no irregularities in the packing or general condition of all or any part of the shipment. Compare foul bill of lading.

Clean draft

A draft to which no documents have been attached.

Collecting bank

Bank in the importer's country involved in processing a collection.

Collection

The procedure involved in a bank's collecting money for a seller against a draft drawn on a buyer abroad, usually through a correspondent bank.

Collection papers

All documents (invoices, bills of lading, etc.) submitted to a buyer for the purpose of receiving payment for a shipment. Also, the documents submitted by the buyer, usually with a draft or against a letter of credit, for payment of an export shipment.

Combined transport bill of lading

A B/L used when more than one carrier is involved in a shipment, for example when a consignment travels by rail and by sea. Sometimes referred to as a multimodal bill of lading.

Commercial attache

The commercial export on the diplomatic staff of a country's embassy or large consulate in a foreign country.

Commercial invoice

The seller's itemized list of goods shipped, with description, details, prices, and costs, addressed to the buyer. The invoice should represent a complete record of the business transaction between the exporter and the foreign importer with regard to the goods sold. It is also a document of content and, therefore, must fully identify the overseas shipment as well as serve as the basis for the preparation of all other documents covering the shipment. Some countries may require further documentation, such as quality certificates, certificates of origin, certificates of free sale, and customs invoices.

Commercial letter of credit

US parlance for documentary letter of credit, or DC, as it known elsewhere. See letter of credit.

Commission agent

See foreign sales representative, purchasing agent.

Commission representative

See foreign sales representative.

Commodity credit corporation

A corporation controlled by a government's department or ministry of agriculture that provides financing and stability to the marketing and exporting of agricultural commodities.

Common carrier

An individual, partnership, or corporation that transports people or goods for compensation.

Compensation

A form of countertrade in which the seller agrees to take full or partial payment in goods

or services generated from the sale.

Conference line

A member of a steamship conference. See steamship conference.

Confirmation

The act of a bank to add its commitment to that of the issuing bank to pay the beneficiary for compliant documents. Under article 1 of UCP 600, confirming banks should be requested or authorized by the issuing bank to "add their confirmation" to the L/C. Note that the act of confirmation does not relieve the issuing bank of its obligation to the beneficiary.

Confirmed letter of credit

An L/C issued by a bank abroad whose validity and terms are confirmed to the beneficiary in the home bank. A letter of credit bearing the confirmation, or commitment to pay, of a second bank, most often in the country of the exporter. Confirmations are the exporter's insurance against nonpayment by the issuing bank for most reasons other than a discrepancy.

Confirming bank

A bank adding its commitment to pay for compliant documents to that of the issuing bank, usually at the request of same. Confirming banks are very often correspondents of issuing banks. L/C beneficiaries should understand clearly how soon the confirming bank will pay after presentation of conforming export documents.

Consignee

The person, firm, or representative to whom a seller or shipper sends merchandise and who, upon presentation of the necessary documents, is recognized as the owner of the merchandise for the purpose of the payment of customs duties. Also, the person to whom goods are shipped, usually at the shipper's risk, when an outright sale has not been made. See consignment.

Consignment

A payment method in which the buyer pays for goods after selling them. The exporter retains title to the goods until they are sold (as well as 100 percent risk of nonpayment by the buyer).

Consolidator's bill of lading

A B/L issued by the consolidator (forwarder) to a shipper as a receipt for goods to be consolidated with other cargoes prior to shipment.

Consul

A government official residing in a foreign country who is charged with representing the interests of his or her country and its nationals.

Consular declaration

A formal statement, made to the consul of a foreign country, describing goods to be shipped.

Consular invoice

A detailed statement regarding the character of goods shipped, duly certified by the consul of the importing country at the port of shipment.

Consulate

The official premises of a foreign government representative.

Contingency insurance

Insurance taken out by the exporter complementary to insurance bought by the consignee abroad.

Control of goods

Of vital interest to all parties involved in trade, control of goods is exercised through the transport document. It determines whether the buyer will be able to clear an inbound shipment without the transport document (and thus without paying for the documents held at the bank).

Correspondent bank

An overseas bank with which a local bank has a relationship. Relationships between banks are just one factor that determine appetite for confirmation and thus have relevance to importers and exporters.

Counterpurchase

One of the most common forms of countertrade in which the seller receives cash but contractually agrees to buy local products or services as a percentage of cash received and over an agreed period of time.

Countertrade

International trade in which the seller is required to accept goods or other instruments of trade, in partial or whole payment for its products.

Countervailing duty

An extra duty imposed by the importing country to offset export grants, bounties, or subsidies paid to foreign suppliers in certain countries by the government of those countries as an incentive to export.

Country of origin

The country where a product is made, as determined by the amount of work done on the product in the country and attested by a certificate of origin.

Credit risk insurance

A form of insurance that covers the seller against loss from nonpayment on the part of the buyer.

Customs

The duties levied by a country on imports and exports. Also, the procedures and organization involved in such collection.

Customs (house) broker

A firm representing the importer in dealing with customs, responsible for obtaining and submitting documents for clearing merchandise through customs, arranging inland transport, and paying related charges.

Customs Cooperation Council Nomenclature (CCCN)

The customs tariff used by many countries worldwide, including most European nations. It is also known as the Brussels Tariff Nomenclature. Compare Standard Industrial Classification, Standard International Trade Classification, tariff schedule.

D/A

See documents against acceptance.

Date draft

A draft drawn to mature on a specified number of days after the date it is issued, with or without regard to the date of acceptance.

DC

A popular acronym outside the Americas for documentary letter of credit. The US equivalent is the L/C, or more property the commercial L/C. See letter of credit.

Deferred payment letter of credit

An L/C available "by deferred payment" calling for a time draft (or usance draft in international parlance) drawn on the issuing bank. It is popular in cases of supplier credit.

Delivery point

See specific delivery point.

Demurrage

A storage fee for inbound merchandise held beyond the free time allowed by the shipping company. Excess time taken for loading or unloading a vessel as a result of a shipper. Charges are assessed by the shipping company.

Department of commerce

An agency of government whose purpose it is to promote commercial industrial interests in the country.

Devaluation

The official lowering of the value of one country's currency in terms of one or more foreign currencies. Thus, if the US dollar is devaluated in relation to the Swiss franc, $1 will "buy" fewer francs than before.

Discrepancy

An instance in which documents presented do not conform to the L/C. In fact, banks exercise extreme care and international standard banking practice dictates that exporters must exercise detailed vigilance in preparing documents under letter of credit if they are not to be frustrated by delays in obtaining payment.

Discount (financial)

A deduction from the face value of commercial paper in consideration of cash by the seller before a specified date.

Dishonor

Refusal on the part of the drawee to accept a draft or pay upon maturity.

Dispatch

An amount paid by a vessel's operator to a charterer if loading or unloading is completed in less time than stipulated in the charter party.

Distributor

A firm that sells directly for a manufacturer, usually on an exclusive contract for a specified territory, and who maintains an inventory on hand.

Dock receipt

A receipt issued by an ocean carrier or its agent, acknowledging that the shipment has been delivered, or received at the dock or warehouse of the carrier.

Documentary collection

An order written by the seller to the bank to deliver documents against payment or documents against acceptance to the buyer. The seller's bank will act on the instruction of the seller in a principal/agent relationship and remit the documents to a branch, or a correspondent, in the country of the buyer, with instructions for collection. A key factor in the effectiveness of such collections is the control of goods exercised through the transport document.

Documentary draft

A draft to which documents are attached.

Documentary letter of credit (D/C)

See letter of credit.

Documentation documents

See shipper's documents.

Documents against acceptance (D/A)

A type of payment for goods in which the documents transferring title to the goods are withheld until the buyer has accepted the draft issued against the buyer.

Documents against payment (D/P)

A type of payment for goods in which the documents transferring title to the goods are withheld until the buyer has paid the value of a draft issued against the buyer.

Domicile

The place where a draft or an acceptance is made payable.

D/P

See documents against payment.

Draft

The same as a bill of exchange. A written order for a certain sum of money to be transferred ona certain date from the person who owes the money or agree to make the payment (the drawee) to the creditor to whom the money is owed (the drawer of the draft). See date draft, documentary draft, sight draft, time draft.

Drawback (import)

The repayment, up to 99 percent, of customs duties paid on merchandise that later is exported, as part of a finished product. Also, a refund of a domestic tax that has been paid upon exportation of imported merchandise.

Drawee

One on whom a draft is drawn, and who owes the stated amount. See draft.

Drawer

On who "draws" a draft, and receives payment. See draft.

Dumping

Exporting merchandise into a country at prices below the prices in that country's domestic market.

Duty

The tax imposed by a government on merchandise imported from another country.

EDI

Electronic Data Interchange. The exchange between computers of trade documentation. EDI can take two forms, financial and documentary, and suffers from a curse common in the world of computers; at least two message format standards. They are ANSI (popular in the United States) and EDIFACT (popular elsewhere).

EMC

See export management company.

ETC

See export trading company.

Eurodollars

US dollars on deposit in any branch of any bank located outside the United States. Likewise, euroyen are Japanese yen on deposit in banks outside Japan, and may be outside of Europe, too. Any "eurocurrency" is a foreign currency deposit and should be treated with care if offered as a form of payment. For example, a US exporter offered US dollars to be delivered in some countries may face a challenge to convert these Eurodollars to US dollars.

Evergreen clause

A provision in an L/C for the expiration date to extend without requiring an amendment.

Exchange

A pricing term indicating that these costs are included in the price.

Exchange permit

A government permit sometimes required to enable an importer to convert its own country's currency into foreign currency with which to pay a seller in another country.

Exchange rate

The price of one currency expressed in terms of another. Exchange rates may be quoted spot (for delivery within two working days) or forward (for delivery at some future time). They are apt to fluctuate. Any international trader with an eye for profit will be aware of the currency circumstances affecting a partner.

Exchange regulations/restrictions

Restrictions imposed by an importing country to protect its foreign exchange reserves. See exchange permit.

Expiration date

The final date upon which the presentation of documents and drawing of drafts under an L/C may be made.

Export

To send goods to a foreign country or oversea territory.

Export broker

A person or a firm that brings together the exporter and importer for a fee and then withdraws from the transaction.

Export declaration

A formal statement made to the collector of customs at a port of exit declaring full particulars about goods being exported.

Export license

A government permit required to export certain products to certain destinations.

Export management company (EMC)

A firm that acts as local export sales agent for several non-competing manufactures, usually without taking title to the goods. Also called "manufacturer's export agent." Compare export trading company.

Export merchant

A producer or merchant who sells directly to a foreign purchaser without going through an intermediary such as an export broker.

Export trading company (ETC)

A firm formed under the Export Trading Company Act of 1982 that buys domestic products for sale overseas taking title to the goods. Compare export management company.

Factor

A finance company willing to purchase a receivable at a discount, either with recourse to the seller or without. In exchange for immediate payment, the seller will transfer title to the receivable to the factor. Factoring is a convenient but expensive alternative to other methods of converting receivables to cash.

FAS

Free Alongside Ship. Incoterms indicating that the sale price includes the cost of transport to the port of embarkation, but not the costs of loading, export clearance, ocean freight, or insurance. The buyer must insure the cargo as far as the port of delivery, for if the cargo is lost the buyer will bear the consequence. See Incoterms 2010.

FCIA

See Foreign Credit Insurance Association.

FI

Free In. A pricing term indicating that the charterer of a vessel is responsible for the cost of loading goods into the vessel.

FIO

Free In and Out. A pricing term indicating that the charterer of a vessel is responsible for the cost of loading and unloading goods from the vessel.

Floating policy

See open cargo policy

FO

Free Out. A pricing term indicating that the charterer of a vessel is responsible for the cost of loading goods from the vessel.

FOB

Free On Board. Incoterms indicating that the sale price includes the cost of transport to and loading at the port of embarkation, but not the costs of export clearance, ocean freight, or insurance. The buyer must insure the cargo as far as the port of delivery, for if the cargo is lost the buyer will bear the consequence. See Incoterms 2010.

Force majeure

A standard clause in marine contracts exempting the parties for nonfulfillment of their obligations as a result of conditions beyond their control, such as earthquakes, floods, or war.

Foreign Credit Insurance Association (FCIA)

An association of 50 insurance companies that operate in conjunction with EXIMBank to provide comprehensive insurance for exporters against nonpayment FCIA underwriters the commercial credit risks. EXIMBank covers the political risk and any excessive commercial risks.

Foreign currency account

An account maintained by a bank in foreign currency and payable in that currency.

Foreign distribution

See distributor.

Foreign exchange

A currency or credit instrument of a foreign country. Also, transactions involving purchase and/or sale of currencies.

Foreign freight forwarder

See freight forwarder.

Foreign sales agent

An individual or firm that serves as the foreign representative of a domestic supplier and seeks sales abroad for the supplier.

Foreign sales representative

A representative residing in a foreign country who acts as a sales agent for a US manufacturer, usually for a commission. Sometimes referred to as a "sales agent" or "commission agent." See also representative.

Foreign Trade Zone (FTZ)

US term for a site sanctioned by the authorities in which imported goods are exempted from duties until withdrawn for domestic sale or use. An FTZ can be used for commercial warehousing, assembly plants, and re-export. See also free trade zone.

Forfeit

The sale of a term debt against a discounted cash payment in which the seller forfeits the right to future payments by the debtor. A popular method for exporters of capital equipment to dispose of long-term overseas debt.

Forward exchange

The purchase or sale of a foreign currency, usually for an equivalent amount of local currency, for delivery at some future date. Compare spot exchange.

Forwarder's bill of lading

A B/L issued by forwarder to shipper, a receipt for merchandise to be shipped.

Foul bill of lading

A receipt for goods issued by a carrier bearing a notation that the outward containers or goods have been changed. Compare clean bill of lading.

FPA

Free of Particular Average. A clause used in marine insurance indicating that partial loss or damage to a foreign shipment is not covered. (Loss resulting from certain conditions, such as the sinking or burning of the ship, may be specifically exempted from the effect of the clause.) Compare WA.

Fraud

All too common in international trade, especially transactional deals handling commodities, and a perfect reason why any sensible importer, exporter, or middleman will develop a relationship with a competent trade bank.

Free port

An area generally encompassing a port and it surrounding locality into which goods may enter duty free or subject only to minimal revenue tariffs.

Free sale

See certificate of free sale.

Free trade zone

A term used by all countries (except the USA) for a site sanctioned by the authorities in which imported goods are exempted from duties until withdrawn for domestic sale or use. The site can be used for commercial warehousing, assembly plants, and re-export. See also foreign trade zone.

Freight forwarder

A company that books shipment of goods, often as an agent for an airline. Usually, many small shipments are combined to take advantage of bulk discounts. Forwarders may provide other services, such as trucking, warehousing, and document preparation.

General Agreement on Tariff and Trade (GATT)

A Geneva-based organization that governed world trade until the formation of the World Trade Organization (WTO) in 1995. Formed by 23 countries at a conference in Geneva in 1947 to increase trade by lowering duties and quotas, the General Agreements on Tariffs

and Trade is a multilateral trade treaty among governments, embodying rights and obligations. The detailed rules set out in the agreement constitute a code that the parties to the agreement agreed upon to govern their trading relationships.

General license (export)

Government authorization to export without specific documentary approval.

Gross weight

Total weight of goods, packing, and container, ready for shipment.

Guarantee letter

A commitment popular outside the United States guaranteeing payment in the event of nonperformance by the applicant. Compare standby letter of credit.

Handling charges

The forwarder's fee to a shipper client.

Harmonized code

Harmonized Commodity Description and Coding System. An international classification system that assigns identification numbers to specific products. The code ensures that all parties use a consistent classification for purposes of documentation, statistical control, and duty assessment.

Horizontal trade association

A trade association that exports a range of similar or identical products supplied by a number of manufacturers or other producers. An association of agricultural cooperatives is a prime example. Compare vertical trade association.

ICC

See International Chamber of Commerce.

Import

To bring merchandise into a country from another country or overseas territory.

Import license

A government document that permits the importation of a product or material into a country where such licenses are necessary.

In bond

A term applied to the status of merchandise admitted provisionally into a country without payment of duties. See bonded warehouse.

Inconvertibility

The inability to exchange the currency of one country for the currency of another.

Incoterms 2010

Terms of sale indicating costs and responsibilities include in the price under a sales contract

(e.g., EXW, FOB, CFR, CIF, DDP). These worldwide, standardized terms transcend borders and should be clearly understood by all parties negotiating an international sales contract.

Inherent vice

An insurance term indicating defects or characteristics of a product that could lead to deterioration without outside influence. See all-risks clause.

Inland bill of lading

A B/L used in transporting goods overland to the exporter's international carrier. Although a through B/L can sometimes be used, it is usually necessary to prepare both an inland B/L and ocean B/L for export shipments. Compare air waybill, ocean bill of lading, through bill of lading.

Inland carrier

A transportation line that handle export or import cargo between the port and inland points.

Insurance certificate

A certificate furnished, usually in duplicate, whenever the seller provides ocean marine insurance. The certificate is a negotiable document and must be endorsed before submission to the bank. The seller can arrange to obtain an open cargo policy that the freight forwarder maintains.

International Chamber of Commerce (ICC)

A nongovernment organization serving worldwide business. Members in 123 countries represent tens of thousands of business organizations and companies and promote world trade and investment based on free and fair competition. Many of its publications are de facto standards in global commerce, including Uniform Customs and Practices for Documentary Credits (UCP 600), Uniform Rules for Collections (URC 522), and Incoterms 2010.

International freight forwarder

See freight forwarder.

Invoice

See commercial invoice.

Irrevocable

An adjective attached to an L/C to denote an instrument that cannot be amended or canceled without the agreement of all parties (including the beneficiary). The adjective is popular and redundant. In most circumstances, revocable L/Cs are worthless and, as a consequence, are very rare.

Joint venture

A commercial or industrial arrangement in which principals of one company share control and ownership with principals of another.

Latest shipment date

The last day on which goods may be shipped (as evidenced by the "on board" date on a B/L or flight date on an air waybill).

Legal weight

The weight of the goods plus the immediate wrapping that go along with the goods. An example is the contents of a tin can together with its can. Compare net weight.

Letter of Credit (L/C)

An undertaking written by the issuing bank to pay the beneficiary a stated sum of money, within a certain time, against the presentation of conforming documents. Other parties to a letter of credit may be the advising bank, the confirming bank, the negotiating bank, the paying bank, and the reimbursing bank. The main contract of payment remains between the issuing bank and the beneficiary. Since the issuing bank is very often located in a separate country from the beneficiary, the latter relies on the advising bank, locally, for notification of the arrival of the L/C and for authentication. Conforming documents may consist of various export documents, as in a documentary letter of credit, or a simple statement by the beneficiary, as in a standby letter of credit.

License

See export license, import license, validated license.

Lighter

An open or covered barge towed by a tugboat and used mainly in harbors and inland waterways.

Lighterage

The loading or unloading of a ship by means of a barge or lighter because of shallow water, which prevents the ship from coming to shore.

Marine bill of lading

A B/L for shipment by sea.

Marine insurance

Insurance that will compensate the owner of goods transported on the seas in the event of loss that cannot be legally recovered from the carrier. Also covers air shipments.

Marks

A set of letters, numbers, and/or geometric symbols, generally followed by the name of the port of destination, placed on packages for export for identification purposes.

Master letter of credit

The first of two L/Cs in a back-to-back letter of credit arrangement.

Maturity date
The date upon which a draft or acceptance becomes due for payment.

MEA
Manufacturer's export agent. See export management company.

Most favored nation status
Designation of a country's status in relation to a trading partner. All countries having most favored nation status receive equal treatment with respect to customs and tariffs.

Multimodal bill of lading
A B/L used when more than one mode of transport is involved in a shipment for example, when a consignment travels by rail and by sea. Sometimes referred to as a combined transport bill of lading.

Named point
See specific delivery point.

Negotiable bill of lading
A B/L consigned to the order of, and endorsed in blank by, the shipper. Whoever carries a negotiable bill of lading possesses the document of title to the goods.

Negotiating bank
The bank that checks the exporter's documents under the L/C and advances cash to the exporter, at a small discount, in the expectation of reimbursement by the issuing bank.

Net weight
The weight of the goods alone without any immediate wrapping. An example is the weight of the contents of a tin can without the weight of the can. Compare legal weight.

Nomenclature of the Customs Cooperation Council
See Customs Cooperation Council Nomenclature.

Ocean bill of lading
A B/L indicating that the exporter consigns a shipment to an international carrier for transportation to a specified foreign market. Unlike an inland B/L, the ocean B/L also serves as a collection document. If it is a "straight B/L," the foreign buyer can obtain the shipment from the carrier by simply showing proof of identity. If a "negotiable B/L" is used, the buyer must first pay for the goods, post a bond, or meet other conditions agreeable to the seller. Compare air waybill, inland bill of lading, through bill of lading.

Offset
A variation of countertrade in which the seller is required to assist in or arrange for the marketing of locally produced goods.

On board bill of lading

A bill of lading in which a carrier acknowledges that goods have been placed on board a certain vessel.

Open account

A trade arrangement in which goods are shipped to a foreign buyer without guarantee of payment. The obvious risk to the supplier makes it essential that the buyer's integrity be unquestionable.

Open cargo policy

Synonymous with "floating policy." An insurance policy that binds the insurer automatically to protect with insurance all shipments made by the insured from the moment the shipment leaves the initial shipping point until it is delivered at destination. The insuring conditions include clauses naming such risks insured against as perils of the sea, fire, jettison, forcible theft, and barratry. See all risks clause, barratry, perils of the sea.

Opening bank

Bankers' terminology for the issuing bank in the L/C process.

Open insurance policy

A marine insurance policy that applies to all shipments made by an exporter over a period of time after rather than to one shipment only.

OPIC

Overseas Private Investment Corporation. A wholly owned government corporation designed to promote private investment in developing countries by promoting political risk insurance and some financing assistance.

"Order" bill of lading

A negotiable bill of lading made out to the order of the shipper.

Packing credit

Common parlance internationally, especially in Asia, for pre-export finance provided against a letter of credit.

Packing list

A list prepared by the seller itemizing goods shipped, quantities, sizes, weights, and packing marks. Very common in trade finance, the packing list should be prepared so as to be consistent with other documents, especially under a letter of credit.

Parcel post receipt

The postal authority's signed acknowledgement of receipt of a shipment made by parcel post.

Paying bank

The bank nominated in the L/C to pay out against conforming documents, without

recourse. Exporters interested in their cash flow should understand whether the paying bank is in their own country or that of their customer, the importer.

Payment in advance

An arrangement in which the buyer delivers cash to the seller before the seller release the goods. Often referred to as cash in advance, or CAD, it may not mean exactly the same as advance payment.

Perils of the sea

A marine insurance term used to designate heavy weather, straining, lightning, collision, and sea water damage.

Phytosanitary inspection certificate

A certificate, issued to satisfy import regulations of foreign countries, indicating that a shipment has been inspected and is free from harmful pests and plant diseases.

Piggybacking

The assigning of export marketing and distribution functions by one manufacturer to another.

Port marks

See marks.

Pre-export finance

US banker's terminology for a loan to an exporter to finance the accumulation of materials and subsequent manufacture, assembly, production, packaging, and transport of physical goods to fulfill an export order. Such financing is commonly guaranteed by EXIMBank of SBA Working Capital Guarantee programs.

Presentation period

The time allowed after issue of transport documents to present such documents under an L/C.

Presenting bank

The bank in a documentary collection process presenting export documents to the drawee for payment. The exporter and the presenting bank behave in a principal/agent relationship. Therefore, it is wise for the uncertain exporter to ensure that the collection is presented by some bank other than the importer's bank.

Procuring agent

See purchasing agent.

Pro forma invoice

A provisional invoice written by the seller that serves as a quotation to the buyer. Following negotiations, a document issued by the exporter to confirm product details, prices, shipping, and payment terms. This is the starting point for further documentation.

Purchasing agent

An agent who purchases goods in his or her own country on behalf of large foreign buyers such as government agencies and large private concerns.

Quota

The total quantity of a product or commodity that may be imported into a country. Most quotas are imposed to protect a domestic market. In the United States, sugar, wheat, cotton, tobacco, textiles, and apparel are governed by quotas.

Quotation

An offer to sell goods at a stated price and under stated terms.

Rate of exchange

The basis upon which money of one country will be exchanged for that of another. Rates of exchange are established and quoted for foreign currencies on the basis of the demand, supply, and stability of the individual currencies. See also exchange.

Received for shipment bill of lading

A B/L indicating goods received for shipment (but not "on board"). It is unacceptable under an L/C arrangement unless the B/L is specifically allowed by the letter of credit or unless it is marked "on board" with a date and signature.

Recourse

A term indicating that the paying party retains the right to the funds in the event that reimbursement (from another party) is not forthcoming. Recourse is an important concept in trade finance.

Red clause letter of credit

An L/C allowing the beneficiary to draw down an advance payment prior to shipment, usually against presentation of a simple receipt. So called because this clause was traditionally written in red ink. Its purpose is to finance the seller during the preparation of the export order. The applicant remains liable for any drawings even if goods are never shipped. This is one reason that importers should expect red clause L/Cs to be collateralized differently from plain import L/Cs.

Reimbursing bank

The bank empowered by the issuing bank (i.e., with a bank balance) to charge the account of the issuing bank and pay to the bank collecting funds under a letter of credit.

Remitting bank

The role played by the exporter's bank in a documentary collection process. The remitting bank sends export documents to a correspondent bank in the country of the importer (the drawee in the collection process).

Representative

An individual or firm that acts on behalf of a supplier. The word "representative" is preferred to "agent" in writing, since agent, in an exact legal sense, connotes more binding powers and responsibilities than representative. See also foreign sales representative.

Revocable

An adjective attached to an L/C indicating that it can be altered or canceled after the buyer has opened the L/C through his or her bank. Compare irrevocable.

Revolving letter of credit

An L/C that reinstates automatically. It may revolve in relation to time or value, the latter being cumulative or noncumulative.

Royalty payment

The share of the product or profit paid by a licensee to a licensor. See licensing.

SA

Societe anonyme. French expression for a corporation.

Sales agent

See foreign sales representative.

Sales representative

See foreign sales representative.

Sanitary certificate

A certificate that attests to the purity or absence of disease or pests in the shipment of food products, plants, seeds, and live animals.

S/D

See sight draft.

Shipper's documents

Commercial invoices, bills of lading, insurance certificate, consular invoices, and related documents.

Shipper's letter of credit

An L/C issued by the exporter to the freight forwarder covering key details of the transaction, shipping terms, and other applicable instructions that the freight forwarder must follow.

Ship's manifest

A true list in writing of the individual shipments comprising the cargo of a vessel, signed by the captain.

SIC

See Standard Industrial Classification.

Sight draft (S/D)

A draft so drawn as to be payable upon presentation to the drawee or at a fixed or determinable date thereafter. See also documents against acceptance, documents against payment.

SITC

See Standard International Trade Classification.

Specific delivery point

A point in sales quotations that designates specifically where and within what geographical locale the goods will be delivered at the expense and responsibility of the seller. An example is FAS (named vessel) at (named port of export).

Spot exchange

The purchase or sale of foreign currency, usually against an equivalent amount of local currency, for immediate delivery (i.e., within two working days after the agreement). Compare forward exchange.

Standard Industrial Classification (SIC)

A numerical system developed by the US government for the classification of commercial services and industrial products. SIC also classifies establishments by type of activity.

Standard International Trade Classification (SITC)

A numerical system developed by the United Nations to classify commodities used in international trade and in reporting trade statistics.

Standby letter of credit

An L/C popular in the United States that guarantees payment in the event of nonperformance by the applicant. It is similar in method to the commercial L/C and subject to UCP 600 but different in three significant aspects: (1) The beneficiary's statement or claim of default suffices to draw (in contrast to a pile of detailed export documents under the commercial L/C); thus (2) the discrepancy rate is between low and zero; therefore (3) banks collateralize standby L/Cs somewhat differently from commercial L/Cs (i.e., 100 percent).

State controlled trading company

In a country with a state trading monopoly, a trading entity empowered by the country's government to conduct export business.

Steamship conference

A group of vessel operators joined together for the purpose of establishing freight rates. A shipper may receive reduced rates if it enters into a contract to ship on vessels of conference members only.

Steamship guarantee

A guarantee issued by a bank to a steamship line against financial loss arising from the

release of a consignment without the appropriate transport document. Such a guarantee is popular because goods frequently arrive at the port of discharge before documents are available to clear them.

Stocking distributor

A distributor that maintains an inventory of goods of a manufacturer.

Straight bill of lading

A B/L consigned directly to a party who holds title to the goods. Such consignment is discomforting to bankers if the consignee party is not the bank. A straight B/L cannot be endorsed to another party. Compare negotiable bill of lading.

Swap arrangements

A form of countertrade in which the seller sells on credit and then transfers the credit to a third party.

SWIFT

Society for Worldwide Interbank Financial Telecommunication. A cooperative owned by a consortium of banks designed to carry formatted messages between them in a secure environment. The messages all relate to financial transactions between banks and their customers.

Switch arrangements

A form of countertrade in which the seller sells on credit and then transfers the credit to a third party.

Tare weight

The weight of packing and containers without the goods to be shipped.

Tariff schedule

A schedule or system of duties imposed by a government on goods imported or exported. The rate of duty imposed in a tariff.

Tenor

The time fixed or allowed for payment, as in the tenor of a draft.

TEU

Twenty-foot equivalent unit. A measurement of cargo based on a standard ocean shipment container, which is 20 feet in length.

Through bill of lading

A single B/L covering both the domestic and international carriage of an export shipment. An air waybill, for instance, is essentially a through B/L used for air shipments. Ocean shipments, on the other hand, usually require two separate documents an inland B/L for domestic carriage and an ocean B/L for international carriage. Through bills of lading, therefore,

cannot be used. Compare air waybill, inland bill of lading, ocean bill of lading.

Time draft

A draft so drawn as to mature at a certain fixed time after presentation or acceptance.

Trade acceptance

A time draft in which the drawee signs the word "accepted" across the face and thus commits to pay the holder upon maturity. The instrument is as valuable as the creditworthiness of the accepting party.

Trade development program (TDP)

A program designed to promote economic development abroad and the sale of a nation's goods and services to developing countries.

Trade mission

A mission to a foreign country organized to promote trade through the establishment of contracts and exposure to the commercial environment. Trade missions are frequently organized by federal, state, or local agencies.

Tramp steamer

A ship not operating on regular routes or schedules.

Transport document

A bill of lading, an air waybill, a truck receipt, or any other document acting as a receipt for goods and a contract of carriage. Of all these transport documents, only a B/L is a document of title.

Transshipment

Shipment of merchandise to a destination abroad on more than one vessel. Liability may pass from one carrier to the next, or it may be covered by a through bill of lading issued by the first carrier.

Trust receipt

Release of merchandise by a bank to a buyer in which the bank retains title to the merchandise. The buyer, who obtains the goods for manufacturing or sales purposes, is obligated to maintain the goods (or the proceeds from their sale) distinct from the remainder of his or her assets and to hold them ready for repossession by the bank.

Turnkey

A method of construction whereby the contractor assumes total responsibility from design through completion.

Unconfirmed letter of credit

An L/C that does not carry any confirmation by a second bank, usually located in the country of the beneficiary. Exporters intent on collecting payment under such L/Cs should

hold a view as to risk of nonpayment for various reasons.

Usance

Bankers' terminology, in use more commonly overseas than in the United States, indicating the time allowed for payment of a bill of exchange. Compare at sight.

Usance draft

More often referred to in the United States as a time draft. See also documents against acceptance.

Usance letter of credit

Sometimes referred to in the United States as a time L/C.

Validated license

A government document authorizing the export of commodities within limitations set forth in the document.

Vertical trade association

A trade association that integrates a range of functions taking products from suppliers to consumers. Compare horizontal trade association.

Visa

A signature of formal approval on an entree document obtained from a consulate.

WA

With Average. A marine insurance term meaning that a shipment is protected from partial damage whenever the damage exceeds a given percentage.

Warehouse receipt

A receipt issued by a warehouse listing goods received for storage.

Wharfage

The charge assessed by a carrier for handling incoming or outgoing ocean cargo.

Without reserve

A term indicating that a shipper's agent or representative is empowered to make definitive decisions and adjustments abroad without approval of the group or individual represented. Compare advisory capacity.

Incoterms 2010

FOREWORD

By Rajat Gupta, ICC Chairman

The global economy has given businesses broader access than ever before to markets all over the world. Goods are sold in more countries, in larger quantities, and in greater variety. But as the volume and complexity of global sales increase, so do possibilities for misunderstandings and costly disputes when sale contracts are not adequately drafted.

The Incoterms® rules, the ICC rules on the use of domestic and international trade terms, facilitate the conduct of global trade. Reference to an Incoterms® 2010 rule in a sale contract clearly defines the parties' respective obligations and reduces the risk of legal complications.

Since the creation of the Incoterms rules by ICC in 1936, this globally accepted contractual standard has been regularly updated to keep pace with the development of international trade. The Incoterms® 2010 rules take account of the continued spread of customs-free zones, the increased use of electronic communications in business transactions, heightened concern about security in the movement of goods and changes in transport practices. Incoterms® 2010 updates and consolidates the 'delivered'rules, reducing the total number of rules from 13 to 11, and offers a simpler and clearer presentation of all the rules. Incoterms® 2010 is also the first version of the Incoterms rules to make all references to buyers and sellers gender-neutral.

The broad expertise of ICC's Commission on Commercial Law and Practice, whose membership is drawn from all parts of the world and all trade sectors, ensures that the Incoterms® rules respond to business needs everywhere.
ICC would like to express its gratitude to the members of the Commission, chaired by Fabio Bortolotti (Italy), to the Drafting Group, which comprised Charles Debattista (Co-Chair, UK), Christoph Martin Radtke (Co-Chair, France), Jens Bredow (Germany), Johnny Herre (Sweden), David Lowe (UK), Lauri Railas (Finland), Frank Reynolds (US), and Miroslav Subert (Czech Republic), and to Asko Raty (Finland) for assistance with the images depicting the 11 rules.

INTRODUCTION

The Incoterms® rules explain a set of three-letter trade terms reflecting business-to-business practice in contracts for the sale of goods. The Incoterms rules describe mainly the tasks, costs and risks involved in the delivery of goods from sellers to buyers.

How to use the Incoterms® 2010 rules

1. Incorporate the Incoterms® 2010 rules into your contract of sale

If you want the Incoterms® 2010 rules to apply to your contract, you should make this clear in the contract, through such words as," [*the chosen Incoterms rule including the named place, followed by*] Incoterms® 2010".

2. Choose the appropriate Incoterms rule

The chosen Incoterms rule needs to be appropriate to the goods, to the means of their transport, and above all to whether the parties intend to put additional obligations, for example such as the obligation to organize carriage or insurance, on the seller or on the buyer. The Guidance Note to each Incoterms rule contains information that is particularly helpful when making this choice. Whichever Incoterms rule is chosen, the parties should be aware that the interpretation of their contract may well be influenced by customs particular to the port or place being used.

3. Specify your place or port as precisely as possible

The chosen Incoterms rule can work only if the parties name a place or port, and will work best if the parties specify the place or port as precisely as possible.

A good example of such precision would be:

"FCA 38 Cours Albert 1er, Paris, France Incoterms® 2010"

Under the Incoterms rules Ex Works (EXW), Free Carrier (FCA), Delivered at Terminal (DAT), Delivered at Place (DAP), Delivered Duty Paid (DDP), Free Alongside Ship (FAS), and Free on Board (FOB), the named place is the place where delivery takes place and where risk passes from the seller to the buyer. Under the Incoterms rules Carriage Paid To (CPT), Carriage and Insurance Paid To (CIP), Cost and Freight (CFR) and Cost, Insurance and Freight (CIF), the named place differs from the place of delivery. Under these four Incoterms rules, the named place is the place of destination to which carriage is paid. Indications as to place or destination can helpfully be further specified by stating a precise point in that place or destination in order to avoid doubt or argument.

4. Remember that Incoterms rules do not give you a complete contract of sale

Incoterms rules do say which party to the sale contract has the obligation to make carriage or insurance arrangements, when the seller delivers the goods to the buyer, and which costs each party is responsible for. Incoterms rules, however, say nothing about the price to be paid or the method of its payment. Neither do they deal with the transfer of ownership of the goods, or the consequences of a breach of contract. These matters are normally dealt with through express terms in the contract of sale or in the law governing that contract. The parties should be aware that mandatory local law may override any aspect of the sale contract, including the chosen Incoterms rule.

Main features of the Incoterms® 2010 rules

1. Two new Incoterms rules - DAT and DAP - have replaced the Incoterms 2000 rules DAF, DES, DEQ and DDU

The number of Incoterms rules has been reduced from 13 to 11. This has been achieved by substituting two new rules that may be used irrespective of the agreed mode of transport - DAT, Delivered at Terminal, and DAP, Delivered at Place - for the Incoterms 2000 rules DAF, DES, DEQ and DDU.

Under both new rules, delivery occurs at a named destination: in DAT, at the buyer's disposal

unloaded from the arriving vehicle (as under the former DEQ rule); in DAP, likewise at the buyer's disposal, but ready for unloading (as under the former DAF, DES and DDU rules).
The new rules make the Incoterms 2000 rules DES and DEQ superfluous. The named terminal in DAT may well be in a port, and DAT can therefore safely be used in cases where the Incoterms 2000 rule DEQ once was. Likewise, the arriving" vehicle"under DAP may well be a ship and the named place of destination may well be a port: consequently, DAP can safely be used in cases where the Incoterms 2000 rule DES once was. These new rules, like their predecessors, are "delivered", with the seller bearing all the costs (other than those related to import clearance, where applicable) and risks involved in bringing the goods to the named place of destination.

2. Classification of the 11 Incoterms® 2010 rules

The 11 Incoterms® rules are presented in two distinct classes:

<u>RULES FOR ANY MODE OR MODES OF TRANSPORT</u>

EXW EX WORKS
FCA FREE CARRIER
CPT CARRIAGE PAID TO
CIP CARRIAGE AND INSURANCE PAID TO
DAT DELIVERED AT TERMINAL
DAP DELIVERED AT PLACE
DDP DELIVERED DUTY PAID

<u>RULES FOR SEA AND INLAND WATERWAY TRANSPORT</u>

FAS FREE ALONGSIDE SHIP
FOB FREE ON BOARD
CFR COST AND FREIGHT
CIF COST INSURANCE AND FREIGHT

The first class includes the seven Incoterms® rules that can be used irrespective of the mode of transport selected and irrespective of whether one or more than one mode of transport is employed. EXW, FCA, CPT, CIP, DAT, DAP and DDP belong to this class. They can be used even when there is no maritime transport at all. It is important to remember, however, that these rules can be used in cases where a ship is used for part of the carriage.

In the second class of Incoterms® 2010 rules, the point of delivery and the place to which the goods are carried to the buyer are both ports, hence the label" sea and inland waterway"rules. FAS, FOB, CFR and CIF belong to this class. Under the last three Incoterms rules, all mention of the ship's rail as the point of delivery has been omitted in preference for the goods being delivered when they are "on board"the vessel. This more closely reflects modern commercial reality and avoids the rather dated image of the risk swinging to and fro across an imaginary perpendicular line.

3. Rules for domestic and international trade

Incoterms rules have traditionally been used in international sale contracts where goods pass across national borders. In various areas of the world, however, trade blocs, like the European

Union, have made border formalities between different countries less significant. Consequently, the subtitle of the Incoterms® 2010 rules formally recognizes that they are available for application to both international and domestic sale contracts. As a result, the Incoterms® rules clearly state in a number of places that the obligation to comply with export/import formalities exists only where applicable.

Two developments have persuaded ICC that a movement in this direction is timely. Firstly, traders commonly use Incoterms rules for purely domestic sale contracts. The second reason is the greater willingness in the United States to use Incoterms rules in domestic trade rather than the former Uniform Commercial Code shipment and delivery terms.

4. Guidance Notes

Before each Incoterms® rule you will find a Guidance Note. The Guidance Notes explain the fundamentals of each Incoterms rule, such as when it should be used, when risk passes, and how costs are allocated between seller and buyer. The Guidance Notes are not part of the actual Incoterms® rules, but are intended to help the user accurately and efficiently steer towards the appropriate Incoterms rule for a particular transaction.

5. Electronic communication

Previous versions of Incoterms rules have specified those documents that could be replaced by EDI messages. Articles A1/B1 of the Incoterms® 2010 rules, however, now give electronic means of communication the same effect as paper communication, as long as the parties so agree or where customary. This formulation facilitates the evolution of new electronic procedures throughout the lifetime of the Incoterms® rules.

6. Insurance cover

The Incoterms® rules are the first version of the Incoterms rules since the revision of the Institute Cargo Clauses and take account of alterations made to those clauses. The Incoterms® rules place information duties relating to insurance in articles A3/B3, which deal with contracts of carriage and insurance. These provisions have been moved from the more generic articles found in articles A10/B10 of the Incoterms 2000 rules. The language in articles A3/B3 relating to insurance has also been altered with a view to clarifying the parties'obligations in this regard.

7. Security-related clearances and information required for such clearances

There is heightened concern nowadays about security in the movement of goods, requiring verification that the goods do not pose a threat to life or property for reasons other than their inherent nature. Therefore, the Incoterms® rules have allocated obligations between the buyer and seller to obtain or to render assistance in obtaining security-related clearances, such as chain-of-custody information, in articles A2/B2 and A10/B10 of various Incoterms rules.

8. Terminal handling charges

Under Incoterms rules CPT, CIP, CFR, CIF, DAT, DAP, and DDP, the seller must make arrangements for the carriage of the goods to the agreed destination. While the freight is paid by the seller, it is actually paid for by the buyer as freight costs are normally included by the seller in the total selling price. The carriage costs will sometimes include the costs of handling and moving the goods within port or container terminal facilities and the carrier or terminal

operator may well charge these costs to the buyer who receives the goods. In these circumstances, the buyer will want to avoid paying for the same service twice: once to the seller as part of the total selling price and once independently to the carrier or the terminal operator. The Incoterms□2010 rules seek to avoid this happening by clearly allocating such costs in articles A6/B6 of the relevant Incoterms rules.

9. String sales

In the sale of commodities, as opposed to the sale of manufactured goods, cargo is frequently sold several times during transit "down a string". When this happens, a seller in the middle of the string does not "ship"the goods because these have already been shipped by the first seller in the string. The seller in the middle of the string therefore performs its obligations towards its buyer not by shipping the goods, but by "procuring"goods that have been shipped. For clarification purposes, Incoterms® rules include the obligation to" procure goods shipped" as an alternative to the obligation to ship goods in the relevant Incoterms rules.

Variants of Incoterms rules

Sometimes the parties want to alter an Incoterms rule. The Incoterms® 2010 rules do not prohibit such alteration, but there are dangers in so doing. In order to avoid any unwelcome surprises, the parties would need to make the intended effect of such alterations extremely clear in their contract. Thus, for example, if the allocation of costs in the Incoterms® rules is altered in the contract, the parties should also clearly state whether they intend to vary the point at which the risk passes from seller to buyer.

Status of this introduction

This introduction gives general information on the use and interpretation of the Incoterms® rules, but does not form part of those rules.

Explanation of terms used in the Incoterms® rules

As in the Incoterms 2000 rules, the seller's and buyer's obligations are presented in mirror fashion, reflecting under column A the seller's obligations and under column B the buyer's obligations. These obligations can be carried out personally by the seller or the buyer or sometimes, subject to terms in the contract or the applicable law, through intermediaries such as carriers, freight forwarders or other persons nominated by the seller or the buyer for a specific purpose.
The text of the Incoterms® rules is meant to be self-explanatory. However, in order to assist users the following text sets out guidance as to the sense in which selected terms are used throughout the document.

Carrier: For the purposes of the Incoterms® rules, the carrier is the party with whom carriage is contracted.

Customs formalities: These are requirements to be met in order to comply with any applicable customs regulations and may include documentary, security, information or physical inspection obligations.

Delivery: This concept has multiple meanings in trade law and practice, but in the Incoterms®

rules, it is used to indicate where the risk of loss of or damage to the goods passes from the seller to the buyer.

Delivery document: This phrase is now used as the heading to article A8. It means a document used to prove that delivery has occurred. For many of the Incoterms® rules, the delivery document is a transport document or corresponding electronic record. However, with EXW, FCA, FAS and FOB, the delivery document may simply be a receipt. A delivery document may also have other functions, for example as part of the mechanism for payment.

Electronic record or procedure: A set of information constituted of one or more electronic messages and, where applicable, being functionally equivalent with the corresponding paper document.

Packaging: This word is used for different purposes:

1. The packaging of the goods to comply with any requirements under the contract of sale.
2. The packaging of the goods so that they are fit for transportation.
3. The stowage of the packaged goods within a container or other means of transport.

In the Incoterms® rules, packaging means both the first and second of the above. The Incoterms® rules do not deal with the parties'obligations for stowage within a container and therefore, where relevant, the parties should deal with this in the sale contract.

RULES FOR ANY MODE OR MODES OF TRANSPORT

EX WORKS
EXW (insert named place of delivery/) Incoterms® 2010

GUIDANCE NOTE
This rule may be used irrespective of the mode of transport selected and may also be used where more than one mode of transport is employed. It is suitable for domestic trade, while FCA is usually more appropriate for international trade.
"Ex Works"means that the seller delivers when it places the goods at the disposal of the buyer at the seller's premises or at another named place (i.e., works, factory, warehouse, etc.). The seller does not need to load the goods on any collecting vehicle, nor does it need to clear the goods for export, where such clearance is applicable. The parties are well advised to specify as clearly as possible the point within the named place of delivery, as the costs and risks to that point are for the account of the seller. The buyer bears all costs and risks involved in taking the goods from the agreed point, if any, at the named place of delivery.
EXW represents the minimum obligation for the seller. The rule should be used with care as:
a) The seller has no obligation to the buyer to load the goods, even though in practice the seller may be in a better position to do so. If the seller does load the goods, it does so at the buyer's risk and expense. In cases where the seller is in a better position to load the goods, FCA, which obliges the seller to do so at its own risk and expense, is usually more appropriate.
b) A buyer who buys from a seller on an EXW basis for export needs to be aware that the seller has an obligation to provide only such assistance as the buyer may require to effect that export: the seller is not bound to organize the export clearance. Buyers are therefore well advised not to use EXW if they cannot directly or indirectly obtain export clearance.
c) The buyer has limited obligations to provide to the seller any information regarding the export of the goods. However, the seller may need this information for, e.g., taxation or reporting purposes.

A THE SELLER' OBLIGATIONS

A1 General obligations of the seller
The seller must provide the goods and the commercial invoice in conformity with the contract of sale and any other evidence of conformity that may be required by the contract.
Any document referred to in A1-A10 may be an equivalent electronic record or procedure if agreed between the parties or customary.

A2 Licences, authorizations, security clearances and other formalities
Where applicable, the seller must provide the buyer, at the buyer's request, risk and expense, assistance in obtaining any export licence, or other official authorization necessary for the export of the goods.
Where applicable, the seller must provide, at the buyer's request, risk and expense, any information in the possession of the seller that is required for the security clearance of the goods.

A3 Contracts of carriage and insurance
a) Contract of carriage
The seller has no obligation to the buyer to make a contract of carriage.
b) Contract of insurance
The seller has no obligation to the buyer to make a contract of insurance. However, the seller must provide the buyer, at the buyer's request, risk and expense (if any), with information that the buyer needs for obtaining insurance.

A4 Delivery

The seller must deliver the goods by placing them at the disposal of the buyer at the agreed point, if any, at the named place of delivery, not loaded on any collecting vehicle. If no specific point has been agreed within the named place of delivery, and if there are several points available, the seller may select the point that best suits its purpose. The seller must deliver the goods on the agreed date or within the agreed period.

A5 Transfer of risks

The seller bears all risks of loss of or damage to the goods until they have been delivered in accordance with A4 with the exception of loss or damage in the circumstances described in B5.

A6 Allocation of costs

The seller must pay all costs relating to the goods until they have been delivered in accordance with A4, other than those payable by the buyer as envisaged in B6.

A7 Notices to the buyer

The seller must give the buyer any notice needed to enable the buyer to take delivery of the goods.

A8 Delivery document

The seller has no obligation to the buyer.

A9 Checking-packaging-marking

The seller must pay the costs of those checking operations (such as checking quality, measuring, weighing, counting) that are necessary for the purpose of delivering the goods in accordance with A4.

The seller must, at its own expense, package the goods, unless it is usual for the particular trade to transport the type of goods sold unpackaged. The seller may package the goods in the manner appropriate for their transport, unless the buyer has notified the seller of specific packaging requirements before the contract of sale is concluded. Packaging is to be marked appropriately.

A10 Assistance with information and related costs

The seller must, where applicable, in a timely manner, provide to or render assistance in obtaining for the buyer, at the buyer's request, risk and expense, any documents and information, including security-related information, that the buyer needs for the export and/or import of the goods and/or for their transport to the final destination.

B THE BUYER' OBLIGATIONS

B1 General obligations of the buyer

The buyer must pay the price of the goods as provided in the contract of sale.

Any document referred to in B1-B10 may be an equivalent electronic record or procedure if agreed between the parties or customary.

B2 Licences, authorizations, security clearances and other formalities

Where applicable, it is up to the buyer to obtain, at its own risk and expense, any export and import licence or other official authorization and carry out all customs formalities for the export of the goods.

B3 Contracts of carriage and insurance
a) Contract of carriage
The buyer has no obligation to the seller to make a contract of carriage.
b) Contract of insurance
The buyer has no obligation to the seller to make a contract of insurance.

B4 Taking delivery
The buyer must take delivery of the goods when A4 and A7 have been complied with.

B5 Transfer of risks
The buyer bears all risks of loss of or damage to the goods from the time they have been delivered as envisaged in A4.
If the buyer fails to give notice in accordance with B7, then the buyer bears all risks of loss of or damage to the goods from the agreed date or the expiry date of the agreed period for delivery, provided that the goods have been clearly identified as the contract goods.

B6 Allocation of costs
The buyer must:
a)pay all costs relating to the goods from the time they have been delivered as envisaged in A4;
b)pay any additional costs incurred by failing either to take delivery of the goods when they have been placed at its disposal or to give appropriate notice in accordance with B7, provided that the goods have been clearly identified as the contract goods;
c)pay, where applicable, all duties, taxes and other charges, as well as the costs of carrying out customs formalities payable upon export; and
d)reimburse all costs and charges incurred by the seller in providing assistance as envisaged in A2.

B7 Notices to the seller
The buyer must, whenever it is entitled to determine the time within an agreed period and/or the point of taking delivery within the named place, give the seller sufficient notice thereof.

B8 Proof of delivery
The buyer must provide the seller with appropriate evidence of having taken delivery.

B9 Inspection of goods
The buyer must pay the costs of any mandatory pre-shipment inspection, including inspection mandated by the authorities of the country of export.

B10 Assistance with information and related costs
The buyer must, in a timely manner, advise the seller of any security information requirements so that the seller may comply with A10.
The buyer must reimburse the seller for all costs and charges incurred by the seller in providing or rendering assistance in obtaining documents and information as envisaged in A10.

Free Carrier
FCA (insert named place of delivery) Incoterms® 2010

GUIDANCE NOTE
This rule may be used irrespective of the mode of transport selected and may also be used where more than one mode of transport is employed.

"Free Carrier" means that the seller delivers the goods to the carrier or another person nominated by the buyer at the seller's premises or another named place. The parties are well advised to specify as clearly as possible the point within the named place of delivery, as the risk passes to the buyer at that point.
If the parties intend to deliver the goods at the seller's premises, they should identify the address of those premises as the named place of delivery. If, on the other hand, the parties intend the goods to be delivered at another place, they must identify a different specific place of delivery.
FCA requires the seller to clear the goods for export, where applicable. However, the seller has no obligation to clear the goods for import, pay any import duty or carry out any import customs formalities.

A THE SELLER' OBLIGATIONS

A1 General obligations of the seller
The seller must provide the goods and the commercial invoice in conformity with the contract of sale and any other evidence of conformity that may be required by the contract.
Any document referred to in A1-A10 may be an equivalent electronic record or procedure if agreed between the parties or customary.

A2 Licences, authorizations, security clearances and other formalities
Where applicable, the seller must obtain, at its own risk and expense, any export licence or other official authorization and carry out all customs formalities necessary for the export of the goods.

A3 Contracts of carriage and insurance
a) Contract of carriage
The seller has no obligation to the buyer to make a contract of carriage. However, if requested by the buyer or if it is commercial practice and the buyer does not give an instruction to the contrary in due time, the seller may contract for carriage on usual terms at the buyer's risk and expense. In either case, the seller may decline to make the contract of carriage and, if it does, shall promptly notify the buyer.
b) Contract of insurance
The seller has no obligation to the buyer to make a contract of insurance. However, the seller must provide the buyer, at the buyer's request, risk, and expense (if any), with information that the buyer needs for obtaining insurance.

A4 Delivery
The seller must deliver the goods to the carrier or another person nominated by the buyer at the agreed point, if any, at the named place on the agreed date or within the agreed period.
Delivery is completed:
a) If the named place is the seller's premises, when the goods have been loaded on the means of transport provided by the buyer.
b) In any other case, when the goods are placed at the disposal of the carrier or another person nominated by the buyer on the seller's means of transport ready for unloading.
If no specific point has been notified by the buyer under B7 d) within the named place of delivery, and if there are several points available, the seller may select the point that best suits its purpose.
Unless the buyer notifies the seller otherwise, the seller may deliver the goods for carriage in such a manner as the quantity and/or nature of the goods may require.

A5 Transfer of risks
The seller bears all risks of loss of or damage to the goods until they have been delivered in accordance with A4, with the exception of loss or damage in the circumstances described in B5.

A6 Allocation of costs
The seller must pay
a) all costs relating to the goods until they have been delivered in accordance with A4, other than those payable by the buyer as envisaged in B6; and
b) where applicable, the costs of customs formalities necessary for export, as well as all duties, taxes, and other charges payable upon export.

A7 Notices to the buyer
The seller must, at the buyer's risk and expense, give the buyer sufficient notice either that the goods have been delivered in accordance with A4 or that the carrier or another person nominated by the buyer has failed to take the goods within the time agreed.

A8 Delivery document
The seller must provide the buyer, at the seller's expense, with the usual proof that the goods have been delivered in accordance with A4.
The seller must provide assistance to the buyer, at the buyer's request, risk and expense, in obtaining a transport document.

A9 Checking ?packaging ?marking
The seller must pay the costs of those checking operations (such as checking quality, measuring, weighing, counting) that are necessary for the purpose of delivering the goods in accordance with A4, as well as the costs of any pre-shipment inspection mandated by the authority of the country of export.
The seller must, at its own expense, package the goods, unless it is usual for the particular trade to transport the type of goods sold unpackaged. The seller may package the goods in the manner appropriate for their transport, unless the buyer has notified the seller of specific packaging requirements before the contract of sale is concluded. Packaging is to be marked appropriately.

A10 Assistance with information and related costs
The seller must, where applicable, in a timely manner, provide to or render assistance in obtaining for the buyer, at the buyer's request, risk and expense, any documents and information, including security-related information, that the buyer needs for the import of the goods and/or for their transport to the final destination.
The seller must reimburse the buyer for all costs and charges incurred by the buyer in providing or rendering assistance in obtaining documents and information as envisaged in B10

B THE BUYER' OBLIGATIONS

B1 General obligations of the buyer
The buyer must pay the price of the goods as provided in the contract of sale.
Any document referred to in B1-B10 may be an equivalent electronic record or procedure if agreed between the parties or customary.

B2 Licences, authorizations, security clearances and other formalities
Where applicable, it is up to the buyer to obtain, at its own risk and expense, any import licence

or other official authorization and carry out all customs formalities for the import of the goods and for their transport through any country.

B3 Contracts of carriage and insurance

a) Contract of carriage
The buyer must contract at its own expense for the carriage of the goods from the named place of delivery, except when the contract of carriage is made by the seller as provided for in A3 a).
b) Contract of insurance
The buyer has no obligation to the seller to make a contract of insurance.

B4 Taking delivery

The buyer must take delivery of the goods when they have been delivered as envisaged in A4.

B5 Transfer of risks

The buyer bears all risks of loss of or damage to the goods from the time they have been delivered as envisaged in A4.
If
a) the buyer fails in accordance with B7 to notify the nomination of a carrier or another person as envisaged in A4 or to give notice; or
b) the carrier or person nominated by the buyer as envisaged in A4 fails to take the goods into its charge,
then, the buyer bears all risks of loss of or damage to the goods:
  (i) from the agreed date, or in the absence of an agreed date,
  (ii) from the date notified by the seller under A7 within the agreed period; or, if no such date has been notified,
  (iii) from the expiry date of any agreed period for delivery,
provided that the goods have been clearly identified as the contract goods.

B6 Allocation of costs

The buyer must pay
a) all costs relating to the goods from the time they have been delivered as envisaged in A4, except, where applicable, the costs of customs formalities necessary for export, as well as all duties, taxes, and other charges payable upon export as referred to in A6 b);
b) any additional costs incurred, either because:
  (i) the buyer fails to nominate a carrier or another person as envisaged in A4, or
  (ii) the carrier or person nominated by the buyer as envisaged in A4 fails to take the goods into its charge, or
  (iii) the buyer has failed to give appropriate notice in accordance with B7,
provided that the goods have been clearly identified as the contract goods; and
c) where applicable, all duties, taxes and other charges as well as the costs of carrying out customs formalities payable upon import of the goods and the costs for their transport through any country.

B7 Notices to the seller

The buyer must notify the seller of
a) the name of the carrier or another person nominated as envisaged in A4 within sufficient time as to enable the seller to deliver the goods in accordance with that article;
b) where necessary, the selected time within the period agreed for delivery when the carrier or person nominated will take the goods;
c) the mode of transport to be used by the person nominated; and

d) the point of taking delivery within the named place.

B8 Proof of delivery

The buyer must accept the proof of delivery provided as envisaged in A8.

B9 Inspection of goods

The buyer must pay the costs of any mandatory pre-shipment inspection, except when such inspection is mandated by the authorities of the country of export.

B10 Assistance with information and related costs

The buyer must, in a timely manner, advise the seller of any security information requirements so that the seller may comply with A10.
The buyer must reimburse the seller for all costs and charges incurred by the seller in providing or rendering assistance in obtaining documents and information as envisaged in A10.
The buyer must, where applicable, in a timely manner, provide to or render assistance in obtaining for the seller, at the seller's request, risk and expense, any documents and information, including security-related information, that the seller needs for the transport and export of the goods and for their transport through any country.

CARRIAGE PAID TO
CPT (insert named place of destination) Incoterms® 2010

GUIDANCE NOTE

This rule may be used irrespective of the mode of transport selected and may also be used where more than one mode of transport is employed.
"Carriage Paid To" means that the seller delivers the goods to the carrier or another person nominated by the seller at an agreed place (if any such place is agreed between the parties) and that the seller must contract for and pay the costs of carriage necessary to bring the goods to the named place of destination.
When CPT, CIP, CFR or CIF are used, the seller fulfils its obligation to deliver when it hands the goods over to the carrier and not when the goods reach the place of destination.
This rule has two critical points, because risk passes and costs are transferred at different places. The parties are well advised to identify as precisely as possible in the contract both the place of delivery, where the risk passes to the buyer, and the named place of destination to which the seller must contract for the carriage. If several carriers are used for the carriage to the agreed destination and the parties do not agree on a specific point of delivery, the default position is that risk passes when the goods have been delivered to the first carrier at a point entirely of the seller's choosing and over which the buyer has no control. Should the parties wish the risk to pass at a later stage (e.g., at an ocean port or airport), they need to specify this in their contract of sale.
The parties are also well advised to identify as precisely as possible the point within the agreed place of destination, as the costs to that point are for the account of the seller. The seller is advised to procure contracts of carriage that match this choice precisely. If the seller incurs costs under its contract of carriage related to unloading at the named place of destination, the seller is not entitled to recover such costs from the buyer unless otherwise agreed between the parties.
CPT requires the seller to clear the goods for export, where applicable. However, the seller has no obligation to clear the goods for import, pay any import duty or carry out any import customs formalities.

A THE SELLER' OBLIGATIONS

A1 General obligations of the seller

The seller must provide the goods and the commercial invoice in conformity with the contract of sale and any other evidence of conformity that may be required by the contract.

Any document referred to in A1-A10 may be an equivalent electronic record or procedure if agreed between the parties or customary.

A2 Licences, authorizations, security clearances and other formalities

Where applicable, the seller must obtain, at its own risk and expense, any export licence or other official authorization and carry out all customs formalities necessary for the export of the goods, and for their transport through any country prior to delivery.

A3 Contracts of carriage and insurance

a) Contract of carriage

The seller must contract or procure a contract for the carriage of the goods from the agreed point of delivery, if any, at the place of delivery to the named place of destination or, if agreed, any point at that place. The contract of carriage must be made on usual terms at the seller's expense and provide for carriage by the usual route and in a customary manner. If a specific point is not agreed or is not determined by practice, the seller may select the point of delivery and the point at the named place of destination that best suit its purpose.

b) Contract of insurance

The seller has no obligation to the buyer to make a contract of insurance. However, the seller must provide the buyer, at the buyer's request, risk, and expense (if any), with information that the buyer needs for obtaining insurance.

A4 Delivery

The seller must deliver the goods by handing them over to the carrier contracted in accordance with A3 on the agreed date or within the agreed period.

A5 Transfer of risks

The seller bears all risks of loss of or damage to the goods until they have been delivered in accordance with A4, with the exception of loss or damage in the circumstances described in B5.

A6 Allocation of costs

The seller must pay

a) all costs relating to the goods until they have been delivered in accordance with A4, other than those payable by the buyer as envisaged in B6;

b) the freight and all other costs resulting from A3 a), including the costs of loading the goods and any charges for unloading at the place of destination that were for the seller's account under the contract of carriage; and

c) where applicable, the costs of customs formalities necessary for export, as well as all duties, taxes and other charges payable upon export, and the costs for their transport through any country that were for the seller's account under the contract of carriage.

A7 Notices to the buyer

The seller must notify the buyer that the goods have been delivered in accordance with A4. The seller must give the buyer any notice needed in order to allow the buyer to take measures that are normally necessary to enable the buyer to take the goods.

A8 Delivery document

If customary or at the buyer's request, the seller must provide the buyer, at the seller's expense, with the usual transport document[s] for the transport contracted in accordance with A3.
This transport document must cover the contract goods and be dated within the period agreed for shipment. If agreed or customary, the document must also enable the buyer to claim the goods from the carrier at the named place of destination and enable the buyer to sell the goods in transit by the transfer of the document to a subsequent buyer or by notification to the carrier.
When such a transport document is issued in negotiable form and in several originals, a full set of originals must be presented to the buyer.

A9 Checking-packaging-marking

The seller must pay the costs of those checking operations (such as checking quality, measuring, weighing, counting) that are necessary for the purpose of delivering the goods in accordance with A4, as well as the costs of any pre-shipment inspection mandated by the authority of the country of export.
The seller must, at its own expense, package the goods, unless it is usual for the particular trade to transport the type of goods sold unpackaged. The seller may package the goods in the manner appropriate for their transport, unless the buyer has notified the seller of specific packaging requirements before the contract of sale is concluded. Packaging is to be marked appropriately.

A10 Assistance with information and related costs

The seller must, where applicable, in a timely manner, provide to or render assistance in obtaining for the buyer, at the buyer's request, risk and expense, any documents and information, including security-related information, that the buyer needs for the import of the goods and/or for their transport to the final destination.
The seller must reimburse the buyer for all costs and charges incurred by the buyer in providing or rendering assistance in obtaining documents and information as envisaged in B10.

B THE BUYER' OBLIGATIONS

B1 General obligations of the buyer

The buyer must pay the price of the goods as provided in the contract of sale.
Any document referred to in B1-B10 may be an equivalent electronic record or procedure if agreed between the parties or customary.

B2 Licences, authorizations, security clearances and other formalities

Where applicable, it is up to the buyer to obtain, at its own risk and expense, any import licence or other official authorization and carry out all customs formalities for the import of the goods and for their transport through any country.

B3 Contracts of carriage and insurance

a) Contract of carriage
The buyer has no obligation to the seller to make a contract of carriage.
b) Contract of insurance
The buyer has no obligation to the seller to make a contract of insurance. However, the buyer must provide the seller, upon request, with the necessary information for obtaining insurance.

B4 Taking delivery

The buyer must take delivery of the goods when they have been delivered as envisaged in A4 and receive them from the carrier at the named place of destination.

B5 Transfer of risks

The buyer bears all risks of loss of or damage to the goods from the time they have been delivered as envisaged in A4.

If the buyer fails to give notice in accordance with B7, it must bear all risks of loss of or damage to the goods from the agreed date or the expiry date of the agreed period for delivery, provided that the goods have been clearly identified as the contract goods.

B6 Allocation of costs

The buyer must, subject to the provisions of A3 a), pay

a) all costs relating to the goods from the time they have been delivered as envisaged in A4, except, where applicable, the costs of customs formalities necessary for export, as well as all duties, taxes, and other charges payable upon export as referred to in A6 c);

b) all costs and charges relating to the goods while in transit until their arrival at the agreed place of destination, unless such costs and charges were for the seller's account under the contract of carriage;

c) unloading costs, unless such costs were for the seller's account under the contract of carriage;

d) any additional costs incurred if the buyer fails to give notice in accordance with B7, from the agreed date or the expiry date of the agreed period for dispatch, provided that the goods have been clearly identified as the contract goods; and

e) where applicable, all duties, taxes and other charges, as well as the costs of carrying out customs formalities payable upon import of the goods and the costs for their transport through any country, unless included within the cost of the contract of carriage.

B7 Notices to the seller

The buyer must, whenever it is entitled to determine the time for dispatching the goods and/or the named place of destination or the point of receiving the goods within that place, give the seller sufficient notice thereof.

B8 Proof of delivery

The buyer must accept the transport document provided as envisaged in A8 if it is in conformity with the contract.

B9 Inspection of goods

The buyer must pay the costs of any mandatory pre-shipment inspection, except when such inspection is mandated by the authorities of the country of export.

B10 Assistance with information and related costs

The buyer must, in a timely manner, advise the seller of any security information requirements so that the seller may comply with A10.

The buyer must reimburse the seller for all costs and charges incurred by the seller in providing or rendering assistance in obtaining documents and information as envisaged in A10.

The buyer must, where applicable, in a timely manner, provide to or render assistance in obtaining for the seller, at the seller's request, risk and expense, any documents and information, including security-related information, that the seller needs for the transport and export of the goods and for their transport through any country.

CARRIAGE AND INSURANCE PAID TO
CIP (insert named place of destination) Incoterms® 2010

GUIDANCE NOTE

This rule may be used irrespective of the mode of transport selected and may also be used where more than one mode of transport is employed.

"Carriage and Insurance Paid to" means that the seller delivers the goods to the carrier or another person nominated by the seller at an agreed place (if any such place is agreed between the parties) and that the seller must contract for and pay the costs of carriage necessary to bring the goods to the named place of destination.

The seller also contracts for insurance cover against the buyer's risk of loss of or damage to the goods during the carriage. The buyer should note that under CIP the seller is required to obtain insurance only on minimum cover. Should the buyer wish to have more insurance protection, it will need either to agree as much expressly with the seller or to make its own extra insurance arrangements.

When CPT, CIP, CFR or CIF are used, the seller fulfils its obligation to deliver when it hands the goods over to the carrier and not when the goods reach the place of destination.

This rule has two critical points, because risk passes and costs are transferred at different places. The parties are well advised to identify as precisely as possible in the contract both the place of delivery, where the risk passes to the buyer, and the named place of destination to which the seller must contract for carriage. If several carriers are used for the carriage to the agreed destination and the parties do not agree on a specific point of delivery, the default position is that risk passes when the goods have been delivered to the first carrier at a point entirely of the seller's choosing and over which the buyer has no control. Should the parties wish the risk to pass at a later stage (e.g., at an ocean port or an airport), they need to specify this in their contract of sale.

The parties are also well advised to identify as precisely as possible the point within the agreed place of destination, as the costs to that point are for the account of the seller. The seller is advised to procure contracts of carriage that match this choice precisely. If the seller incurs costs under its contract of carriage related to unloading at the named place of destination, the seller is not entitled to recover such costs from the buyer unless otherwise agreed between the parties.

CIP requires the seller to clear the goods for export, where applicable.

However, the seller has no obligation to clear the goods for import, pay any import duty or carry out any import customs formalities.

A THE SELLER' OBLIGATIONS

A1 General obligations of the seller

The seller must provide the goods and the commercial invoice in conformity with the contract of sale and any other evidence of conformity that may be required by the contract.

Any document referred to in A1-A10 may be an equivalent electronic record or procedure if agreed between the parties or customary.

A2 Licences, authorizations, security clearances and other formalities

Where applicable, the seller must obtain, at its own risk and expense, any export licence or other official authorization and carry out all customs formalities necessary for the export of the goods and for their transport through any country prior to delivery.

A3 Contracts of carriage and insurance

a) Contract of carriage

The seller must contract or procure a contract for the carriage of the goods from the agreed point of delivery, if any, at the place of delivery to the named place of destination or, if agreed, any point at that place. The contract of carriage must be made on usual terms at the seller's expense and provide for carriage by the usual route and in a customary manner. If a specific point is not agreed or is not determined by practice, the seller may select the point of delivery and the point at the named place of destination that best suit its purpose.
b) Contract of insurance
The seller must obtain at its own expense cargo insurance complying at least with the minimum cover as provided by Clauses (C) of the Institute Cargo Clauses (LMA/IUA) or any similar clauses. The insurance shall be contracted with underwriters or an insurance company of good repute and entitle the buyer, or any other person having an insurable interest in the goods, to claim directly from the insurer.
When required by the buyer, the seller shall, subject to the buyer providing any necessary information requested by the seller, provide at the buyer's expense any additional cover, if procurable, such as cover as provided by Clauses (A) or (B) of the Institute Cargo Clauses (LMA/IUA) or any similar clauses, and/or cover complying with the Institute War Clauses and/or Institute Strikes Clauses (LMA/IUA) or any similar clauses.
The insurance shall cover, at a minimum, the price provided in the contract plus 10% (i.e., 110%) and shall be in the currency of the contract.
The insurance shall cover the goods from the point of delivery set out in A4 and A5 to at least the named place of destination.
The seller must provide the buyer with the insurance policy or other evidence of insurance cover.
Moreover, the seller must provide the buyer, at the buyer's request, risk, and expense (if any), with information that the buyer needs to procure any additional insurance.

A4 Delivery
The seller must deliver the goods by handing them over to the carrier contracted in accordance with A3 on the agreed date or within the agreed period.

A5 Transfer of risks
The seller bears all risks of loss of or damage to the goods until they have been delivered in accordance with A4, with the exception of loss or damage in the circumstances described in B5.

A6 Allocation of costs
The seller must pay
a) all costs relating to the goods until they have been delivered in accordance with A4, other than those payable by the buyer as envisaged in B6;
b) the freight and all other costs resulting from A3 a), including the costs of loading the goods and any charges for unloading at the place of destination that were for the seller's account under the contract of carriage;
c) the costs of insurance resulting from A3 b); and
d) where applicable, the costs of customs formalities necessary for export, as well as all duties, taxes and other charges payable upon export, and the costs for their transport through any country that were for the seller's account under the contract of carriage.

A7 Notices to the buyer
The seller must notify the buyer that the goods have been delivered in accordance with A4. The seller must give the buyer any notice needed in order to allow the buyer to take measures that are normally necessary to enable the buyer to take the goods.

A8 Delivery document

If customary or at the buyer's request, the seller must provide the buyer, at the seller's expense, with the usual transport document[s] for the transport contracted in accordance with A3.
This transport document must cover the contract goods and be dated within the period agreed for shipment. If agreed or customary, the document must also enable the buyer to claim the goods from the carrier at the named place of destination and
enable the buyer to sell the goods in transit by the transfer of the document to a subsequent buyer or by notification to the carrier.
When such a transport document is issued in negotiable form and in several originals, a full set of originals must be presented to the buyer.

A9 Checking-packaging-marking

The seller must pay the costs of those checking operations (such as checking quality, measuring, weighing, counting) that are necessary for the purpose of delivering the goods in accordance with A4 as well as the costs of any pre-shipment inspection mandated by the authority of the country of export.
The seller must, at its own expense, package the goods, unless it is usual for the particular trade to transport the type of goods sold unpackaged. The seller may package the goods in the manner appropriate for their transport, unless the buyer has notified the seller of specific packaging requirements before the contract of sale is concluded. Packaging is to be marked appropriately.

A10 Assistance with information and related costs

The seller must, where applicable, in a timely manner, provide to or render assistance in obtaining for the buyer, at the buyer's request, risk and expense, any documents and information, including security-related information, that the buyer needs for the import of the goods and/or for their transport to the final destination.
The seller must reimburse the buyer for all costs and charges incurred by the buyer in providing or rendering assistance in obtaining documents and information as envisaged in B10.

B THE BUYER' OBLIGATIONS

B1 General obligations of the buyer

The buyer must pay the price of the goods as provided in the contract of sale.
Any document referred to in B1-B10 may be an equivalent electronic record or procedure if agreed between the parties or customary.

B2 Licences, authorizations, security clearances and other formalities

Where applicable, it is up to the buyer to obtain, at its own risk and expense, any import licence or other official authorization and carry out all customs formalities for the import of the goods and for their transport through any country.

B3 Contracts of carriage and insurance

a) Contract of carriage
The buyer has no obligation to the seller to make a contract of carriage.
b) Contract of insurance
The buyer has no obligation to the seller to make a contract of insurance. However, the buyer must provide the seller, upon request, with any information necessary for the seller to procure any additional insurance requested by the buyer as envisaged in A3 b).

B4 Taking delivery

The buyer must take delivery of the goods when they have been delivered as envisaged in A4 and receive them from the carrier at the named place of destination.

B5 Transfer of risks

The buyer bears all risks of loss of or damage to the goods from the time they have been delivered as envisaged in A4.
If the buyer fails to give notice in accordance with B7, it must bear all risks of loss of or damage to the goods from the agreed date or the expiry date of the agreed period for delivery, provided that the goods have been clearly identified as the contract goods.

B6 Allocation of costs

The buyer must, subject to the provisions of A3 a), pay
a) all costs relating to the goods from the time they have been delivered as envisaged in A4, except, where applicable, the costs of customs formalities necessary for export, as well as all duties, taxes and other charges payable upon export as referred to in A6 d);
b) all costs and charges relating to the goods while in transit until their arrival at the agreed place of destination, unless such costs and charges were for the seller's account under the contract of carriage;
c) unloading costs, unless such costs were for the seller's account under the contract of carriage;
d) any additional costs incurred if it fails to give notice in accordance with B7, from the agreed date or the expiry date of the agreed period for dispatch, provided that the goods have been clearly identified as the contract goods;
e) where applicable, all duties, taxes and other charges as well as the costs of carrying out customs formalities payable upon import of the goods and the costs for their transport through any country, unless included within the cost of the contract of carriage; and
f) the costs of any additional insurance procured at the buyer's request under A3 and B3.

B7 Notices to the seller

The buyer must, whenever it is entitled to determine the time for dispatching the goods and/or the named place of destination or the point of receiving the goods within that place, give the seller sufficient notice thereof.

B8 Proof of delivery

The buyer must accept the transport document provided as envisaged in A8 if it is in conformity with the contract.

B9 Inspection of goods

The buyer must pay the costs of any mandatory pre-shipment inspection, except when such inspection is mandated by the authorities of the country of export.

B10 Assistance with information and related costs

The buyer must, in a timely manner, advise the seller of any security information requirements so that the seller may comply with A10.
The buyer must reimburse the seller for all costs and charges incurred by the seller in providing or rendering assistance in obtaining documents and information as envisaged in A10.
The buyer must, where applicable, in a timely manner, provide to or render assistance in obtaining for the seller, at the seller's request, risk and expense, any documents and information, including security-related information, that the seller needs for the transport and

export of the goods and for their transport through any country.

DELIVERED AT TERMINAL

DAT (insert named terminal at port or place of destination) Incoterms® 2010

GUIDANCE NOTE

This rule may be used irrespective of the mode of transport selected and may also be used where more than one mode of transport is employed.

"Delivered at Terminal" means that the seller delivers when the goods, once unloaded from the arriving means of transport, are placed at the disposal of the buyer at a named terminal at the named port or place of destination. "Terminal" includes any place, whether covered or not, such as a quay, warehouse, container yard or road, rail or air cargo terminal.

The seller bears all risks involved in bringing the goods to and unloading them at the terminal at the named port or place of destination.

The parties are well advised to specify as clearly as possible the terminal and, if possible, a specific point within the terminal at the agreed port or place of destination, as the risks to that point are for the account of the seller. The seller is advised to procure a contract of carriage that matches this choice precisely.

Moreover, if the parties intend the seller to bear the risks and costs involved in transporting and handling the goods from the terminal to another place, then the DAP or DDP rules should be used.

DAT requires the seller to clear the goods for export, where applicable. However, the seller has no obligation to clear the goods for import, pay any import duty or carry out any import customs formalities.

A THE SELLER' OBLIGATIONS

A1 General obligations of the seller

The seller must provide the goods and the commercial invoice in conformity with the contract of sale and any other evidence of conformity that may be required by the contract.

Any document referred to in A1-A10 may be an equivalent electronic record or procedure if agreed between the parties or customary.

A2 Licences, authorizations, security clearances and other formalities

Where applicable, the seller must obtain, at its own risk and expense, any export licence and other official authorization and carry out all customs formalities necessary for the export of the goods and for their transport through any country prior to delivery.

A3 Contracts of carriage and insurance

a) Contract of carriage

The seller must contract at its own expense for the carriage of the goods to the named terminal at the agreed port or place of destination. If a specific terminal is not agreed or is not determined by practice, the seller may select the terminal at the agreed port or place of destination that best suits its purpose.

b) Contract of insurance

The seller has no obligation to the buyer to make a contract of insurance. However, the seller must provide the buyer, at the buyer's request, risk, and expense (if any), with information that the buyer needs for obtaining insurance.

A4 Delivery

The seller must unload the goods from the arriving means of transport and must then deliver them by placing them at the disposal of the buyer at the named terminal referred to in A3 a) at the port or place of destination on the agreed date or within the agreed period.

A5 Transfer of risks

The seller bears all risks of loss of or damage to the goods until they have been delivered in accordance with A4 with the exception of loss or damage in the circumstances described in B5.

A6 Allocation of costs

The seller must pay

a) in addition to costs resulting from A3 a), all costs relating to the goods until they have been delivered in accordance with A4, other than those payable by the buyer as envisaged in B6; and

b) where applicable, the costs of customs formalities necessary for export as well as all duties, taxes and other charges payable upon export and the costs for their transport through any country, prior to delivery in accordance with A4.

A7 Notices to the buyer

The seller must give the buyer any notice needed in order to allow the buyer to take measures that are normally necessary to enable the buyer to take delivery of the goods.

A8 Delivery document

The seller must provide the buyer, at the seller's expense, with a document enabling the buyer to take delivery of the goods as envisaged in A4/B4.

A9 Checking ?packaging ?marking

The seller must pay the costs of those checking operations (such as checking quality, measuring, weighing, counting) that are necessary for the purpose of delivering the goods in accordance with A4, as well as the costs of any pre-shipment inspection mandated by the authority of the country of export.

The seller must, at its own expense, package the goods, unless it is usual for the particular trade to transport the type of goods sold unpackaged. The seller may package the goods in the manner appropriate for their transport, unless the buyer has notified the seller of specific packaging requirements before the contract of sale is concluded. Packaging is to be marked appropriately.

A10 Assistance with information and related costs

The seller must, where applicable, in a timely manner, provide to or render assistance in obtaining for the buyer, at the buyer's request, risk and expense, any documents and information, including security-related information, that the buyer needs for the import of the goods and/or for their transport to the final destination.

The seller must reimburse the buyer for all costs and charges incurred by the buyer in providing or rendering assistance in obtaining documents and information as envisaged in B10.

B THE BUYER' OBLIGATIONS

B1 General obligations of the buyer

The buyer must pay the price of the goods as provided in the contract of sale.

Any document referred to in B1-B10 may be an equivalent electronic record or procedure if agreed between the parties or customary.

B2 Licences, authorizations, security clearances and other formalities
Where applicable, the buyer must obtain, at its own risk and expense, any import licence or other official authorization and carry out all customs formalities for the import of the goods.

B3 Contracts of carriage and insurance
a) Contract of carriage
The buyer has no obligation to the seller to make a contract of carriage.
b) Contract of insurance
The buyer has no obligation to the seller to make a contract of insurance. However, the buyer must provide the seller, upon request, with the necessary information for obtaining insurance.

B4 Taking delivery
The buyer must take delivery of the goods when they have been delivered as envisaged in A4.

B5 Transfer of risks
The buyer bears all risks of loss of or damage to the goods from the time they have been delivered as envisaged in A4.
If
a) the buyer fails to fulfil its obligations in accordance with B2, then it bears all resulting risks of loss of or damage to the goods; or
b) the buyer fails to give notice in accordance with B7, then it bears all risks of loss of or damage to the goods from the agreed date or the expiry date of the agreed period for delivery, provided that the goods have been clearly identified as the contract goods.

B6 Allocation of costs
The buyer must pay
a) all costs relating to the goods from the time they have been delivered as envisaged in A4;
b) any additional costs incurred by the seller if the buyer fails to fulfil its obligations in accordance with B2, or to give notice in accordance with B7, provided that the goods have been clearly identified as the contract goods; and
c) where applicable, the costs of customs formalities as well as all duties, taxes and other charges payable upon import of the goods.

B7 Notices to the seller
The buyer must, whenever it is entitled to determine the time within an agreed period and/or the point of taking delivery at the named terminal, give the seller sufficient notice thereof.

B8 Proof of delivery
The buyer must accept the delivery document provided as envisaged in A8.

B9 Inspection of goods
The buyer must pay the costs of any mandatory pre-shipment inspection, except when such inspection is mandated by the authorities of the country of export.

B10 Assistance with information and related costs
The buyer must, in a timely manner, advise the seller of any security information requirements so that the seller may comply with A10.
The buyer must reimburse the seller for all costs and charges incurred by the seller in providing or rendering assistance in obtaining documents and information as envisaged in A10.
The buyer must, where applicable, in a timely manner, provide to or render assistance in

obtaining for the seller, at the seller's request, risk and expense, any documents and information, including security-related information, that the seller needs for the transport and export of the goods and for their transport through any country.

DELIVERED AT PLACE
DAP (insert named place of destination) Incoterms® 2010

GUIDANCE NOTE
This rule may be used irrespective of the mode of transport selected and may also be used where more than one mode of transport is employed.
"Delivered at Place" means that the seller delivers when the goods are placed at the disposal of the buyer on the arriving means of transport ready for unloading at the named place of destination. The seller bears all risks involved in bringing the goods to the named place.
The parties are well advised to specify as clearly as possible the point within the agreed place of destination, as the risks to that point are for the account of the seller. The seller is advised to procure contracts of carriage that match this choice precisely. If the seller incurs costs under its contract of carriage related to unloading at the place of destination, the seller is not entitled to recover such costs from the buyer unless otherwise agreed between the parties.
DAP requires the seller to clear the goods for export, where applicable. However, the seller has no obligation to clear the goods for import, pay any import duty or carry out any import customs formalities. If the parties wish the seller to clear the goods for import, pay any import duty and carry out any import customs formalities, the DDP term should be used.

A THE SELLER' OBLIGATIONS

A1 General obligations of the seller
The seller must provide the goods and the commercial invoice in conformity with the contract of sale and any other evidence of conformity that may be required by the contract.
Any document referred to in A1-A10 may be an equivalent electronic record or procedure if agreed between the parties or customary.

A2 Licences, authorizations, security clearances and other formalities
Where applicable, the seller must obtain, at its own risk and expense, any export licence and other official authorization and carry out all customs formalities necessary for the export of the goods and for their transport through any country prior to delivery.

A3 Contracts of carriage and insurance
a) Contract of carriage
The seller must contract at its own expense for the carriage of the goods to the named place of destination or to the agreed point, if any, at the named place of destination. If a specific point is not agreed or is not determined by practice, the seller may select the point at the named place of destination that best suits its purpose.
b) Contract of insurance
The seller has no obligation to the buyer to make a contract of insurance. However, the seller must provide the buyer, at the buyer's request, risk, and expense (if any), with information that the buyer needs for obtaining insurance.

A4 Delivery
The seller must deliver the goods by placing them at the disposal of the buyer on the arriving means of transport ready for unloading at the agreed point, if any, at the named place of

destination on the agreed date or within the agreed period.

A5 Transfer of risks

The seller bears all risks of loss of or damage to the goods until they have been delivered in accordance with A4, with the exception of loss or damage in the circumstances described in B5.

A6 Allocation of costs

The seller must pay
a) in addition to costs resulting from A3 a), all costs relating to the goods until they have been delivered in accordance with A4, other than those payable by the buyer as envisaged in B6; b) any charges for unloading at the place of destination that were for the seller's account under the contract of carriage; and c) where applicable, the costs of customs formalities necessary for export as well as all duties, taxes and other charges payable upon export and the costs for their transport through any country, prior to delivery in accordance with A4.

A7 Notices to the buyer

The seller must give the buyer any notice needed in order to allow the buyer to take measures that are normally necessary to enable the buyer to take delivery of the goods.

A8 Delivery document

The seller must provide the buyer, at the seller's expense, with a document enabling the buyer to take delivery of the goods as envisaged in A4/B4.

A9 Checking-packaging-marking

The seller must pay the costs of those checking operations (such as checking quality, measuring, weighing, counting) that are necessary for the purpose of delivering the goods in accordance with A4, as well as the costs of any pre-shipment inspection mandated by the authority of the country of export.
The seller must, at its own expense, package the goods, unless it is usual for the particular trade to transport the type of goods sold unpackaged. The seller may package the goods in the manner appropriate for their transport, unless the buyer has notified the seller of specific packaging requirements before the contract of sale is concluded. Packaging is to be marked appropriately.

A10 Assistance with information and related costs

The seller must, where applicable, in a timely manner, provide to or render assistance in obtaining for the buyer, at the buyer's request, risk and expense, any documents and information, including security-related information, that the buyer needs for the import of the goods and/or for their transport to the final destination.
The seller must reimburse the buyer for all costs and charges incurred by the buyer in providing or rendering assistance in obtaining documents and information as envisaged in B10.

B THE BUYER' OBLIGATIONS

B1 General obligations of the buyer

The buyer must pay the price of the goods as provided in the contract of sale.
Any document referred to in B1-B10 may be an equivalent electronic record or procedure if agreed between the parties or customary.

B2 Licences, authorizations, security clearances and other formalities
Where applicable, the buyer must obtain, at its own risk and expense, any import licence or other official authorization and carry out all customs formalities for the import of the goods.

B3 Contracts of carriage and insurance
a) Contract of carriage
The buyer has no obligation to the seller to make a contract of carriage.
b) Contract of insurance
The buyer has no obligation to the seller to make a contract of insurance. However, the buyer must provide the seller, upon request, with the necessary information for obtaining insurance.

B4 Taking delivery
The buyer must take delivery of the goods when they have been delivered as envisaged in A4.

B5 Transfer of risks
The buyer bears all risks of loss of or damage to the goods from the time they have been delivered as envisaged in A4.
If
a) the buyer fails to fulfil its obligations in accordance with B2, then it bears all resulting risks of loss of or damage to the goods; or
b) the buyer fails to give notice in accordance with B7, then it bears all risks of loss of or damage to the goods from the agreed date or the expiry date of the agreed period for delivery, provided that the goods have been clearly identified as the contract goods.

B6 Allocation of costs
The buyer must pay
a) all costs relating to the goods from the time they have been delivered as envisaged in A4;
b) all costs of unloading necessary to take delivery of the goods from the arriving means of transport at the named place of destination, unless such costs were for the seller's account under the contract of carriage;
c) any additional costs incurred by the seller if the buyer fails to fulfil its obligations in accordance with B2 or to give notice in accordance with B7, provided that the goods have been clearly identified as the contract goods; and
d) where applicable, the costs of customs formalities, as well as all duties, taxes and other charges payable upon import of the goods.

B7 Notices to the seller
The buyer must, whenever it is entitled to determine the time within an agreed period and/or the point of taking delivery within the named place of destination, give the seller sufficient notice thereof.

B8 Proof of delivery
The buyer must accept the delivery document provided as envisaged in A8.

B9 Inspection of goods
The buyer must pay the costs of any mandatory pre-shipment inspection, except when such inspection is mandated by the authorities of the country of export.

B10 Assistance with information and related costs
The buyer must, in a timely manner, advise the seller of any security information requirements

so that the seller may comply with A10.
The buyer must reimburse the seller for all costs and charges incurred by the seller in providing or rendering assistance in obtaining documents and information as envisaged in A10.
The buyer must, where applicable, in a timely manner, provide to or render assistance in obtaining for the seller, at the seller's request, risk and expense, any documents and information, including security-related information, that the seller needs for the transport and export of the goods and for their transport through any country.

DELIVERED DUTY PAID
DDP (insert named place of destination) Incoterms® 2010

GUIDANCE NOTE
This rule may be used irrespective of the mode of transport selected and may also be used where more than one mode of transport is employed. "Delivered Duty Paid" means that the seller delivers the goods when the goods are placed at the disposal of the buyer, cleared for import on the arriving means of transport ready for unloading at the named place of destination. The seller bears all the costs and risks involved in bringing the goods to the place of destination and has an obligation to clear the goods not only for export but also for import, to pay any duty for both export and import and to carry out all customs formalities.
DDP represents the maximum obligation for the seller.
The parties are well advised to specify as clearly as possible the point within the agreed place of destination, as the costs and risks to that point are for the account of the seller. The seller is advised to procure contracts of carriage that match this choice precisely. If the seller incurs costs under its contract of carriage related to unloading at the place of destination, the seller is not entitled to recover such costs from the buyer unless otherwise agreed between the parties.
The parties are well advised not to use DDP if the seller is unable directly or indirectly to obtain import clearance.
If the parties wish the buyer to bear all risks and costs of import clearance, the DAP rule should be used.
Any VAT or other taxes payable upon import are for the seller's account unless expressly agreed otherwise in the sales contract.

A THE SELLER' OBLIGATIONS

A1 General obligations of the seller
The seller must provide the goods and the commercial invoice in conformity with the contract of sale and any other evidence of conformity that may be required by the contract.
Any document referred to in A1-A10 may be an equivalent electronic record or procedure if agreed between the parties or customary.

A2 Licences, authorizations, security clearances and other formalities
Where applicable, the seller must obtain, at its own risk and expense, any export and import licence and other official authorization and carry out all customs formalities necessary for the export of the goods, for their transport through any country and for their import.

A3 Contracts of carriage and insurance
a) Contract of carriage
The seller must contract at its own expense for the carriage of the goods to the named place of destination or to the agreed point, if any, at the named place of destination. If a specific point is not agreed or is not determined by practice, the seller may select the point at the named

place of destination that best suits its purpose.
b) Contract of insurance
The seller has no obligation to the buyer to make a contract of insurance. However, the seller must provide the buyer, at the buyer's request, risk, and expense (if any), with information that the buyer needs for obtaining insurance.

A4 Delivery

The seller must deliver the goods by placing them at the disposal of the buyer on the arriving means of transport ready for unloading at the agreed point, if any, at the named place of destination on the agreed date or within the agreed period.

A5 Transfer of risks

The seller bears all risks of loss of or damage to the goods until they have been delivered in accordance with A4, with the exception of loss or damage in the circumstances described in B5.

A6 Allocation of costs

The seller must pay
a) in addition to costs resulting from A3 a), all costs relating to the goods until they have been delivered in accordance with A4, other than those payable by the buyer as envisaged in B6;
b) any charges for unloading at the place of destination that were for the seller's account under the contract of carriage; and
c) where applicable, the costs of customs formalities necessary for export and import as well as all duties, taxes and other charges payable upon export and import of the goods, and the costs for their transport through any country prior to delivery in accordance with A4.

A7 Notices to the buyer

The seller must give the buyer any notice needed in order to allow the buyer to take measures that are normally necessary to enable the buyer to take delivery of the goods.

A8 Delivery document

The seller must provide the buyer, at the seller's expense, with a document enabling the buyer to take delivery of the goods as envisaged in A4/B4.

A9 Checking-packaging-marking

The seller must pay the costs of those checking operations (such as checking quality, measuring, weighing, counting) that are necessary for the purpose of delivering the goods in accordance with A4, as well as the costs of any pre-shipment inspection mandated by the authority of the country of export or of import.
The seller must, at its own expense, package the goods, unless it is usual for the particular trade to transport the type of goods sold unpackaged. The seller may package the goods in the manner appropriate for their transport, unless the buyer has notified the seller of specific packaging requirements before the contract of sale is concluded. Packaging is to be marked appropriately.

A10 Assistance with information and related costs

The seller must, where applicable, in a timely manner, provide to or render assistance in obtaining for the buyer, at the buyer's request, risk and expense, any documents and information, including security-related information, that the buyer needs for the transport of the goods to the final destination, where applicable, from the named place of destination.
The seller must reimburse the buyer for all costs and charges incurred by the buyer in providing

or rendering assistance in obtaining documents and information as envisaged in B10.

B THE BUYER' OBLIGATIONS

B1 General obligations of the buyer
The buyer must pay the price of the goods as provided in the contract of sale.
Any document referred to in B1-B10 may be an equivalent electronic record or procedure if agreed between the parties or customary.

B2 Licences, authorizations, security clearances and other formalities
Where applicable, the buyer must provide assistance to the seller, at the seller's request, risk and expense, in obtaining any import licence or other official authorization for the import of the goods.

B3 Contracts of carriage and insurance
a) Contract of carriage
The buyer has no obligation to the seller to make a contract of carriage.
b) Contract of insurance
The buyer has no obligation to the seller to make a contract of insurance. However, the buyer must provide the seller, upon request, with the necessary information for obtaining insurance.

B4 Taking delivery
The buyer must take delivery of the goods when they have been delivered as envisaged in A4.

B5 Transfer of risks
The buyer bears all risks of loss of or damage to the goods from the time they have been delivered as envisaged in A4.
If
a) the buyer fails to fulfil its obligations in accordance with B2, then it bears all resulting risks of loss of or damage to the goods; or
b) the buyer fails to give notice in accordance with B7, then it bears all risks of loss of or damage to the goods from the agreed date or the expiry date of the agreed period for delivery, provided that the goods have been clearly identified as the contract goods.

B6 Allocation of costs
The buyer must pay
a) all costs relating to the goods from the time they have been delivered as envisaged in A4;
b) all costs of unloading necessary to take delivery of the goods from the arriving means of transport at the named place of destination, unless such costs were for the seller's account under the contract of carriage; and
c) any additional costs incurred if it fails to fulfil its obligations in accordance with B2 or to give notice in accordance with B7, provided that the goods have been clearly identified as the contract goods.

B7 Notices to the seller
The buyer must, whenever it is entitled to determine the time within an agreed period and/or the point of taking delivery within the named place of destination, give the seller sufficient notice thereof.

B8 Proof of delivery

The buyer must accept the proof of delivery provided as envisaged in A8.

B9 Inspection of goods

The buyer has no obligation to the seller to pay the costs of any mandatory pre-shipment inspection mandated by the authority of the country of export or of import.

B10 Assistance with information and related costs

The buyer must, in a timely manner, advise the seller of any security information requirements so that the seller may comply with A10.

The buyer must reimburse the seller for all costs and charges incurred by the seller in providing or rendering assistance in obtaining documents and information as envisaged in A10.

The buyer must, where applicable, in a timely manner, provide to or render assistance in obtaining for the seller, at the seller's request, risk and expense, any documents and information, including security-related information, that the seller needs for the transport, export and import of the goods and for their transport through any country.

RULES FOR SEA
AND IINLAND
WATERWAY
TRANSPORT

FREE ALONGSIDE SHIP
FAS (insert named port of shipment) Incoterms® 2010

GUIDANCE NOTE
This rule is to be used only for sea or inland waterway transport.
"Free Alongside Ship" means that the seller delivers when the goods are placed alongside the vessel (e.g., on a quay or a barge) nominated by the buyer at the named port of shipment. The risk of loss of or damage to the goods passes when the goods are alongside the ship, and the buyer bears all costs from that moment onwards.
The parties are well advised to specify as clearly as possible the loading point at the named port of shipment, as the costs and risks to that point are for the account of the seller and these costs and associated handling charges may vary according to the practice of the port.
The seller is required either to deliver the goods alongside the ship or to procure goods already so delivered for shipment. The reference to "procure" here caters for multiple sales down a chain ('string sales'), particularly common in the commodity trades.
Where the goods are in containers, it is typical for the seller to hand the goods over to the carrier at a terminal and not alongside the vessel. In such situations, the FAS rule would be inappropriate, and the FCA rule should be used.
FAS requires the seller to clear the goods for export, where applicable. However, the seller has no obligation to clear the goods for import, pay any import duty or carry out any import customs formalities.

A THE SELLER' OBLIGATIONS

A1 General obligations of the seller
The seller must provide the goods and the commercial invoice in conformity with the contract of sale and any other evidence of conformity that may be required by the contract.
Any document referred to in A1-A10 may be an equivalent electronic record or procedure if agreed between the parties or customary.

A2 Licences, authorizations, security clearances and other formalities
Where applicable, the seller must obtain, at its own risk and expense, any export licence or other official authorization and carry out all customs formalities necessary for the export of the goods.

A3 Contracts of carriage and insurance
a) Contract of carriage
The seller has no obligation to the buyer to make a contract of carriage. However, if requested by the buyer or if it is commercial practice and the buyer does not give an instruction to the contrary in due time, the seller may contract for carriage on usual terms at the buyer's risk and expense. In either case, the seller may decline to make the contract of carriage and, if it does, shall promptly notify the buyer.
b) Contract of insurance
The seller has no obligation to the buyer to make a contract of insurance. However, the seller must provide the buyer, at the buyer's request, risk, and expense (if any), with information that the buyer needs for obtaining insurance.

A4 Delivery
The seller must deliver the goods either by placing them alongside the ship nominated by the buyer at the loading point, if any, indicated by the buyer at the named port of shipment or by

procuring the goods so delivered. In either case, the seller must deliver the goods on the agreed date or within the agreed period and in the manner customary at the port.

If no specific loading point has been indicated by the buyer, the seller may select the point within the named port of shipment that best suits its purpose. If the parties have agreed that delivery should take place within a period, the buyer has the option to choose the date within that period.

A5 Transfer of risks

The seller bears all risks of loss of or damage to the goods until they have been delivered in accordance with A4 with the exception of loss or damage in the circumstances described in B5.

A6 Allocation of costs

The seller must pay

a) all costs relating to the goods until they have been delivered in accordance with A4, other than those payable by the buyer as envisaged in B6; and

b) where applicable, the costs of customs formalities necessary for export as well as all duties, taxes and other charges payable upon export.

A7 Notices to the buyer

The seller must, at the buyer's risk and expense, give the buyer sufficient notice either that the goods have been delivered in accordance with A4 or that the vessel has failed to take the goods within the time agreed.

A8 Delivery document

The seller must provide the buyer, at the seller's expense, with the usual proof that the goods have been delivered in accordance with A4.

Unless such proof is a transport document, the seller must provide assistance to the buyer, at the buyer's request, risk and expense, in obtaining a transport document.

A9 Checking-packaging-marking

The seller must pay the costs of those checking operations (such as checking quality, measuring, weighing, counting) that are necessary for the purpose of delivering the goods in accordance with A4, as well as the costs of any pre-shipment inspection mandated by the authority of the country of export.

The seller must, at its own expense, package the goods, unless it is usual for the particular trade to transport the type of goods sold unpackaged. The seller may package the goods in the manner appropriate for their transport, unless the buyer has notified the seller of specific packaging requirements before the contract of sale is concluded. Packaging is to be marked appropriately.

A10 Assistance with information and related costs

The seller must, where applicable, in a timely manner, provide to or render assistance in obtaining for the buyer, at the buyer's request, risk and expense, any documents and information, including security-related information, that the buyer needs for the import of the goods and/or for their transport to the final destination.

The seller must reimburse the buyer for all costs and charges incurred by the buyer in providing or rendering assistance in obtaining documents and information as envisaged in B10.

B THE BUYER' OBLIGATIONS

B1 General obligations of the buyer

The buyer must pay the price of the goods as provided in the contract of sale.
Any document referred to in B1-B10 may be an equivalent electronic record or procedure if agreed between the parties or customary.

B2 Licences, authorizations, security clearances and other formalities

Where applicable, it is up to the buyer to obtain, at its own risk and expense, any import licence or other official authorization and carry out all customs formalities for the import of the goods and for their transport through any country.

B3 Contracts of carriage and insurance

a) Contract of carriage
The buyer must contract, at its own expense for the carriage of the goods from the named port of shipment, except where the contract of carriage is made by the seller as provided for in A3 a).
b) Contract of insurance
The buyer has no obligation to the seller to make a contract of insurance.

B4 Taking delivery

The buyer must take delivery of the goods when they have been delivered as envisaged in A4.

B5 Transfer of risks

The buyer bears all risks of loss of or damage to the goods from the time they have been delivered as envisaged in A4.
If
a) the buyer fails to give notice in accordance with B7; or
b) the vessel nominated by the buyer fails to arrive on time, or fails to take the goods or closes for cargo earlier than the time notified in accordance with B7;
then the buyer bears all risks of loss of or damage to the goods from the agreed date or the expiry date of the agreed period for delivery, provided that the goods have been clearly identified as the contract goods.

B6 Allocation of costs

The buyer must pay
a) all costs relating to the goods from the time they have been delivered as envisaged in A4, except, where applicable, the costs of customs formalities necessary for export as well as all duties, taxes, and other charges payable upon export as referred to in A6 b);
b) any additional costs incurred, either because:
(i) the buyer has failed to give appropriate notice in accordance with B7, or
(ii) the vessel nominated by the buyer fails to arrive on time, is unable to take the goods, or closes for cargo earlier than the time notified in accordance with B7,
provided that the goods have been clearly identified as the contract goods; and
c) where applicable, all duties, taxes and other charges, as well as the costs of carrying out customs formalities payable upon import of the goods and the costs for their transport through any country.

B7 Notices to the seller

The buyer must give the seller sufficient notice of the vessel name, loading point and, where

necessary, the selected delivery time within the agreed period.

B8 Proof of delivery
The buyer must accept the proof of delivery provided as envisaged in A8.

B9 Inspection of goods
The buyer must pay the costs of any mandatory pre-shipment inspection, except when such inspection is mandated by the authorities of the country of export.

B10 Assistance with information and related costs
The buyer must, in a timely manner, advise the seller of any security information requirements so that the seller may comply with A10.
The buyer must reimburse the seller for all costs and charges incurred by the seller in providing or rendering assistance in obtaining documents and information as envisaged in A10.
The buyer must, where applicable, in a timely manner, provide to or render assistance in obtaining for the seller, at the seller's request, risk and expense, any documents and information, including security-related information, that the seller needs for the transport and export of the goods and for their transport through any country.

FREE ON BOARD
FOB (insert named port of shipment) Incoterms® 2010

GUIDANCE NOTE

This rule is to be used only for sea or inland waterway transport.
"Free on Board" means that the seller delivers the goods on board the vessel nominated by the buyer at the named port of shipment or procures the goods already so delivered. The risk of loss of or damage to the goods passes when the goods are on board the vessel, and the buyer bears all costs from that moment onwards.
The seller is required either to deliver the goods on board the vessel or to procure goods already so delivered for shipment. The reference to "procure" here caters for multiple sales down a chain ('string sales'), particularly common in the commodity trades.
FOB may not be appropriate where goods are handed over to the carrier before they are on board the vessel, for example goods in containers, which are typically delivered at a terminal. In such situations, the FCA rule should be used.
FOB requires the seller to clear the goods for export, where applicable. However, the seller has no obligation to clear the goods for import, pay any import duty or carry out any import customs formalities.

A THE SELLER' OBLIGATIONS

A1 General obligations of the seller
The seller must provide the goods and the commercial invoice in conformity with the contract of sale and any other evidence of conformity that may be required by the contract.
Any document referred to in A1-A10 may be an equivalent electronic record or procedure if agreed between the parties or customary.

A2 Licences, authorizations, security clearances and other formalities
Where applicable, the seller must obtain, at its own risk and expense, any export licence or other official authorization and carry out all customs formalities necessary for the export of the goods.

A3 Contracts of carriage and insurance

a) Contract of carriage

The seller has no obligation to the buyer to make a contract of carriage. However, if requested by the buyer or if it is commercial practice and the buyer does not give an instruction to the contrary in due time, the seller may contract for carriage on usual terms at the buyer's risk and expense. In either case, the seller may decline to make the contract of carriage and, if it does, shall promptly notify the buyer.

b) Contract of insurance

The seller has no obligation to the buyer to make a contract of insurance. However, the seller must provide the buyer, at the buyer's request, risk, and expense (if any), with information that the buyer needs for obtaining insurance.

A4 Delivery

The seller must deliver the goods either by placing them on board the vessel nominated by the buyer at the loading point, if any, indicated by the buyer at the named port of shipment or by procuring the goods so delivered. In either case, the seller must deliver the goods on the agreed date or within the agreed period and in the manner customary at the port.

If no specific loading point has been indicated by the buyer, the seller may select the point within the named port of shipment that best suits its purpose.

A5 Transfer of risks

The seller bears all risks of loss of or damage to the goods until they have been delivered in accordance with A4 with the exception of loss or damage in the circumstances described in B5.

A6 Allocation of costs

The seller must pay

a) all costs relating to the goods until they have been delivered in accordance with A4, other than those payable by the buyer as envisaged in B6; and

b) where applicable, the costs of customs formalities necessary for export, as well as all duties, taxes and other charges payable upon export.

A7 Notices to the buyer

The seller must, at the buyer's risk and expense, give the buyer sufficient notice either that the goods have been delivered in accordance with A4 or that the vessel has failed to take the goods within the time agreed.

A8 Delivery document

The seller must provide the buyer, at the seller's expense, with the usual proof that the goods have been delivered in accordance with A4.

Unless such proof is a transport document, the seller must provide assistance to the buyer, at the buyer's request, risk and expense, in obtaining a transport document.

A9 Checking-packaging-marking

The seller must pay the costs of those checking operations (such as checking quality, measuring, weighing, counting) that are necessary for the purpose of delivering the goods in accordance with A4, as well as the costs of any pre-shipment inspection mandated by the authority of the country of export.

The seller must, at its own expense, package the goods, unless it is usual for the particular trade to transport the type of goods sold unpackaged. The seller may package the goods in the manner appropriate for their transport, unless the buyer has notified the seller of specific

packaging requirements before the contract of sale is concluded. Packaging is to be marked appropriately.

A10 Assistance with information and related costs

The seller must, where applicable, in a timely manner, provide to or render assistance in obtaining for the buyer, at the buyer's request, risk and expense, any documents and information, including security-related information, that the buyer needs for the import of the goods and/or for their transport to the final destination.

The seller must reimburse the buyer for all costs and charges incurred by the buyer in providing or rendering assistance in obtaining documents and information as envisaged in B10.

B THE BUYER' OBLIGATIONS

B1 General obligations of the buyer

The buyer must pay the price of the goods as provided in the contract of sale.

Any document referred to in B1-B10 may be an equivalent electronic record or procedure if agreed between the parties or customary.

B2 Licences, authorizations, security clearances and other formalities

Where applicable, it is up to the buyer to obtain, at its own risk and expense, any import licence or other official authorization and carry out all customs formalities for the import of the goods and for their transport through any country.

B3 Contracts of carriage and insurance

a) Contract of carriage

The buyer must contract, at its own expense for the carriage of the goods from the named port of shipment, except where the contract of carriage is made by the seller as provided for in A3 a).

b) Contract of insurance

The buyer has no obligation to the seller to make a contract of insurance.

B4 Taking delivery

The buyer must take delivery of the goods when they have been delivered as envisaged in A4.

B5 Transfer of risks

The buyer bears all risks of loss of or damage to the goods from the time they have been delivered as envisaged in A4.

If

a) the buyer fails to notify the nomination of a vessel in accordance with B7; or

b) the vessel nominated by the buyer fails to arrive on time to enable the seller to comply with A4, is unable to take the goods, or closes for cargo earlier than the time notified in accordance with B7;

then, the buyer bears all risks of loss of or damage to the goods:

(i) from the agreed date, or in the absence of an agreed date,

(ii) from the date notified by the seller under A7 within the agreed period, or, if no such date has been notified,

(iii) from the expiry date of any agreed period for delivery,

provided that the goods have been clearly identified as the contract goods.

B6 Allocation of costs

The buyer must pay

a) all costs relating to the goods from the time they have been delivered as envisaged in A4, except, where applicable, the costs of customs formalities necessary for export, as well as all duties, taxes and other charges payable upon export as referred to in A6 b);
b) any additional costs incurred, either because:
(i) the buyer has failed to give appropriate notice in accordance with B7, or
(ii) the vessel nominated by the buyer fails to arrive on time, is unable to take the goods, or closes for cargo earlier than the time notified in accordance with B7,
provided that the goods have been clearly identified as the contract goods; and
c) where applicable, all duties, taxes and other charges, as well as the costs of carrying out customs formalities payable upon import of the goods and the costs for their transport through any country.

B7 Notices to the seller
The buyer must give the seller sufficient notice of the vessel name, loading point and, where necessary, the selected delivery time within the agreed period.

B8 Proof of delivery
The buyer must accept the proof of delivery provided as envisaged in A8.

B9 Inspection of goods
The buyer must pay the costs of any mandatory pre-shipment inspection, except when such inspection is mandated by the authorities of the country of export.

B10 Assistance with information and related costs
The buyer must, in a timely manner, advise the seller of any security information requirements so that the seller may comply with A10.
The buyer must reimburse the seller for all costs and charges incurred by the seller in providing or rendering assistance in obtaining documents and information as envisaged in A10.
The buyer must, where applicable, in a timely manner, provide to or render assistance in obtaining for the seller, at the seller's request, risk and expense, any documents and information, including security-related information, that the seller needs for the transport and export of the goods and for their transport through any country.

COST AND FREIGHT
CFR (insert named port of destination) Incoterms® 2010

GUIDANCE NOTE
This rule is to be used only for sea or inland waterway transport.
"Cost and Freight" means that the seller delivers the goods on board the vessel or procures the goods already so delivered. The risk of loss of or damage to the goods passes when the goods are on board the vessel. The seller must contract for and pay the costs and freight necessary to bring the goods to the named port of destination.
When CPT, CIP, CFR or CIF are used, the seller fulfils its obligation to deliver when it hands the goods over to the carrier in the manner specified in the chosen rule and not when the goods reach the place of destination.
This rule has two critical points, because risk passes and costs are transferred at different places. While the contract will always specify a destination port, it might not specify the port of shipment, which is where risk passes to the buyer. If the shipment port is of particular interest to the buyer, the parties are well advised to identify it as precisely as possible in the contract.
The parties are well advised to identify as precisely as possible the point at the agreed port

of destination, as the costs to that point are for the account of the seller. The seller is advised to procure contracts of carriage that match this choice precisely. If the seller incurs costs under its contract of carriage related to unloading at the specified point at the port of destination, the seller is not entitled to recover such costs from the buyer unless otherwise agreed between the parties. The seller is required either to deliver the goods on board the vessel or to procure goods already so delivered for shipment to the destination. In addition, the seller is required either to make a contract of carriage or to procure such a contract. The reference to "procure" here caters for multiple sales down a chain ('string sales'), particularly common in the commodity trades. CFR may not be appropriate where goods are handed over to the carrier before they are on board the vessel, for example goods in containers, which are typically delivered at a terminal. In such circumstances, the CPT rule should be used.
CFR requires the seller to clear the goods for export, where applicable. However, the seller has no obligation to clear the goods for import, pay any import duty or carry out any import customs formalities.

A THE SELLER' OBLIGATIONS

A1 General obligations of the seller

The seller must provide the goods and the commercial invoice in conformity with the contract of sale and any other evidence of conformity that may be required by the contract.
Any document referred to in A1-A10 may be an equivalent electronic record or procedure if agreed between the parties or customary.

A2 Licences, authorizations, security clearances and other formalities

Where applicable, the seller must obtain, at its own risk and expense, any export licence or other official authorization and carry out all customs formalities necessary for the export of the goods.

A3 Contracts of carriage and insurance

a) Contract of carriage
The seller must contract or procure a contract for the carriage of the goods from the agreed point of delivery, if any, at the place of delivery to the named port of destination or, if agreed, any point at that port. The contract of carriage must be made on usual terms at the seller's expense and provide for carriage by the usual route in a vessel of the type normally used for the transport of the type of goods sold.
b) Contract of insurance
The seller has no obligation to the buyer to make a contract of insurance. However, the seller must provide the buyer, at the buyer's request, risk, and expense (if any), with information that the buyer needs for obtaining insurance.

A4 Delivery

The seller must deliver the goods either by placing them on board the vessel or by procuring the goods so delivered. In either case, the seller must deliver the goods on the agreed date or within the agreed period and in the manner customary at the port.

A5 Transfer of risks

The seller bears all risks of loss of or damage to the goods until they have been delivered in accordance with A4, with the exception of loss or damage in the circumstances described in B5.

A6 Allocation of costs

The seller must pay

a) all costs relating to the goods until they have been delivered in accordance with A4, other than those payable by the buyer as envisaged in B6;
b) the freight and all other costs resulting from A3 a), including the costs of loading the goods on board and any charges for unloading at the agreed port of discharge that were for the seller's account under the contract of carriage; and
c) where applicable, the costs of customs formalities necessary for export as well as all duties, taxes and other charges payable upon export, and the costs for their transport through any country that were for the seller's account under the contract of carriage.

A7 Notices to the buyer
The seller must give the buyer any notice needed in order to allow the buyer to take measures that are normally necessary to enable the buyer to take the goods.

A8 Delivery document
The seller must, at its own expense, provide the buyer without delay with the usual transport document for the agreed port of destination.
This transport document must cover the contract goods, be dated within the period agreed for shipment, enable the buyer to claim the goods from the carrier at the port of destination and, unless otherwise agreed, enable the buyer to sell the goods in transit by the transfer of the document to a subsequent buyer or by notification to the carrier.
When such a transport document is issued in negotiable form and in several originals, a full set of originals must be presented to the buyer.

A9 Checking-packaging-marking
The seller must pay the costs of those checking operations (such as checking quality, measuring, weighing, counting) that are necessary for the purpose of delivering the goods in accordance with A4, as well as the costs of any pre-shipment inspection mandated by the authority of the country of export.
The seller must, at its own expense, package the goods, unless it is usual for the particular trade to transport the type of goods sold unpackaged. The seller may package the goods in the manner appropriate for their transport, unless the buyer has notified the seller of specific packaging requirements before the contract of sale is concluded. Packaging is to be marked appropriately.

A10 Assistance with information and related costs
The seller must, where applicable, in a timely manner, provide to or render assistance in obtaining for the buyer, at the buyer's request, risk and expense, any documents and information, including security-related information, that the buyer needs for the import of the goods and/or for their transport to the final destination.
The seller must reimburse the buyer for all costs and charges incurred by the buyer in providing or rendering assistance in obtaining documents and information as envisaged in B10.

B THE BUYER' OBLIGATIONS

B1 General obligations of the buyer
The buyer must pay the price of the goods as provided in the contract of sale.
Any document referred to in B1-B10 may be an equivalent electronic record or procedure if agreed between the parties or customary.

B2 Licences, authorizations, security clearances and other formalities

Where applicable, it is up to the buyer to obtain, at its own risk and expense, any import licence or other official authorization and carry out all customs formalities for the import of the goods and for their transport through any country.

B3 Contracts of carriage and insurance

a) Contract of carriage

The buyer has no obligation to the seller to make a contract of carriage.

b) Contract of insurance

The buyer has no obligation to the seller to make a contract of insurance. However, the buyer must provide the seller, upon request, with the necessary information for obtaining insurance.

B4 Taking delivery

The buyer must take delivery of the goods when they have been delivered as envisaged in A4 and receive them from the carrier at the named port of destination.

B5 Transfer of risks

The buyer bears all risks of loss of or damage to the goods from the time they have been delivered as envisaged in A4.

If the buyer fails to give notice in accordance with B7, then it bears all risks of loss of or damage to the goods from the agreed date or the expiry date of the agreed period for shipment, provided that the goods have been clearly identified as the contract goods.

B6 Allocation of costs

The buyer must, subject to the provisions of A3 a), pay

a) all costs relating to the goods from the time they have been delivered as envisaged in A4, except, where applicable, the costs of customs formalities necessary for export as well as all duties, taxes, and other charges payable upon export as referred to in A6 c);

b) all costs and charges relating to the goods while in transit until their arrival at the port of destination, unless such costs and charges were for the seller's account under the contract of carriage;

c) unloading costs including lighterage and wharfage charges, unless such costs and charges were for the seller's account under the contract of carriage;

d) any additional costs incurred if it fails to give notice in accordance with B7, from the agreed date or the expiry date of the agreed period for shipment, provided that the goods have been clearly identified as the contract goods; and

e) where applicable, all duties, taxes and other charges, as well as the costs of carrying out customs formalities payable upon import of the goods and the costs for their transport through any country unless included within the cost of the contract of carriage.

B7 Notices to the seller

The buyer must, whenever it is entitled to determine the time for shipping the goods and/or the point of receiving the goods within the named port of destination, give the seller sufficient notice thereof.

B8 Proof of delivery

The buyer must accept the transport document provided as envisaged in A8 if it is in conformity with the contract.

B9 Inspection of goods
The buyer must pay the costs of any mandatory pre-shipment inspection, except when such inspection is mandated by the authorities of the country of export.

B10 Assistance with information and related costs
The buyer must, in a timely manner, advise the seller of any security information requirements so that the seller may comply with A10.
The buyer must reimburse the seller for all costs and charges incurred by the seller in providing or rendering assistance in obtaining documents and information as envisaged in A10.
The buyer must, where applicable, in a timely manner, provide to or render assistance in obtaining for the seller, at the seller's request, risk and expense, any documents and information, including security-related information, that the seller needs for the transport and export of the goods and for their transport through any country.

COST INSURANCE AND FREIGHT
CIF (insert named port of destination) Incoterms® 2010

GUIDANCE NOTE
This rule is to be used only for sea or inland waterway transport.
"Cost, Insurance and Freight" means that the seller delivers the goods on board the vessel or procures the goods already so delivered. The risk of loss of or damage to the goods passes when the goods are on board the vessel. The seller must contract for and pay the costs and freight necessary to bring the goods to the named port of destination.
The seller also contracts for insurance cover against the buyer's risk of loss of or damage to the goods during the carriage. The buyer should note that under CIF the seller is required to obtain insurance only on minimum cover. Should the buyer wish to have more insurance protection, it will need either to agree as much expressly with the seller or to make its own extra insurance arrangements.
When CPT, CIP, CFR, or CIF are used, the seller fulfils its obligation to deliver when it hands the goods over to the carrier in the manner specified in the chosen rule and not when the goods reach the place of destination.
This rule has two critical points, because risk passes and costs are transferred at different places. While the contract will always specify a destination port, it might not specify the port of shipment, which is where risk passes to the buyer. If the shipment port is of particular interest to the buyer, the parties are well advised to identify it as precisely as possible in the contract.
The parties are well advised to identify as precisely as possible the point at the agreed port of destination, as the costs to that point are for the account of the seller. The seller is advised to procure contracts of carriage that match this choice precisely. If the seller incurs costs under its contract of carriage related to unloading at the specified point at the port of destination, the seller is not entitled to recover such costs from the buyer unless otherwise agreed between the parties.
The seller is required either to deliver the goods on board the vessel or to procure goods already so delivered for shipment to the destination. In addition the seller is required either to make a contract of carriage or to procure such a contract. The reference to "procure" here caters for multiple sales down a chain ('string sales'), particularly common in the commodity trades.
CIF may not be appropriate where goods are handed over to the carrier before they are on board the vessel, for example goods in containers, which are typically delivered at a terminal. In such circumstances, the CIP rule should be used.
CIF requires the seller to clear the goods for export, where applicable. However, the seller has

no obligation to clear the goods for import, pay any import duty or carry out any import customs formalities.

A THE SELLER' OBLIGATIONS

A1 General obligations of the seller

The seller must provide the goods and the commercial invoice in conformity with the contract of sale and any other evidence of conformity that may be required by the contract.
Any document referred to in A1-A10 may be an equivalent electronic record or procedure if agreed between the parties or customary.

A2 Licences, authorizations, security clearances and other formalities

Where applicable, the seller must obtain, at its own risk and expense, any export licence or other official authorization and carry out all customs formalities necessary for the export of the goods.

A3 Contracts of carriage and insurance

a) Contract of carriage
The seller must contract or procure a contract for the carriage of the goods from the agreed point of delivery, if any, at the place of delivery to the named port of destination or, if agreed, any point at that port. The contract of carriage must be made on usual terms at the seller's expense and provide for carriage by the usual route in a vessel of the type normally used for the transport of the type of goods sold.
b) Contract of insurance
The seller must obtain, at its own expense, cargo insurance complying at least with the minimum cover provided by Clauses (C) of the Institute Cargo Clauses (LMA/IUA) or any similar clauses. The insurance shall be contracted with underwriters or an insurance company of good repute and entitle the buyer, or any other person having an insurable interest in the goods, to claim directly from the insurer.
When required by the buyer, the seller shall, subject to the buyer providing any necessary information requested by the seller, provide at the buyer's expense any additional cover, if procurable, such as cover as provided by Clauses (A) or (B) of the Institute Cargo Clauses (LMA/IUA) or any similar clauses and/or cover complying with the Institute War Clauses and/or Institute Strikes Clauses (LMA/IUA) or any similar clauses.
The insurance shall cover, at a minimum, the price provided in the contract plus 10% (i.e., 110%) and shall be in the currency of the contract.
The insurance shall cover the goods from the point of delivery set out in A4 and A5 to at least the named port of destination.
The seller must provide the buyer with the insurance policy or other evidence of insurance cover. Moreover, the seller must provide the buyer, at the buyer's request, risk, and expense (if any), with information that the buyer needs to procure any additional insurance.

A4 Delivery

The seller must deliver the goods either by placing them on board the vessel or by procuring the goods so delivered. In either case, the seller must deliver the goods on the agreed date or within the agreed period and in the manner customary at the port.

A5 Transfer of risks

The seller bears all risks of loss of or damage to the goods until they have been delivered in accordance with A4, with the exception of loss or damage in the circumstances described in B5.

A6 Allocation of costs
The seller must pay
a) all costs relating to the goods until they have been delivered in accordance with A4, other than those payable by the buyer as envisaged in B6;
b) the freight and all other costs resulting from A3 a), including the costs of loading the goods on board and any charges for unloading at the agreed port of discharge that were for the seller's account under the contract of carriage;
c) the costs of insurance resulting from A3 b); and
d) where applicable, the costs of customs formalities necessary for export, as well as all duties, taxes and other charges payable upon export, and the costs for their transport through any country that were for the seller's account under the contract of carriage.

A7 Notices to the buyer
The seller must give the buyer any notice needed in order to allow the buyer to take measures that are normally necessary to enable the buyer to take the goods.

A8 Delivery document
The seller must, at its own expense provide the buyer without delay with the usual transport document for the agreed port of destination.
This transport document must cover the contract goods, be dated within the period agreed for shipment, enable the buyer to claim the goods from the carrier at the port of destination and, unless otherwise agreed, enable the buyer to sell the goods in transit by the transfer of the document to a subsequent buyer or by notification to the carrier.
When such a transport document is issued in negotiable form and in several originals, a full set of originals must be presented to the buyer.

A9 Checking ?packaging ?marking
The seller must pay the costs of those checking operations (such as checking quality, measuring, weighing, counting) that are necessary for the purpose of delivering the goods in accordance with A4, as well as the costs of any pre-shipment inspection mandated by the authority of the country of export.
The seller must, at its own expense, package the goods, unless it is usual for the particular trade to transport the type of goods sold unpackaged. The seller may package the goods in the manner appropriate for their transport, unless the buyer has notified the seller of specific packaging requirements before the contract of sale is concluded. Packaging is to be marked appropriately.

A10 Assistance with information and related costs
The seller must, where applicable, in a timely manner, provide to or render assistance in obtaining for the buyer, at the buyer's request, risk and expense, any documents and information, including security-related information, that the buyer needs for the import of the goods and/or for their transport to the final destination.
The seller must reimburse the buyer for all costs and charges incurred by the buyer in providing or rendering assistance in obtaining documents and information as envisaged in B10.

B THE BUYER' OBLIGATIONS

B1 General obligations of the buyer
The buyer must pay the price of the goods as provided in the contract of sale.
Any document referred to in B1-B10 may be an equivalent electronic record or procedure if

agreed between the parties or customary.

B2 Licences, authorizations, security clearances and formalities
Where applicable, it is up to the buyer to obtain, at its own risk and expense, any import licence or other official authorization and carry out all customs formalities for the import of the goods and for their transport through any country.

B3 Contracts of carriage and insurance
a) Contract of carriage
The buyer has no obligation to the seller to make a contract of carriage.
b) Contract of insurance
The buyer has no obligation to the seller to make a contract of insurance. However, the buyer must provide the seller, upon request, with any information necessary for the seller to procure any additional insurance requested by the buyer as envisaged in A3 b).

B4 Taking delivery
The buyer must take delivery of the goods when they have been delivered as envisaged in A4 and receive them from the carrier at the named port of destination.

B5 Transfer of risks
The buyer bears all risks of loss of or damage to the goods from the time they have been delivered as envisaged in A4.
If the buyer fails to give notice in accordance with B7, then it bears all risks of loss of or damage to the goods from the agreed date or the expiry date of the agreed period for shipment, provided that the goods have been clearly identified as the contract goods.

B6 Allocation of costs
The buyer must, subject to the provisions of A3 a), pay
a) all costs relating to the goods from the time they have been delivered as envisaged in A4, except, where applicable, the costs of customs formalities necessary for export, as well as all duties, taxes and other charges payable upon export as referred to in A6 d);
b) all costs and charges relating to the goods while in transit until their arrival at the port of destination, unless such costs and charges were for the seller's account under the contract of carriage;
c) unloading costs including lighterage and wharfage charges, unless such costs and charges were for the seller's account under the contract of carriage;
d) any additional costs incurred if it fails to give notice in accordance with B7, from the agreed date or the expiry date of the agreed period for shipment, provided that the goods have been clearly identified as the contract goods;
e) where applicable, all duties, taxes and other charges, as well as the costs of carrying out customs formalities payable upon import of the goods and the costs for their transport through any country, unless included within the cost of the contract of carriage; and
f) the costs of any additional insurance procured at the buyer's request under A3 b) and B3 b).

B7 Notices to the seller
The buyer must, whenever it is entitled to determine the time for shipping the goods and/or the point of receiving the goods within the named port of destination, give the seller sufficient notice thereof.

B8 Proof of delivery
The buyer must accept the transport document provided as envisaged in A8 if it is in conformity

with the contract.

B9 Inspection of goods

The buyer must pay the costs of any mandatory pre-shipment inspection, except when such inspection is mandated by the authorities of the country of export.

B10 Assistance with information and related costs

The buyer must, in a timely manner, advise the seller of any security information requirements so that the seller may comply with A10.

The buyer must reimburse the seller for all costs and charges incurred by the seller in providing or rendering assistance in obtaining documents and information as envisaged in A10.

The buyer must, where applicable, in a timely manner, provide to or render assistance in obtaining for the seller, at the seller's request, risk and expense, any documents and information, including security-related information, that the seller needs for the transport and export of the goods and for their transport through any country.

출처: International Chamber of Commerce

무역통신문 사례

1. 거래제의 및 자사소개

(1) 사업제안 1

Dear Mr. Killam:
Through the courtesy of the Australian Embassy, the name of your firm was given to us as possibly being interested in handling the business of Carbon Steel Ball Valves and other steel products of Korean manufacture.

As one of Korea's foremost international trading concerns, we have been handling the products of the leading steel mills in this country and have recently been doing a substantial volume of business in carbon steel ball valves. Since Australia is a prime market in the steel industry, our partnership would be mutually advantageous.

We would appreciate your cooperation in this respect and look forward to your reply with great interest.

Sincerely,

친애하는 Killam씨
호주 대사관의 호의로, 귀사가 한국산 카본 철제 볼 밸브와 여타 철강 제품 사업의 거래에 관심이 있을 거라고 소개받았습니다.
한국의 국제 무역에 대한 높은 관심의 일환으로, 저희는 이곳에서 선두적인 제철 제품을 거래해왔고, 최근에는 중요한 사업 품목으로 카본 철제 볼 밸브를 거래하고 있습니다. 호주가 철강 산업의 중요한 시장이기에, 우리의 동업은 상호간에 이로울 것입니다. 이점에 관한 귀하의 협조에 감사드리겠으며 지대한 관심으로 귀하의 회신을 기다리겠습니다.

(2) 사업제안 2

Dear Mr. James:

We have been supplying all kinds of electric machines to our domestic market and various markets abroad, enjoying a good reputation for the past ten years. We hope to add you to our services, and perhaps you can introduce us to new firms. Our credit information can be obtained from the Bank of Quebec, Ltd., Quebec.

Thank you for your trouble in advance and wait for your early reply.

Sincerely,

친애하는 James씨

저희는 모든 종류의 전기 제품을 자국 시장과 많은 해외 시장에 공급해 왔으며, 지난 10년간 좋은 평판을 얻어왔습니다. 저희는 귀사와의 거래를 희망하며, 귀하께서 저희에게 새로운 회사를 소개시켜 주실 수도 있을 것입니다. 저희의 재정 상황에 대한 정보는 퀘벡 시의 퀘벡은행으로 문의하시면 얻을 수 있습니다.

귀하의 수고에 미리 감사드리며, 조속한 회신을 기다리겠습니다.

(3) 사업변화

Dear Mr. Grant:
We are pleased to announcing that we are opening a new factory on October 6 in Houston, U.S.A. We will produce all types of frames for spectacles. They are reinforced with a special carbon that provides maximum elasticity and strength.

Originally we had also planned to make metal frames. However, tests revealed that this material was not as suitable. We have consequently made an agreement with the US Alloy Company of Dallas, where the frames are to be manufactured from a special carbon conical tube.

As a result we are able to make you a unique offer of carbon frames at special introductory prices. These are shown on the price listen closed. We know you will want to take advantage of this offer, and are looking forward to receiving

your order.

친애하는 Grant씨
저희가 10월 6일 미국 휴스턴에 새로운 공장을 오픈하게 되었음을 기쁘게 알려드립니다. 저희는 모든 종류의 안경테를 생산할 것입니다. 극도의 탄력성과 힘을 갖춘 특수 카본으로 강화된 안경테입니다.

원래는 금속 테 또한 제조할 계획이었습니다. 그러나 테스트 결과 금속 재료는 카본보다 좋지 않음을 알게 되었습니다. 이에 따라 저희는 안경테를 특수 카본 콘 튜브로 제조할 계획이었던 달라스의 US Alloy 사와 협약을 체결하였습니다.

그 결과 저희는 귀하께 특별히 저렴한 가격에 카본 안경테를 오퍼 할 수 있게 되었습니다. 동봉한정가표에서 안경테를 볼 수 있습니다. 저희는 귀하께서 저희의 물건으로 이익을 얻길 기대하시리라 믿고, 주문을 기다리겠습니다.

(4) 사업제안

Dear Mr. Cook:
We understand you are reliable importers of textile products. We are, therefore, writing you with a keen desire of opening an account with you. For more than twenty years we have been established here as exporters of textile products and have extensive and close connections with the leading makers in this country. Our reputation for international textile products export is well established due to high quality, quick delivery, and competitive prices.

It is our custom to trade on an irrevocable letter of credit, under which we draw a draft at sight. As to our standing, please refer to The City Bank, Ltd., New York. Any other information you require will be provided upon request. We look forward to your favorable reply by return.

Sincerely.

친애하는 Cook씨
저희는 귀사가 믿을 만한 섬유제품의 수입업체임을 알고 있습니다. 그런 까닭에 저희는 귀사와 거래를 트고자 하는 간절한 바램에서 이 서신을 띄웁니다. 저희는 20년 이상을 여기에서 섬유 제품의 수출업체로 사업해 왔고, 본국의 선두적인 메이커들과 광범위하고 긴밀한 거래를 하고 있습니다. 저희는 제품의 높은 품질과 빠른 운송, 저렴한 가격으로 국제적인 섬유 수출업체로서 높은 평판을 얻고 있습니다.

저희는 관례적으로 취소 불능 신용장으로 거래하며, 그것으로 어음을 발행합니다. 저희의 재정 상태에 관해서는 뉴욕의 시티은행에 문의하십시오. 귀하의 긍정적인 회신을 기다리겠습니다.

(5) 해외로의 사업확장

Gentlemen:
We have been established in sports and the sports equipment market for over 20 years, and have always had an excellent reputation for quality and service.

We would like to extend our trade to your area and would be very much obliged if you would introduce to us some reliable firms in your city who are especially interested in this line of business.

Any information as to the credit standing and the reputation of the firms recommended by your organization will be much appreciated.

We are enclosing a stamped addressed envelope for your reply.

Please excuse us for any inconveniences, and accept our sincere thanks for the favor of your early reply.

Yours very truly,

여러분
저희는 스포츠와 스포츠 용품 시장에서 20여 년간 일해 왔으며, 품질과 서비스 면에서 늘 높은 평판을 얻어왔습니다.
저희는 교역을 그쪽 시장으로 넓히고자 하며, 귀하께서 특히 이 분야 사업에 관심을 가진 그 쪽 도시의 믿을 만한 회사들을 소개 시켜 주신다면 감사드리겠습니다.
특히 귀사가 추천하시는 회사의 재정 상황과 평판에 대한 정보를 주신다면 고맙겠습니다.
회신을 위해 반송용 봉투를 동봉합니다.
불편을 드렸다면 용서하시고, 조속히 회신 주신다면 고맙겠습니다.

(6) 견본운송

Dear Mr. Berry:

At the suggestion of our good friend, Korea K & M Ltd., Busan, we are sending you samples of worsted hosiery yarn.

We would like your comments on the quality and the price of these samples. If the yarn is suitable for your market, we are ready and able to enter into a contract.

We have enclosed a brochure to introduce our firm. It outlines our activities and banking references are also given. We are experienced in exporting worsted hosiery yarn to many countries.

We are looking forward to your reply soon.

Sincerely,

친애하는 Barry씨

저희 좋은 친구인 한국 부산의 K & M 사의 제안으로 울 양말용 털실 샘플을 보내드립니다.

저희는 이 샘플의 질과 가격에 대한 당신의 의견을 듣고 싶습니다. 만일 이 털실이 그 쪽 시장에 적합하다면 저희는 계약을 체결할 준비가 되어있습니다.

저희 회사를 소개하는 소책자를 동봉합니다. 이 책은 저희 사업을 요약하고 있으며 은행 거래상황도 참고적으로 나와 있습니다. 저희는 많은 나라로 울 양말용 털실을 수출한 경험이 있습니다.

곧 회신 주시기를 기다리고 있겠습니다.

(7) 제품추천

Dear Mr. Turner:
Thank you for your inquiry of May 5 about the bulk supply of juice-mixers. Our juice-mixer has an international reputation for reliability and long service.

We have enclosed three copies of our quotation and our latest catalog. We also enclosed a sample. We incorporated many new and different ideas into the design and manufacture of our electronic juice-mixer. Our aim is, and always was, to produce something better for the market. In spite of the superior quality of our juice-mixers, we have been able to keep our prices low, as you will notice on our quotation. We are also prepared to offer a special discount of 3% on all orders exceeding $2,000. We hope to hear from you.

Sincerely,

친애하는 Terner씨
귀하의 5월 5일 저희 주스믹서의 대량 공급에 대한 문의에 감사드립니다. 저희 주스믹서는 그 품질과 긴 서비스 기간으로 국제적인 평판을 얻고 있습니다.

저희 가격목록과 최근의 카탈로그의 사본 세 부를 동봉합니다. 샘플도 하나 담았습니다. 저희는 많은 새롭고 색다른 아이디어를 저희 전자 주스믹서의 디자인과 생산에 구현하였습니다. 저희목표는 늘 그래왔듯이 시장을 위한 더 나은 물건을 생산하는 것입니다. 저희 정가표에서 확인 할 수 있으시겠지만, 저희는 그 높은 품질에도 불구하고 저렴한 가격으로 주스믹서를 제공해 왔습니다. 또한 2,000 달라 이상의 주문에는 3%의 특별 디스카운트 혜택을 드립니다. 회신 기다리겠습니다.

(8) 신제품

Dear Mr. Perry:
We hope you have had an opportunity to test the sample of our new product. Every report we have received from those who have tested the sample confirms our claim about the quality.

With growing awareness of the quality of this product, the demand has become very large. If you desire to make an order, we can promise to deliver within two weeks. Stocks will soon be available in your neighboring countries.

Sincerely,

친애하는 Perry씨
저희 신제품의 샘플을 테스트 해 주시길 바랍니다. 저희 샘플을 검토한 다른 모든 곳에서의 보고는 저희가 주장하는 제품의 품질을 증명합니다.

이 제품의 품질에 대한 증가하는 인식과 함께 수요가 매우 커졌습니다. 만일 주문하시고자 한다면, 2주안에 배달해 드릴 것을 약속합니다. 이 제품은 귀하의 주변국가에서 곧 실용화될 것입니다.

(9) 회사제안

Dear Mr. Albert:
We are a leading exporter of American chemicals. We have over 40 years experience and an excellent reputation. We believe you will be satisfied with our goods and services.

If you need additional information concerning our credit, please direct inquiries to the Linton Bank, Dover Trading Co., Georgia. We look forward to your early and favorable reply.

Sincerely,

친애하는 Albert씨
저희는 미국 화학 산업의 선두적인 수출업체입니다. 저희는 40여년간의 경험을 갖고 있으며 높은 평판을 얻고 있습니다. 저희는 귀하가 저희의 제품과 서비스에 만족하실 것이라고 믿습니다.

만약 저희의 재정 상황에 대한 추가적인 정보를 원하신다면 조지아 주 도버 무역회사 린턴 은행에 직접 문의하시기 바랍니다. 귀하의 빠르고 긍정적인 회신을 기대하겠습니다.

(10) 수입오퍼

Dear Mr. Truman:
We received your name from the Deryke Trading Co., Ltd., Iowa, in connection with orange juice supply. Your reputation as a food importer is well known. We believe there is a large demand for foreign foods in our country.

We are the largest food trading company in America and we have considerable experience in this area. We have offices or representatives in all the major cities. We currently import several foods from Europe and Korea.

If you are interested in dealing with us, please respond by return mail.

Sincerely,

친애하는 Truman씨
저희는 오렌지 주스 공급과 관련하여 아이오와 주의 Deryke 무역회사로부터 귀하를 소개받았습니다. 식품 수입업자로서 귀하의 평판은 잘 알려져 있습니다. 저희는 우리나라에 외국 식품에 대한 대규모적인 수요가 있다고 생각합니다.

저희는 미국에서 가장 큰 식품 무역 업체이며 이 분야에서 상당한 정도의 경험을 갖고 있습니다. 저희는 모든 주요 도시에 사무실과 대표를 두고 있습니다. 저희는 현재 유럽과 한국으로부터 여러 종류의 식품을 수입하고 있습니다.

저희와 거래하시는 데 관심이 있으시면, 반환신(return mail)으로 회신 주시기 바랍니다.

(11) 저가 신제품 제안

Dear Mr. Jones:
We would like to inform you of a new product, the Electronic Razor, which is specially designed for American markets. Enclosed is a sample, price-list, and full sales promotional literature for you to examine. If you decide to order this product, we can supply it to you at a low cost.

Please take advantage of the enclosed order form to ensure your complete satisfaction.

Sincerely,

친애하는 Jones씨
저희는 미국 시장을 겨냥하고 특별히 제작된 신제품 전기면도기를 귀하에게 소개해 드리고자 합니다. 동봉한 것은 귀하께서 검토하실 샘플과 정가표, 그리고 제품의 모든 판촉물들입니다. 만일 이 제품을 주문하시고자 한다면 저희는 저가에 공급해 드릴 수 있습니다.

동봉한 주문서 양식을 이용하십시오. 귀하의 전적인 만족을 보장해 드립니다.

(12) 제품 제안

Dear Mr. Franklin:
We recently developed a product that is doing well in our home market. We would like to know the potential for this product in your district.

If you would like, we can supply you with samples to show to the potential customers. Enclosed is an order form if you wish to make an immediate order.

Sincerely,

친애하는 Franklin씨
저희는 최근 우리 시장에서 좋은 호응을 얻고 있는 제품을 개발했습니다. 저희는 이 제품의 그쪽에서의 가능성에 대해 알고 싶습니다.

귀하가 원하신다면 저희는 잠재적 소비자에게 보여주기 위한 샘플들을 공급해 드릴 수 있습니다. 동봉한 것은 귀하가 즉각 주문하길 원하실 경우 사용하실 주문서 양식입니다.

(13) 사업관계 정보에 대한 문의

Dear Mr. Jones:
We have been in the business of exporting electronic typewriters for more than 35 years. We are interested in opening relations with your firm. We would like to set a meeting to discuss any concerns you may have about our business or activities.

Our references include the Bank of Colorado in Denver. Any information you can provide us is appreciated. We await your reply.

Sincerely,

친애하는 Jones씨
저희는 35년 여간 전자 타자기의 수출업을 해 왔습니다. 저희는 귀사와 거래하는데 관심이 있습니다. 저희는 저희의 사업과 활동에 대해 귀하가 가지실지 모르는 관심에 대해 이야기하기 위한미팅을 마련하기를 원합니다.

저희 재무 상황에 대해서는 덴버의 콜로라도 은행에 문의하실 수 있습니다. 어떤 정보든 저희에게 주시면 감사하겠습니다. 회신 기다리겠습니다.

2. 회신

(1) 제안에 대한 회신

Dear Mr. Harding:
We are pleased you find our products satisfactory and we appreciate your enthusiasm for the Canadian market. We would be happy to discuss the possibility of reaching terms with you although we are still considering our final decision. If you would like to give us an idea on the terms under which you propose to handle our products, we will consider them with our decision.

Meanwhile, we are pleased to send you our export catalog with full details of our discount prices. We will be glad to fill your initial order at these prices on a draft at sight under your irrevocable L/C.

Sincerely,

친애하는 Harding씨
저희 제품에 대해 만족스러워 하시는 것을 기쁘게 생각하며, 캐나다 시장에 대한 귀하의 열의에 감사드립니다. 저희는 비록 여전히 최종 결정을 재고하고 있지만, 귀하와 협의에 도달할 가능성에 관해 토론해 보았으면 하는 바램입니다. 귀하가 저희 제품의 처리에 관해 제안하신 조건에 대한 아이디어를 말씀해 주신다면, 저희가 결정을 내리는 데 고려하겠습니다.

그동안, 저희는 기쁘게 저희 디스카운트 가격의 세부 사항이 기재된 수출 카탈로그를 보내드립니다. 저희는 이 가격에 귀하의 취소불능 일람불 화환 신용장 방식으로 귀하의 첫 주문을 받게 된다면 기쁘겠습니다.

(2) 문의에 대한 회신

Dear Mr. Romano:

Thank you for your July 24 inquiry, asking for literature or catalogs of our silk products. The enclosed price-list and illustrated catalog will give you details of product you are interested in. The illustrations will also give you information about other items we manufacture. Regarding our terms and conditions, please see page 20 of the catalog. If there is any other information you require, please do not hesitate to write.

Our products, especially the silk blouses, have an excellent reputation in the U.S. We are confident our products will sell well in your market because they are of good quality and have low prices. We are always ready to send samples, air freight collect, on your remittance covering 85% of its cost. We strongly advise you to place an order with us as early as possible.

Sincerely,

친애하는 Romando씨

저희의 실크 제품에 대한 문건이나 카탈로그를 요청하신 귀하의 7월 24일 편지에 감사드립니다. 동봉한 정가표와 일러스트 카탈로그에서 귀하가 관심을 가지고 계신 제품의 자세한 부분을 알 수 있으실 겁니다. 카탈로그에는 저희가 생산하는 다른 물품들에 대한 정보도 나와 있습니다. 저희의 계약 조건에 대해서는 카탈로그의 20 페이지를 보십시오. 필요하신 다른 정보가 있다면 주저하지마시고 말씀해 주십시오.

저희 제품, 특히 실크 블라우스는 미국에서 매우 높은 평가를 받고 있습니다. 저희는 저희 제품의 좋은 품질과 저렴한 가격 때문에 그 쪽의 시장에서도 잘 팔릴 것이라고 확신합니다. 그 쪽에서 우송료의 85%를 부담하에 항공 화물 편으로 언제든 샘플을 보내드리겠습니다. 가능한 한 빨리 주문하시기를 강력히 조언하는 바입니다.

(3) 제안에 대한 회신

Dear Mr. Francis:
We have carefully considered the proposals you made in your letter of October 18.

It would give us great pleasure to supply you with the fruit jam you want to order. You have noticed that its quality is probably better than that of the fruit jams usually sold in your country. You will soon see that your customers notice the difference too, and will want to place repeat orders.

We want to prove this to you. We are therefore prepared to grant you a special discount of 7% for the quantity of 10,000 jars of A3French jam. This, with the 3% cash discount that we would allow, should enable you to offer the goods for sale at competitive prices.

We look forward to receiving your order and assure you of our best service.

Yours faithfully,

친애하는 Francis씨
저희는 귀하가 10월 18일 편지에 제안하신 것을 신중하게 검토하였습니다.

귀하께서 주문하시길 원하시는 과일 잼을 공급해 드리는 것은 저희의 큰 기쁨이 될 것입니다. 귀하는 저희의 잼이 보통 그 나라에서 팔리는 것보다 품질이 좋을 것이리란 걸 알고 계십니다. 귀하는 그 쪽의 소비자들도 그 차이를 알아차리리란 것도 곧 아실 테고, 재주문을 원하게 되실 겁니다.

저희는 이를 귀하께 증명해 보이고자 합니다. 따라서 저희는 A3 프렌치 잼 10,000 병을 7% 디스카운트된 가격에 특별히 공급해 드리려고 합니다. 이와 함께 현금일 경우 3%의 디스카운트를 더해드리는 데, 그러면 귀하는 그 상품을 저렴한 가격에 시장에 내놓을 수 있을 것입니다.

귀하의 주문을 기다리고 있겠으며, 최상의 서비스를 약속드리겠습니다.

(4) 문의에 대한 회신(세부사항, 소책자 동봉)

Dear Mr. Eden:

Thank you for your letter of July 17, asking for details of our new AS25 electronic range.

I am pleased to enclose our brochure. It gives full details and prices of all our ranges.

If you require any further information, please contact me.

Yours truly,

친애하는 Eden씨

저희의 신제품 AS25 전자레인지에 관해 자세한 것을 물으신 귀하의 7월 17일 편지에 감사드립니다.

기쁘게 저희 소책자를 보내드립니다. 이 소책자에는 본사의 모든 렌지에 관한 세부사항과 가격이 나와 있습니다.

그 밖에 문의할 것이 있으시면 제게 연락해 주십시오.

(5) 유망 대리점에 소책자 송부

Dear Mr. Russell:
Agents in Paris

Thank you for your letter dated April 5.

I am pleased to send you some of our brochures under separate cover. I can confirm that the prices in our catalog are correct until the end of this year.

I am visiting France soon and I will contact you again shortly to arrange a demonstration of our products.

Meanwhile, please do not hesitate to contact me if you have any further questions.

Best Regards,

친애하는 Russell씨
빠리 대표

4월 5일 편지에 감사드립니다. 저희 소책자 몇 권을 보내드리는 것을 기쁘게 생각합니다. 카탈로그에 나와 있는 가격은 올해 안까지는 변함없을 것이라는 것을 확인시켜 드립니다.

저는 곧 프랑스에 갈 것이고, 저희 제품의 시연을 위해 곧 다시 귀하께 연락을 취하겠습니다.

그 동안 다른 의문사항이 있으시면 서슴지 마시고 제게 연락 주시기 바랍니다.

(6) 요청에 대한 회신

Dear Mr. Jackal:
Thank you for your October 19 letter inquiring about our promotional gifts. We have enclosed our new booklet and price-list, along with some samples of our promotional gifts.

We look forward to receiving your first order.

Sincerely,

친애하는 Jackal씨
저희의 판촉 선물에 관해 문의하신 귀하의 10월 19일 편지에 감사드립니다. 판촉 선물의 샘플과 함께 저희의 새로운 카탈로그와 정가표를 동봉하였습니다.

귀하의 첫 번째 주문을 고대하겠습니다.

(7) 추천서 요청

Dear Mr. Alfred:
We received your order for our products, valued at $40,000. Since this is our first transaction with you, please send us references (include other firms or banks). After the inquiries are satisfactorily completed, we will be pleased to send your order.

We hope this will be the beginning of a long and pleasant business relationship. We will certainly do our best to make it so.

Sincerely,

친애하는 Alfred씨
저희는 40,000달러에 상당하는 본사 제품에 대한 귀하의 주문을 받았습니다. 이번이 귀하와의 첫 거래인 관계로 저희에게 신용 조회서(다른 회사나 은행의 것을 포함하여)를 보내주시기 바라는 바입니다. 그 문의가 만족스럽게 끝나는 대로 저희는 기쁘게 주문하신 것을 보내드리겠습니다.

이것이 귀사와의 길고 유쾌한 거래의 시작이 되기를 빌겠습니다. 저희는 그렇게 되도록 최선을 다할 것입니다.

(8) 카탈로그와 견본

Dear Mr. Douglas:
Thank you for your inquiry of April 13 about the tapes we advertised in this month's edition of Audio News.

The cassettes are ferrous based and high quality CrO2 which means they would be suitable for any type of recording. They are `Dubby' products which is a brand name you will certainly recognize. The reason their prices are so competitive is that they are part of a bankrupt stock that was offered to us.

Because of their low price and the small profit margin we are working on, we will not be offering any trade discounts on this consignment. We sell a wide range of cassettes and have enclosed a price-list giving you details of trade, quantity, and cash discounts on our other products.

We have sent, by separate post, samples of the advertised cassettes and other brands we stock. We would urge you to place an order as soona s possible as there has been a huge response to our advertisement. Thank you for your interest.

Yours sincerely,

친애하는 Douglas씨
저희가 이번 달 오디오 뉴스지에 게재한 테이프 광고에 관한 귀하의 4월 13일 문의에 감사드립니다.

이 카세트테이프는 마그네틱과 고품질 크롬2로 만들어져 어떤 타입의 녹음에도 적합합니다. 이것은 귀하가 분명히 아실 브랜드인 'Dubby'사의 제품입니다. 가격이 그렇게 저렴한 것은 저희에게 제공된 파산 정리 재고의 일부이기 때문입니다.

제품의 낮은 가격과 저마진 판매인 까닭에, 이 물량에 대해서는 어떠한 거래 할인율도 제공하지 않을 것입니다. 저희는 다양한 종류의 카세트테이프를 판매하고 있으며, 거래, 물량 그리고 다른 제품의 현찰 디스카운트에 관한 세부사항이 기재된 정가표를 동봉합니다.

별도의 우편으로 광고한 카세트테이프와 저희가 확보하고 하고 있는 다른 브랜드 제품의 샘플을 보냅니다. 광고에 대한 반응이 매우 큰 까닭에, 저희는 귀하가 가능한 한 빨리 주문하시기를 촉구하는 바입니다. 귀하의 관심에 감사드립니다.

(9) 문의에 대한 회신

Dear Mr. Albert:
We regret to inform you that we cannot accept your offer because we act as Hart Company's agent. Also, it would be difficult to sell your products since they are unknown in this market and your fixed prices are quite high.

However, if you can set a lower limit on your prices, perhaps we can do business with you on other goods. If this proposal is acceptable to you, please advise us so we can discuss details.

Sincerely,

친애하는 Albert씨
저희는 하트 사의 지사이기 때문에 귀하의 오퍼를 수락할 수 없음을 알려 드리게 되어 유감입니다. 또한, 귀사의 제품은 이곳 시장에서는 잘 알려져 있지 않고 정찰가가 높기 때문에 판매가 어려울 것 같습니다.

그러나 만일 귀하가 가격을 하한선에서 책정하실 수 있다면, 우리는 다른 상품으로 거래를 할 수 있을 지도 모르겠습니다. 만일 이 제안을 받아들이실 용의가 있다면, 세부사항을 논의할 수 있도록 저희에게 알려 주십시오.

(10) 제품추천

Dear Mr. Weber:

We received your request for samples of our electric ranges. They were sent today along with sales promotional materials. We have seen a steady increase in sales of the two electric ranges introduced fifteen months ago. It has been difficult to maintain production to meet the demands of our customers.

We appreciate the high demand of the old fashioned range and our deluxe model, in spite of the active sales promotion of our competitors. We highly recommend the deluxe model, which will do well in your market. We look forward to hearing your opinion in this matter.

Sincerely,

친애하는 Weber씨

저희는 귀하로부터 전자레인지의 샘플 요청을 받았습니다. 오늘 판촉물들과 함께 보내드립니다. 저희가 15개월 전에 소개한 두 가지 전자레인지가 꾸준한 판매신장을 보이고 있습니다. 소비자들의 수요에 맞춰 생산하는 것이 어려울 정도입니다.

경쟁사의 활발한 판촉활동에도 불구하고 저희 구 모델 렌지와 디럭스 모델은 높은 수요를 보이고 있습니다. 저희는 그 쪽 시장에서 좋은 호응을 얻을 것인 디럭스 모델을 적극 추천하는 바입니다. 이 문제에 관해 귀하의 의견을 기다리겠습니다.

(11) 성공적인 판매주문

Dear Mr. Robe:

Thank you for your inquiry. We are pleased to send you our full range of machine tools. Details are included on the enclosed price-list C.I.F. Philadelphia. As requested, our complete catalog was also sent by air mail.

Our products have been selling extremely well and we recommend them to you with utmost confidence. There are few manufacturers who are making these goods, so we would advise you not to waste any time in placing your order.

Sincerely,

친애하는 Robe씨

귀하의 거래제의에 감사드립니다. 저희는 기꺼이 모든 종류의 기계 공구를 보내드립니다. 자세한 사항은 동봉한 C.I.F. 필라델피아 가격표에 나와 있습니다. 또한 요청하신 대로 저희 카탈로그를 항공우편으로 보냅니다.

저희 제품은 매우 높은 판매율을 자랑하며, 저희는 절대적인 자신감으로 저희 제품을 추천합니다. 이러한 제품을 생산하는 업체는 거의 없기에, 귀하께서 망설임 없이 주문하시길 조언하는 바입니다.

(12) 주문추천

Dear Mr. Jones:
By now you have received our new price-list giving details of the price reductions for all products effective March 11. Similar reductions were made in other markets, and the result exceeded our expectations. Stocks are rapidly dwindling. We are producing at full speed, but may be unable to keep pace with demand. Therefore, a delay in dispatch may soon become unavoidable.

If you intend on reordering soon, please cable the order to ensure immediate dispatch from stock.

Sincerely,

친애하는 Jones씨
이제 귀하는 모든 제품의 3월 11일 부터 유효한 인하 가격의 세부사항이 기재된 저희의 새로운 정가표를 받으셨습니다. 유사한 가격 인하가 다른 시장에서도 이루어 졌는데 그 결과는 기대 이상의 것이었습니다. 재고가 급속히 감소되고 있습니다. 저희는 전속력으로 생산하고 있지만, 어쩌면 수요를 따라잡을 수 없을 지도 모릅니다. 따라서 조만간 제품 공급이 지연될 가능성을 피할 수 없을 듯합니다.

만일 재주문 하려한다면, 재고에서 즉시 보내드릴 수 있도록 전보로 주문해 주시기 바랍니다.

(13) 카탈로그와 정가표 요청

Dear Mr. Jack:
Thank you for your July 17 letter proposing to do business with us in Machinery and Metal Products. Since we are specialists in Machinery and Metal Products, our companies would work well together. We are prepared to accept your proposal, as long as your goods prove suitable for our market in price and quality. Please send us a copy of your latest catalog and a price-list.

As to the settlement of account, we agree to your terms. Thank you for your courtesy in making the proposal. We hope to work with you to our mutual advantage.

Sincerely,

친애하는 Jack씨
기계와 금속 산업에서 저희와 함께 사업하기를 제안하신 7월 17일 편지에 감사드립니다. 우리가 기계 금속 산업의 전문가인 까닭에, 우리 두 회사는 함께 잘 해나갈 수 있을 것입니다. 귀사의제품이 가격과 품질 면에서 시장에 적합한지 판명 나는 대로, 저희는 귀하의 제안을 받아들일 준비가 되어있습니다. 귀사의 최근 카탈로그와 정가표의 사본을 보내 주십시오.

계약의 확정에 관해서는 귀하의 조건에 동의합니다. 사업을 제안해 주신 친절에 감사드립니다. 우리 상호간의 이익을 위해 귀하와 함께 일하기를 바랍니다.

(14) 카탈로그와 정가표

Dear Mr. Baldo:
Thank you for your inquiry of February 30. Enclosed are our Spring catalog and current price-list quoting c.i.f. prices Le Havre.

We would like to draw your attention to the trade and quantity discounts we are offering in our Special Purchases section pages20-25. This may be of particular interest to you.

Please contact us if we can be of any further help.

Yours sincerely,

친애하는 Baldo씨
귀하의 2월 30일 문의에 감사드립니다. 동봉한 것은 저희 봄 카탈로그와 c.i.f. Le Havre 가격이 포함된 최근 정가표입니다. 저희는 20-25 페이지의 특별 판매 섹션에 제안한 교역 및 물량 디스카운트에 특히 관심을 가져 주시기 바라는 바입니다. 이는 무엇보다 귀하의 관심을 끌 것입니다.

저희가 더 도움을 드릴 수 있다면 연락 주시기 바랍니다.

(15) 잠재적 소비자에 대한 회신

Dear Ms. Bair:
Thank you very much for your inquiry on the Omega range of equipment.

Enclosed are a catalog and price-list for the equipment you are interested in. I would like to draw your attention to pages 31-35 in the catalog where you will find full details of the Omega range.

We would welcome any further inquires you have, and look forward to hearing from you.

Yours sincerely,

친애하는 Bair씨
오메가 렌지 설비에 대한 귀하의 문의에 감사드립니다.

동봉한 것은 귀하가 관심을 갖고 계신 설비에 대한 카탈로그와 정가표입니다. 오메가 렌지의 모든 세부 사항을 알 수 있는 카탈로그 31-35 페이지에 특히 주목해 주시기 바랍니다.

더 문의 할 것이 있으시다면 기꺼이 답해드리겠으며, 소식 기다리겠습니다.

3. 청약

(1) 바이어의 오퍼

Dear Mr. Amend:
Many thanks for your August 16 letter. We have carefully considered your counter-offer for cotton shirts. We would like to meet your offer and supply you with goods which will enable you to compete in your market; however, we regret our inability to make any further discount at present.

The quality is the best available at the price we offered to you, and far superior to those of foreign makers who are supplying your market. We think it would be more advisable for you to handle our No. 10. We would like to discuss the prospect of those sales with you.

Sincerely,

친애하는 Amend씨
귀하의 8월 16일 편지에 감사드립니다. 면셔츠에 대한 귀하의 재 오퍼를 신중히 검토해 보았습니다. 저희는 귀하의 제의에 부응하고 싶고, 그곳 시장에서 성공할 수 있을 상품을 제공해 드리고 싶습니다. 그러나 유감스럽게도 저희는 현재의 가격에서 더 이상 디스카운트 할 수 없습니다.

저희가 제시한 가격 선에서 품질은 가능한 최상의 것이며, 그쪽 시장에 공급하는 다른 외국 메이커들 보다 훨씬 월등합니다. 저희는 저희 제품 No.10을 구매하시길 조언해드리고 싶습니다. 귀하와 제품의 판매 전망을 논의해 보고 싶습니다.

(2) 대량주문 할인

Dear Mr. Jones:
Improved methods of production enabled us to offer you our range of Bright accumulators at a reduced price if you purchase in large quantities. Details of these new prices are enclosed. You will see the average price reduction is 4%. Since our prices are quoted C.I.F. New York, they are below those of all other markets.

These new prices are effective with minimum orders of six hundred accumulators from February 1. Immediate dispatch is guaranteed(we hold ample stock). We appreciate your past business and look forward to serving you again.

Sincerely,

친애하는 Jones씨
개선된 생산 방식으로 인해, 저희 브라이트 충전지 제품을 대량으로 구매하실 경우 할인된 가격에 제공할 수 있게 되었습니다. 이 새로운 가격의 세부 목록을 동봉합니다. 보시면 아시겠지만 평균 할인율은 4%입니다. 저희 가격은 c.i.f. 뉴욕 가격으로 견적낸 것이기에, 다른 모든 시장보다 낮습니다.

이 새 가격은 2월 1일 부터 최소 600개의 축전지를 주문하실 경우 적용됩니다. 신속한 배달을 보장해 드립니다(저희는 다량의 재고를 확보하고 있습니다). 과거 저희와 거래해 주신 것에 감사드리며, 다시 한 번 귀하와 거래하게 되기를 바랍니다.

4. 승낙

(1) 특별세일

Dear Mr. Jones:
Our sales figures indicate you placed a considerable number of orders last year for our Bright washing machines. We are currently selling the remaining stock of these popular machines to prepare for the introduction of next year's models. We would like to offer you a limited number at 15% below list price.

If you would like to take advantage of this special offer, please complete and return the enclosed order form as soon as possible. This is a limited time offer.

Sincerely,

친애하는 Jones씨
저희 판매 수치는 귀하가 지난 해 저희 브라이트 세탁기를 상당량 주문하셨음을 보여주었습니다. 저희는 최근 내년의 모델을 소개하기 위해 이 인기 있는 제품의 남은 제고를 팔고 있습니다. 저희는 귀하에게 한정 수량을 기재가격보다 15% 낮은 가격으로 제공하고자 합니다.

귀하가 이번 특별 오퍼를 이용하고자 하신다면, 동봉한 주문서 양식을 가능한 빨리 작성해서 보내주십시오. 이것은 시간이 제한된 오퍼입니다.

(2) 첫 주문 회신

Dear Mr. Jones:

We are pleased to offer the enclosed quotation regarding our Mexican Suits in the sizes you require. All the models you saw at our fashion show are obtainable except one (size 15), which has been sold out. This size will be available next month and could be delivered to you in November.

All other sizes can be supplied by the end of October if we receive your order by September 30. All prices enclosed are C.I.F. Washington, by air cargo. We hope you agree our prices are very competitive. We look forward to receiving your initial order.

Sincerely,

귀하가 요구하시는 사이즈의 멕시칸 슈트에 대한 견적을 드리게 되어 기쁩니다. 귀하가 패션쇼에서 보신 모든 모델은 이미 팔린 것 하나만 빼고(사이즈15) 모두 제공해 드릴 수 있습니다. 이 사이즈는 다음 달에 다시 만들어지고 11월에 귀하께 배달될 것입니다.

저희가 9월 30일 까지 귀하의 주문을 받는다면 모든 다른 사이즈는 10월말까지 보내드릴 수 있습니다. 포함된 모든 가격은 항공 화물에 의한 c.i.f. 워싱턴 가격입니다. 저희는 귀가가 제품의 가격이 저렴하다는 것에 동의하시길 빕니다. 귀하의 첫 주문을 기다리겠습니다.

(3) 해외 에이전시의 오퍼

Dear Mr. Glee:
We understand that you deal in stationery and related products. We would like to know if you are interested in marketing our products in your country on a commission basis.

We are a large, established firm specializing in the manufacture of stationery of all kinds. Our products sell well in many parts of the world. The enclosed catalog will show you the wide variety of our products, for which inquiries suggest a promising market for many of them waiting for development in your country.

If you are interested in our proposal, please let us know which of our products are most likely to appeal to your customers. We will also discuss the terms for commission and other charges on which you would be willing to represent us. We would be grateful if you could give us some idea of the market prospects for our products and suggest ways in which we could help you develop the market.

We hope to hear favorably from you soon.

Sincerely,

친애하는 Glee씨
저희는 귀하가 문방구와 그와 관계된 제품들을 거래하신다는 것을 압니다. 저희는 귀하가 커미션을 받고 그 나라에서 저희 제품을 판매하는 데 관심이 있으신지 알고 싶습니다.

저희는 모든 종류의 문방구의 생산을 전문으로 하는 규모가 크고 인정받는 회사입니다. 저희 제품은 세계 도처에서 잘 팔리고 있습니다. 동봉한 카탈로그는 저희 제품의 다양성을 보여 드릴 것입니다. 조사 결과 그 나라는 개발을 기다리는, 이 물건들의 유망한 시장입니다.

저희 제안에 관심이 있으시다면, 저희 제품 중 어떤 것이 그쪽 소비자에 가장 어필할 수 있을 것인지 알려 주십시오. 커미션의 조건과 귀하가 제안하고자 하시는 다른 비용에 대해서 또한 논의해 보고 싶습니다. 저희 제품의 시장 전망에 관한 생각이나 시장 개발을 위해 저희가 도움을 드릴 수 있는 방법을 말씀해 주시면 고맙겠습니다.

곧 긍정적인 소식이 있기를 기다리겠습니다.

(4) 최종확인

Dear Mr. Jones:

We received your letter requesting us to revise our price on CD Player Model MX20. We cabled you as follows:

RE: YOUR LTR DTD TWENTIETH - OFFER FIRM - SUBJECT TO REPLY REACHING US BY THIRTY-FIRST - CD PLAYER MODEL MX20 - FIVE DOZEN - FIFTEEN HUNDRED DOLLARS OCTOBER SHIPMENT KOEX

This is the best offer we can make at present and the high quality of our goods cannot be maintained at lower prices. Although we would like to establish business relations, production cost prohibits us from lowering the price any further. We hope you accept this offer without loss of time.

Sincerely,

친애하는 Jones씨

CD플레이어 모델 MX20의 가격 개정을 요구하신 귀하의 편지를 받았습니다. 저희는 귀하께 다음과 같이 전보를 보냈습니다.

회신: 귀하의 20일 편지 - 확정오퍼 - 31일까지 회신요망 - CD플레이어 모델 MX20 - 5다스 -$1,500 10월 선적 코엑스

이것은 현재 저희가 오퍼 할 수 있는 최선의 것이며 저희 제품의 높은 품질은 더 낮은 가격으로는 유지될 수 없습니다. 저희는 거래를 성사시키길 바라지만 생산비용 관계로 더 이상 가격을 낮출 수가 없습니다. 시간을 지체치 마시고 이 오퍼를 수락하시기 바랍니다.

(5) 오퍼와 수락

Dear Mr. Hudson:
Thank you for your Leaven cloth sample.

We are pleased to offer you, subject to our final confirmation, as follows:

1. Article : Our Sample No. 13865 as per Sample Statement No. 3194
2. Color : Commercial color
3. Quantity: 6,000 yards. Minimum per color 3,000 yards
4. Price : US $1.30 per L'yard CIF & 5%
5. Packing : 40 pieces packed in a wooden case
6. Shipment: January/February, 19XX
7. Patterns: At sellers' option

An assortment of Dyed Leaven Cloths is being sent to you in a separate cover by airmail. We are looking forward to your order soon.

Sincerely,

친애하는 Hudson씨
Leaven 옷감 샘플을 보내주셔서 감사합니다.

저희는 다음의 우리의 최종 확인에 따라 오퍼하게 된 것을 기쁘게 생각합니다.

1. 물품: 샘플 명세서 No. 3194 에 의거한 샘플 No.13865
2. 색상: 상업용 색상
3. 물량: 6,000 야드. 색상 당 최소 3,000 야드
4. 가격: 야드 당 cif & 5% 가격 1.30 USD
5. 포장: 40 피스 씩 나무상자에 포장
6. 선적: 19XX년, 1월/2월
7. 견본: 판매인의 선택에 따라

염색된 레븐 옷감 모음집을 개별 포장하여 항공우편으로 보냅니다. 곧 주문이 오기를 기다리겠습니다.

(6) 주문과 수락

Dear Mr. Grimm:
Thank you for your counter offer of June 15 on 100 Notebook Computers Model HC-11 at U.S.$3,120.00 per unit C.I.F. New York via Panama. Our price of U.S.$3,125.00 was carefully calculated and it is very difficult for us to allow even the smallest reduction. However, this being the first experience with you, we have decided to accept your offer at U.S.$3,120.00 per unit C.I.F. New York. We cabled you today to that effect. A copy of cable enclosed.

This is the best price we can quote at present and the high quality of our products cannot be maintained at lower prices. In fact, our revised price barely covers the cost of production, no margin of profit left for us. We will not be able to make any further reductions in price.

Our sales Note No. 416 is enclosed, which we trust you will find in order. We are making the necessary arrangements to ship the goods by S.S. Buckingham, due to depart London on or about September 12. We will notify you by phone when the shipment is dispatched. Thank you again for this initial order. Your order is receiving our best attention.

Sincerely,

친애하는 Grimm씨
귀하의 6월 15일 한 대 당 C.I.F. 파나마 경유 뉴욕 가격 3,120.00 달러의 노트북 컴퓨터 모델 HC-11 100대에 대한 재 오퍼에 감사드립니다. 저희가 책정한 3,125.00 달러의 가격은 신중히 계산된 것이며 저희로서는 아주 조금의 할인도 허용하기 어렵습니다. 그러나 이것이 귀하와의 첫번째 거래이기에, 저희는 대당 C.I.F.뉴욕 가격 3,120 달러로 귀하의 오퍼를 받아들이기로 결정하였습니다. 저희는 오늘 그 점에 관해 전보를 쳤습니다. 전보의 사본을 동봉합니다.

이것이 현재로서는 저희가 제시할 수 있는 최선의 가격이며, 더 낮은 가격에서는 제품의 높은 품질을 유지할 수 없습니다. 사실, 개정된 가격으로는 생산비용을 거의 감당하기 힘들고, 저희는 아무런 마진 이익도 없습니다. 저희는 더 이상 가격을 할인할 수 없습니다.

저희 판매 노트 No.416을 동봉합니다. 일이 제대로 되어가고 있음을 알 수 있으실 겁니다. 저희는 물건을 9월 12일 런던에서 떠나기로 되어있는 S.S. 버킹검으로 선적하기 위해 필요한 준비를 하고 있습니다. 물건이 떠나는 날 전화로 알려드리겠습니다. 이 첫 번? 주문에 다시 한 번 감사드립니다. 저희는 귀하의 주문에 최선의 관심을 기울이겠습니다.

(7) 오퍼와 수락 (최종오퍼에 대한 확인)

Dear Mr. Schleifer:
We received your December 18 cable order for 150 dozen Camcorders at$20,560.00 per dozen C.I.F. New York. We thank you for the order and have enclosed our Acknowledgment of Order. Regarding our execution of your order, we have taken the necessary procedures to get the export license from the authorities. As requested, shipment will be made at the earliest date possible.

According to the terms and conditions agreed upon, we look forward to your cabling us a Credit concerning this order. We express our sincere thanks for this initial order and hope it will be the first of many.

Sincerely,

친애하는 Schleifer씨
저희는 한 다스 당 c.i.f. 뉴욕 가격 20,560.00 달러인 150 다스의 캠코더에 대한 귀하의 12월 18일 전보 주문을 받았습니다. 귀하의 주문에 감사드리며 주문에 대한 저희 승인서를 동봉하였습니다. 귀하의 주문을 처리하는 것에 관련해, 저희는 당국으로부터 수출면허를 얻는데 필요한 절차를 밟았습니다. 요청하신 대로 가능한 빠른 시일 안에 운송해 드리겠습니다.

합의된 조건에 따라, 이번 주문에 관계된 보증서를 전송해 주시길 기다리겠습니다. 저희는 이 첫번째 주문에 감사드리며 앞으로도 계속 많은 거래가 있기를 바랍니다.

(8) 바이어의 오퍼

Dear Mr. Adams:

Thank you for your counter-offer of November 6, in which you request amore competitive price for our model DF-14. We would like to help youin this matter; however, we cannot offer any further reduction in prices because they have already been cut to the absolute minimum.

We recommend our model DF-25 as an excellent substitute for the goods you need. It is superior in quality and we can offer a special discount of 3% off list price for this purchase only. We await your decision.

Sincerely,

친애하는 Adams씨

저희 모델 DF-14에 대해 더 저렴한 가격을 요구하신 귀하의 11월 6일 재 오퍼에 감사드립니다. 저희는 이 문제에 있어 귀하를 돕고 싶습니다. 그러나 저희는 이미 가격을 최저 하한선으로 내린것이기 때문에 더 이상의 할인은 해드릴 수 없습니다.

저희는 필요로 하시는 상품을 훌륭히 대체할 수 있는 모델 DF-25를 추천합니다. 그것은 품질이월등하고, 이번 거래에 한해서 3% 특별 할인가를 적용해 드릴 수 있습니다. 귀하의 결정을 기다리겠습니다.

(9) 공급자가 대체 물품을 송부

Dear Mr. Small:
It is my pleasure to receive your letter of May 5 with your order for a number of items included in our quoted reference RL780.

All the items ordered are in stock except for the 30 cotton pillows in blue stripes. Stocks of these have been sold out since we quoted for them, and the manufacturers inform us that it will be another three weeks before the replacements can be delivered.

Due to the urgency of the matter stated, we have substituted covers in a deep orange, identical in design and quality with those ordered. They are attractive and rich-looking, and very popular with our other customers. We hope you find them satisfactory but, if not, please return them at our expense. We would be happy either to exchange them or to arrange credit on your account.

All items will be delivered by air mail tomorrow. We hope you are pleased with them.

Yours sincerely,

친애하는 Small씨
당사의 견적서 RL780에 나타난 물품들에 대한 귀사의 주문서와 관련하여 5월 5일자 전문을 잘 받았습니다.

파란색 줄무늬의 면 베개 30개를 제외한 주문하신 모든 물품들은 재고가 있습니다. 이 물건의 재고는 저희가 견적서를 제출한 이래 모두 팔렸고, 생산업체는 다른 물량이 공급될 때까지 3주가 걸린다고 말합니다.

상황이 급하다고 말씀하셨기에, 저희는 주문하신 것과 디자인과 품질이 같은 것으로 짙은 오렌지색 커버의 베개로 대체하였습니다. 그 상품은 매력적이고 고급스러우며 저희 다른 고객에게는 매우 인기가 있습니다. 제품에 만족하시길 바라지만, 만일 그렇지 않으시다면 비용은 저희가 부담하겠으니 되돌려 보내 주십시오. 물건을 교환하시든 귀하의 대변에 기입하도록 처리하든 저희는 기쁘겠습니다.

모든 물품들은 내일 항공우편으로 운송될 것입니다. 제품에 만족하시길 빌겠습니다.

(10) 신제품 제안

Dear Mr. Cook:

Thank you for your May 25 letter and your order for 1,000 pieces of cotton cloth. We appreciate your demand for this material and wish we could supply your order from stock as usual. We are the largest manufacturers of the goods. However, recent styles are changing, and the goods you require are now out of fashion. Like other manufacturers, we have so little demand for it we had to cease production of it.

We think, however, that you would like our new product, a sample of which we are sending you with this letter. It has all the quality of the old product and its appearance is much smarter. We offer it at the price of $20 per yard C.I.F. London and delivery within three weeks. We await your acceptance of the recommended goods.

Sincerely,

친애하는 Cook씨

귀하의 5월 25일 편지와 1000 피스의 면의류 주문에 감사드립니다. 저희는 본 제품에 대한 귀하의 요구에 감사하며 늘 그렇듯 재고에서 물건을 공급해 드리겠습니다. 저희는 이 재품의 가장 큰 생산업체입니다. 그러나 최근 스타일이 바뀌고 있고 귀하가 필요로 하시는 상품은 이제 유행이 지난 것입니다. 다른 생산업체와 마찬가지로 그 상품에 대한 수요가 거의 없기 때문에 생산을 중단해야만 합니다.

저희는 귀하가, 그 샘플을 이 편지와 함께 보내는 저희의 신제품을 마음에 들어 하실 것으로 생각합니다. 이 제품은 예전 제품과 질적인 면에서 똑같고 모양 또한 훨씬 세련됐습니다. 저희는 야드 당 c.i.f. 런던 가격 20달러와 3주안의 배달로 제품을 오퍼합니다. 추천한 제품의 거래를 수락하시길 기다리겠습니다.

(11) 특별한 조건을 거절하는 편지

Dear Mr. Blount:

We have carefully considered your letter of August 12.

As our firms have done business with each other for ten years, it is our pleasure to grant your request to lower the prices of our raincoat. However, our own overhead costs have risen sharply in the past 12 months, and to reduce prices by the 20% you mention would not be possible without considerably lowering our standards of quality. This is something we are not prepared to do.

Instead of a 20% reduction on raincoat, we suggest a reduction of 5%on all our products for orders of $500 or more. On orders of this size we could make such a reduction without lowering our standards.

We hope you will agree to our counter-suggestion and we look forward to receiving continued regular orders from you.

Yours Sincerely,

친애하는 Blount씨

저희는 귀하의 8월 12일 편지를 신중히 검토하였습니다.

우리들 회사가 서로 10년간 함께 일해 왔기 때문에, 저희는 기쁘게 귀하가 요청하신 대로 레인코트의 가격을 낮춰드릴 수 있습니다. 그러나 지난 12년간 저희의 경영비용이 치솟았고, 귀하가 말씀하신 20%의 가격 절감이 있으려면 상당 정도의 품질 저하를 감수해야만 합니다. 저희는 그렇게 할 수 없습니다.

레인코트의 20% 가격 절감 대신에, 저희는 500달러 또는 그 이상의 주문에 대해 저희의 모든 제품에 대한 5% 할인을 제안하는 바입니다. 이 정도 크기의 주문일 경우 저희는 품질의 표준을 낮추지 않고서도 가격을 할인할 수 있습니다.

저희는 귀하가 저희의 재 제안에 동의해 주시기를 희망하며 귀하의 지속적인 주문을 기대하겠습니다.

(12) 확정된 조건

Dear Mr. Jones:

We are pleased to confirm the agreement made at our meeting in New York. We look forward to successful business relations.

Before the final contract is drawn up, we would like to reconfirm the chief conditions of the agreement as follows:

1. We operate as Sole Agents for a period of four years from the date of agreement.
2. We receive a commission of 10% on all sales of your products in America.
3. We handle no other foreign goods of same line and competitive type.

We look forward to your confirmation of these conditions.

Sincerely,

친애하는 Jones씨

뉴욕 회의에서 이루어진 계약을 확정하게 된 것을 기쁘게 생각합니다. 성공적인 사업 관계를 기대하겠습니다.

최종 계약서를 작성하기 전에. 저희는 계약의 주요 조건들을 다음과 같이 재확인하고자 합니다.

1. 우리는 계약날짜로 부터 4년 동안 유일한 에이전트로 일한다.
2. 우리는 귀사의 미국에서의 총 판매액의 10%를 커미션으로 받는다.
3. 우리는 같은 계열이나 경쟁적인 종류의 어떠한 외국 상품도 취급하지 않는다.

이러한 조건에 대한 귀하의 확인을 기다리겠습니다.

5. 견본

(1) 카탈로그와 견본

Dear Mr. Weber:
Thank you for your inquiry of August 15. We sent a copy of our illustrated catalog along with some cloth samples. We think the colors will be satisfactory. The beauty and elegance of our designs, coupled with the outstanding workmanship, should appeal to buyers.

Our representative, Mr. Anderson, will be in London at the end of next week. He will be available to meet with you and discuss a full range of samples. He is authorized to discuss the terms of an order with you to negotiate a contract. It will be a pleasure for us to serve you.

Sincerely,

친애하는 Weber씨
귀하의 8월 15일 문의에 감사드립니다. 저희의 일러스트 카탈로그 한 부와 몇 개의 옷감 샘플을 보냈습니다. 저희는 칼라가 만족할 만 하다고 생각합니다. 두드러진 워크맨쉽과 어우러진 디자인의 아름다움과 우아함은 분명 바이어들에게 어필할 것입니다.

저희의 대표 Anderson씨는 다음 주말에 런던에 가십니다. 그가 귀하와 만나서 샘플들 전반에 대해 논의 할 수 있을 것입니다. 그는 계약을 협의하기 위해 주문의 조건을 논의할 권한을 위임받았습니다. 귀하를 위해 일하는 것은 저희의 기쁨이 될 것입니다.

(2) 제품 견본

Dear Mr. Andrew:
We have enclosing our quotation on Printed Cretonne (sample sent separately), and trust the high quality of our product will convince you to place a trial order.

The prices quoted are exceptionally low. Since these prices are likely to rise soon, we recommend you place your order as early as possible.

Sincerely,

친애하는 Andrew씨
프린트된 크레톤의 견적서를 동봉하며(샘플은 따로 보냅니다), 저희 제품의 높은 품질이 귀하가 시험적으로 주문해 보실 확신을 드릴 것이라고 믿습니다.

공시된 가격은 예외적으로 낮습니다. 이 가격이 곧 오를 것으로 보이기에, 저희는 귀하께 가능한 한 빨리 주문하시기를 조언하는 바입니다.

(3) 견본수량

Dear Mr. Cook:
Thank you for your August 10 offer on your product SP-10. Enclosed is our official order for 5,000 units with anticipation of prompt delivery from stock. As indicated in our first inquiry, the quality must be equal to the sample you sent, and the weight and color identical to that of the sample. Our order is placed based on this condition.

Sincerely,

친애하는 Cook씨
귀사 제품 SP-10에 대한 귀하의 8월 10일 오퍼에 감사드립니다. 동봉한 것은 5,000 단위에 대한저희의 공식적 주문서이며, 재고에서 신속히 배달해 주셔야 합니다. 저희가 첫 번 문의에서 지적했듯이, 품질은 보내주신 샘플과 동일해야 하며, 무게와 색상 또한 같아야 합니다. 저희는 이러한 조건하에 주문합니다.

(4) 광고, 카탈로그, 정가표 발송

Dear Mr. Robert:
Enclosed is a copy of our latest catalogue and price list.

I would like to draw your attention in particular to our new range of stuffed toys specially produced for small children.

We can offer you a special discount of 15% on all orders over $300.

We hope you are pleased with our catalog and look forward to receiving your first order.

Yours sincerely,

친애하는 Robert씨
동봉한 것은 저희의 가장 최근 카탈로그와 정가표의 사본입니다.

저는 귀하께서 특히 어린아이들을 겨냥하고 제작된 솜인형 신제품들에 관심을 가져주시길 바랍니다.

300달러 이상의 모든 주문에 대해서는 특별 할인율 15%를 제공해드릴 수 있습니다.

귀하께서 저희의 카탈로그에 만족하시길 빌며 귀하의 첫 주문을 기다리겠습니다.

(5) 요청에 대한 회신

Dear Mr. Kilner:
Thank you for your January 23 inquiry. We are pleased to enclose a copy of our most recent catalog and a pamphlet containing details of our special trade discounts. All items are covered by our standard five-year warranty.

We look forward to hearing from you.

Sincerely,

친애하는 Kilner씨
귀하의 1월 23일 문의에 감사드립니다. 저희는 기꺼이 가장 최근의 카탈로그와 특별 거래 디스카운트의 세부 항목을 기재한 팜플렛을 보내드립니다. 모든 품목은 저희의 표준 5년 기한의 보증을 받습니다.

소식 기다리겠습니다.

(6) 세부사항이 기재된 소책자 송부

Dear Mr. Rector:
Thank you for your letter of the 10th June 1994.

I am pleased to be able to send you our brochure with details of all our holidays.

I look forward to hearing from you.

Yours sincerely,

친애하는 Rector씨
귀하의 1994년 6월 10일 편지에 감사드립니다.

저는 기꺼이 저희의 모든 휴일에 관한 세부사항이 기재된 소책자를 보내드립니다.

귀하의 소식을 기다리겠습니다.

6. 가격

(1) 가격문의에 대한 회신

Dear Mr. Roberts:
Thank you for your counter offer of August 30 for CD Player Model MX20.We are pleased to confirm the following cable we have just dispatched.

YOUR LTR DTD THIRTIETH - ACCEPTED KOEX

Your counter offer, unfortunately, leaves us with no profit margin. Your counter offer is too low to venture you further offers. Under the circumstances, we have decided to accept your order at your limit solely because this is our first experience with you. We would like this to be the first of many future orders from you.

For your information, due to a brisk demand for this line, the market here shows signs of strength. You can see it from our attached Monthly Report. With this in mind, pass us your early reorders at the earliest opportunity.

Sincerely,

친애하는 Robert씨
CD 플레이어 모델 MX 20에 대한 8월 30일 귀하의 카운터 오퍼에 감사드립니다. 저희는 방금 전송한 아래의 전보를 확인시켜 드리는 바입니다.

귀하의 LTR DTD 30번 - 코엑스 받음

불행히도 귀하의 재 오퍼에 따르자면 저희는 전혀 이윤이 남지 않습니다. 귀하의 재 오퍼는 너무 낮아서 더 이상 귀하에게 오퍼 할 수 없습니다. 이러한 상황하에서 저희는 오로지 이번이 귀하와의 첫 거래이기 때문에, 귀하의 이번 오더를 제안하신 선에서 받아들이기로 결정하였습니다. 저희는 이번이 앞으로 귀하로부터 들어올 많은 주문의 시작이 되길 바랍니다.

이 제품의 활발한 수요로 인해 이곳의 시장은 강세를 보이고 있다는 것을 알려드립니다. 저희가함께 보내는 월말 보고에서 그것을 알 수 있으실 겁니다. 이를 염두에 두시고, 가장 빠른 기회에 조속히 재주문해 주시기 바랍니다.

(2) 가격 및 조건 거절

Dear Mr. Walter:
We were delighted to receive your order No. TE-810 for fifty boxes of clothing containers. However, we regret we are unable to accept your order at the price requested. We offered you our lowest prices. Since that time, prices have risen this winter and our profit margin does not allow us concession.

We will execute your order if you accept the price of $28 per box C.I.F. New York.

Sincerely,

친애하는 Walter씨
의류 상자 50 박스에 대한 귀하의 오더 No. TE-810을 받게 되어 기쁩니다. 그러나 저희는 유감스럽게도 제안하신 가격에서는 귀하의 주문을 받을 수 없습니다. 저희는 가장 낮은 가격을 제안한 것입니다. 그 동안, 이번 겨울에 가격이 상승하여 그 선에서 양보해 드린다면 저희는 이윤이 남지 않습니다.

C.I.F. 뉴욕 가격 $28을 받아들이신다면 귀하의 오더를 받아들이겠습니다.

(3) 가격과 물량 할인 확인

Dear Mrs. Brown:
This is to confirm our discussion on May 5 about special discounts on Max-Screen acoustical partitions as described on pages 22-26 of our catalog. These prices remain in effect through May 30.

Partition Regular Price Special Price Each Dimensions Each (10 or More)

5' x 5' Straight $150.00 $130.00
5' x 6' Straight $160.00 $140.00
6' x 6' Straight $180.00 $160.00
6' x 6' Curved $220.00 $200.00

The prices indicated apply to all four colors available in mod-acrylic fabric: silver, green, pink, and gold. All frames (clear, anodized aluminum) and hardware (end legs and top caps to match frames) are provided at no extra cost.

We can guarantee shipment by May 15 (shipping charges are F.O.B. London).

If you would like to place an order, please address it to my attention, I will ensure it gets special handling.

Sincerely,

친애하는 Brown씨
이것은 저희 카탈로그 22-26 페이지에 나와 있는 대로 맥스 스크린의 음향 부분에 대한특별 할인에 대해 우리가 논의한 것을 확인하는 것입니다. 이 가격은 5월 30일까지 적용됩니다.

부분면적 각각의 정상 가격 각각의 특별 가격(10 또는 그 이상)

5' x 5' 평면 $150.00 $130.00
5' x 5' 평면 $160.00 $140.00
6' x 6' 평면 $180.00 $160.00
6' x 6' 곡면 $220.00 $200.00

명시된 가격은 제공할 수 있는 모드-아크릴 칼라의 4가지 색상-실버, 그린, 핑크, 골드- 모두에 적용됩니다. 모든 프레임(선명한 아노다이즈드 알루미늄)과 하드웨어(프레임을 맞추는 다리와 윗부분)는 무료로 제공됩니다.

5월 15일 까지 운송해 드릴 것을 약속 할 수 있습니다.(운송비는 F.O.B.런던입니다)
주문하고자 하신다면, 제게 알려 주십시오. 특별히 모시겠습니다.

(4) 종전 가격 주문 요청

Dear Mr. Weber:
Thank you for your inquiry of November 10 regarding our business machines. Enclosed are price-lists and a current catalog of our products, which can be supplied at once. Though prices have steadily increased since March, we have managed to keep our quotations down. We hope to receive your order before further cost increases make price increases unavoidable.

Sincerely,

친애하는 Weber씨
저희 사무 기계에 관한 귀하의 11월 10일 문의에 감사드립니다. 동봉한 것은 정가표와 즉시 공급해 드릴 수 있는 제품의 최근 카탈로그입니다. 3월 이래 비용이 꾸준히 상승하고 있습니다만, 저희는 어렵사리 견적을 낮추었습니다. 비용이 더 올라 가격 인상이 불가피하게 되기 전에 귀하의 주문을 받게 되길 기대하겠습니다.

(5) 받아들여진 주문

Dear Mr. Ley:
We have carefully considered the proposals you made in your letter dated May 15. It would give us great pleasure to supply you with the red pepper you wish to order. You have noticed the taste is probably unique among the sauces usually sold in your country. No doubt your customers will notice the unique taste as well and will want to place repeat orders.

We would like to offer you a special discount of 5% for the quantity of 500 Kg and the terms of a draft at 29 d/s on D/A. You should enjoy good sales at these large concessions. We are looking forward to doing business with you.

Sincerely,

친애하는 Ley씨
귀하가 5월 15일 편지에 제시하신 제안을 신중히 고려해 보았습니다. 귀하가 주문하고자 하시는 레드 페퍼를 공급해드리는 것을 저희는 기쁘게 생각합니다. 아마 귀하는 저희 제품의 맛이 보통 그 나라에서 파는 소스와는 다르다는 것을 아셨을 겁니다. 의심할 바 없이 귀하의 고객도 그 독특한 맛을 알게 될 것이고 지속적으로 주문할 것입니다.

저희는 500Kg의 물량에 특별 할인율 5%를 제공해 드릴 것이고, 계약 조건은 인수도 29일 환어음조건입니다. 귀하는 이 커다란 이권에서 높은 판매고를 올리실 겁니다. 귀하와 거래하게 되기를 고대하겠습니다.

(6) 저가에 받은 수출 허가

Dear Mr. Howard:
Thank you for your June 9 letter.

We quoted a unit price in our letter No. W-11 of April 11 and we have since succeeded in obtaining export license at 18.5c per yard, and will invoice your order accordingly.

We will ship 18,220 yards by M/S Mercury, scheduled to depart from Quebec on June 22. We will draw $3,670.50 against the L/C, leaving a balance of $112.50.

Sincerely,

친애하는 Howard씨
귀하의 6월 9일 편지에 감사드립니다.

저희는 4월 11일 편지 No. W-11 에서 단위 가격을 제시했고, 그 동안에 야드 당 18.5c로 수출 허가를 얻는 데 성공했습니다. 그에 따라 귀하의 주문의 송장을 만들고자 합니다.

저희는 퀘벡에서 6월 22일 떠나기로 되어 있는 M/S 머큐리 호로 18,220 야드를 선적할 것입니다. 저희는 신용장에 대하여 $112.50의 차액이 남는 $3,670.50의 어음을 발행할 것입니다.

(7) 가격조절에 대한 거절

Dear Mr. Richard:
We received your order today, and thank you for your cooperation and assistance. However, before sending our official confirmation, please be advised your request for a 6% discount is not acceptable. As we stated in our letter of July 23, we cannot offer a discount exceeding3%. Our calculation is so fine and our profit margin is so small, it is impossible for us to make any further concession.

We hope you agree to the 3% discount originally offered. Please confirm this as soon as possible for prompt shipment. Your order will receive our immediate attention.

Sincerely,

친애하는 Richard씨
저희는 오늘 귀하의 주문을 받았으며, 귀하의 협조와 도움에 감사드립니다. 그러나 공식적인 확인서를 보내기 전에, 귀하가 제시하신 6%의 디스카운트는 받아들일 수 없음을 알려드립니다. 저희가 7월 23일 편지에서 말씀드렸듯이, 3%를 초과하는 디스카운트는 제공해드릴 수 없습니다. 저희는 적정선에서 계산한 것이고 남는 이윤이 너무 작기 때문에 더 이상 양보해드리기는 불가능합니다.

원래 저희가 오퍼한 대로 3%의 디스카운트에 동의해 주시길 바랍니다. 신속한 운송을 위해 이것을 가능한 한 빨리 확인해 주시기 바랍니다. 주문하시면 즉각적으로 처리하겠습니다.

(8) 가격표

BROMLEY EXPORTING CO., LTD.
KEISINGTON GORE CABLE ADDRESS: BROMEX LONDON LONDON SX7 XEU, UK TELEX: 1X223PHONE: 6X9-7213Date: August 10, 201X

To: Schultz Importing Co., Inc.4X7 N. Wabash St. Chicago, Illinois 62XX6

PRICE LIST NO. 39

Catalog Description One Case Price Item No. Contains per unit

Movie Camera C.I.F. Chicago

C 1500 A type 16MN One Doz. $1,500.00C 1501 B type 16MM $1,610.00

CD Player C 2501 A type One Doz. $2,100.00C 2502 B type $2,110.00

All prices are subject to market fluctuations and our final confirmation.

BROMLEY EXPORTING CO., LTD.

(Signed)

Ronald Halen Export Manager

브롬리 수출 회사
영국 런던 전보: 브로멕스 런던 켄싱턴 고어 SX7 XEU 텔렉스: 1X223전화 : 6X9-7213날짜: 19XX, 8. 10

To: 슐츠 수입 회사 일리노이주 시카고 와바시 가 북 4X7 번지 62XX6

정가표 No. 39

카탈로그 내역 포장 단위 단위당 아이템 No. 가격

무비 카메라 C.I.F. 시카고

C 1500 A type 16MN 1 다스 $1,500.00C 1501 B type 16MN $ 1,610.00

CD 플레이어C 2501 A type 1 다스 $2,100.00C 2502 B type $2,110.00

모든 가격은 시장 변동과 우리의 최종 확인에 따릅니다.

브롬리 수출회사(사인)

수출부장 Ronald Halen

(9) 가격 인하된 상품

Dear Mr. Jones:
Improved production methods allow us to offer our earrings at prices considerably lower than last year's. Please notice on the attached price-list there are reductions of up to 13%. In addition to last year's styles, we have introduced three new styles. We think you will especially enjoy the Pearl earrings with contrasting brushed silver and gold finish. This style won special acclaim at a recent display at the World Accessory Fair in Quebec.

We are confident you will want to take advantage of our low prices to replenish your stocks in time for Christmas. We look forward to receiving your order in the near future. We sent our latest catalog under separate cover.

Sincerely,

친애하는 Jones씨
개선된 생산 방식으로 인해 저희 귀걸이를 지난 해 보다 대폭 낮은 가격에 제공할 수 있게 되었습니다. 동봉한 정가표를 보십시오. 13%에 달하는 인하입니다. 지난해의 스타일과 더불어, 저희는 세 가지의 새로운 스타일을 내놓았습니다. 귀하께서는 특히 금과 은으로 칠하여 마무리로 돋보이게 한 진주 귀걸이를 좋아하실 듯합니다. 이 스타일은 최근 퀘벡에서 있었던 세계 액세서리박람회에 전시되어 좋은 평가를 받았습니다.

귀하께서 크리스마스 시즌을 앞두고 물건을 사 들이시는데 저희의 저가 상품을 이용하길 바라시리라 믿습니다. 가까운 장래 귀하의 주문을 받을 수 있기를 기대합니다. 저희 최근의 카탈로그 몇 권을 보내드립니다.

(10) 가격 인상으로 인한 거절

Dear Mr. Jones:
Thank you for your order No. 264. However, we are unable to process the order at the prices we quoted three months ago. Wages and materials have gone up considerably, in addition to an increase of taxes. We had to adjust our prices to cover these increases. The lowest prices we can quote are as follows:

Model HA-168 $258Model HB-268 $298Model HC-368 $328

We should also mention that we will have to increase those prices substantially again when our old stock is exhausted. Please advise us if you would still like to book your order. We can guarantee shipment during August, as requested.

Sincerely,

친애하는 Jones씨
귀하의 오더 NO.264에 감사드립니다. 그러나 귀하가 3개월 전에 제시하신 가격에는 주문을 받을 수 없습니다. 세금의 인상과 함께 임금과 재료비용이 상당한 정도로 상승하였습니다. 이러한 상승분을 상쇄하기 위해 저희의 가격을 적용할 수밖에 없습니다. 저희가 제시할 수 있는 최하한선의 가격은 다음과 같습니다.

모델 HA-168 $258모델 HB-268 $298모델 HC-368 $328

또한 이전 재고가 바닥나는 대로 또 다시 대폭으로 가격을 인상할 수밖에 없음을 알려 드려야만하겠습니다. 귀하가 여전히 주문을 하고자 하신다면 저희에게 알려 주십시오. 저희는 요청하신대로 8월내에 운송해 드릴 것을 보장할 수 있습니다.

(11) 수락

Dear Mr. Jackson:
We acknowledge your letter of August 5, indicating your willingness to open an account with us. As requested, we sent you our complete catalog and have enclosed our price-list with our lowest possible prices. Please observe our special terms and conditions as a prelude to working with us. If there are no objections to any of the terms, you are requested to sign it and return the duplicate to us. Please keep the original.

We look forward to doing business with you.

Sincerely,

친애하는 Jackson씨
저희와 거래를 트고자 하시는 귀하의 8월 5일 편지를 받았습니다. 요청하신 대로 저희의 모든 카탈로그를 보내드리며 가능한 가장 낮은 가격이 기재된 정가표를 동봉하였습니다. 저희와의 첫 거래의 개시로서 예외적인 계약 조건들을 잘 보아주시기 바랍니다. 그 조건들에 대해 어떤 반대가 없으시다면, 계약에 사인해 주시고 부본을 저희에게 보내주십시오. 정본은 가지고 계시기 바랍니다.

귀하와의 거래를 기대하겠습니다.

7. 견적

(1) 견적서 요청에 대한 회신

Dear Mr. Kim:
Thank you for your fax of August 12, 19XX. We are sending the following product today per your instructions.

3 Omega's Computer User's Dictionary for Dos.3 Omega's Computer User's Dictionary for Windows.

These products list for $42.95 USD ea. Your cost is as follows:

6 x $42.95 = $257.70 x 60% = $154.62 USD Total Due

Shipment will be through DHL Express account number 2744-1504-0.

They also wanted English Tutor according to our information. Are you providing this to them also?

I hope you are successful in adding a distributor to your efforts.

Best Regards,

친애하는 Kim씨
귀하의 19XX년 8월12일 팩스에 감사드립니다. 오늘 귀하의 지시에 따라 다음의 제품을 보내드립니다.

도스용 오메가 컴퓨터 유저스 사전 3위도우즈용 오메가 컴퓨터 유저스 사전 3

이 제 품의 정가는 각각 $42. 95 USD입니다. 귀하에게 제시하는 가격은 다음과 같습니다.

6 x $42.95 = $257.70 x 60% = 총 $154.. 62

DHL 익스프레스 계정 2744-1504-0으로 운송해 드리겠습니다.

그들은 저희가 준 정보에 따라 잉글리쉬 튜터도 원합니다. 이것도 그들에게 공급하실 겁니까?

배급자로서 성공적이시길 빕니다.

(2) 문의

Dear Mr. Rollins:
We recently saw an advertisement of yours for hooks. Please send usa quotation immediately.

친애하는 Rollins씨
저희는 최근 귀하의 훅 광고를 보았습니다. 즉시 견적서를 보내주십시오.

(3) 견적

Dear Mr. Wayne:
In response to your May 15 letter, we have enclosed a detailed quotation for Plastic Baths. Our catalogs also show a rich variety of baths. Most types can be supplied from stock within two weeks. Building constructors in Korea and China have found our product to be very attractive and easy to install.

We allow a 4% discount on all orders over $1,800 and we will quickly process all orders received.

Sincerely,

친애하는 Wayne씨
귀하의 5월 15일 편지에 답하여 플라스틱 욕조에 대한 상세한 견적서를 동봉하였습니다. 저희 카탈로그에는 많은 다양한 욕조들이 나와 있습니다. 대부분의 모델은 재고에서 2주안에 공급해 드릴 수 있습니다. 한국과 중국의 건축업자들은 저희 제품을 매우 보기 좋고 시공이 쉬운 것으로 생각합니다.

저희는 $1,800 이상의 모든 주문에 대해 4%의 할인을 해드리며, 주문을 받는 즉시 일을 처리해드립니다.

(4) 해상보험 견적서

Dear Mr. Barreda:
Thank you for your letter of June 19 inquiring about coverage for a shipment of computers from Liverpool to Gisborne.

I gather from the details in your letter that the net amount of the invoice is $25,000 and payment is by letter of credit. Based on this I suggest a valued policy against all risks for which we can quote 5%.

We will issue a cover note as soon as you complete and return the enclosed declaration form.

Yours sincerely,

친애하는 Barreda씨
리버풀에서 기스본까지 컴퓨터의 운송에 대한 보험 보상금에 대해 문의하신 귀하의 6월 19일 편지에 감사드립니다.

귀하의 편지에서 송장의 순 금액이 $25,000이며 지불은 신용장으로 한다는 세부 사항을 읽었습니다. 이과 같은 조건으로 하고 5%에 해당하는 all risks 보험증권 조건의 적하보험을 부보함을 제안합니다.

귀하께서 동봉한 신고서 양식을 작성하여 보내주시는 대로 보험의 가계약서를 발행하겠습니다.

(5) 견적서

Dear Mrs. Blumhardt:
We thank you for your inquiry of October 20 and are pleased to enclose our quotation on leather wallets and purses. All items can be delivered from stock.

These items are made from best quality leather and can be supplied in a selection of designs and colors wide enough to meet the requirements of a fashionable trade such as yours.

We look forward to receiving your order, and meanwhile enclosed is a copy of our catalog in which you will find details of our other products. These include leather handbags and gloves, described and illustrated on pages 15-23. The catalog provides all essential facts about our goods, but if you have any questions please do not hesitate to contact us.

Yours sincerely,

친애하는 Blumhardt씨
귀하의 10월 20일 문의에 감사드리며 가죽 지갑에 대한 견적서를 동봉합니다. 모든 물품은 재고에서 보내드릴 수 있습니다.

이 물품들은 최상급 가죽으로 만든 것이며, 귀하와 같은 패션감각이 있는 고객의 요구에 부응할 만큼 다양한 디자인과 색상의 셀렉션으로 공급됩니다.

귀하의 주문을 받게 되길 기다리겠으며, 동봉한 것은 저희 다른 제품에 관한 디테일을 알 수 있는 카탈로그 한 부입니다. 15-23 페이지에는 가죽 핸드백과 장갑에 대해서도 그림과 설명이 나와 있습니다. 그 카탈로그에는 저희 상품에 대한 가장 중요한 사항들이 모두 나와 있습니다만 다른 질문이 있으시다면 주저하지 마시고 연락 주십시오.

(6) 항공운송의 견적서 요청

Dear Mr. Barket:
We would like to send ten boxes of assorted glassware from Denver to Richmond, USA, to be delivered within the next two weeks.

Each box weights 50 kilos and measures 1.0 cubic meters. Please quote charges for shipment and insurance.

Yours faithfully,

친애하는 Barket씨
저희는 덴버에서 미국 리치몬드까지 여러 종류의 유리제품 열 상자를 보내드리고자 하며, 다음 2주안에 도착할 것입니다.

각각의 상자는 50 킬로, 1평방미터입니다. 운송료와 보험료의 견적을 내 주십시오.

(7) 공급자가 더 나은 조건의 요구를 수락

Dear Mr. Bobber:
I regret to learn from your letter of June 10 that you find our prices too high. We do our best to keep prices as low as possible without sacrificing quality, and to this end are constantly developing new methods of manufacture.

Considering the quality of the goods offered, we do not feel that the prices quoted are at all excessive. However, bearing in mind the special character of your trade, we offer you a special discount of 5%on a first order for $500. This discount is made because we would like to do business with you, however please note that this is the best we can do to help you.

I hope this revised offer leads you to place an order.

Yours sincerely,

친애하는 Bobber씨
6월 10 편지에서 귀하가 저희 가격을 너무 비싸다고 생각하시는 것에 대해 알게 되어 유감입니다. 저희는 품질을 저하시키지 않고 가능한 낮은 가격을 유지하는 데 최선을 다 하며, 이러한 목적에서 새로운 생산 방식을 끊임없이 개발하고 있습니다.
제공하는 상품의 품질을 고려할 때, 저희는 제시된 가격이 전혀 지나치지 않다고 생각합니다. 그러나 귀하와의 거래의 특별한 성격을 염두에 두고, 저희는 $500의 첫 주문에 예외적인 5%의 디스카운트를 제안합니다. 저희는 귀하와의 거래를 원하기에 이번 할인을 해드리는 것입니다. 그러나 이것이 저희가 귀하를 돕기 위해 할 수 있는 최선의 것임을 알아주십시오.
이렇게 오퍼를 재조정함으로써 귀하께서 주문을 해 주시길 희망합니다.

(8) 견적서 요청 답신 1

Dear Mr. Pulis:
CONWAY SPOT (YELLOW) GILT RIMS

Thank you for your inquiry of October 24 for a further supply of our china. We are pleased to quote as follows:

Teacups $45.65 per hundred Tea Saucers $45.65 per hundred Tea Plates $45.65 per hundred Teapots, 0.5-liter $45.65 per hundred

These prices include packing and delivery, but crates are separately charged, with a discount upon there return in good condition.

Your order can be delivered directly from stock. You also receive a discount of 10%, but only on items ordered in quantities of 150 or more. In addition, there would be a cash discount of 5% on the total payment within two months from date of invoice.

We hope you find these terms satisfactory and look forward to the pleasure of receiving your order.

Yours sincerely,

친애하는 Pulis씨
콘웨이 스포트 (노란) 금박 테두리

저희 도자기의 재주문에 대해 문의하신 10월 24일 편지에 감사드립니다. 저희는 다음과 같이 견적을 냈습니다.

찻잔 100 피스 $45.65받침접시 100 피스 $45.65차 접시 100 피스 $45.65차주전자, 05 리터 100 피스$45.65

이 가격은 포장과 배달을 포함하지만, 크레이트는 따로 계산되며 좋은 상태로 반송하실 경우 디스카운트됩니다.

귀하의 주문은 재고에서 바로 배달해 드릴 수 있습니다. 귀하는 10%의 디스카운트를 받으시지만,150 혹은 그 이상의 물량을 주문하신 물품에 한합니다. 또한, 송장 발부일로부터 2달 안에 총액을 지불하실 경우 5%의 현찰 디스카운트를 받으실 수 있습니다.

이러한 조건을 만족스럽게 여기시기 바라며, 귀하의 주문을 받는 기쁨을 기대하겠습니다.

(9) 견적서 요청 답신 2

Dear Mr. Blowers:

Thank you for your inquiry of September 10. As requested, enclosed are samples of different qualities of paper suitable for poster work.

We are pleased to quote as follows:

DX-1 quality printing paper purple $1.10 per kg DX-2 quality printing paper purple $1.05 per kg DX-3 quality printing paper purple $1.00 per kg.
These prices include a delivery charge at your works. All these papers are of good quality and quite suitable for poster work and will not discolor when pasted.

Your order can be delivered within two weeks from receiving your order. We hope you will find both samples and prices satisfactory.

Yours sincerely,

친애하는 Blower씨
귀하의 9월 10일 문의에 감사드립니다. 요청하신 대로 동봉한 것은 포스터 작업에 적합한 다양한품질의 종이의 견본입니다.
다음과 같이 견적을 냈습니다.
DX-1 품질 프린트 용지 보라색 Kg당 $1.10DX-2 품질 프린트 용지 보라색 Kg 당 $1.05DX-3 품질 프린트 용지 보라색 Kg 당 $ 1.00
이 가격은 귀하의 직장으로의 우송료를 포함합니다. 이 종이들은 모두 좋은 품질의 것이며 포스터 작업에 매우 적합하고 풀칠했을 때 색이 변하지 않습니다.
주문하시면 주문 받는 날로부터 2주안에 배달해 드립니다. 샘플과 가격 모두에 만족하시길 바랍니다.

8. 계약

(1) 선적과 대금결제

Dear Mr. Shaw:
In reference to your letter of November 15, we send you our check on The Union Bank, Ltd., New York, for the amount of $800,000 in payment of your Account No. 31901 dated November 15. Please acknowledge receipt by return mail.

Sincerely,

친애하는 Shaw씨
귀하의 11월 15일 편지와 관련하여, 뉴욕 유니온 뱅크에서 발행한 액면가 $800,000 수표를11월 15일 날짜로 귀하의 계좌 No. 31901로 송금을 합니다. 반환신으로 수령을 통지해 주십시오.

(2) 선적과 계산

Dear Mr. Jones:
The following products were shipped by S.S. Pacific, which departed from Sydney, as per duplicate of our Commercial Invoice No. 314enclosed: 200 units Pentium Computers Model A-11

Regarding the amount of the invoice, we have drawn on you a draft at120 d/s, with documents attached, through The Manhattan Bank, Ltd.,New York and ask your protection of our draft on presentation. Three non-negotiable copies of the Bill of Lading and four copies of the Commercial Invoice are enclosed. We trust the products will reach you in good condition and give you complete satisfaction.

Sincerely,

친애하는 Jones씨
동봉한 저희 상업 송장 No.314 사본에 따라, 다음의 제품이 시드니에서 출발하기로 되어있는 S.S. Pacific으로 선적됩니다: 펜티엄 컴퓨터 모델 A-11 200대

송장의 액수에 대하여, 저희는 첨부된 서류와 함께 120 d/s로 뉴욕 맨해튼 은행에서 어음을 발행하였습니다. 증여된 어음을 잘 간수해 주시길 바랍니다. 양도 불가능한 선하증권의 사본 3부와상업 송장의 사본 4부를 동봉합니다. 저희는 제품이 온전하게 귀하에게 도착할 것이고 완전한 만족을 드릴 것임을 확신합니다.

(3) 계약 신청

Dear Mr. King:

In confirmation of our telephone inquiry yesterday, we have enclosed an application for a forward exchange contract, which you agreed to enter into at the buying rate of $500 for a sight draft on London during October.

For your information, this application is for Sales Note No. 8835,which has been covered by Irrevocable L/C No. 120 issued by the Orient Bank, Los Angeles, in our favor for U.S.$27,100 with an expiration date of November 15.

Please give your contract note plus one copy of our application to the bearer of this letter.

Sincerely,

친애하는 King씨

어제 저희가 전화로 문의한 것을 확인하면서, 귀하께서 10월내에 런던에서의 일람출급어음으로$500 어치의 구매로써 시작하기로 동의하신 선물 계약 신청서를 동봉합니다.

참고로, 본(신용장 개설)신청서는 계약서 번호 8835에 근거한 것으로 유효기간은 11월 15일로 금액은 $27,100이며 개설은행은 로스 엔젤레스 소재 오리엔트 은행, 수익자를 당사로 한 취소불능신용장 No. 120을 포괄하고 있습니다.

이 편지를 가지고 가는 사람에게 저희 신청서의 사본 한 부와 귀하의 계약 노트를 주기 바랍니다.

(4) 판매계약의 마무리 신용장개설

Dear Mr. Grossman:
We are pleased to inform you that the first lot of 100 Air-Cleaners Model 123 on your Order No. 368 are ready for shipment. Since the shipping date you requested is nearing, we would appreciate your immediately opening a L/C by cable. We will ship as soon as the relative L/C is received.

Please give this matter your prompt and careful attention.

Sincerely,

친애하는 Grossman씨
에어클리너 모델 123의 첫 번째 물량 100대가 귀하의 주문 No. 368에 의하여 선적될 준비가 끝났음을 알려드립니다. 귀하가 요구하신 선적 날짜가 다가오기에, 전보로 즉시 신용장을 발부해 주시면 감사드리겠습니다. 관계된 신용장이 도착하는 대로 물건을 선적하겠습니다.

이 문제를 신속하고 신중히 처리해 주시기 바랍니다.

(5) 간단한 주문 서류

Dear Mr. Kim:
Thank you for your fax of July 9, 20XX. Please accept this fax as your firm offer sheet. We will sell you the following units of Crystal product at the following discounts.

Crystal Product

Order Date # of Units Discount Total $ USD

July 20XX 100 35% $ 650.00
September 20XX 200 35% 1,300.00
November 20XX 300 30% 2,100.00

Total $4,050.00 USD

All shipping will be charged to Crown Trading Company DHL Express Account Number: 1894-2490-0.

Any additional taxes, tariffs or duties will be Crown's responsibility.

Instructions for Sending Bank Wire Transfer

The best way to send payments is by check drawn on a USA bank sent directly to us at the address above!

If you band wire transfer directly to our account, delays in shipping may occur due to bank processing time. You are responsible for all charges of payments made in this fashion. Please include all bank charges.

Please remit payments as follows to:

FIRST NATIONAL BANK OF XXXXXX U.S.A.
SWIFT CODE: FNBC UK88 TELEX #: 288203
ANSWER BACK FNBC UK FOR CREDIT TO THE ACCOUNT OF CRYSTAL INCORPORATED #: 87-66-364ABA 067000021

FIRST NATIONAL BANK OF XXXXXXTEL:(3X2) XXX-XXXX

If you choose to wire the money please send me notification by fax from your bank of the wire transfer. Delays will occur until the money is received by us.

We look forward to receiving the first order and working with you in the future.

Best Regards,

친애하는 Kim씨
귀하의 20XX년 7월9일 팩스에 감사드립니다. 이 팩스를 귀하의 주문 서류로 받아주십시오.
저희는 아래 단위의 크리스탈 제품을 다음과 같은 할인가에 팔 것입니다.

크리스탈 제품

주문 날짜 # 단위 디스카운트 총액 $USD

20XX. 7. 100 35% $ 650.00
20XX. 9. 200 35% $1,300.00
20XX. 11 300 30% $2,100.00

총액 $4,050.00 USD

모든 운송비용은 크라운 무역 회사 DHL 익스프레스에 청구됨
계좌 번호: 1894-2490-0

모든 추가적인 세금, 관세 혹은 소비세는 크라운사가 부담합니다.

은행 전신환 송금 대해 알림

가장 빠른 지불 방법은 USA 은행에서 어음을 발행하시고 위의 주소로 직접 보내시는 겁니다!

은행 행망 이체를 통해 직접 저희 계좌로 보내시면, 은행의 처리 시간으로 인해 선적이 늦질 수 있습니다. 이러한 방식으로 인해 발생하는 모든 비용은 귀하께 책임이 있습니다. 모든 은행 처리비용을 부담해 주십시오.

아래로 지불금액을 송금해 주십시오.

FIRST NATIONAL BANK OF XXXXX USA
SWIFT CODE: FNBC UK88TELEX #; 188203
ANSWERBACK FNCUK 크리스탈 사의 계좌에 입금하시려면 #: 87-66-364 ABA 067000021

FIRST NATIONAL BANK OF XXXXX전화: (3X2) XXX-XXXX

돈을 행망 이체를 통해 보내시려면, 거래하시는 은행의 통지서를 팩스로 보내주십시오. 돈이 도착할 때까지는 선적이 지연될 것입니다.

귀하의 첫 주문을 기다리겠으며 이후의 거래를 기대하겠습니다.

(6) 계약서 송부

Dear Eileen:
Enclosed are the original and two copies of the revised leasing agreement.

I believe the new agreement encompasses all the changes we discussed last week. If it meets with your approval, please sign one copy and the original and return them in the envelope provided.

We look forward to providing the services described in the contract, and to a very cordial relationship between our two organizations.

Sincerely,

친애하는 Eileen
동봉한 것은 수정된 임대차 계약의 원본과 두 부의 사본입니다.

새로운 계약은 우리가 지난주에 논의한 모든 변화를 포괄하고 있습니다. 계약서에 동의하신다면, 사본 한 부와 원본에 사인하시고 동봉한 봉투에 넣으셔서 보내주십시오.

저희는 계약서에 제시된 서비스를 제공할 수 있기를, 그리고 우리 두 업체의 친밀한 관계를 기대합니다.

(7) 주문과 승인

Dear Mr. Weber:
We would like to acknowledge your November 14 cable accepting our counter offer for Portable CD Players M-104. Enclosed is our Order Sheet No. 30. You will find the particulars of our Order Sheet correct in all respects. We have instructed our bankers, The Continental Bank, Ltd., San Francisco, to open a L/C in your favor for the amount of this order and believe you will be duly notified of it through their correspondent at Sydney.

The products are urgently needed, so please ship them during the first half of December, if possible. We trust you will execute this initial order in strict accordance with the instructions we have given in our Order Sheet. If this initial shipment turns out satisfactory, we plan to place future orders.

Sincerely,

친애하는 Weber씨
포터블 CD 플레이어 M-104에 대한 저희의 재 오퍼를 받아들이신 귀하의 11월 14일 전보를 수령했음을 통지해 드립니다. 동봉하는 것은 저희의 주문 서류 No. 30입니다. 저희 주문 서류의 세목이모든 면에서 맞음을 아실 수 있을 겁니다. 저희는 우리 거래 은행인 샌프란시스코 콘티넨탈 은행에 귀하를 위해 주문 액수의 신용장을 발부하도록 지시했고, 귀하는 은행의 시드니 지점을 통해 정식으로 그것에 대해 통지 받으실 수 있을 겁니다.

저희는 급히 그 제품이 필요합니다. 그러니 가능하다면 11월 상반기 안에 운송해 주십시오. 저희는 귀하가 이 첫 거래를 저희가 주문서에 제시한 요구사항에 정확히 맞도록 처리해 주시리라 믿습니다. 이 첫 번째 운송이 만족스러운 것으로 드러나면, 저희는 앞으로 재주문할 계획입니다.

(8) 특별조건의 요청 1

Dear Ms. Jones:
It was our pleasure to learn from your letter of June 15 of your interest in our products. As requested, enclosed are a catalog and price list including the details of our conditions of sale and terms of payment.

We have examined your proposal to place orders for a guaranteed minimum number of machines in return for a special discount. However, after careful consideration, we believe it would be better to offer you a discount on the following sliding scale basis:

On the annual purchase amount of:

$2,000 but under $3,500 5%
$3,500 but under $6,000 6%
$6,000 and over 7%

NO special discount would be given on annual total purchases below $2,000.

We believe that an arrangement on these lines would be more satisfactory to both of us.

We hope you accept our proposal subject to the usual trade references, and look forward to receiving your orders.

Yours sincerely,

친애하는 Jones씨
귀하의 6월 15일 편지에서 저희 물건에 관심이 있으신 것을 알게 되어 기쁩니다. 요청하신 대로, 동봉한 것은 카탈로그와 판매 조건과 지불 조건의 세부 사항을 포함한 정가표입니다.

특별 디스카운트 혜택을 보장해 드리는 최소 수량의 기계를 주문하시려는 귀하의 제안을 검토해보았습니다. 그러나 신중한 검토 결과, 귀하께 다음과 같은 슬라이딩 스케일 방식을 근거로 하여 디스카운트를 제안하는 것이 좋으리라 여겨집니다.

$2,000 - $3,500 5%
$3,500 - $6,000 6%
$6,000 이상 7%

연간 총 구매액 $2,000 이하인 경우 어떤 특별 디스카운트도 적용되지 않습니다.

저희는 이 선에서 합의를 하는 것이 우리 모두에게 만족스러울 것이라 믿습니다.

통상의 거래 지침에 따라 귀하가 저희의 제안을 받아드리시길 빌며 귀하의 주문을 기다리겠습니다.

(9) 특별조건의 요청 2

Dear Mr. Gardner:
Please send us your current catalog and price list for auto bicycles. We are interested in those for both men and women, as well as for children.

We are the leading auto bicycle dealers in this city, where cycling is popular, and have branches in six neighboring towns. Provided that your products have the satisfactory quality and reasonable prices, we would place substantial orders on a regular basis.

In the circumstances, please kindly indicate whether you are able to grant us a special discount. This would enable us to maintain the low selling prices that have been an important reason for the growth of our business. In return, we are prepared to place orders for a guaranteed annual minimum number of auto bicycles, the figure to be mutually agreed.

We look forward to hearing from you soon.

Yours truly,

친애하는 Gardner씨
오토 바이시클의 최근 카탈로그와 정가표를 보내 주십시오. 저희는 아동용 뿐 아니라 남성과 여성 모두를 위한 제품에 관심이 있습니다.

저희는 자전거가 인기 있는 이 도시의 선두적인 오토 바이시클 거래 업체이며, 이웃한 4개의 도시에 지점을 두고 있습니다. 귀하의 제품이 만족스러운 품질과 합리적인 가격이라면, 저희는 매우 큰 규모의 정기적인 주문을 할 것입니다.

이러한 상황에서, 저희에게 특별 디스카운트를 해 주실 수 있는지 알려 주십시오. 이는 저희 사업성장의 주요 요인인 낮은 판매가를 유지할 수 있게 해 줄 것입니다. 그 보답으로, 저는 매년 정기적으로, 우리가 상호 동의하는 선의, 혜택을 받을 수 있는 최소 수량을 주문할 것입니다.

곧 소식 주시길 기다리겠습니다.

9. 독촉

(1) 회신 독촉

Dear Mr. Jones:
On February 20 I wrote you a letter requesting details of your special trade discounts but I have not yet received your reply.

The details are urgently required and I would be grateful if you could send them without further delay.

Yours faithfully,

친애하는 Jones씨
2월 20일 저는 귀사의 특별 무역 디스카운트의 상세한 내용을 요청하는 편지를 썼으나 아직 답장을 받지 못하였습니다.

저는 다급히 그것을 필요로 하니 더 이상 지체하지 않으시고 보내주시면 감사드리겠습니다.

(2) 독촉

Dear Mr. Razo:
Your letter of November 18 confirmed receipt of the shipment of Ginseng tea. As you stated in previous correspondence, our terms of payment were cash against invoice. The amount was due to be paid by November 20.

As we have no record of having received your remittance, we would ask you to settle the overdue account by return mail.

Yours faithfully,

친애하는 Razo씨
귀하는 11월 18일 편지에서 인삼차 선적을 받으셨음을 통지하셨습니다. 이전의 편지에서 말씀하셨듯이 저희의 지불 조건은 송장에 대해 현금으로 하는 것입니다. 지불 기한은 11월 20일까지입니다.

귀하의 송금을 받은 기록이 없기에, 저희는 귀하께서 반환신으로 체불된 금액을 계산해 주시길 요청하는 바입니다.

(3) 지불연체에 대한 독촉

Dear Mr. Collins:
Enclosed is a copy of our June 18 letter reminding you of your payment of invoice No. 451 dated November 24, 19XX. The amount is now past due. Such a failure on your part comes as a surprise since we regard you as a valued customer. We would be grateful for an explanation.

Sincerely,

친애하는 Collins씨
동봉한 것은 귀하께 19XX년 11월 24일 날짜의 송장 No. 451의 지불을 상기시켜드린 저희의 6월18일 편지입니다. 지불 기한이 지났습니다. 저희는 귀사를 중요한 고객으로 생각하고 있기에 이와 같은 귀사의 실책에 놀라울 따름입니다. 해명해 주시면 감사하겠습니다.

(4) 송금 독촉

Dear Mr. Swain:
Please remit the overdue amount of $1,000.00 per our invoice No. 371 dated January 28, 19XX. Please attend to this matter as soon as possible.

Sincerely,

친애하는 Swain씨
체불된 금액 $1,000.00을 19XX년 1월 28일 날짜의 송장 No. 371에 따라 송금해 주시기 바랍니다. 가능한 한 빨리 이 문제를 처리해 주시기 바랍니다.

10. 주문

(1) 대체품 추천

Dear Mr. Jones:

Thank you for your order of May 14. Unfortunately, your Model No.VE-318 is out of stock. They will not be available again before the end of July. However, we can offer a similar quality Model No. VE-316, which is perhaps more suitable for your purpose.

Please advise us if you would accept the shipment of substitute goods we have reserved for you. Cable us as soon as you receive our offer, and the goods will be shipped at once.

Sincerely,

친애하는 Jones씨

귀하의 5월 14일 주문에 감사드립니다. 불행히도 주문하신 모델 No. VE-318은 재고가 없습니다.7월말까지는 다시 공급되지 않을 것입니다. 그러나 저희는 어쩌면 귀하의 목적에 더 적합할 유사한 품질의 모델 No. VE-316을 제공할 수 있습니다.

저희가 귀하를 위해 확보하고 있는 대체 상품의 선적을 받아들이실 것인지 알려 주십시오. 저희의 오퍼를 받으시는 대로 전보를 쳐주시면, 즉시 제품을 선적해 드리겠습니다.

(2) 주문 취소

Dear Mr. Jones:

We have received your letter informing us you have failed to ship our order No. 620 for five typewriters. We no longer have any use for these items because these were to be supplied for Christmas season. Please cancel our order.

Sincerely,

친애하는 Jones씨

타자기 다섯 대에 대한 저희의 주문 No. 620을 선적하지 못했다는 귀하의 편지를 받았습니다. 이 물건들은 크리스마스 시즌을 겨냥하고 주문한 것이기에 저희는 더 이상 이 물품들을 필요로 하지 않습니다. 주문을 취소해 주십시오.

(3) 주문서

Please supply

Quantity	Unit	Description	Currency	and price
10,000	1 lb. jars	Grape jam	US$	3.2 each quality A3

Delivery: by November 14, 20XX
Method of transport:
Shipment Marks: SKCTS
Payment: Half the amount on receipt of consignment, remainder within 60 days
Discount: 8% special discount5% cash discount

p.p. Chief Buyer

Please sign the duplicate of this order and return it to us as acknowledgment.

다음을 공급해 주십시오

수량	단위	물품명세	통화	등급
10,000	1 Ib. 병	포도잼	US$	각 3.2A3급

운송: 20XX년, 11월 14일 까지
운송 방법:
선적마크: SKCTS
지불: 반은 탁송물 수취 때, 나머지는 60일 안으로
디스카운트: 8% 특별 디스카운트6% 캐쉬 디스카운트
바이어 사장 대표
이 주문서의 사본에 사인하셔서 수령 통지로써 저희에게 보내 주십시오.

(4) 정기주문에 대한 공식 통지

Dear Mr. Bock:
Thank you for your order number 256 for electronic ovens.

All the items have been dispatched to you off the stock today byseparate post, carriage forward.

We hope you find these goods satisfactory, and that we may have the pleasure of continuing orders from you.

Yours sincerely,

친애하는 Bock씨
귀하의 전자 오븐에 대한 주문 No. 256에 감사드립니다.
모든 물품이 오늘 재고에서 운임 도착불로 별도의 우편으로 보내졌습니다.
귀하가 제품에 만족하시길 빌며, 계속적인 주문 바랍니다.

(5) 최초 주문 수령 통지

Dear Mr. Schweitzer:

It is our pleasure to receive your order of April 30 for cottonprints, and to welcome you as one of our customers.

We confirm supply of the prints at the prices stated in your letter, and are scheduling for the delivery on our own vehicles early next week. We are certain that you will be completely satisfied with these goods and that you will find them of exceptional value for the money.

As you may be unfamiliar to the wide selection of goods that are available, enclosed is a copy of our catalog. We hope that our handling of your first order leads to continuing business between us and marks the beginning of a happy working relationship.

Yours sincerely,

친애하는 Schweitzer씨

귀하의 4월 30일 면제품(cotton print) 주문을 받게 되어 기쁘고, 저희의 고객이 되신 것을 환영합니다.

귀하가 편지에 쓰신 가격에 제품(prints)을 공급할 것을 약속드리며, 다음 주 초 저희 자체의 운송수단으로 배달해 드릴 계획입니다. 저희는 귀하가 이 제품에 절대적으로 만족하시리라 확신하고, 가격에 비해 월등히 뛰어난 가치를 발견하시리라 믿습니다.

제품 종류가 다양하여 선택의 폭이 넓으므로 카탈로그를 동봉합니다. 이번 첫 주문의 처리로 우리의 계속적인 거래가 이어지길 빌며, 이것이 즐거운 사업 관계의 시작이 되길 바랍니다.

(6) 주문 수령 통지

Dear Mr. Bode:
It is our pleasure to receive your order of July 25.

Unfortunately it is regrettable the items are currently out of stock. This is due to the prolonged cool weather that has greatly increased the demand. The manufacturers have, however, promised us a new supply by the end of this month in which time your order will be delivered promptly.

Please accept our apology for the inability to make the prompt delivery. We hope this will not inconvenience you.

Yours sincerely,

친애하는 Bode씨
귀하의 7월 25일 주문을 받게 되어 기쁩니다.

불행히도 그 물품은 현재 재고가 없습니다. 이는 계속되는 쌀쌀한 날씨로 인하여 수요가 크게 증가했기 때문입니다. 그러나 생산업체는 귀하의 주문이 신속히 배달될 이번 달 말까지 새로 물건을 공급할 것을 약속했습니다.

신속한 배달을 해드릴 수 없는 점 사과드립니다. 이로 인해 귀하께 불편을 초래하지 않길 빕니다.

(7) 현금 주문

Dear Ms. Davis:
Enclosed is my check for $922.46 in payment for the following items(see page 23 of your catalog):

6000 letterheads to match style 2314, including logo, type face, and color $ 430.006000 envelopes to match style 5735 500.004000 second sheets, catalog number 2908 250.00

Sub-Total $1,180.00 Less 10% 118.00

Net amount due $1,062.00

Here is how the letterhead should appear.
BULL ENGINEERING GROUP1512 Norview Ave., Norfolk, Virginia 23513(804) 855-1206

The envelope should contain the same information as the letterhead, except the telephone number should not appear.

Sincerely,

친애하는 Davis씨
동봉한 것은 다음의 품목에 대한 지불금 $922.46의 수표입니다.(귀하의 카탈로그 23페이지를 보십시오)

6000 스타일 2314의 레터헤드, 로고, 활자, 색상 포함 $430.006000 스타일 5735의 봉투 500.004000 보조 용지, 카탈로그 번호 2908 250.00
합계 $1,180.00-10% 118.00
순지불총액 $1,062.00

다음은 레터헤드의 견본입니다.

BULL ENGINEERING GROUP1512 Novice Ave. Norfolk, Viginia 23513(804) 855-1206

봉투에는 레터헤드와 똑같은 것이 인쇄되어야 하며, 전화번호는 빼 주십시오.

11. 신용장

(1) 신용장 요청

Dear Mr. Walker:
We are pleased to confirm your order for 80 calculators, at $50,000.As requested, we are preparing to make shipment by the end of October and request you open an irrevocable L/C in our favor as soon as possible, valid until November 30. Your order will be shipped immediately upon receipt of your L/C.

Sincerely,

친애하는 Walker씨
저희는 귀하의 800대의 계산기를 $50,000 주문을 확정하여 드립니다. 요청하신 대로, 10월말에 선적을 준비하고 있으며, 저희를 위해 가능한 한 빨리 당사를 수익자로 한 유효기간은 11월 30일로 하는 취소불능 신용장을 개설하여 주시길 요청합니다. 귀하의 신용장을 받는 즉시 물건을 선적하겠습니다.

(2) 신용장 개설

Dear Mr. Jones:
Please refer to order No. 540 for five electronic calculators (Model EC-520). We acknowledged the booking by our letter of May 10. In early June we cabled requesting a date to establish your letter of credit for this order. In your letter of June 30, you advised us you would attend to this in two weeks or so. Thus far, we have not had any information on this matter. Please check into this as soon as possible.

Sincerely,

친애하는 Jones씨
전자계산기(모델 EC-520)에 대한 주문 No. 540을 조회해 주십시오. 저희는 5월 10일 편지를 드려 예약을 주문 받았음을 알렸습니다. 6월초에 저희는 이 주문에 대해 귀하의 신용장을 발부 받기 위한 만남을 제안하는 전보를 쳤습니다. 귀하는 6월 30일 편지에서 2주정도 후에 그 모임에 참석하신다고 말씀 하셨습니다. 그 이후, 저희는 이 문제에 관해 어떠한 소식도 듣지 못하였습니다. 가능한 한 빨리 이 문제를 확인해 주십시오.

(3) 분할 선적

Dear Ms. Jones:
Since you cannot carry out the complete shipment covering our order for electronic calculators in one sailing, we instructed our bankers to amend the terms of L/C so partial shipments can be allowed. Documents should be sent to the Johns Bank Ltd., Michigan(in each instance).

Sincerely,

친애하는 Jones씨
귀하께서 저희가 주문한 전자계산기를 한 번에 모두 선적하실 수 없으므로, 저희는 은행에 분할선적이 가능하도록 신용장의 조건을 수정해달라고 지시하였습니다. 서류는 (매번) 미시간 소재존스은행으로 보내겠습니다

(4) 신용장의 착오 지적

Dear Mr. Hunter:
With reference to the L/C advised by your Bank, we find our name given therein as the beneficiary reads:
K. Lautery & Co.
We assume this is a typographical error and should be corrected to read:
Laudeerdale & Co., Ltd.1XX5 Sandusky Ave. Kansas City, Kansas 66XX2
Please advise the issuing bank of this mistake and have it corrected.

Sincerely,

친애하는 Hunter씨
귀하의 은행에서 발부한 신용장에 관하여, 저희 회사의 이름이 수익자로서 다음과 같이 적혀 있는 것을 발견했습니다.
K. Lautery & Co.
이는 인쇄상의 착오이며 다음과 같이 고쳐져야 합니다.
Laudeerdale & Co. , Ltd.1XX5 Sandusky Ave. Kansas City, Kansas 66XX2
발행 은행에 이 오류를 알려주시고 고치도록 해 주시길 바랍니다.

(5) 거래현황 통지

As instructed in your June 15 letter, our Chicago office has just accepted a bill for $1,650 drawn by Falcon Trading Company for a consignment of furs. The furs are to be shipped on the SS Sunflower departing Chicago on July 18 and due to arrive in London on August 1.

We have debited your account with this amount, plus our charges amounting to $18. The shipping documents for this consignment are with us and we would appreciate your arrangement to collect them.

Sincerely,

귀하가 6월 15일 지시하신 대로, 저희 시카고 사무실은 방금 팔콘 무역 회사가 모피 탁송에 대하여 발행한 어음 $1,650을 받았습니다. 모피는 7월 18일 시카고를 떠나는 선플라워호로 선적되며8월 1일 런던에 도착할 예정입니다. 저희는 이 액수를 수수료 $18과 함께 귀하 계정에 출금하였습니다. 이 탁송물에 대한 선적 서류는 저희가 가지고 있고, 수신자 부담으로 보내드릴 수 있도록 해 주시면 감사하겠습니다. 귀하가 6월 15일 지시하신 대로, 저희 시카고 사무실은 방금 팔콘 무역 회사가 모피 탁송에 대하여 발행한 어음 $1,650을 받았습니다. 모피는 7월 18일 시카고를 떠나는 선플라워호로 선적되며8월 1일 런던에 도착할 예정입니다. 저희는 이 액수를 수수료 $18과 함께 귀하 계정에 출금하였습니다. 이 탁송물에 대한 선적 서류는 저희가 가지고 있고, 수신자 부담으로 보내드릴 수 있도록 해 주시면 감사하겠습니다.

(6) 신용장개설 협조에 대한 감사

Dear Mr. Jones:
Thank you for your letter informing us of your efforts in acquiring the letter of credit opened by Williams & Lewis for their order placed with us.

Your assistance is greatly appreciated. Such spirit of cooperation will advance our mutual interests, and help strengthen the ties between our companies.

We await the banker's advice that the letter of credit has been opened.

Sincerely,

친애하는Jones씨
저희 회사에 주문을 위해 윌리엄스&루이스 사로 부터 신용장을 수취할 수 있도록 노력해 주셨다는 귀하의 편지에 감사드립니다.

귀하의 조력에 매우 감사드립니다. 이러한 협력의 정신은 우리 상호간의 이익을 증진시킬 것이며, 우리 두 회사 유대를 더욱 강력하게 할 것입니다.

은행의 신용장 개설 통지를 기다리겠습니다.

(7) 선적 고지와 신용장 요청

Dear Mr. Johnson:
The manufacture of 300 reams of cellophane paper for July shipment will be completed about July 25, and will be shipped before the end of this month. Please open the cover my letter of credit well in advance of shipment.

We informed you in our letter No. 2289 dated June 7 that we could export 300 reams monthly beginning in August. However, we will supply400 reams a month, and would like to receive repeat orders for that quantity.

Sincerely,
친애하는 Johnson씨
7월 선적을 위한 300연의 셀로판 종이의 생산이 7월 25일 쯤에 끝날 것이며, 이 달 말일 이전에 선적될 것입니다. 선적에 앞서 제 신용장을 잘 열어 주십시오.

저희는 6월 7일 편지 No. 2289에서 저희가 8월부터 시작해서 매월 300연씩 수출할 수 있다고 말씀드렸습니다. 그러나 저희는 400연을 공급할 것이며, 그 물량으로 계속 주문을 받고 싶습니다.

12. 선적

(1) 정기(기간)용선계약 요청

Dear Mr. Barney:
This letter is to confirmation of our telex to you this morning. Could you find a ship of seven to eight thousand tons that we could charter for eight months? We would use it to transport shipments of grain from Portland, in North America, to various ports along the South American coast.

We will need a ship that is capable of making a fast turn-round and will be able to manage at least 15 trips within the period.

Yours faithfully,

친애하는 Barney씨
오늘 아침 보낸 텔렉스를 확인하기 위해 서신 띄웁니다. 저희가 8개월 동안 용선계약을 할 수 있는 7내지 8톤 급의 배를 찾아 봐 주실 수 있으십니까? 미국 북부 포틀랜드에서 미국 남부 해변의 여러 항구로 곡물을 선적하여 운송하는 데 쓸 것입니다.

저희는 빨리 기항할 수 있고, 그 기간 동안 적어도 15번 운항할 수 있는 배를 필요로 합니다.

(2) 항해(항로)용선계약 요청

Dear Mr. Jones:
We would like to charter a vessel for one voyage from Sydney, New South Wales, Australia, to Portland, Maine, USA. We need to transport a consignment of 5,000 tons of bauxite.

Our contract states that we have to take delivery between 3rd and 8th September so we will need a ship able to load during those dates. Please let us know you can get a vessel and advise us of all terms.

Yours faithfully,

친애하는 Jones씨
오스트렐리아 뉴 사우스 웨일즈 주 시드니에서 미국 메인 주 포틀랜드로의 1회 항해를 위해 배 한대를 용선계약 하고자 합니다. 저희는 보크사이트 5,000톤의 탁송물을 운반해야 합니다.

9월 3일에서 8일 사이에 운반하기로 계약되어 있어서 그 기간 동안에 수송할 수 있는 배가 필요합니다. 배를 구할 수 있으신지 알려 주시고, 모든 조건을 말씀해 주십시오.

(3) 운송비와 항해 요청

Dear Mr. Jones:
We intend to ship a consignment of lawn mowers to Liverpool at the beginning of this month. The consignment consists of eight lawn mowers which have been packed into wooden crates marked 1-8, each measuring5 x 2 x 2 meters and weighing 120 kilos.

Please inform us of what vessels are available to reach Liverpool before the end of this month. Please let us know your freight rates as well.

Yours faithfully,

친애하는 Jones씨
이 달 초에 리버풀로 잔디 깎는 기계를 선적하고자 합니다. 탁송물은 1-8로 표시된 나무상자에포장한 잔디 깎는 기계 8대이며, 각각 5 x 2 x 2 미터에 120 킬로입니다.
리버풀까지 어떤 배를 이용할 수 있는지 이 달 말 전에 알려 주십시오. 귀사의 운송 요금도 알려주시기 바랍니다.

(4) 수입자에게 선적 통지

Dear Mr. Barnes:
Order No. 1029/36

The above order was shipped on May 22, 19XX on the SS Samanda which is due in Dover on June 3.

As you requested, we have informed your agents, Rod Ericson, to make arrangements for the consignment to be sent on to you.

Once you have accepted our bill, our bank's agents, Bonanza Bank Ltd.,High Street, Dover, will hand over the documents. Consisting of a shipped clean bill of lading (No. 482619), invoice (No. EH2811), and insurance certificate (AR 109 1123).

We are sure you will be very pleased when you see the machines, and that they will find an eager market in your country. Meanwhile we are enclosing a catalog of our new models and believe you will be very interested in the machines illustrated on pp.69-73. We look forward to hearing from you again soon.

Yours truly,

친애하는 Barnes씨
주문 No. 1029/36

위의 주문이 6월 3일 도버에 도착예정인 사만다 호로 19XX년 5월 22일 선적되었습니다.

요청하신 대로, 귀하의 에이전트인 Rod Ericson에게 탁송물이 귀하에게 보내지도록 처리하라고 알렸습니다.

저희 청구서를 받으시면, 저희 거래은행인 도버시, 하이 스트리트에 소재한 보난자 은행이 서류를 건내 줄 겁니다. 서류는 선하증권(No. 482619), 상업송장(No.EH2811), 그리고 보험증서(AR109 1123)입니다.

귀하께서 기계를 보고 만족하리란 것, 그리고 그 기계가 그곳 시장에서 뜨거운 호응을 얻으리란 것을 확신합니다. 그사이, 저희 새 모델의 카탈로그를 동봉합니다. 69-73 페이지에서 설명된 제품에 흥미 있으시리라 생각합니다. 다시 곧 귀하로부터 소식 있기를 기다리겠습니다.

13. 클레임

(1) 손상된 물품 선적

Dear Mr. Dement:
After we finished our telephone conversation this morning, I ordered a duplicate shipment of library chairs sent to you. They are being sent by our own truck, and you should have them by the time you receive this letter.

We are sure that the damages you reported on the first shipment were the result of careless handling by the trucking company. We expertly crated the chairs and they left our plant in perfect condition. We will take this matter up with Porter Transport, but that is our problem, not yours. Please store the damaged materials somewhere ou tof your way, and we will have them picked up.

I apologize for this incident, especially because I know how eager you are to complete your library renovation. I am confident that the delay will only be short.

Sincerely,

친애하는 Dement씨
오늘 아침 귀하와 통화를 끝내고, 도서관 의자의 이전과 똑같은 선적을 지시하였습니다. 그것은 본사의 트럭으로 보내질 것이며, 이 편지와 함께 받으실 것입니다.

저희는 귀하가 보고하신 첫 번째 선적에서의 손상이 운송 회사의 부주의한 취급으로 인한 것이라고 확신합니다. 저희는 전문적으로 의자를 포장하였고, 그것은 완전한 상태에서 공장을 떠났습니다. 저희는 이 문제를 포터 운송 회사에 제기할 것입니다만, 이는 저희의 문제이니 귀하와는 관련이 없습니다. 손상된 물건들을 방해가 안 되는 곳에 놓아두시면 저희가 가져갈 것입니다.

특히 저는 귀하께서 도서관의 수리에 얼마나 열성이신지 알기에, 이번 사고에 대해 사과드립니다. 그리 오래 지연되지 않을 것임을 약속드립니다.

(2) 배송불만에 관한 회신

Dear Mr. Bamrick:

Thank you for your letter of July 18 concerning your order (No. SD91702) which should have been supplied to you on July 5.

I apologize that your order was not delivered on the promised due date and for the difficulties you've experienced trying to reach us. As you may have read in your local newspapers we are having an industrial dispute that involves both administrative staff and employees on the shop floor. The result has been a hold up in production over the past few weeks.

The dispute is now settled and we are back to normal production. We have a backlog of orders to catch up on, but we are using associates of ours to help us fulfill all outstanding commitments. Your order has been given priority and the dynamos should be delivered before the end of this week.

Your contract with us does have a standard clause stating that delivery dates would be met unless unforeseen circumstances arose. We think you will agree that a dispute is an exceptional circumstance. However, we understand your problem and will allow you to cancel your contract if it will help you to meet your commitments with your Greek customers. But we will not accept any responsibility for actions they may take against you.

Once again let me say how much I regret the inconvenience this delay has caused, and emphasize that it was due to factors we could not have known about when we accepted your delivery dates.

Please phone or fax me if you wish to complete your order or whether you would prefer to make other arrangements.

I look forward to hearing from you within the next day or so.

Yours sincerely,

친애하는 Bamrick씨
7월 5일 공급했어야할 귀하의 주문 (No. SD 91702)에 관한 7월 18일 편지에 감사드립니다. 약속한 날짜에 주문하신 물건을 배달해 드리지 못한 점과 저희와 연락을 취하기 위해 겪으신 어려움에 대해 사과드립니다. 그쪽 지역 신문에서 읽으셨겠지만, 저희는 경영진과 판매 직원들 모두가 포함된 산업 분쟁을 겪고 있습니다. 그 결과 지난 몇 주 동안 생산이 지연되고 있습니다.

분쟁은 이제 해결되었고 정상적인 생산으로 복귀하게 되었습니다. 처리해야 할 주문들이 누적되어 있으나, 협력업체들을 써서 모든 미해결의 업무를 처리하도록 하고 있습니다. 귀하의 주문은우선적으로 처리하고 있고, 이번 주말 전에 발전기를 배달해 드릴 것입니다. 귀하와 저희의 계약서에는, 예상치 못한 상황이 발생하지 않는 한 배달 날짜를 준수한다는 규준이 적혀있습니다. 저희는 귀하께서 이번 쟁의가 예외적인 상황이라는 것에 동의하시리라 생각합니다. 그러나 귀하의 어려움을 알고, 귀하의 그리스 고객과의 약속을 이행하시는데 도움이 된다면 계약을 취소하시도록 해 드리겠습니다. 하지만 저희는 그들이 귀하에게 취할 지도 모를 조치에 대해 어떠한 책임도 질 수 없습니다.

다시 한 번 이 번 지연으로 초래된 불편에 심심한 사과말씀 드리며, 이것이 주문의 배달 날짜를 정할 때는 알 수 없었던 요인으로 인한 것임을 강조하는 바입니다.
주문을 계속 처리하길 바라시는지 혹은, 다른 조치를 취하는 것이 좋다고 생각하시는지 전화나 팩스로 제게 알려 주십시오.
편지를 받으신 다음날 전후로 귀하의 소식이 있기를 기다리겠습니다.

(3) 주문에 대한 배송 불만

Dear Mr. Wilson:
I am afraid that we have a small problem.

In our last order from your company, we asked for ten electric blankets. Unfortunately, when we opened the box we found that there were only eight. I would appreciate it if you could send us the missing electric blankets as soon as possible.

Looking forward to hearing from you,

Yours faithfully,

친애하는 Wilson씨
작은 문제가 있습니다.
지난 번 저희가 귀사에 주문할 때, 저희는 10장의 전기요를 부탁했습니다. 불행히도, 상자를 열어보니 8장밖에 없더군요. 가능한 한 빨리 모자란 2장의 담요를 보내주신다면 고맙겠습니다.
소식 기다리겠습니다.

(4) 잔고 부족으로 고객의 수표 반송

Dear Mr. Denham:
Your check for $2,000 dated July 10 has been returned to us by the bank, marked Insufficient Funds. You can imagine my surprise, since in our telephone conversation on June 8 you told me you were paying your account in full ($2,000). I can only think that your latest bank deposit was not posted by your bank.

Enclosed is the NSF check. I am confident upon receiving this letter you will send us a new check that will be cleared by the bank.

Sincerely,

친애하는 Denham씨
귀하의 7월 10일 날짜 $2,000 수표가 잔고 부족이라고 표시되어 은행에서 저희에게 돌아왔습니다. 우리가 6월 8일 전화상으로 이야기할 때, 귀하께서 금액을 모두 ($2,000) 입금하셨다고 말씀하셨기에, 제가 얼마나 놀랐는지 아시겠지요. 저는 다만 귀하의 최근 입금이 은행에서 처리되지 않았다고 생각할 수 있을 따름입니다.

동봉한 것은 NSF 수표입니다. 저는 귀하께서 이 편지를 받으시는 즉시, 은행에서 교환해줄 새수표를 보내주시리라고 믿습니다.

(5) 주문 실수

Dear Mr. Cook:
Regarding your letter of June 16, your claim is apparently due to a misunderstanding. If you study our catalog, you will see that you must order by name and model number of the products. This may be confusing, so we accept full responsibility and offer our apologies.

We have shipped the correct goods today and ask you to keep the incorrect goods for a period of two months. We hope this arrangement is satisfactory. We look forward to future orders.

Sincerely,

친애하는 Cook씨
귀하의 6월 16일 편지에 관련하여, 귀하의 클레임은 명백히 오해에 기인하는 것입니다. 저희 카탈로그를 잘 보신다면, 제품의 이름과 모델 넘버로 주문하셔야만 한다는 걸 아실 수 있을 겁니다. 여기에 혼동이 있을 수 있으므로, 저희는 모든 책임을 받아들이며, 사과를 전하는 바입니다.

저희는 오늘 정확한 상품을 선적하였으며, 틀린 상품은 2달간 보관해 주시길 부탁드립니다. 이러한 조치에 만족하시길 바랍니다. 앞으로의 주문을 기대하겠습니다.

(6) 손해에 대한 사과

Dear Mr. Brown:
We regret one case of our shipment arrived in a damaged condition. We can only assume the case was roughly handled. Therefore, please file your claim with the insurance company.

Meanwhile, we have shipped the replacement goods and trust this will be satisfactory.

Sincerely,

친애하는 Brown씨
저희가 선적한 물건 한 상자에 손상된 것을 유감스럽게 생각합니다. 다만 상자가 거칠게 다루어지지 않았나 추측할 수 있을 뿐입니다. 그러므로, 보험회사에 손해 배상청구를 하십시오. 그사이, 저희는 대체 제품을 보냈고, 이번에는 만족스러울 것이라 믿습니다.

(7) 지연 사과

Dear Mr. Jones:
We received your letter regarding the delay of shipment. Please accept our apology for this delay. It was caused by the belated arrival of some of the raw materials. Your order will be ready for shipment in three weeks. We hope they will arrive in time.

Thank you for your understanding in this matter.

Sincerely,

친애하는 Jones씨
선적 지연에 관한 귀하의 편지를 받았습니다. 부디 이번 지연에 대한 저희의 사과를 받아주십시오. 이는 몇 가지 원료의 도착이 늦어진데서 기인한 것입니다. 귀하의 주문은 3주 후에 선적될 것입니다. 제품이 제 때에 도착하기를 빕니다.
이 문제에 대한 양해에 감사드립니다.

(8) 주문과 다른 상품 배송

Dear Mr. Jones:
We received 80 pieces of the silk blouse (No. 186) and noticed that 10 pieces are mixed with other cloth. The mistake is unfortunate because the goods are required by our chief customers. Please write us immediately upon receipt of this letter, so we can deliver the right goods within three weeks.

In order to save the expense of returning the wrong goods to you we are prepared to keep them on sale or return. We may be able to dispose of them. We await your reply as to whether you agree to our proposal.

Sincerely,

친애하는 Jones씨
저희는 80 장의 실크 블라우스(No.186)를 받았고 그 중 10 장이 다른 옷과 혼동되었음을 발견했습니다. 이 번 실수는, 제품을 필요로 하는 것이 저희 주요 고객이기에, 참으로 유감스럽습니다. 저희가 3주안에 정확한 제품을 고객에게 보낼 수 있도록 이 편지를 받는 즉시 저희에게 연락 주십시오.

잘못된 물건을 귀하에게 보내는 비용을 절약하기 위해 저희는 그 물건을 잔품을 인수한다는 약정으로 소매상에 보낼 예정입니다. 그것들은 저희가 처분할 수 있을 겁니다. 저희의 제안에 동의하시는 지에 관해 회신 기다리겠습니다.

(9) 클레임에 대한 회신

Dear Mr. Jones:

We received your letter of July 20 and thank you for sending us the sample of inferior goods for examination. We have passed these on to the factory for comment. We believe some of the wrong goods we repacked. We informed the manufacturers of our concern and they expressed regret. The immediate dispatch of replacements has been arranged. Furthermore, we guarantee the quality of the new goods.

If you care to dispose of the inferior goods at the best price, we will send a credit note for the difference when we hear from you. We apologize for the error and will take steps to ensure that such a mistake is not made again.

Sincerely,

친애하는 Jones씨

귀하의 7월 20일 편지 잘 받았고, 검사를 위해 나쁜 제품의 샘플을 보내 주신 것 감사드립니다. 저희는 의견을 듣기 위해 그 샘플들을 공장에 보내 검사했습니다. 저희 생각에는 몇몇 잘못된 물건이 포장된 것 같습니다. 저희는 이 문제를 생산업체에 알렸고 그들은 유감을 표시했습니다. 즉시 대체품을 보내드리도록 준비중입니다. 뿐만 아니라, 저희는 새로운 제품의 품질을 보장합니다.

귀하가 나쁜 제품을 적절한 가격에 팔고자 하신다면, 소식을 주시는 대로 차이에 대한 크레딧 노트를 보내드리겠습니다. 실수를 사과드리며, 그런 실수가 다시는 없도록 조치를 취하겠습니다.

14. 지연

(1) 지연된 선적에 대한 사과와 신속한 선적

Dear Mr. Kim:
Thank you for your fax of August 19, 20XX. The warehouse had depleted its stock and did not inform us of this. I have had our Administrative Assistant take shelf copies and send them DHL Express to you. You may even have them now. The DHL express number is 614-8850-5585. Sorry for any inconvenience this may have caused you.

Best Regards,

친애하는 Kim씨
귀하의 20XX년 8월 19일 편지에 감사드립니다. 창고에서 재고가 다 방출되었으나 이를 저희에게 보고하지 않았습니다. 저희 관리부서원에게 서류원본을 DHL로 귀하에게 발송하라고 지시하였습니다. 아마 지금 이미 도착했을 수도 있겠습니다. DHL 익스프레스 넘버는 614-8850-5585입니다. 이번 일로 불편을 초래하게 되었다면 죄송합니다.

(2) 지연에 대한 사과

Dear Mr. Devore:
Thank you very much for your letter of March 10.

I sincerely apologize for the delay in replying to this and to your letter of March 26 requesting a quote for the supply of silk towels. Our main offices have just been redecorated and this has resulted inconsiderable delay. It has now been completed and we can assure you that there will be no similar delays in the future.

The quotation you require is enclosed and we hope that you will decide to place your order with us.

Yours truly,

친애하는 Devore씨
귀하의 3월 10일 편지에 대단히 감사드립니다.
이번 편지와 귀하의 3월26일 실크 타월의 공급에 대한 견적을 요구하신 편지에 대한 회신이 늦어진 점 진심으로 사과드립니다. 저희의 주요 사무실이 이제 막 새로 단장을 했고 이것이 상당한 지체를 초래했습니다. 이제 공사가 끝났고, 앞으로는 이러한 지연이 없을 것임을 약속드립니다.
귀하가 요청하신 견적서를 동봉하며, 귀하께서 저희에게 주문해 주시길 빕니다.

(3) 선적이나 물품운송 지연에 대한 사과

Dear Mr. Kennedy:
Thank you for your letter dated June 18 concerning your order for six of our Notebook Computers.

We must apologize for the delay in shipping this order. It was due to unforeseen circumstances. However, your order is being dealt with and will be sent without further delay.

With apologies once again,

Yours sincerely,

친애하는 Kennedy씨
저희 노트북 컴퓨터 6대의 주문에 관련한 귀하의 6월 18일 편지에 감사드립니다.
이 주문을 선적하는데 있어서의 지연에 대해 사과 드려야 하겠습니다. 이는 예측하지 못한 상황의 발생으로 인한 것입니다. 그러나 더 이상의 지연 없이 귀하의 주문을 처리하고 운송해 드리겠습니다.
다시 한 번 사과드립니다.

(4) 물품운송 지연에 대한 사과

Dear Mr. Taylor:
Thank you for your letter of September 27 regarding our delay in sending the goods you ordered August 3.

We are sorry to have inconvenienced you in this way. We always try to send goods within the period stipulated in our advertising; however, on this occasion we failed to meet that objective. I hope you will accept the enclosed gift certificate as a token of our since reapologies in this matter.

The delay in delivery was caused by a big strike in our factory. I recognize that this is not an adequate excuse, but you should have received the items you ordered by now. I hope they meet your requirements.

If there is anything further I can do to ensure your satisfaction, please contact me.

Sincerely,

친애하는 Taylor씨
8월 3일 주문하신 물건의 운송 지연에 관한 귀하의 9월 27일 편지에 감사드립니다.
이렇게 귀하에게 불편을 드리게 되어 죄송합니다. 저희는 늘 광고에서 약속한 기간 내에 물건을 보내 드리도록 노력합니다. 그러나 이번 경우에 저희는 그렇게 하는 데 실패하였습니다. 이 문제에 대한 저희의 진심의 사과 표시로 동봉한 상품권을 받아주십시오.
배달이 지연된 것은 저희 공장에서 대규모 파업이 발생했기 때문입니다. 이것이 적당한 변명이 될 수 없음을 알지만, 이제 귀하께서는 주문하신 물건을 받으셨을 겁니다. 제품에 만족하시길 빕니다. 귀하를 만족시켜드리기 위해 제가 더 할 수 있는 일이 있다면, 부디 연락주십시오.

(5) 선적 지연

Dear Mr. Angis:
Thank you for your order No. 168. Although we promised delivery not more than two weeks after receipt of your order, the components needed for these products have been held up in Osaka. Thus, they may not arrive in time for us to have your order delivered within two weeks.

We will do everything in our power to complete your shipment as soon as possible. However, a delay of one week seems to be unavoidable. In the meantime, we will keep you informed of our progress.

Sincerely,

친애하는 Angis씨
귀하의 오더 No.168에 감사드립니다. 주문을 받고 2주 이내에 배달해 드릴 것을 약속했지만 이 제품에 필요한 부속이 오사카에 묶여 있습니다. 이 부속품들은 저희가 2주안에 귀하의 물건을 보내드릴 수 있는 제시간에 도착할 수 없을 듯합니다.

가능한 한 빨리 귀하의 선적을 완료하도록 최선을 다하겠습니다. 하지만, 1주일의 지연은 불가피할 것으로 보입니다. 그사이, 진행 상황을 알려드리겠습니다.

15. 판매

(1) 최초 구매 수령 확인

Dear Mr. Davis:
Your order for 75,000 Arco cartons is being shipped this week.

I am delighted that you chose Arco for your packaging needs. For a long time, we have wanted to be a packaging supplier to Morrison Foods. So, to us, this first order is more than a sale, it is an event that gives us much pride and pleasure.

I am positive you will be satisfied with your choice of Arco products. Our Western representative, Dale Warner, is well acquainted with our entire line of packaging materials, and he will contact you soon to discuss how we can assist in providing the best packaging for all your needs routine and special.

Thank you for your business.

Sincerely,

친애하는 Davis씨
귀하가 주문하신 75,000 개의 Arco Cartons이 금주에 선적됩니다.
포장재로 Arco 상자를 선택해 주셔서 기쁩니다. 오랫동안 저는 모리슨 식품사에 포장재를 납품하기를 바래왔습니다. 그러므로 저희에게 있어 이 첫 주문은 판매 이상의 것이며, 저희에게 긍지와 기쁨을 주는 사건입니다.
저는 귀하께서 Arco 제품을 선택하신 것에 만족하시리라고 확신합니다. 저희 서부 지역 대표인Dale Warner씨는 저희의 모든 포장 재료의 종류에 대해 잘 알고 있습니다. 귀하의 일상적이고 특별한 모든 필요에 대해 저희가 어떻게 가장 좋은 포장재를 제공하여 조력할 수 있는지 논의하기 위해 그가 곧 연락드릴 것입니다. 귀하의 거래에 감사드립니다.

(2) 기술협력

Dear Mr. Jones:
Thank you for your July 25 letter. We are pleased to learn of your interest in our camcorders. The position of your company in the field of photographic films, papers and chemicals is well known to us. Your suggestion that we supply still camcorders for your distribution is most welcome.

Our American manager is Mr. Frank Torres, 340 Nickerson St., Seattle, Washington 98102. He will be in touch with you next month, and together you can explore the broad aspects of a proposed relationship. If initial talks are satisfactory, we can proceed from there as the situation may indicate.

In the meantime, we would appreciate information from you regarding the following: overall scope of your activities; current turnover of your products; catalogs and similar information; and details of your sales organization. Our English catalogs and similar information are being airmailed to you under separate cover. Please let us have your reaction to the talks with Mr. Torres.

Sincerely,

친애하는 Jones씨
귀하의 7월 25일 편지에 감사드립니다. 귀하의 저희 캠코더에 대한 관심을 알게 되어 기쁩니다. 사진 필름, 인화지, 그리고 화학품 분야에 있어서 귀사의 지위는 저희에게 잘 알려져 있습니다. 저희는 귀하가 배포하실 저희의 스틸 캠코더의 공급 제안을 환영합니다.

저희의 미주 지역 사장인 Frank Torres씨(340 Nickson St., Seattle, Washington)가 다음 달 귀하에게 연락을 취하면, 귀하는 함께 제안하신 사업 관계의 다양한 면을 검토하실 수 있을 겁니다. 첫 번째 논의가 만족스럽다면, 저희는 그로부터 상황에 적절하게 일을 진전시키겠습니다.

그 사이, 다음의 것과 관련한 정보를 주시면 감사하겠습니다. 귀사의 사업의 전반적인 범위, 귀사 제품의 최근 판매고, 카탈로그나 유사한 자료, 영업 조직의 상세한 상황. 저희의 영문 카탈로그와 유사한 자료들은 따로 항공우편으로 부쳤습니다. Torre씨와의 대화에서 좋은 결과가 있길 바랍니다.

(3) 정보제공 1

Dear Ms. Bess:
Thank you for your letter expressing interest in Grandy Electronics' new computer, the Notebook.

The Notebook will be available this November, and the cost will be approximately five thousand and twenty dollars ($5,020).

I have enclosed a brochure on the Notebook. If you have any questions, please do not hesitate to contact us or your local Grandy Electronics dealer.

Again, thank you for your inquiry.

Sincerely,

친애하는 Bess씨
'그랜디 일렉트로닉스' 사의 새 컴퓨터, 노트북에 관심을 보여주신 편지에 감사드립니다.

그 노트북은 올 11월부터 공급되며, 가격은 대략 $5,020이 될 것입니다.
노트북의 소책자를 동봉합니다. 질문이 있으시다면 주저하지 마시고 저희나, 그 지역의 그랜디 일렉트로니스 거래처에 문의하십시오.
다시 한 번, 귀하의 문의에 감사드립니다.

(4) 정보제공 2

Dear Ms. Russell:
Thank you for your inquiry about our telephone answering machines and voice mail systems. I am enclosing brochures on our products.

A sales representative will be in Harvey next week. We will call youto schedule an appointment.

Again, thank you for your interest.

Sincerely,

친애하는 Russell씨
저희 전화자동응답기와 음성 사서함 시스템에 관한 문의에 감사드립니다. 제품의 소책자를 동봉합니다.
영업 대표 한 사람이 다음 주 Harvey에 갑니다. 약속을 정하기 위해 전화 드리겠습니다.
다시 한 번, 귀하의 관심에 감사드립니다.

(5) 판매 후 편지

Dear Mr. Stone:
It has now been two months since you purchased sunglasses from us. I am writing to ask if you were completely satisfied with the product. It is, of course, fully guaranteed should anything go wrong, but we do like to know that customers are happy with their purchases.

We also offer a full range of glasses. Hence, please contact me personally should you require more information about any of them.

I look forward to hearing from you.

Yours sincerely,

친애하는 Stone씨
저희에게서 선글래스를 구입하신 지 2달이 되었습니다. 제품에 대해 완전히 만족하시는지 알기 위해 서신을 띄웁니다. 물론 뭔가 잘 못되었을 경우 완전히 보상받으실 수 있지만, 저희는 소비자들이 구매하신 것에 만족하시는지를 알고 싶습니다.
또한 저희는 모든 종류의 안경을 공급합니다. 그러니 어떤 안경에 대한 정보가 필요하시다면 제게 개인적으로 연락 주십시오.

귀하의 소식 기다리겠습니다.

저자 약력 ✤

▣ 임 재 욱

- 고려대학교 무역학 경영학사
- 고려대학교 대학원 무역학과 석사, 박사
- 현 한국해양대학교 국제무역경제학부 부교수
  (사)한국무역학회 이사, (사)한국관세학회 부회장,
  (사)한국통상정보학회 부회장, (사)한국국제상학회 상임이사

[경력]

- (사)무역아카데미 강사
- 전자무역교수연수(Michigan State University)
- 무역영어출제위원(대한상공회의소)

▣ 박 훤 정

- 고려대학교 무역학 경영학사
- 고려대학교 대학원 무역학과 석사졸업, 박사수료
- 현 강릉원주대학교 무역학과 강사
  덕성여자대학교 국제통상학과 강사
  한국해양대학교 국제무역경제학부 강사

[경력]

- 고려대학교 경영대학 강사
- 숙명여자대학교 경영대학 강사
- 경희대학교 경영대학 강사

무역영어

초 판 1쇄 인쇄 ── 2017년 2월 25일
초 판 1쇄 발행 ── 2017년 2월 28일
지은이 ── 임 재 욱 · 박 훤 정
펴낸이 ── 전 두 표
펴낸곳 ── 도서출판 두남
서울시 강동구 성내로6길 34-16 두남빌딩
신고 : 제25100-1988-9호
TEL : 02) 478-2065~7, 2311
FAX : 02) 478-2068
E-mail : dunam1@unitel.co.kr
http://www.dunam.co.kr

정가 32,000원

ISBN 978-89-6414-729-0 93320